후한 유교국가의 성립

와타나베 요시히로 지음 / 김용천 옮김

본 번역서는 2010년도 대진대학교 교내학술연구비의 지원을 받아 간행되었음.

○ 저자 : 와타나베 요시히로渡邉義浩

1962년 토쿄에서 태어났다. 츠쿠바筑波대학 대학원 역사·인류학연구과에서 사학전공으로 문학박사학위를 받았고, 현재 다이토분카大東文化대학 문학부 중국학과 교수로 재직 중이다.
유교국가의 성립과 그 재편을 중심으로 중국 고대사상사를 연구하고 있다.
지은 책으로는『後漢国家の支配と儒教』,『三国政権の構造と「名士」』,『西晉「儒教国家」と貴族制』 등이 있다.『全譯後漢書』를 주해하였고,「中国古代における祭祀権」,「三国時代における「公」と「私」」,「後漢における禮と故事」,「西晉における華夷思想の変容」 등 수많은 논문이 있다.

○ 옮긴이 : 김용천金容天

동국대학교 대학원에서 중국고대사 전공으로 박사학위를 받았고, 현재 대진대학 사학과 조교수로 재직 중이다. 한대의 종묘제·상복례를 중심으로 예학을 연구하고 있다.
지은 책으로는『전한후기 예제담론』,『중국고대 상복의 제도와 이념』 등이 있다.『천지서상지』를 주해하였으며,『중국 전근대사상의 굴절과 전개』,『중국의 공과 사』,『중국의 예치시스템』 등의 번역서가 있다.
논문으로는「후한시대 묘의와 종법관념」,「『석거예론』의 분석과 전한시대 예치이념」,「『순자』·『예기』「왕제」의 예치구상」 등 다수가 있다.

국립중앙도서관 출판시도서목록(CIP)

후한 유교국가의 성립 / 지은이: 와타나베 요시히로 ; 옮긴이: 김용천. -- 고양 : 동과서, 2011
p. ; cm

한자표제 : 後漢 儒教國家의 成立
원표제: 後漢における「儒教國家」の成立
색인수록
원저자명: 渡邉義浩
일본어 원작을 한국어로 번역
ISBN 978-89-6525-102-6 93910 : ₩30000

한시대[漢時代]
유교 국가[儒教國家]

912.032-KDC5
951.014-DDC21
CIP2011000632

後漢 儒教國家의 成立

渡邉義浩 지음 / 金容天 옮김

동과서

후한 유교국가의 성립

찍은날 / 2011년 5월 15일
펴낸날 / 2011년 5월 31일

지은이 / 와타나베 요시히로
옮긴이 / 김용천
펴낸이 / 궁리나
편 집 / 황웅 김옥주 강진만

펴낸곳 / 도서출판 **동과서**
412-270
경기도 고양시 덕양구 백양로 59, 608호(화정대우)
등록번호 / 제22-405호

D.K.S. Publishing Co.
608 Daewoomyvill-Officetel,
986-8 Hwajeong-Dong, Deokyang-Gu,
Goyang City, Gyunggi-Do, Korea 412-270

전화 / (02)333-7533
팩스 / (02)6280-2353
이메일 / philculture@hanmail.net
홈페이지 / www.book-dks.com

값 30,000원

ISBN 978-89-6525-102-6 (93910)

한국의 독자 여러분께

일본의 중국학 연구의 특징은 자료에 대한 엄밀한 독해에 있다. 중국에서는 특별히 문제되지 않을 사소한 것까지 일본의 경우 자국사가 아니기 때문에 꼼꼼하게 신경을 써서 읽는다. 이러한 점은 한국의 중국학 연구도 마찬가지라고 생각된다. 문화가 전혀 다른 서구에서의 연구와는 달리, 양국에서는 자국의 문화에 커다란 영향을 끼쳤으면서도 이질적인 문화를 강하게 갖고 있는 중국이라는 타국을 자국의 문제관심에 기초해서 연구를 진행한다. 일본과 한국의 중국학연구에는 이러한 공통점이 있는 것이다.

전한 무제기에 동중서의 헌책獻策으로 태학에 오경박사가 설치됨으로써 유교가 국교화되었다는 『한서』의 기술에 바탕을 둔 이해는 일본뿐 아니라 중국과 한국에서도 정설로 여겨져 왔다. 다만 일본에서는 1924년, 이미 카노 나오키狩野直喜에 의해서 「동중서전」을 엄밀하게 읽어보면 그 기술에는 모순이 있다는 사실이 지적되었다(손자인 狩野直禎이 정리하여 『양한학술고兩漢學術考』로 출판한 것은 1964년). 이때부터 엄밀한 해독으로 새로운 지식과 견문을 얻는 것은 일본 중국학의 특징이 되었다.

한편 카노 나오키는 중국학을 총체적으로 배울 것을 제창했다. 서구의 학문분야에 따라 동양사·중국철학·중국문학·중국어학으로 세분화하지 않고, 중국을 종합적으로 연구하고자 하는 관점이다. 이것도 일본 중국학 연구의 특징이다. 본서처럼 후한시대 '유교국가'의 성립으로 유교의 국교화가 완성되었다는 가설을 실증하는 연구는 동양사 혹은 중국철학만으로는 진전될 수 없었을 것이다.

본서는 일본의 동방학회東方學會 주최 국제동방학자회의에서 4년 동안 진행한 심포지엄의 성과다. 중국철학 연구자와 동양사학자인 필자가 격렬하게 논쟁을 벌이는 가운데 상호 이해를 깊이 할 수 있었던 결과를 논문으로 정리했다. 그 결과, 일본에서는 연구자들 사이에서뿐 아니라, 고등학교의 세계사 교과서에서도 전한 무제기에 동중서의 헌책으로 태학에 오경박사가 설치되어 유교가 국교화되었다는 기술은 삭제되었다. 본서의 성과가 정설로 수용된 것이다.

2010년, 성균관대학교 동아시아학술원에서 개최한 중국고중세사학회 제5회 국제학술회의에 참석한 필자는 「후한 '유교국가'의 성립」이라는 제목으로 논문을 발표하였다. 그 때, 논문의 내용을 완전하게 이해한 바탕 위에서 적확한 코멘트를 해준 이가 김용천 선생이다. 간단히 소개드리자면, 김용천 선생은 필자와 동일한 문제관심으로 한대의 유교를 연구하고 있다. 처음 방문한 이국의 땅에서 지기知己를 얻은 필자는 커다란 감동을 받았다. 게다가 김선생은 본서의 번역까지 맡아주었다. 그 학은學恩에 감사의 말씀을 드리고자 한다. 김선생의 유려한 번역으로 한 분이라도 많은 한국의 독자 여러분에게 본서가 읽혀지기를 기대한다.

2010년 11월 29일, 김용천 선생과 재회하는 날에

와타나베 요시히로

목 차

서 론

서론 '유교의 국교화' 논쟁과 본서의 방법론

머리말

본서의 목적은 후한 '유교국가'의 성립으로 '유교의 국교화'가 완성되었다는 가설을 논증하는 데에 있다. 이 가설은 이미 필자의 전저 『후한국가의 지배와 유교後漢國家の支配と儒教』(1995)에서 제기한 것인데, 그 이후 중국사상사 연구자들과의 공동연구 성과를 바탕으로 그것의 정의를 약간 수정하고자 한다. 또한 본서에서는 필자의 전저 『후한국가의 지배와 유교』(1995)에서 다소 부족했던 경전에 입각한 '유교국가' 성립의 의론을 전개하고자 한다.

본서에서 실증해야 할 가설을 제시하는 전제로서, 유학과 유교 및 '유교의 국교화'에 관한 연구동향을 정리한 후 '유교국가'에 대해 정의해보고자 한다. 한편 필자의 『후한국가의 지배와 유교』(1995) 이후, '유교의 국교화'에 관한 학설사를 정리한 것으로는 니시카와 토시후미西川利文의 「한대의 유교와 국가—무제기 '관학화' 논의를 중심으로漢代の儒教と國家—武帝期「官學化」議論を中心に」(1999), 후쿠이 시게마사福井重雅의 「유교의 국교화(고)—일본에서의 학설사·연구사의 정리儒教の國教化(稿)—日本における學說史·硏究史の整理」(2000), 세키구치 준関口順의 「'유교국교화'론에 대한 이의「儒教國教化」論への異議」(2000), 호시나 슈에코保科季子의 「도참·

태학·경전—한대 '유교국교화' 논쟁에 대한 새로운 시각圖讖·大學·經典—漢代「儒教國教化」論爭に対する新たな視座」(2006) 및 「근년의 한대 '유교의 국교화' 논쟁에 대하여近年の漢代「儒教の國教化」論爭について」(2008)가 있다. 지붕 위에 지붕을 얹는 격이 되겠지만, 이들의 정리가 필자의 전저 『후한국가의 지배와 유교』(1995)를 토대로 하고 있기 때문에 필자의 『후한국가의 지배와 유교』(1995)및 「일본에서의 '유교의 국교화'를 둘러싼 연구에 대하여日本における'儒教の國教化'をめぐる研究について」(2005)에 부가하는 형태로 학설사를 정리하도록 하겠다.

1. 유학과 유교

공자를 시조로 하는 교설教說이 '유학'인가 '유교'인가 하는 것은 단지 언어상의 문제로 정리될 수 있는 것이 아니다. 공자를 시조로 하는 교설을 '유교' 즉 '가르침'으로 파악하여 '유학'이라는 개념으로 표현할 것인가, 그렇지 않으면 종교로 파악하여 '유교'라는 개념으로 표현할 것인가 하는 교설에 대한 본질적인 이해와 직결되는 문제이기 때문이다.

종래, 일본에서는 '유학'으로 파악하는 입장이 주류를 차지하고 있었다. 이를테면 히하라 토시쿠니日原利國의 『중국사상사전中國思想辭典』(1984) '유교' 항목에서는 공자를 교조로 하는 하나의 체계적 교설이라고 유교를 정의하면서, 교설의 신봉·실천을 존중하는 입장에서는 유교로, 교설과 이에 수반되는 수많은 문헌의 학습·연구를 존중하는 입장에서는 유학이라고 칭한다고 하였다. 또한 이들 문헌의 전문적인 연구를 경학이라고 하는데 '사서오경四書五經'이 그 중심을 이룬다고 하여 양자의 병존을 일단은 인정한다. 그렇지만 유교를 종교로 이해하는 것은 곤란하다고 말하면서, 그 이유로 유교에는 일반종교처럼 단지 정의적情

意的인 신앙이나 희구만으로도 견신見神과 구제救濟에 도달할 수 있다는 주장이 없기 때문이라고 하였다. 즉 유교는 오득悟得이라든가 신념信念이라든가 하는 것에 이르는 방법이 매우 이지적이라는 점에서 일반종교와 다르며, 오히려 일종의 수양법의 체계 혹은 윤리교설의 체계로 보아야 한다고 하였다.

한편, 중국이나 서양에서는 '유교'를 종교로 보는 입장도 다수 존재한다. 이 때문에 조길혜趙吉惠·곽후안郭厚安은 『중국유학사전中國儒學辭典』(1988)에서 '유교'의 항목과 '유학'의 항목을 병치하였다. '유학' 항목에서는 유학을 공자가 창설한 유가의 학설로 정의하고, 이하 사상적 내용과 시대적 발전을 서술하는 데에 그친다. 이에 반해서 '유교' 항목에서는 유교는 공교孔教로서 공자의 학설이 종교가 된 것이라고 정의하고, 그것은 동중서의 숭천신학崇天神學 채용이 계기가 되었으며, 역대 봉건 통치계급이 공자를 신격화함으로써 성립되었다고 하였다. 이어서 '유교'를 종교로 보지 않는 학설을 소개하면서 유교는 종교로서의 기본적 특징을 갖추고 있는데 형식상 일반종교와 다르기 때문에 이를 종교로 인정하지 않는 자도 있지만, 유교는 종교라고 결론지으면서 유교의 종교성을 강조하였다.

1) '유학'

유교에 관한 체계적 개설서인 토가와 요시오戸川芳郎·하치야 쿠니오蜂屋邦夫·미조구치 유조溝口雄三의 『유교사儒教史』(1987)는 세계종교사 총서 중의 한 책임에도 공자의 교설을 '유학'으로 파악한다. 그리고 이러한 '유학'의 계보를 우노 테츠토宇野哲人[1]·타케우치 요시오武内義雄[2]·츠다 소키치津田左右吉로 거슬러 올라가서 비판적으로 검토한다. 이어서 시류에 무반성적으로 교묘히 영합하는 정치성을 갖는 교화사상이 유교 본질의 일단이라고 자신들의 '유학'에 대한 인식을 서술하고, 이케다 스에토시池田末利의 '유학' 정의를 인용하여 이 문제를 총괄하였다. 이 책에 소개된 여러 학설 가운데에서 츠다 소키치·이케다 스에토시를 예로 들어 검토하고, 아울러 이 책에서 거론되지 않은 학설까지 언급하기로 하겠다.

우노 테츠토에 앞서 핫토리 우노키치服部宇之吉는 『공자 및 공자교孔子及孔子敎』(1917)에서 '공자교'의 본질을 다음과 같이 이해하였다. 핫토리는 "공자는 도덕을 하나로 파악하고 일이관지一以貫之의 도道를 확립해 그 본원을 하늘에 귀결시킴으로써 종래의 사상에 포함되었던 종교적인 방면까지도 주로 윤리적으로 해석하고, 윤리강상에 관한 방면에서 종래보다 더욱 광범위하게 입설하였다"고 서술하였다. 즉 '공자교'를 비종교적인 '윤리사상'으로 파악한 것이다. 핫토리가 '유학'을 이처럼 이해한 배경에는 "오늘날 지나인이 함부로 견강무망牽强誣罔 하여 공자 및 공자교를 민주공화에 부회하려는" 것에 대한 격렬한 분노가 있다. 즉 강유위康有爲 등이 공교회孔敎會를 통해 공교를 국교화하려는 운동에 대한 반발[3]로 공자의 신비화 및 '공자교'의 종교화를 비판한 것이다.

또한 토가와 요시오·하치야 쿠니오·미조구치 유죠는 『유교사』(1987)에서 츠다 소키치津田左右吉의 『유교의 실천도덕儒敎の實踐道德』(1938)을 예로 들면서 츠다가 '유학'의 주요덕목으로서 '충忠'과 '효孝'를 강조한 것은 메이지明治 이래 일본의 '교육칙어敎育勅語' 체제를 배경으로 하는 '순화醇化된 유교'의 집약을 재확인하기 위한 것이었다고 하여 츠다 소키치가 '유학'을 이해한 배경을 탐구한다. 츠다가 '유학'을 이렇게 이해한 배경에는 중국종교에 대한 그의 독특한 해석이 자리한다. 츠다 소키치는 「상대 지나인의 종교사상上代支那人の宗敎思想」(1920)에서 "중국에서는 종교적 성질은 안에 감추어지고 정치적 의미가 겉으로 드러나, 종교는 정치에 종속되고 정치에 의해 규정된다. 그리하여 지식인 사회에서는 의례儀禮의 측면에서는 제사가 예전화禮典化되고, 사상의 측면에서는 신이 이지화되고 추상화되어 간다"고 하였다. 요컨대, 츠다는 중국 지식인 사회에서 종교가 모두 정치에 종속되었듯이 '유학'은 어디까지나 정치에 의해서 규정되는 윤리도덕이라고 이해하였던 것이다.

이처럼 중국에 대한 회의적 인식에 기초한 제2차 세계대전 이전의 연구에 반하여 요시카와 고지로吉川幸次郎는 『중국인과 종교中國人と宗教』(1948)에서 공자의 사상을 분석하면서 '유학'을 다음과 같이 이해하였다. "유학은 대단히 종교적인 성격을 지니고 있어 종교가 될 가능성이 있었다. 그럼에도 유학이 끝내 종교가 되지 않았던 것은 중국의 문화민족의 성벽이 신비적이기보다는 합리적인 것에 대한 자각이 매우 빨랐기 때문이다." 요시카와가 '유학'을 비종교적 존재로 이해한 점에서는 츠다와 공통된다. 그러나 츠다처럼 정체된 중국에서는 종교도 발달할 수 없다고 이해한 것이 아니라, 중국인의 민족적인 합리성으로 인해서 '유학'이 종교가 되지 않았다는 견해를 보여준 것이다. 요컨대, 중국인의 합리성을 높게 평가하고 거기에서 '유학'의 성립이유를 찾았다는 점에서 전후戰後 중국연구의 관점을 엿 볼 수 있다.

이케다 스에토시池田末利는 일반 종교학의 이론을 배경으로, 『종교학사전宗教學辭典』(1973)에서 '유학'을 다음과 같이 정의하였다. "유교는 국가종교의 체재를 취하게 되었지만, 경전經典의 기술에는 유교윤리적인 해석이 많으며, 의례儀禮의 집행도 종교적 신앙의 발로라기보다는 왕권의 과시, 종족의 단결 등 정치적·사회적 의도에서 발한 것이 많다. 진·한제국의 봉선封禪이나 교사郊祀 등은 그러한 예이다. 따라서 제사가 정치질서에 종속되었음은 부정하기 어려운 사실이다. 이렇게 볼 때, 종교를 어떻게 정의하더라도 유교를 종교로 단정하기는 곤란하며, 단지 종교적 요소를 포함하고 있을 뿐이다."

이렇듯 '유학' 즉 유교를 비종교로 파악하는 일본의 여러 연구 가운데에는 핫토리 우노키치·우노 테츠토·타케우치 요시오처럼 '유학'이 지닌 윤리성을 강조하는 경우와 츠다 소키치·이케다 스에토시처럼 '유학'이 정치에 종속됨을 그 이유로 제시하는 경우가 있음을 알 수 있다.

유교의 종교성을 부정하는 이와 같은 학설들을 집대성한 것이 이케다 슈죠池田秀三의 『자연종교의 힘自然宗教の力―儒教を中心に』(1998)이다. 다만 그 유보는 크다. 이케다 슈죠는 유교가 종교인가 아닌가 하는 것은 어느 쪽으로도 말할 수 없는 문제라고 결론내린 후 굳이 어느 일방으로 결정을 내려야 한다면 종교가 아닌 쪽에 한 표를 던지겠다고 하였다. 유교에서의 초월적 존재자에 상당하는 '천天'이나 '귀신鬼神'과 관련하여 유교에는 매우 분명한 무신론적 경향이 존재하기 때문이다. 굳이 유교에 종교성이 있다고 한다면, 유교는 "종교에 존재하지 않는 종교"라고 말할 수밖에 없다. 혹은 계시종교가 아니라 인간이성에 기초를 둔다는 점, 나아가 사회도덕이 자연법적 질서로 간주되어 흡사 종교적인 규제력을 갖고 있었다는 점에서 유교를 '자연종교'라고 부를 수는 있다고 하였다.

한편 중국에서는 이를 '유교'로 파악하는 연구자도 적지 않다. 뒤에 서술할 임계유任繼愈는 그 대표적 인물이다. 그러나 왕가화王家驊의 『일중유학의 비교日中儒學の比較』(1988)에 의하면, 중국에서도 일본의 연구자들처럼 윤리도덕·정치이론으로서의 측면을 강조하여 '유학'으로 파악하는 관점도 다수 존재한다고 한다.[4] 그렇다면 윤리성과 정치에의 종속을 이유로 유교를 '유학'으로 규정할 수 있을까? 이어서 '유교'로 인식하여 그 종교성을 강조하는 학설들에 대해 검토해보도록 하겠다.

2) '유교'

공자를 시조로 하는 교설의 종교성을 강조하여 '유교'로 파악하는 사람들 가운데에는 서양의 연구자가 많다. 물론 서양의 연구자 가운데에도 베버(Max Weber: 1864~1920)의 『유교와 도교Konfuzianismus und Taoismus』(1915)처럼 유교는 교양을 갖춘 세속인들을 위한 정치적 준칙과 사회적 의례규칙의 거대한 법전에 지나지 않았다고 하여 '유학'의 합리성을 강조하고 '유학'의 종교적 성질을 중시하지 않는 입장도 있다.5) 그러나 미야카와 히사유키宮川尙志는 「유교의 종교적 성격儒教の宗教的性格」(1965)에서 그룻(J.J.M.de Groot: 1854~1921) 이래의 '유교'적인 입장을 중시하여 마스페로(Henri Maspero: 1883~1945)·그라네(Marcel Granet: 1884~1940)·크릴(H.G. Creel: 1905~1994)의 학설을 소개하고, 자신도 '유교'로 파악하는 입장을 취한다.6) 이 가운데 그라네의 설을 소개하기로 하겠다.

마르셀 그라네는 『중국인의 종교La religion des Chinois』(1922)에서 '유교'를 '오호야케(公, 국가·황제)의 종교'로 파악한다. 즉 "모든 제사는 제왕 또는 그 정신적 권위의 파견이 황제의 이름으로 행해지지 않는다면 가치가 없다. 이것이 오호야케 종교의 바탕이다. 황제는 최고의 종교적 우두머리다"라고 하여 황제가 주재하는 '유교'의 제사를 극히 중시한다. 요컨대 그라네의 언설은 '유교'의 종교성을 국가제사에서 찾는 관점이다.

중국인 연구자로서 '유교'적인 입장을 취하는 학자로 임계유任繼愈가 있다. 임계유는 「유가와 유교儒家と儒教」(1979)에서 '유학'이 역사적으로 '유교'로 발전하였다고 주장한다. "선진시대의 '유학'은 은주 이래의 종교사상을 계승하였지만 종교는 아니었다. 그런데 여기에 동중서에 의해서 신학적 목적론이 더해지고, 다시 유·불·도의 삼교를 합일한 송명

이학이 형성되어 '유교'가 완성되었다. 송명이학은 종교이자 철학이자 정치의 준칙이자 도덕의 규범이다. 이 네 가지의 결합으로 완전무결한 중국 중세 스콜라철학의 기본요소가 구성되었다." 요컨대 임계유는 '유학'의 '종교'적인 변질을 중시하여 '유교'의 형성을 논하는 입장에 있다고 하겠다.

임계유의 언설을 계승하는 이신李申도 『유학과 유교儒學與儒教』(2005)에서 동중서가 공자의 학설과 전통종교를 결합시켜 종교로서의 유교를 창립하였다고 주장한다. 인간과 신이 교류하는 수단으로서의 천인감응설을 중시하고, 참위사상을 그 발전으로 자리매김한다. 또 후한 이후 지속적으로 공자를 제사지낸 것도 종교임의 유력한 논거라고 하였다.[7]

'유학'의 변질을 '유교'로 파악하는 견해는 '유교'란 국교로서의 '공자교'를 의미한다고 독자적인 정의를 내리는 이타노 쵸하치에게도 보인다. 이타노 쵸하치板野長八는 「유교의 성립儒教の成立」(1970)에서 "'유교의 국교화'란 육예六藝의 과科·공자孔子의 술術이 군주를 포함한 인간계 전체를 지도하고 교화하게 된 것을 가리키는데, 그것은 도참圖讖과 공자교孔子教가 결합하여 인도의 가르침을 언설하던 성인 공자가 천도를 언설하는 주술의 최고권위가 됨으로써 공자교가 변질한 시기에서 찾을 수 있다. 그 시기란 도참을 전면적으로 수용하여 즉위·정책·봉선 등 모든 것을 도참에 의거하여 행동한 후한 광무제기에 설정할 수 있다"고 하였다. 미야카와 히사유키宮川尙志도 「유교의 종교적 성격」(1965)에서 한대의 참위사상에 의한 '유학'의 종교화를 중시하여 '유교'를 국가종교로 이해한다. 이렇듯 '유교'로 파악하는 입장의 논자들은 대부분 '유교'가 국가에서 수행한 역할 즉 국가종교로서의 역할을 중시한다.

한편 지금까지의 논자들이 그 종교성을 부정해온 원시유교의 주술성에서 '유교'의 종교성을 찾은 것이 가지 노부유키加地伸行의 『유교란 무

엇인가儒教とは何か』(1990)이다. 가지는 종교를 죽음 및 죽음 이후를 설명하는 것으로 정의하고, 장의葬儀에서의 유교의 중요성을 지적하면서 유교야말로 죽음과 깊이 결합된 종교라고 주장한다. 이어서 "유가에서 죽음에 대한 설명으로서 중시한 것이 '효'이며, 유자儒者는 생명론으로서의 '효'를 기초로 그 위에 가족윤리, 사회윤리(정치윤리)를 만들어 내고, 우주론·형이상학을 발전시켰다"고 해석한다. 요컨대 가지는 '유교'의 본질에 생명론으로서의 '효'를 설정하고, 거기에서 '유교'의 본질인 종교성을 발견하였다.

이상과 같이 '유교'를 종교로 파악하는 의론은 국가종교로서의 '유교'를 중시하는 견해와 그 본원적인 주술성을 중시하는 견해로 분류할 수 있다. 이러한 '유학'적 입장과 '유교'적 입장의 양자가 출현한 이유는 유교가 갖는 많은 요소의 다원성에 있다고 하겠다. 그렇다면 유교의 다양한 요소를 어떻게 이해해야 하는가?

3) 유교의 다양한 요소

'유학'과 '유교'라는, 종교성의 유무에 관하여 대조적인 견해가 병존하는 이유는 유교가 지닌 성격의 다양성에 기인한다. 그러한 다양성으로 유교를 파악하고자 하는 시도로서 다음의 세 연구가 있다. '유학'과 '유교'의 개념 변별을 통해 양자의 정합적 이해를 지향하는 토미야 이타루冨谷至, 유교를 다양한 요소의 복합적인 형태로 파악하는 미조구치 유조溝口雄三, 유교의 다양한 요소의 단계적 발전을 주장하는 가지 노부유키加地伸行의 연구다.

토미야 이타루는 「'유교의 국교화'와 '유학의 관학화「儒教の國教化」と「儒學の官學化」」(1979)에서 '유교의 국교화'와 '유학의 관학화'를 구분해서 논해야 한다고 주장한다. 즉 '경학'이 국가에 의해 그 지위를 보증받는 것을 '유학의 관학화'라고 칭하고, 교리로서의 '유교'가 군주 및 인민을 규제하여 일종의 '국가종교화'되는 것을 '유교의 국교화'로 칭해야 한다고 하였다. 그러나 유교라는 것을 '유학'과 '유교'의 두 측면으로 절연히 구별할 수는 없을 것이다. 오히려 다양한 요소가 뒤섞여서 존재하는 것으로 파악해야 하지 않을까? 「서론 1-1. 유학」에서 언급했듯이 '유학'설을 총괄할 듯한 사전의 항목을 집필한 이케다 스에토시池田末利는 「고대 중국사상에서의 종교의 성격古代中國思想における宗教の性格—模索的描寫」(1976)의 서설序說에서 이 문제와 관련하여 다음과 같이 서술하였다. "일반적으로 중국인은 종교적이기보다는 인간중심주의적·현실적 경향이 강하며, 중국의 사상에는 종교적 요소나 영향이 희박하다는 견해가 서구학자들 사이에는 물론 일본학자 사이에서도 유력한다. 이러한 견해는 확실히 중국민족정신의 기본성격에 대하여 그 일면을 파악한 것이라고 할 수 있다. 그러나 유가의 윤리주의적 인생관이든 도가의 자연주의적 세계관이든 그 근저에는 천天이라든가 신神이라든가 하는 초월자超越者·지상자至上者를 항상 사유하고 있었다. 이런 의미에서 본다면 사상 기조로서의 종교성을 낮게 평가할 수는 없다. 뿐만 아니라 유교정치 그 자체가 '예禮'로 범칭되는 일종의 Ritualism으로 표현되어 의례儀禮와 주술呪術의 집행이 왕자王者의 가장 중요한 임무였다. 따라서 중국사상의 비종교성 내지 반종교성만을 강조하는 것은 일면적 이해라고 말하지 않을 수 없다. 이러한 일면적 이해는 종교성 그 자체에 대한 깊은 통찰을 갖추지 못한 바에서 생겨난다." 번잡하게 인용하였지만, '유교'가 지닌 종교성과 비종교성의 혼연한 형태를 적절하게 표현한 문장이라고 생각된다. 요컨대, 토미야설富谷說과 같은 분리론은 '유교'와 '유학'의 문제를 지나치게 왜소화한다고 하겠다.[8)]

'유교'가 지닌 다양한 요소를 양상(aspect)으로서 다루고자 한 것이

미조구치 유조溝口雄三의 「중국유교의 10가지 양상中國儒教の10のアスペクト」(1990)이다. 미조구치는 유교의 양상을 10개 항목으로 분류한다. ①예제禮制·의법儀法·예개념禮概念, ②철학사상, ③세계관·치세이념治世理念, ④정치·경제사상, ⑤지도자의 책임이념, ⑥교육론·학문론·수양론·도덕론, ⑦민간윤리, ⑧공동체윤리, ⑨가족윤리·군신윤리, ⑩개인윤리의 10개 항목이다. 미조구치가 제시한 의견은 유교의 다양성을 구체적으로 망라한 표현으로 평가할 수 있다. 그러나 '유교'의 역사적 존재형태는 이들 10항목이 나열적으로 병존한 형태로는 나타나지 않을 것이다. '유교'는 시대에 따라 다양하게 변화·발전함으로써 그 결과가 10개 항목으로 분류될 수 있는 것이지, 그 역은 아니다. 요컨대 미조구치설溝口說과 같은 유형론을 가지고는 유교의 역사적 존재형태를 이해할 수 없을 것이다.

나열적 유형론인 미조구치에 대해, 가지 노부유키는 『유교란 무엇인가』(1990)에서 '유교'의 다양한 요소가 누층적인 5단계로 발전했다고 주장한다. ①원유原儒시대(공자 이전)의 죽음에 대한 불안에 대처하는 주술이, ②유교성립시대(기원전 6세기~기원전 2세기)에 생명론으로서의 '효'가 되어 그것이 유교의 가장 근저에 존재하게 되었다(종교성). 그리고 ③경학시대 전기(한~당)에 가족론·정치론이 형성되고(예교성), ④경학시대 후기(송 이후)의 송학宋學에서 우주론·형이상학이 형성되었다(철학성). 이러한 예교성·철학성은 ⑤유교내면화시대(현재)에서는 붕괴되었으며, 유교로서 잔존하는 것은 생명론으로서의 '효' 뿐이라고 하였다. 가지설加地說은 시대에 따른 유교의 발전을 설명하고 있다는 점에서 나열적인 미조구치설溝口說보다 역사적 존재형태에 가깝다. 그러나 가지가 유교의 본질로서 '효'를 강조하고 그것이 지닌 종교성이 유가에서 소멸되는 것을 비난할 때, 그의 역사성에 대한 배려는 상실된다. 예를 들면 가지는 다음과 같이 서술한다. "한대 이후의 유가는 유교를 종교가 아니라고 보았기 때문에 유교 경전 도처에 설명되어 있는 조상숭배에 바탕을 둔 귀신제사를 어떻게 자리매김하고 어떻게 의미부여할 것인가에 대해 온갖 고심을 하게 된다. 유교의 본질로서 존재하는 종교성을 알지 못했기 때문에 종교성의 자리매김 같은 것이 제대로 될 리가 없었다. 그 몰이해의 대표는 5세기의 범진范縝이다." 이렇듯 가지는 한대 이후 유가의 '유교'에 대한 몰이해를 비판한다. 이것은 의문이다. 한대 이후의 유가가 조상숭배에 바탕을 둔 귀신제사의 자리매김에 고심을 하였다면, 그 고심하는 모습이 바로 한대 이후의 유교는 아닐까? 유교의 존재방식은 시대에 따라 변천한다. 한대 이후의 유가가 가지가 생각하는 유교의 본질과 다르다고 하여 한대 이후의 유가가 유교를 이해했던 형태를 '몰이해'라고 비난하는 것은 우스꽝스럽다. 요컨대, 가지처럼 현대의 시각에 기초한 일원론을 가지고는 역사적으로 변천하는 유교의 존재형태를 파악할 수 없을 것이다.

그렇다면 유교를 어떻게 파악해야 하는가? 다양한 요소를 지닌 유교는 역사적인 변천을 보인다. 그런데도 중국의 모든 시대에 공통된 유교상을 파악하려는 방법론을 취한다면, 그것은 '유교'와 '유학'을 다룬 여러 학설에 대한 검토에서 분명해졌듯이 정합적인 해석을 도출하지 못한 채로 끝나버릴 가능성이 높다. 따라서 이러한 시도는 잠시 제쳐두고, 각각의 시대에 유교가 존재했던 방식을 해명하는 것으로부터 시작해야 하지 않을까? 요컨대, 유교의 역사적 존재형태를 각각의 시대에 따라 해명할 필요가 있는 것이다. 이케다 슈죠도 『자연종교의 힘』(1998)에서 본서의 토대가 된 필자의 전저 『후한국가의 지배와 유교』(1995)를 인용하면서, "현재 필요한 것은 유교를 공론空論하는 것이 아니라, 각 시대와 각 개인에 대해 그 유교의 특질을 천명하는 것이다. 와타나베 요시히로가 '유교의 역사적 존재형태를 각각의 시대에 따라 해명할 것'을 제안한 것에 대해 만강滿腔의 찬동을 표하는 바다. 오늘날의 유교연구는 이 길 밖에 없다"고 하였다.

이케다 슈죠는 『자연종교의 힘』(1998)에서 한대는 명대와 더불어 유교의 종교성이 강한 시대였다고 하였다. 한대는 「서론 – 머리말」에서 언급했듯이 '유교의 국교화'가 요구되던 시기였다. 그러나 '유교의 국교화' 시기에 대해서는 수많은 이설異說이 병존하는 상황이다. 이어서 '유교의 국교화' 논쟁을 검토하기로 하겠다.

2. '유교의 국교화'를 둘러싼 연구

중국의 국가사회에서 유교는 어떠한 역할을 수행했을까? 이 문제에 대한 고찰은 유교가 중국의 지배이념이 되어 사회로 침투해 갔던 시대를 연구하는 것에서부터 시작할 필요가 있다. 종래의 연구에서는 무제가 동중서의 '대책對策'을 계기로 '유교의 국교화'를 단행한 이래, 유교가 중국 정통사상으로서의 지위를 차지하게 되었다고 이해하였다. 그러나 '유교의 국교화'는 그 시기·내용 등에 관해 '정설定說'을 비판하는 수많은 설이 제출되었다. 이하, 시대순에 따라 학설들의 논거를 추적하고, '유교의 국교화'에 대한 본서의 입장을 밝히고자 한다.

1) 전한 무제기

종래의 정설이라 할 수 있는, 전한 무제기에 '유교의 국교화' 시기를 설정하는 설은 시게자와 토시로重澤俊郎의 「동중서연구董仲舒研究」(1943)가 대표적이다.9) 시게자와는 유가적 통일은 사회적 정치적 요청이었으며 동중서가 출현하지 않았더라도 유가의 표창은 조만간 이루어질

운명에 있었지만, 이러한 추세를 통찰하고 종래의 유가사상을 정리·개정시킨 그의 위대한 수완은 인정하지 않을 수 없다고 하여 동중서 출현의 필연성을 당해 시대의 사회상황에 기초하여 설명한다.10) 이어서 동중서의 학문·저작·'천인삼책天人三策'의 제출·오경박사五經博士의 설치 등 동중서와 관련된 기본적인 사항들을 밝히고, 정치사상·윤리사상·음양오행사상과의 연관성을 논하였다. 특히 동중서의 정치사상 가운데 가장 특징적인 부분으로서 군주권에 관한 사상을 언급하면서, 동중서는 군주권의 강화를 긍정해야 하는 절대적 요청 때문에 '대일통大一統'과 세계국가 사상의 이론적 근거를 우선적으로 제공했지만, 반면에 유가의 전통정신에 의거하여 이를 일정한 범위 내로 억제하고자 하는 준비를 게을리 하지 않았다고 지적하였다. 이러한 시게자와의 동중서 이해는 이후 연구의 기초가 되었으며, 이를 조술함으로써 동중서연구는 진행되었다.11) 중국에서의 동중서에 대한 자리매김이나 '유교국교화'에 관한 의론도 기본적으로 이 선을 넘어서지는 않았다.12)

토미야 이타루冨谷至가 「'유교의 국교화'와 '유학의 관학화'」(1979)에서 정리한 바에 따르면, 이러한 '정설定說'에 대한 비판은 주로 세 방향에서 제기되었다. 첫째 오경박사의 설치와 동중서의 대책에 관한 사료적인 의문, 둘째 '유교국교화'의 실효성에 대한 의문, 셋째 '유교국교화'의 해석 문제다. 첫 번째 사료적인 문제부터 검토하도록 하겠다.

첫째 입장에서의 비판은 히라이 마사시平井正士의 「동중서의 현량대책의 연차에 대하여董仲舒の賢良對策の年次に就いて」(1941)를 효시로 한다. 히라이는 상주한 연차와 관련하여 다양한 설이 존재하는 '천인삼책天人三策' 중에 제1책·제3책은 무제 원광元光 원년(기원전 134)에 상주한 것이며, 제2책은 문장 가운데에 무제 말년이 아니라면 기록에 등장할 수 없는 '강거康居'라는 단어가 포함되어 있으므로 후세의 찬입일 것이라고

하였다. 그리고 공자를 높이고 백가를 억누르며, 주군州郡의 무재茂才를 추거하도록 한 일이 모두 동중서의 대책에서 발하였다는 『한서』「동중서전」은 공적을 동중서에게 귀결시키는 찬사에 불과하며, 한대 유학일존의 풍조는 사실 전분田蚡에서 시작되어 공손홍公孫弘에 이르러 확고해졌다고 논증함으로써, 동중서에 의해서 유교가 국교화되었다는 정설을 비판하였다.

이러한 논점을 계승하면서 한층 의론을 전개시킨 것이 후쿠이 시게마사福井重雅의 「유교 성립사 상의 2·3가지 문제儒教成立史上の二三の問題—五經博士の設置と董仲舒の事蹟に関する疑義」(1967)다. 후쿠이는 오경박사의 설치 및 동중서의 대책에 관련된 사료가 『한서』에만 나타나고 『사기』에는 보이지 않은 점을 중시한다. 그리고 『한서』는 동중서를 '유종儒宗'으로 추앙하기 시작한 유향·유흠 부자의 사상적 영향을 크게 받은 서적이라는 사실을 근거로,13) 반고가 동중서를 한대 유교의 확립자로 간주하는 전승傳承을 만들어낸 것이라고 하였다. 그 결과 오경박사의 설치는 『한서』에만 명기되어 있는데다, 오경박사 가운데 『예』·『역』의 박사에 누가 임명되었는지도 명확하지 않게 되었다고 하였다. 즉 무제의 오경박사 설치라는 유명한 제도는 『한서』 편찬시기의 사상으로부터 가상적加上的으로 가탁된 기록이므로 무제 시대에 실시된 사실로 인정될 수 없다는 것이다. 또한 '천인삼책'에 관해서도 히라이설平井說을 계승하여, 제2책은 후세의 찬입이며 다른 대책도 거의 정책으로 구체화되지 않았다고 하였다. 요컨대 무제의 유교정책은 즉위 당초 10여 년 사이에 일시적으로 시행된 것에 불과하며, 그 후에는 거의 고려된 적이 없이 조락하였다는 것이다.

후쿠이설福井說에 대한 반론으로 제출된 것이 사가와 오사무佐川修의 「무제의 오경박사와 동중서의 천인삼책에 대하여武帝の五經博士と董仲舒の

天人三策について—福井重雅氏『儒教成立史上の二三の問題』に対する疑義」(1967)다. 토미야 이타루의 「'유교의 국교화'와 '유학의 관학화'」(1979)도 기본적으로는 사가와설佐川說을 답습한다. 또 마치다 사부로町田三郎도 『진한사상사의 연구秦漢思想史の硏究』(1985)에서 사가와의 논문으로 후쿠이의 문제제기는 해결되었다고 하면서 전한 무제시대를 '유교의 국교화' 시기로 삼는 것을 입론의 대전제로 하였다.14) 따라서 사가와의 후쿠이 비판을 검토하는 것이 중요하다. 사가와의 후쿠이 비판 중 첫째 오경박사에 관해서는, 『한서』에만 그것이 기록되어 있는 이유는 『한서』「무제기」에 대응되어야 할 『사기』「무제본기」가 현재 망실되어 있기 때문이라고 하였다. 그리고 '오경박사를 설치한다(置五經博士)'는 기록은 앞으로 박사는 오경에 한하여 설치하는 것을 제도의 방침으로 결정하였다는 의미라고 해석하여 무제의 오경박사 설치를 긍정적으로 보았다. 둘째 동중서의 제2책에 관해서는, '강거康居'라는 한 단어를 가지고 이를 부정하는 것은 위험하다고 하면서 처음에 제2책을 올렸고, 천자의 또 다른 책문策問에 대응하여 제1책·제3책을 올렸다고 생각한다면, 제2책을 후세의 찬입으로 볼 필요는 없다고 하여 히라이·후쿠이 양자의 설에 반론을 폈다.

이리하여 사가와佐川의 논문으로 히라이平井·후쿠이福井가 제기한 사료에 관련된 두 가지 문제 즉 오경박사의 설치와 '제2책'의 문제는 해결되었다고 생각되었다.15) 그러나 사가와 및 이를 계승한 토미야의 비판은 히라이·후쿠이가 제기한 사료에 관한 두 가지 의문점에 대해 충분하게 답하였다고 말하기는 어렵다.16) 첫째 오경박사에 관해서는, 『사기』「무제본기」의 원본이 현존하지 않는 이상 『사기』에 '오경박사'와 관련된 기사가 없는 것에 대한 소극적인 이유는 될 수 있지만 적극적인 반론이 되기는 어렵기 때문이다. 둘째 제2책의 문제도 사가와·토미야의 말대로 처음에 제2책을 올렸고, 천자의 또 다른 책문에 대응하여 제1책·제3책을 올렸다면, 왜 제2책·제1책·제3책의 순서로 기재되지 않았는가 하는 소박한 의문이 남기 때문이다. 더욱이 제1책과 제3책은 내용상 서로 가깝다. 덧붙여, 오경박사가 제도로서 확립된 시기가 공손홍公孫弘의 주청으로 박사와 제자원이 태학에 설치된 이후라고 사가와도 인정하고 있는 이상, 사료적인 문제라 할 수 없으므로 토미야의 분류에서 말한 둘째 '유교국교화'의 실효성에 관한 의문은 어떠한 것도 해결되지 않은 것이다. 그러나 사료와 관련된 문제는 결정적인 사료가 존재하지 않는 이상 자설의 입장에서 해석의 정합성을 다투는 것일 뿐이므로 본서에서 이 이상 의론을 전개하더라도 별로 생산적이지 못할 것이다. 따라서 사료문제는 양자의 견해를 병존시킨 채로 '유교국교화'의 실효성에 관한 문제로 의론을 진전시키도록 하겠다.

2) 전한 원제기

'유교국교화'의 실효성에 관한 문제제기 역시 히라이 마사시平井正士로부터 시작되었다. 히라이 마사시는 「한 무제 시대의 유가임용漢の武帝時代における儒家任用─儒學國教化の前階として」(1954)에서 무제 건원建元연간(기원전 140~135)의 유가임용은 재상 전분田蚡이 자신의 세력을 수립하기 위한 수단이었으며, 그의 세력이 안정된 이후 유가의 세력은 쇠퇴하였다고 하였다. 또 무제 본인의 유가등용도 대신을 견제하기 위한 것이었으며, 무제의 독재기에 들어서면 유가는 무용화되어 버림을 받았다고 하였다. 그리고 유가관료의 진출은 소제·선제의 준비기를 거쳐 원제·성제 이후에 실현된다고 논하였다. 이상과 같은 설을 실증하기 위해 히라이 마사시는 「한대 유가관료의 공경층으로의 침윤漢代に於ける儒家官僚の公卿層への浸潤」(1982)에서 유가의 공경층 침윤을 검토하여

'태학'의 설치 이후 무제 치세의 종말까지 37년 동안, 유가의 공경층 진출은 1.9%로 거의 막혀 있었음을 해명하였다. 그런데 원제기에 들어서면 유가는 당시 공경 총수의 25.7%를 차지하게 됨으로써 비로소 유학은 지배사상으로서의 지위에 올랐다고 주장하였다. 후쿠이 시게마사도 「유교 성립사 상의 2·3가지 문제」(1967)에서 무제 초기 숭유정책에 공헌한 것은 조관趙綰·왕장王臧·공손홍公孫弘 등으로서 동중서 개인을 특별히 평가해야 할 이유는 없으며, 공손홍이 박사제자의 증원을 상주한 '공령功令' 이후 '유교' 정책은 모습을 감추고 이후 혹리酷吏로 대표되는 법술주의法術主義가 다시 대두하였음을 논증하여 무제의 유교정책은 즉위 초 10여 년간에 불과했다고 주장하였다.

이에 대하여 토미야 이타루는 「'유교의 국교화'와 '유학의 관학화'」(1979)에서 당시 유학의 중심은 춘추공양학이며 공양학의 사상성이 혹리의 대두와 활약을 보증하였다는 자신의 「서한 후반기의 정치와 춘추학—『좌씨춘추』와 『공양춘추』의 대립과 전개西漢後半期の政治と春秋學—『左氏春秋』と『公羊春秋』の対立と展開」(1978)를 근거로 혹리의 진출·활약은 유학일존의 풍조가 낳은 것이라고 하여 후쿠이설福井說을 비판하였다. 그러나 토미야의 비판은 공경층 가운데 유가관료의 실수를 검토한 히라이의 실증적 연구를 무너뜨릴 수는 없을 것이다.[17] 설령 혹리의 활약 배경에 공양학이 존재했다 하더라도 유교의 국교화가 성립하였기 때문에 형법刑法을 덕교德敎보다 존중하는 혹리가 출현했다는 논리는 수용하기 어렵다. 전한 무제시기 중앙 관료층에서 유가의 존재는 아직 소수였다. 이러한 의미에서 생각한다면, 히하라 토시쿠니日原利國가 「재이와 참위—한대사상에의 어프로치災異と讖緯—漢代思想へのアプローチ」(1972)에서 유교가 정치와 학술의 세계에 침투하고, 그에 수반하여 음양재이의 설이 만연해 가는 데에는 소제·선제를 거쳐 원제까지 100년

가까운 시간의 경과를 필요로 하였다고 한 관점에 동의를 표하고자 한다. 즉 유교가 관료층에 어느 정도 침윤하였다는 지표에 기초하여 '유교의 국교화'의 시기를 구한다면, 그것은 전한 무제기가 아니라 전한 원제기 쪽에 현실성이 있다고 할 수 있겠다.

3) 왕망기·후한 광무제기

'유교의 국교화'라는 용어에 대한 해석과 관련하여 의문을 제기한 것은 니시지마 사다오西嶋定生와 이타노 쵸하치板野長八였다. 니시지마 사다오의 「황제지배의 성립皇帝支配の成立」(1970)에 의하면, '유교의 국교화'란 첫째 '유교'가 국가의 정치이론으로서 절대적인 지위를 획득하고 유가에서 주장하는 예설禮說에 의거하여 국가의 제사가 개혁되는 것, 둘째 제국의 지배자인 '황제'의 존재를 '유교'의 교의체계教義體系 속에 편입시키는 것이라고 정의한다. 전자는 종묘제宗廟祭·교사제郊祀祭 등의 국가제사가 유가사상의 기준에 따라 개정되거나 폐지된 전한 후반기부터 왕망기에 완성되었고, 후자는 참위설을 받아들여 신비주의와 결합한 전한 말기에서 구할 수 있다. 따라서 '유교국교화'의 시기는 전한 최말기이며, 왕망 정권은 이 '유교국교화'를 배경으로 출현하여 그것을 완성시킨 것으로 자리매김 된다고 하였다.[18)]

한편 이타노 쵸하치의 「도참과 유교의 성립(1)(2)圖讖と儒教の成立(一)(二)」(1975)는 '유교'란 국교國教로서의 '공자교孔子教'를 의미한다는 독자적인 정의에서 출발한다.[19)] 즉 '유교의 국교화'란 육예六藝의 과科·공자孔子의 술術이 군주를 포함한 인간계 전체를 지도하고 교화하게 된 것을 가리키는데, 그것은 도참과 공자교가 결합하여 인도의 가르침을 언설하던 성인 공자가 천도를 언설하는 주술의 최고권위가 됨으로써 공자교가 변질한 시기에서 찾을 수 있다. 그 시기란 도참을 전면적으로 수용하여 즉위·정책·봉선 등 모든 것을 도참에 의거하여 행동한 후한의 광무제기에서 구할 수 있다고 하였다.

양자의 설은 시기적으로는 각각 왕망기·광무제기라는 차이는 있지만 참위·도참에 의한 유교의 신비화를 중시한 점에서는 궤를 같이 한다. 왕망의 혁명이 '부명혁명符命革命'으로 칭해지고, 광무제의 그것이 '도참혁명圖讖革命'으로 칭해지듯이[20] 양자의 정치행동 가운데에서 유교가 차지하는 역할은 극히 중요하였다. 이 시기에 정치사상으로서의 유교는 국가건설에서 빠뜨릴 수 없는 사상적 중핵으로서 대단히 중요한 지위를 차지하고 있었다. 게다가 참위사상과 결합하여 '황제'까지도 포섭하는 개념이 되었던 유교는 바야흐로 사상내용으로서의 '국교화'라고 칭하는 데에 상응하는 내용을 갖추고 있었다. 사상내용만을 지표로 한다면 왕망·광무제기를 '국교화'의 시기로 설정하는 것도 가능할 것이다.

4) 단계설

'유교의 국교화'가 어느 한 시기에 이루어진 것이 아니라 일정한 시간 속에서 서서히 형성되었다고 생각하는 것이 단계설이다. 후쿠이 시게마사福井重雅가 『한대 유교의 사적 연구漢代儒教の史的研究』(2005)에서 단계가 존재한다고 전제하면서도 원제기에 '유교의 관학화'가 이루어졌다고 주장한[21] 반면에, 이케다 토모히사池田知久는 『도가사상의 신연구—『장자』를 중심으로道家思想の新研究—『莊子』を中心として』(2009)에서 완전한 단계설을 취한다.[22]

후쿠이 시게마사는 『한대 유교의 사적 연구』(2005)에서 유교의 체제화 시기를 역사적으로 더듬어 가면서 전한 문제~무제기에 배태하여 선제·원제기에 싹을 틔우고, 왕망기에 꽃을 피웠으며, 후한 광무제~장제기에 결실을 맺었다고 하여 유교의 관학화를 4기의 단계로 구분한다.

제1기 : 현량賢良·방정方正·효렴孝廉·무재茂才 등을 주체로 하는 찰거察擧제도의 신설, 이와 표리를 이루는 유학 전문의 박사박사제자 제도의 형성, 무제 즉위 초 전분田蚡·왕장王臧 등의 유학존중의 진언 등으로 표상되는 문제~ 무제기.

제2기 : 황제 자신의 유학 존숭, 유가적 관료의 정계진출, 체제의 재편성 등으로 대표되는 선제·원제기

제3기 : 참위·고문을 도입한 유학의 변질·해체, 유가적 관료층의 급증, 제사의 일원화 등으로 집약되는 왕망기.

제4기 : 국가사상으로서의 유학의 보급, 관민일체의 유교 수용, 재지사회로의 유학 침투 등으로 요약되는 광무제~ 장제기.

후쿠이는 이러한 220년에 걸친 유교의 형성기에서 굳이 유교의 전환 시기를 설정한다면, 그 일선은 선제와 원제 사이에 해당한다고 하였다. 즉 정도의 차이는 있지만 선제 이전의 시대에는 유교가 아직 황제·국가에게 유일한 사상으로서 공인받지 못하였는데, 원제 이후에 비로소 황제를 필두로 관민官民 일반이 떠받드는 국가정통의 사상이 되었다는 것이다.

이에 대하여 이케다 토모히사는 「유교국교화와 도교·불교儒教國教化と道教·佛教」(2007)에서 유교의 국교화 즉 국가가 유교를 유일한 정통으로 공인하고 그 밖의 것을 포섭·억제하는 형태로 사상통일을 행한 것은 전한 전체 시기 동안 유교를 중시한 축적의 결과로 달성된 것이며, 이하의 3단계를 거쳐 행해졌다고 주장한다.

맹아단계 : 문제기~ 무제기(기원전 180 ~ 기원전 87)에는 현량·방정·효렴 등

을 중심으로 하는 관리등용제도가 창설되어 유교경전을 전문적으로 연구하는 경학과 박사제도가 확립되었고, 동시에 박사제자제도가 창설되어 무제즉위 초년에는 유가관료의 등용과 활약이 나타났다.

발전단계 : 소제기~ 원제기(기원전 87~ 기원전 33)에는 염철회의·석거각회의에 유가가 참여·발언하고, 황제 자신도 유교를 중시하였기 때문에, 유가관료가 정계에 진출하였다. 또 군국묘의 폐지를 비롯한 예제禮制의 개혁이 이루어졌다.

완성단계 : 성제기~ 왕망기(기원전 33 ~ 기원전 23)에는 유향·유흠에 의해서 육경을 중심으로 한 서적정리가 이루어졌으며 동시에 유교는 참위설을 받아들여 변모해갔다. 또 유가관료가 서서히 증가하고, 유교적인 종묘제·교사제가 확립되었다. 왕망기에는 『주례』를 모델로 하는 관제官制·전제田制의 개혁이 이루어졌다.

이러한 단계설을 주장하면서 동시에 유가儒家에 앞서 도가道家도 여러 사상을 통일하려는 구상을 갖고 있었음을 중시한 것도 이케다설池田說의 특징이다(池田知久, 『道家思想の新研究—『莊子』を中心として』, 2009 참조).

3. '유교국가'의 네 가지 지표와 '유교국교화'의 완성

이제 논점을 정리하도록 하겠다. 지금까지의 연구를 요약해서 말하면 '유교의 국교화'는 (1)제도적인 유교 일존체제의 확립, (2)유교의 공경층으로의 침윤, (3)사상내용으로서의 체제유교 성립이라는 세 가지 지표를 가지고 논해졌다고 할 수 있겠다.[23] (1)을 지표로 삼아 전한 무제기에 '유교의 국교화'를 설정하는 통설은 히라이平井·후쿠이福井의 비판처럼 관료층에서 차지하는 유가의 존재가 소수였을 뿐 아니라 유교사상이 아직 정치·사회에 침투하지 못하였다는 점에서 인정될 수 없다. 무제기·선제기에 법가사상이 크게 융성했던 사실은 이를 여실히 말해준다. 다음으로 (2)를 지표로 삼아 전한 원제기에 '유교의 국교화'를 설정하는 히라이설平井說은 어떨까? 히라이의 실증에 의하면 원제 때 공경층에서 차지하는 유가관료의 비율은 26.7%였다고 한다. 1.9%에 불과했던 무제기에 비한다면 유교의 침윤은 명백하다. 그러나 30% 미만의 비율을 가지고 '유교의 국교화'를 논하는 것은 무리다. 보다 높은 비율의 유가관료가 공경층으로 침윤했을 때를 기다려 (2)의 지표를 적용해야 할 것이다. 그렇다면 (3)을 지표로 삼아 왕망기·광무제기에 각각 '유교의 국교화'를 설정하는 니시지마설西嶋說과 이타노설板野說은 정곡을 찔렀다고 할 수 있을까? 확실히 '황제'의 개념을 사상내용에 내포하는 시기는 참위사상의 확립기인 왕망기부터 광무제기 사이에서 구할 수 있다. 또 왕망이 유교적인 종묘제·교사제의 확립에 커다란 역할을 수행했던 것도 분명하다. 그러나 '유교의 국교화'라는 개념을 정치사상으로서의 사상적 '내용' 확립만 가지고 적용하는 것이 '유교의 국교화'라는 개념의 여러 요소를 완전히 포괄한다고 말할 수 있을까?

본질적으로 정치사상인 유교는 추상적인 사상 '내용'의 확립이 아니라 국가의 지배에 유교가 '구체적'으로 어떻게 관계되어 있었는가 하는 지표를 통해서만 비로소 유용성을 판단할 수 있다. 바꾸어 말하면 (4) 지배의 구체적인 장에 유교가 출현하는 '유교적인 지배'의 확립을 '유교 국교화'의 제4 지표로 설정할 수 있는 것은 아닐까? 이것이 허용된다면 왕망기는 왕전제王田制 등의 '유교적인 지배' 정책이 거의 실효성을 거둘 사이도 없이 신왕조의 붕괴를 보았으므로 여기에서 '유교의 국교화'를 구할 수는 없을 것이다. 더욱이 중국고대국가의 지배를 현실의 일로 삼는 것이 재지세력이라고 한다면(渡邉義浩, 『후한국가의 지배와 유교』,

1995), 공경층이라는 고급관료만이 아니라 국가의 지배를 재지에서 떠받친 재지세력이 유교를 수용하는 것도 중시해야 한다. 그래서 (3)의 중앙관료에 (5)의 재지세력의 유교 수용을 더하고자 한다.

그러나 많은 지표를 더해가는 것은 종래의 연구와는 다른 척도로 '유교의 국교화'를 논하는 것이 된다. 또 '국교화'라는 개념에 대해서도 앞에서 서술한 이타노 쵸하치 등 다양한 의론이 있다.[24] 그래서 (4)지배의 구체적인 장에 유교가 출현하는 '유교적인 지배'를 중시하는 본서는 국가의 유교적 지배를 중시한다는 의미에서 '유교국가'라는 분석개념을 설정하고, '유교국가'의 성립으로 '유교의 국교화'가 완성되는 것으로 이해하고자 한다. '유교'라는 분석개념과 아울러 '유교국가' 성립의 지표를 정의하도록 하겠다.

○ 유교

유교란 유가 교설의 총칭이다. 그 중심이 되는 경전해석은 경학이라고 하는데, 본서에서는 한대유교의 특징을 높은 종교성에서 찾는 입장에서 경학을 포함한 유가의 교설 전체를 유교라고 부르겠다.

○ '유교국가' 성립의 지표

1. 사상내용으로서의 체제유교의 성립
2. 제도적인 유교 일존체제의 확립
3. 유교의 중앙·지방 관료층으로의 침윤과 수용
4. 유교적 지배의 성립

이상 4가지 지표 가운데에는 필자의 전저『후한국가의 지배와 유교』(1995)에서 이미 상세하게 의론한 것도 있다. 따라서 본서에서 1에서

4까지의 모든 지표를 논증할 필요는 없다. 다만 9장에 걸친 논증이 끝난 후에는 필자의 전저 『후한국가의 지배와 유교』(1995)를 비롯한 종래의 연구 성과를 포함해 '유교국가' 성립의 시기, 다시 말해 '유교국교화'의 완성시기에 대하여 논하도록 하겠다.

맺음말

본서는 '유교의 국교화'에 관하여 다음과 같은 단계론을 주장한다. 대체적으로 생각해보면 '유교의 국교화'는,

제1단계 전한 선제기에서 석거각회의까지
'유교의 국교화'의 개시
제2단계 전한 원제기에서 왕망기까지
'유교의 국교화'의 진전
제3단계 후한 광무제기에서 백호관회의까지
'유교국가'의 성립='유교국교화'의 완성

의 3단계를 거쳐 완성되었다. 이러한 단계 중에서도 가장 중요한 획기는 '유교국가'의 성립으로 '유교의 국교화'가 완성되는 후한 장제기의 백호관회의다. 이 인식은 필자의 전저前著인 『후한국가의 지배와 유교』(1995)에서 변하지 않았다.

본서의 목적은 후한 '유교국가'의 성립으로 '유교의 국교화'가 완성되었으며, 그 시기는 후한 장제기의 백호관회의에서 구할 수 있다는 가설을 실증하는 데에 있다.

1) 宇野哲人은 『儒學史(上卷)』(1924)의 「序論」에서 "무릇, 유교란 무엇인가? 유교란 말할 것도 없이 2천 4백여 년 전의 옛날, 노나라 공자가 교설한 것으로, 그 후 수많은 변천을 거치면서 오늘날까지 전해진 윤리도덕의 가르침을 말한다"고 하여 유교를 '윤리도덕의 가르침'으로 파악한다.
2) 武內義雄은 『中國思想史』(1943)의 「敘說」에서 "유교는 支那에서 발달한 倫理教이므로 儒의 가르침은 곧 倫理라고도 할 수 있다. 그러나 또 다른 측면에서 살펴보면, 윤리는 국가사회의 질서를 지탱하는 규칙인데, 유교는 특히 이 규칙을 준수발양하기 위한 실천방법과 그것을 이론화하기 위한 철학적 사변까지 설명하고 있다"고 하였다. 武內義雄도 宇野哲人과 마찬가지로 유교를 '윤리'이며 '철학'이라고 이해한 것이다.
3) 服部宇之吉은 『孔子及孔子教』(1917) 제15장 「支那民國の崇祀孔子」에서 孔教會의 국교화운동을 서술하였다. 孔教會에 관해서는 鐙玉一, 「孔教會と孔教の國教化—民國初期の政治統合と倫理問題」(1990) 참조.
4) 王家驊의 『日中儒學の比較』(1988)에서 다른 任繼愈에 대한 비판 가운데에는 특히 李國權·何克讓, 「儒教質疑」(1981) 및 崔大華, 「'儒教'辨」(1982)의 두 논문이 이러한 입장을 명확히 주장하였다고 한다.
5) 木全德雄은 「儒教の本質」(1966)에서 막스 베버를 원용하면서 유교의 본질로서 ①전통주의·고전주의, ②합리주의, ③예의의 올바름, ④전설의 탄생, ⑤沈靜的, ⑥'목적합리적'(⑥은 베버의 개념)의 5가지 항목을 들었다.
6) 宮川尙志의 「儒教の宗教的性格」(1965)에 의하면, Groot은 국가종교로서의 유교의 제사를 중심에 놓고 서술하였으며, Maspero는 유교가 합리주의적이며 무신론적인 종교를 충족시키는 이론을 정리하는 데에 노력한 것으로 파악한다. 또한 Creel은 공자를 이스라엘의 예언자에 비유한다. 모두 유교를 종교로 파악하면서도, 서구적인 종교와 대비했을 때 합리주의적인 측면을 중시하였다고 할 수 있다.
7) 이에 대하여 姜廣輝는 『中國經學思想史』(2003)에서 유학을 일종의 '意義的 信仰'이라고 하여 일반적인 종교와는 본질적으로 다른 것으로 이해하였다. 이 밖에 중국에서 유교를 종교로 파악할 수 있는가에 관한 논쟁에 대해서는 苗潤田, 「儒學·宗教與非宗教之爭—個學術史的檢討」(2004) 참조.
8) 西川利文은 富谷至의 「「儒教の國教化」と「儒學の官學化」」(1979)를 현재에도 유효한 관점이라고 하였지만(「漢代の儒教と國家—武帝期「官學化」議論を中心に」, 1999), 福井重雅에 의해서 엄격하게 비판받았다(『儒教の國教化 (稿) —日本における學說史·研究史の整理』, 2000).
9) 이 밖에도 예를 들면 武內義雄도 "무제가 즉위하고 名儒 董仲舒가 등장하자 드디어 제자백가를 압도하였고, 여기서 유교는 국가의 正教로서 공인되었다"(『中國思想史』, 1943)고 하였다. 狩野直喜도 "무제는 이 설(동중서가 공자의 학을 보존하고 그 밖에

는 모두 멸절시켜야 한다고 주장한 설)을 받아들여 建元 5년에 처음으로 五經博士를 설치하였다. 이는 실로 중국에서 유교를 학술의 正派로 결정한 시초이며, 그 이후 최근에 이르기까지 변경되지 않았다"(『中國哲學史』, 1953)고 하였다.

10) 山田勝芳은 儒學一尊에 이르는 사회정세를 분석하면서 漢初에는 국가체제·외교문제·관리등용 등의 모든 측면이 黃老思想에 적합하였지만, 吳楚七國의 亂을 전환점으로 하여 儒者가 대두하였다고 하였다(「儒學の國敎化—中國的正統の形成」, 1991).

11) 董仲舒에 대한 연구 가운데 정치사상의 중핵을 이루는 '天人相關說'에 관한 것과 정치와의 관련성을 논한 것을 이하에서 정리하기로 하겠다. 첫째 '천인상관설'에 대해서 澤田多喜男은 동중서가 이론화한 천인상관설이 한대의 지배자층에 지배적이지는 않았던 이유를, 유가의 도덕·정치사상에 합치되는 한에서는 왕조의 강력한 옹호자가 되었지만 그 역의 경우에는 왕조에게 극히 비판적일 수 있는 천인상관설의 양날의 칼과 같은 성격에서 찾았다(「董仲舒天譴說の形成と性格」, 1968). 또한 田中麻紗巳는 인간을 포함한 자연의 만물이 음양을 매개로 상관관계·감응관계를 가질 수 있는데, 동중서는 인간이 자연에 작용을 가할 수 있다고 생각하였다고 기술하고, 미신적인 것으로 간주될 수 있는 이러한 자연관이 중국의 독자적인 자연관이라고 하였다(「漢代の自然觀について—董仲舒の說を中心として」, 1974). 또한 伊藤計는 동중서가 필화를 당해 두 번 다시 재이를 입에 담지 않은 계기가 되었던 '高廟園災對'로부터 동중서의 재이설을 검토하고, 그것은 天意를 등에 업은 공자의 비판정신을 한대사회의 지배계급 내부에 관철시키고자 한 것이었다고 하였다(「董仲舒の災異說—高廟園災對という上奏文を中心にして」, 1979). 둘째 '정치와의 관련성'에 대해서 山田琢은 동중서의 공양춘추학은 '當世의 務와 先聖의 術'이라는 한 무제의 정치적 요청에 대응하여 형성되었다고 하였다(「董仲舒と春秋學」, 1953). 小倉芳彦도 공자에서 동중서로의 변화를 정치에 대처하는 사상의 자세일반의 변질로 파악하였다(「孔子から董仲舒へ」, 1965). 또한 佐川修는 동중서의 改制說이 갖는 중요한 의미는 漢의 禮樂의 改制를 도덕과의 관련 속에서 이루어져야 한다고 주장한 점, 漢의 曆正은 建寅·夏時를 채용해야 한다고 주장한 점으로 귀결된다고 하였다(「董仲舒の改制說」, 1961). 內山俊彦은 「董仲舒における歷史意識の問題」(1993)에서 동중서의 역사인식을 순환론과 상고주의로 총괄하였다.

12) 周桂鈿의 『董學探微』(1989)는 최근 중국에서의 동중서 연구를 대표한다. 董仲舒 對策의 年次를 비롯한 기본적인 존재형태·宇宙論·人生論·仁義論·義理論·賢庶論·德才論·貴志論·辭指論·常變論·中和論·大一統論 및 후세에 대한 영향 등 동중서와 관련된 의론들을 집대성하였다. 鄧紅의 『董仲舒思想の研究』(1995)는 周桂鈿의 앞의 책을 부연하면서 『춘추번로』에 의거하여 동중서의 사상을 해명하고자 하였다. 그러나 이들 연구는 모두 동중서의 사상내용에 한정되어 있어 현실국가와의 관계나 국교화 과정에서의 동중서의 역할 등에 대해서는 언급하지 않았다.

13) 『漢書』의 사상적 편향에 관해서는 板野長八, 「班固の漢王朝神話」(1980) 참조.

14) 町田三郎의 『秦漢思想史の研究』(1985)는 전한 무제기에 '유교의 국교화'가 이루어졌음을 전제로 하면서 동중서가 수행한 역할을 다음과 같이 평가한다. "'陰陽을 추론하여 儒者의 宗이 되었다'고 간주되는 동중서는 음양설 뿐 아니라 道家 등 百家의

學을 흡수하면서 公羊春秋派 儒家의 입장에서 諸家의 종합화를 목표로 하였고, 아울러 '吏事를 윤색'하면서 정계에 유교이념을 서서히 침투시킨 功業者라고 할 수 있다." 말하자면 동중서를 통일국가 아래에서 통일사상을 형성시킨 인물로 자리매김한 것이다.

15) 淺野裕一의 「董仲舒·天人對策の再檢討—儒學の國敎化をぬぐって」(1991)도 동중서의 대책은 제2→제1→제3의 순서이며, 무제가 내린 制策의 질문 테두리 안에서 그의 생각을 서술한 것이라고 하였다. 그리고 동중서는 무제가 중심이 되어 주도한 黃老道의 추락과 중앙집권화의 책모에 이용되었지만 장기적으로 보면 儒學에 天人相關災異說을 도입함으로써 정치사상으로서의 지위를 확립하였다고 하여 기본적으로 佐川修의 논문을 답습하면서 동중서의 대책 상주 시기의 정치상황을 분석하였다. 또한 齋木哲郎의 「董仲舒の生涯 · 對策の年次及び儒敎國敎化の實際について」(1996)는 福井說을 비판한 것이지만, 福井重雅가 「儒敎の國敎化 (稿) —日本における學說史·硏究史の整理』, 2000)에서 지적한 대로 그의 사료 해석에는 오류가 있다.

16) 佐川說에 대한 비판으로는 平井正士의 「漢代儒敎國敎化の定說の再檢討(附五經博士についての一解釋)」(1976)이 있으며, 冨谷說에 대한 비판 역시 平井正士의 「漢代の儒學國敎化について」(1983)가 있다. 모두 平井說의 입장에서 비판한 것이며, 현존하는 사료에서 본다면 平井 해석의 논리적인 정합성은 佐川·冨谷說에 비해 높다고 할 수 있다.

17) 馬彪는 「試論漢代的儒宗地主」(1988)에서 전한·후한시대 公卿에서 차지하는 유가의 비율을 분석하였는데, 그 비율은 원제기에는 24.5%, 평제기에는 26.8%였다고 한다. 平井正士와 거의 마찬가지 결론이다.

18) 동일한 관점에서 왕망정권을 해석한 것으로 渡會顯의 「漢代儒敎國家化に關する二·三の考察—王莽の禪讓革命をめぐって」(1984)가 있다. 또한 飯島良子는 「莽新政權の國家統合論—后稷神話と王莽のまつり」(1995)에서 왕망이 고문경전에 의거하여 유교를 국교화하였다고 주장하여 西嶋說을 보강하였다.

19) 이 밖에 板野長八의 「儒敎の成立」(1970)·「公羊學による春秋の圖書化」(1978) 등 板野長八의 『儒敎成立史の硏究』(1995)에 정리된 연구들도 참조.

20) 왕망에 대해서는 安居香山의 「王莽と符命」(1963), 광무제에 대해서는 安居香山의 「圖讖の形成とその延用についての考察—光武革命前後を中心として」(1964)와 平秀道의 「後漢光武帝と圖讖」(1965) 참조.

21) 渡邉義浩의 「二千年の定說を覆す—福井重雅著『漢代儒敎の史的硏究—儒敎の官學化をめぐる定說の再檢討」(2005)는 福井重雅, 『漢代儒敎の史的硏究』(2005)가 갖는 연구사 상에서의 의의와 더불어 그 주장에 대한 의문을 기술한 것이다.

22) '유교의 국교화'가 장기간에 걸쳐 이루어진 것으로 사고하는 것에 대해서, 池田秀三도 "사조의 변혁은 단시일 내에 달성되는 것이 아니다. 유교가 학계·정계 전반에 침투하고 경학의 절대적 권위가 확립된 것은 실로 원제부터 왕망에 걸친 기간이었다. 요컨대 전한 말의 반세기는 儒家가 經學이라는 형식을 통해 諸子思想을 통일·절충시킨 고대사상의 수습시기였다"(「劉向の學問と思想」, 1978)라고 하여 '유교국교화'의 시기를 '전한 말의 반세기'라는 장기간에 설정한다. 이 밖에 渡邉義浩(編),

『兩漢の儒教と政治權力』(2005)에 수록된 심포지엄의 토론에서 屈池信夫는 "(유교의 국교화에 대해서는) 시점이 아니라 시간으로 파악해야 한다"고 하였고, 內山俊彦은 "(유교의 국교화는) 사건이 아니라 상태다"라고 하였다.

23) '유교의 국교화'를 몇 개의 지표를 들어 검토하는 것은 甘懷眞의 『皇權·禮儀與經典銓釋—中國古代政治史研究』(2003)에서도 볼 수 있다. 甘懷眞은 이 책에서 유교의 국교화에 관하여 天命과 敎化의 관념의 세 가지 측면에서 제도화를 고찰할 필요가 있다고 하면서 ①유가의 경전이 제도화되어 聖經과 國法이 되는 것, ②天命의 관념이 제도화되어 국가의 체제가 되는 것, ③ 교화의 이상이 제도화되어 국가적 禮法典이 제정되는 것을 들었다.

24) 유교의 '국교'화에 대해 張榮明은 『中國的國教』(2001)에서 국교란 국가종교의 약칭이며, 국가종교란 국가정치와 사회질서를 위해 복무하고 국가라는 존재를 위해 도덕의 도구와 궁극적인 가치의 근거를 제공하는 것이라고 하였다.

제 1 부

국정의 운용과 유교경전

제 1 장

양한시대 『춘추』 3전과 국정

제1장 양한시대『춘추』3전과 국정

머리말

반고에 의해서 오경박사의 설치와 유교일존의 중심인물로 가탁된 동중서가 춘추공양학자이며, 광무제가 자신의 정통성을 보여주기 위해 천하에 선포한 도참의 주요 제작자가 공양학파였던 데에서 알 수 있듯이 양한시대 춘추학의 중심은 공양학이었다.[1]

그러나 선제기의 석거각회의를 통해『곡량전』이 학관에 세워졌고, 장제기의 백호관회의가『좌씨전』의 대두를 배경으로 개최된 것에서도 알 수 있듯이,『곡량전』과『좌씨전』특히 후한시대 좌씨학의 영향력은 상당하였다.

이들『춘추』3전에 관한 성립논의·사상내용 등에 대해서는 극히 많은 연구성과가 이루어졌다.[2] 따라서 본장에서는 출현 시기 및 그 이후 국정과의 관련 속에서『춘추』3전의 특징을 추적하는 데에 초점을 맞추기로 하겠다. 이 방법론을 통해 양한시대 국정의 장에서『춘추』3전이 얼마나 현실성을 띠고 활용되었는가 하는 문제를 밝히고자 한다. 구체적으로 말하면『사기』·『한서』·『후한서』등 사서에 기록된 논의들 가운데에서『춘추』3전이 어떻게 국정운용의 논거가 되었는가를 검토하겠다. 타나카 마사미田中麻紗巳도 이미 이러한 관점을 통해 연구를 진행하였는데,[3] 본장에서는 이를 안내서로 삼아 양한시대『춘추』3전의 상극相剋과 국정과의 관련 속에서 왜『공양전』이 양한시대 3전의 중심이 되었는가를 해명한 후 『좌씨전』이 우세하게 된 이유까지도 전망해보기로 하겠다.

1. 무제기까지의 전한의 국정과 『공양전』

중층적인 형성과정을 갖는 『춘추』 3전의 성립 시기를 확정한다는 것은 쉬운 일이 아니다. 본장에서는 3전의 기본적인 성서 시기를 전국시대 후기로 파악하여 『공양전』→『곡량전』→『좌씨전』의 선후관계가 있다는 카가 에이지加賀榮治의 견해에 따르고자 한다.[4)] 특히 3전의 성서成書보다는 출현 시기에 주목하여 3전의 특징을 한의 정치상황과 관련지으면서 고찰하고자 한다.

『춘추』 3전 가운데 가장 먼저 출현한 것은 『공양전』이다. 수많은 경사經師를 거쳐 누층적으로 형성된 『공양전』은 경제 때 호무생胡毋生에 의해서 최종적으로 정리되었다(日原利國, 『春秋公羊傳の硏究』, 1976). 『공양전』은 『좌씨전』과 달리 경經에 입각하여 경經을 해석하기 때문에 (1)노국魯國 중심의 기록, (2)존왕尊王의 심정心情, (3)주周의 봉건제도 유지라는 『춘추경』의 세 가지 성격을 계승한다. 노마 후미치카野間文史가 『춘추학—공양전과 곡량전春秋學—公羊傳と穀梁傳』(2001)에서 정리한 바에 의하면, 『공양전』은 (1)노국 중심은 그대로 수용 계승하고, (2)왕자王者 존중의 측면에서는 이념으로서의 왕자를 절대시하며, (3)절대적인 왕자를 정점으로 하는 이념으로서의 봉건제도를 기초로 제후의 전봉專封을 허락하지 않고, 세경世卿을 비례非禮로 비판하고, 대부大夫의 수사遂事(독단적으로 일을 처리하는 것)를 부정하였다고 한다.

또한 노마 후미치카는 『춘추학—공양전과 곡량전』(2001)에서 호무생의 최종정리가 이루어진 경제기에 『공양전』의 가장 특징적인 부분도 작성되었다고 하면서, 그 논거로서 아래의 네 가지를 들었다. 첫째, 진한 통일제국 성립 후 천자의 독점적인 제사가 된 교제郊祭와 관련해서 『공양전』은 노나라에서 거행한 교제를 참례僭禮로 비난하였다. 둘째, 『공양전』에 보이는 재이災異에 대한 견해는 이른바 '재이설' 성립의 전단계다.5) 셋째, 『공양전』의 설화 가운데에는 문제·경제기에 저술된 『한시외전韓詩外傳』이나 문제시대 복생伏生의 『상서대전尙書大傳』과 유사한 문장이 있다. 넷째, 『공양전』의 총론인 애공 14년 '서수획린西狩獲麟' 조에서 『춘추』를 '난세를 다스려 올바른 세상을 회복하는(撥亂世反諸正)' 책이라고 하였는데, 이는 고조의 공적을 찬미한 신하들의 말과 동일하다.6) 그리고 『공양전』의 특징을 다음의 일곱 가지로 정리하였다. ①대부大夫의 수사遂事를 금지하는 한편에서 그것이 허용되는 예외로서 경經에 대한 권權과 문文에 대한 실實을 주장한다. ②이적夷狄은 그 존재 자체를 인정하지 않을 정도로 격렬한 양이사상攘夷思想을 갖고 있다. ③군신君臣의 의義를 절대시하면서도 친친親親의 도道와의 양전兩全을 꾀한다. ④행위의 결과보다 행위를 하고자 하는 의지意志를 중시하는 동기주의를 취한다. ⑤양국讓國을 찬미한다. ⑥복수復讐를 긍정한다. ⑦재이災異에서 천의天意를 읽어 낸다.7)

이들 『공양전』의 성격 세 가지와 특징 일곱 가지가 갖는 한의 국정과의 관련성을 검토하도록 하겠다. 『공양전』이 출현한 경제기까지 전한에서 국정 상의 중대한 문제가 되었던 것은 ❶강대한 제후왕과 ❷흉노의 침공이었다. 특히 경제의 정통성과 관련된 문제로서 경제의 아버지 ❸문제의 즉위를 정당화할 필요성을 들 수 있다.

❶·❷의 문제와 관련해서는 『공양전』이 출현하기 이전 문제시대의 유자 가의賈誼가 그 해결법을 상주하였다(『漢書』 卷48, 「賈誼傳」). 카나야 오사무金谷治에 의하면, 가의의 제후왕 대책은 봉국을 세분함으로써 황

제권력을 강화하고자 한 것으로서 무제기에 성행한 '추은령推恩令'의 선구가 된다. 제후의 세력을 억제하는 냉혹한 조치가 가족제에 대한 고려라는 일종의 은정주의恩情主義로 포장되었던 점에 유교의 승리원인이 있다. 또한 가의의 흉노대책은 종래의 굴욕적인 관계를 청산하고 무력과 회유로 천자의 존엄성을 확립하고자 한 것으로서 대일통 이념의 표현이었다고 한다.8)

가의의 제후왕 대책은 조조鼂錯로 계승되었다. 조조는 처음 신상형명申商刑名의 법가사상을 배웠고, 문제의 명으로 제齊의 복생伏生에게『상서』를 배워 박사가 되었으며, 황태자(후의 경제)에게 중용되어 '지낭智囊'으로 칭해졌다. 경제가 즉위하자 어사대부가 되었으며, 지론이었던 제후왕의 봉지삭감을 실행에 옮겼다(『漢書』卷49,「鼂錯傳」). 먼저 초왕楚王 유무劉戊가 문제의 생모 박황태후薄皇太后가 붕어했을 때 복상 중임에도 여인을 희롱한 죄로 동해군東海郡을 삭감당하였고, 이어서 조왕趙王 유수劉遂와 교서왕膠西王 유공劉卬의 영지가 삭감되었다. 이에 오왕吳王 유비劉濞는 제후왕들을 규합하여 조조의 주살을 명분으로 반란을 일으켰다. 난은 평정되었고, 제후왕은 국정에서 분리되었다. 이전까지 제후국의 관료는 중앙에서 파견하는 승상을 제외하면 모두 제후왕이 임명하였다. 그러나 난이 평정된 후에는 제후왕국의 승상丞相은 상相으로 개칭되었고, 어사대부 등 중앙정부와 같은 명칭의 관직은 폐지되었다. 그리하여 왕국의 정치는 중앙에서 파견한 상이 담당하게 되었다.9)

카노 나오키狩野直喜가『춘추연구春秋硏究』(1994)에서『공양전』의 '기세경譏世卿(경의 세습 비판)'은 경에 해당하는 제후왕국의 승상을 조정에서 파견할 것을 논한 것이라고 하였듯이, (3)제후에 대해 절대적인 왕(천자)의 지위를 주장하는『공양전』의 성격은 오초칠국의 난의 원인이 되었던 ❶제후왕의 세력삭감을 정당화하는 이론이 된다. (2)이념으로서의 왕자의 절대성을 주장하는 것은 (3)의 전제이며, 그것은 본래 춘추시대 권위를 실추당한 주왕의 이상을 추구하는 사상이었는데, 그것이 ❶제후왕의 강대함에 고심하는 한의 천자의 이상을 보여주는 사상이 되었다. 즉 ❶강대한 제후왕의 존재라는 전한 초기 국정의 현실이 가의로 대표되는 전한 초기 유자의 영위營爲를 계승하여 (2)절대적인 왕자가 (3)제후 이하에 대한 지배를 정당화하는『공양전』의 성격에 반영된 것이다.

초왕 유무가 문제의 생모 박황태후의 복상 중에 위례違禮를 범하여 영토를 삭감당한 것에서도 알 수 있듯이, 경제에게는 아버지 문제의 생모 박황태후에 대한 그리움이 있었다. 그럼에도 한을 위기로 빠뜨린 여황후呂皇后를 대신하여 박황태후가 유방의 황후로서 고황후高皇后로 추존된 것은 후한 광무제 때다(『後漢書』 本紀下, 「光武帝紀下」). 그것은 경제가 문제의 생모를 현창하기 위한 논리가 아직 확립되지 못한데다 여씨 타도를 주도한 것은 문제를 배출한 대왕가代王家가 아니라 제왕가齊王家였음을 고려했기 때문이었다. 문제—경제가 즉위할 수 있었던 정당성은 정치과정으로서는 박약하였던 것이다.

여후呂后 사후, 여산呂山과 여록呂祿은 상국相國과 상장군上將軍이 되자 남북군의 병사를 이끌고 유씨 일족 및 여씨에 가담하지 않는 대신들을 토벌할 계획을 세웠다고 한다. 여록의 딸을 아내로 맞은 주허후朱虛侯 유장劉章은 이 계획을 아내로부터 알아내고 형인 제왕齊王 유양劉襄에게 알렸다. 제왕은 제국齊國의 군사를 일으키고 동시에 다른 제후왕에게 격문을 보내 연합을 촉구하면서 대기하였다. 이에 호응하여 수도 장안에서는 유장이 태위 주발, 승상 진평 등과 모의한 후 여산을 참살하고, 주발과 함께 여씨 일족을 모조리 주살하였다. 이 소식을 전해들은 제왕 유양은 군사를 거두어 제국으로 돌아갔다(『漢書』 卷38, 「高五王 齊王肥傳」).

그런데, 이들 가운데 황제로 옹립된 이는 여씨 타도의 중심이었던 유장의 형 제왕 유양이 아니라 대왕代王 유항劉恒(文帝)이었다. 제왕은 여후의 아들 혜제 및 혜제의 두 아들(少帝 恭·少帝 弘)이 죽은 당시 시점에서는 할머니 조부인曹夫人의 지위가 높았기 때문에 유방의 적장손에 해당한다(圖1 「前漢皇帝略圖」 참조). 그러나 어머니의 생가에 사균駟鈞이라는 야심가가 있어 여씨와 같은 외척이 될 우려가 있었기 때문에 황제로 옹립되지 못하였다. 이에 반하여 문제는 혜제의 동생에 해당하는데, 그의 생모 박희薄姬의 생가 사람들이 "성품이 지극히 공손하고 어질다"는 평가가 있었기 때문에 황제로 선발되었던 것이다(『漢書』 卷38, 「高五王 齊王肥傳」).

물론 제왕가는 납득할 수 없었을 것이다. 그 발로였을까? 주허후 유장(후의 성양경왕)은 이후 산동반도에서 지속적인 제사의 대상이 되었다. 왕망이 한을 찬탈했을 때, 한을 표방하며 반란을 일으킨 적미赤眉의 난은 성양경왕城陽景王신앙을 집단의 핵으로 삼고 있었다.10) 여씨 일족으로부터 한을 구제한 유장은 그 사후 성양경왕 신앙을 통해 한을 찬탈한 왕망을 타도하였던 것이다.

경제기에 출현한 『공양전』은, 혜제의 동생이자 어머니의 지위가 낮았던 대왕가 출신으로 제왕가를 뛰어넘어 즉위한 ❸문제를 정통화하지 않으면 안 되었을 것이다. 그것이 ⑤양국讓國의 찬미다. 『공양전』은 노나라 은공隱公이 동생 환공桓公에게 공위公位를 양위하려는 의지를 갖고 있었음을 절찬한다. 그 의지는 성취되지 않았지만, 그렇더라도 양국의 의지를 갖고 있었던 사실 그 자체가 중요하였다. ④동기주의다. 그러나 환공은 은공의 동생이었지만, 은공에 비해 어머니의 지위는 잉첩媵妾으로서 조금 귀하였다. 그렇다면 같은 잉첩이지만 조부인(제왕 비의 어머니)에 비해 어머니 박희의 지위가 낮은 문제文帝를 정통화할 수는 없다.

그래서 『공양전』은 『곡량전』이나 『좌씨전』에는 없는 '자이모귀子以母貴, 모이자귀母以子貴(아들은 어머니로 인해서 귀해지고, 어머니는 아들로 인해서 귀해진다)'라는 의례義例를 만들어냈다. 『춘추공양전』 은공 원년 조에서는 은공이 환공에게 나라를 양위하고자 한 이유로서 환공의 어머니의 지위가 귀했던 점을 들어 '자이모귀(아들은 어머니로 인해서 귀해진다)'라는 의례를 세운다. 그 결과 즉위한 아들은 본래 어머니의 지위가 귀했기 때문에 즉위한 것이므로, 이어지는 '모이자귀(어머니는 아들로 인해 귀해진다)'라는 의례는 논리적으로는 필요 없게 된다.11) 설령 은공·환공에게는 불필요한 것이었다 하더라도, 어머니의 지위가 낮은 ❸문제가 즉위한 한의 현실을 정통화하기 위해서는 필요불가결한 것이었다. '모이자귀'라는 『춘추』의 의례는 ⑤양국의 찬미·⑥동기주의와 더불어 경제의 아버지인 ❸문제의 즉위를 정당화하

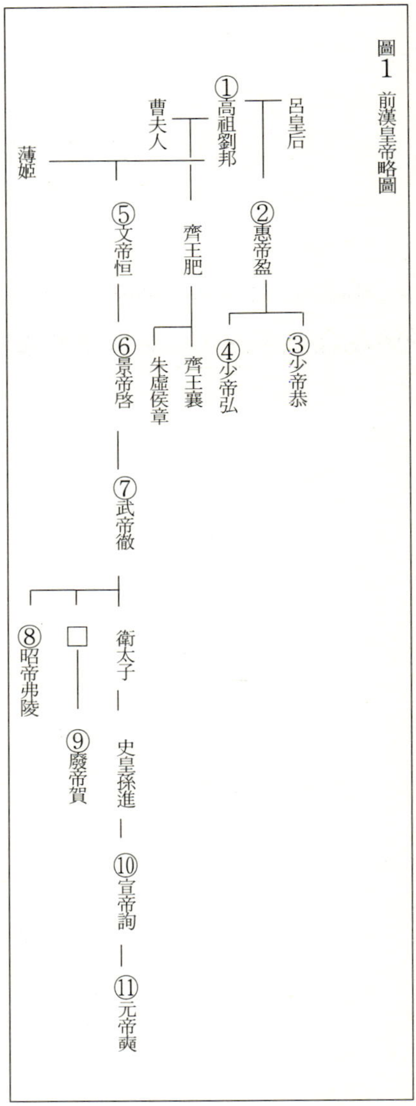

圖1 前漢皇帝略圖

고 있는 것이다.

더욱이 '모이자귀'는 경제의 생모를 입후立后하는 것까지도 정당화하였다. 아버지 문제가 아직 대왕이었을 때, 그의 왕후는 4명의 아들을 남기고 죽었고, 4명의 아들도 문제가 제위에 오른 후 잇달아 병사하였다. 그래서 문제의 잉첩이었던 두희竇姬의 장남(후의 경제)이 황태자로 뽑혔고, 2개월 후에 박황태후薄皇太后(문제의 생모)의 말에 따라 두희가 문제의 황후로 세워졌다(『史記』 卷49, 「外戚世家」). 요컨대, 경제의 생모 두희의 황후 책립도 '모이자귀'라는 의례에 의해서 정당화된 것이다. 다만 후에 황태후가 된 두씨는 황제·노자의 사상을 좋아했다(『史記』 卷49, 「外戚世家」). 유자儒者에 의한 『공양전』의 선양이 미진했음을 엿볼 수 있다.

경제는 '모이자귀'의 의례를 중시하였지만, 총애하지 않던 율희栗姬를 이 의례에 의거하여 황후로 세우려고 한 상주문에는 격노했다. 『사기』 권49 「외척세가」에 다음과 같은 기록이 있다.12)

> 경제의 장남 영榮은 그 어머니가 율희栗姬인데, 율희는 제인齊人이다. (경제)는 영을 세워 태자로 삼았다. ... (관도)장공주가 날마다 왕부인王夫人의 아들의 장점을 칭찬하였고, 경제도 그를 현명하게 여겼다. 또 (왕부인이) 전에 해를 품에 앉는 꿈을 꾼 길조가 있었지만, 생각은 아직 정해진 바가 없었다. 왕부인은 황제가 율희를 원망하고 있음을 알고 있었는데, 그 노여움이 아직 풀리지 않은 때를 이용하여 은밀히 사람을 시켜 대신들로 하여금 율희를 황후로 세우도록 부추기게 하였다. 대항大行이 일을 상주하면서 "'아들은 어머니로 인해서 귀해지고, 어머니는 아들로 인해서 귀해진다'고 하였습니다. 이제 태자의 어머니에게 칭호가 없으니 마땅히 세워서 황후로 삼아야 합니다"라고 하였다. 경제는 노하여 "이것이 네가 할 수 있는 말인가!"라고 하였다. 드디어 법률에 의거하여 대항을 주멸하고, 태자를 폐위시켜 임강왕臨江王으로 삼았다. 율희는 더욱 원망을 받아 황제를 알현하지 못한 채 근심 속에서 죽었다. 마침내 왕부

인을 세워 황후로 삼고, 그의 아들을 태자로 삼았다.

이는 『춘추』의 의례가 국정운용의 논거로서 제시된 가장 빠른 사례 가운데 하나다. 경제가 '모이자귀'라는 『춘추』의 의례를 준수하면서도 총애하지 않던 율희의 황후 책립을 피하기 위해서는 율희의 아들을 태자에서 폐위시키는 이외에는 방법이 없었다. 이를 간파한 왕부인은 율희의 황후 책립을 진언하도록 시킨 것이다. 의도대로 경제는 태자를 폐위시켰고, 왕부인의 아들이 태자가 되었다. 이가 무제다.

무제는 위청衛靑·곽거병霍去病을 파견하여 흉노를 격파하고, 흉노와의 굴욕적인 외교관계를 변화시켰다. 이광리李廣利를 파견하여 대완大宛을 정벌한 태초太初 4년(기원전 101), 무제는 흉노와의 전쟁을 재개하면서 조서를 내렸다. 『한서』 권94상 「흉노전」에는 다음과 같이 기록되어 있다.[13]

> (무제는) 이에 조서를 내려 "고황제高皇帝는 짐에게 평성平城의 근심을 남기셨고, 고후高后 때에 선우單于가 보낸 편지의 내용은 극히 패역무도하였다. 옛날 제나라 양공이 9대 조상의 원수를 갚았는데, 『춘추』에서는 이를 훌륭하게 여겼다"라고 하였다.

이는 『춘추공양전』 장공 4년 조에 보이는 『춘추』의 의리를 토대로 흉노의 정벌을 정당화한 것이다. 『공양전』은 제나라 양공이 기紀나라를 멸망시킨 것을 9세대 전 제후齊侯의 원수를 갚은 것이라고 긍정하고, 백세대 전의 원수라도 복수해야 한다고 하였다. 『곡량전』과 『좌씨전』에는 없는 ⑥『공양전』의 격렬한 복수의 긍정은 고조 유방 이래 ❷흉노의 침공에 대한 복수의 긍정이라고 생각해도 좋다. 그렇다면 『공양전』의 ②격렬한 양이사상의 이유도 이적인 흉노에 대한 복수를 정당화하기 위한 것이라고 생각할 수 있다. 즉 ❷흉노의 침공에 고심하는 전한 초기 국제관계의 현실이, ②격렬한 양이사상과 ⑥복수의 긍정이라는『공양전』의 특징에 반영된 것이다.

이상과 같이『공양전』은 ❶제후왕의 세력삭감·❷흉노토벌·❸문제·경제의 정통화라는 경제기까지 전한 국정이 껴안고 있던 현실문제에 대처할 수 있도록 자기의 사상을 다듬고 완성했다. ❶과 관련해서는 (2) 왕자를 존중하고, (3)제후의 전봉專封을 허락하지 않았으며, ❷와 관련해서는 ②격렬한 양이사상과 ⑥복수의 긍정을 제창하였고, ❸과 관련해서는 ⑤양국의 찬미와 ④동기주의에 더하여 '모이자귀'라는 의례를 만들어냈다. 이러한 노력으로 무제기에『공양전』을 논거로 하는 국정의 정통화가 조칙으로서 내려지게 되었던 것이다. 반고가『한서』에서 무제기에 '유교의 국교화'를 설정하고자 했던 것은 잘못된 이해방식은 아니었다.[14] 반고의 아버지 반표班彪를 사사했던 왕충王充도『논형』「정재편」에서,[15]

> (어떤 사람이 말하였다) "법령은 한가漢家의 경서로서, 관리들의 논의는 이에 의해서 결정된다. 일이 법에 의해서 결정된다는 것은 진실로 명백한 것이다" 라고 말하였다. "무릇 오경도 한가에서 세운 것으로, 유생의 좋은 정치는 대의가 모두 그 안에서 나온다. 동중서는『춘추』의 의리를 현창하고 법률에 합치시켜서 그릇되고 잘못된 것이 없었다. 그렇다면『춘추』는 한의 경서로서, 공자가 제작하여 한에 남겨준 것이다. 논자가 한갓 법가만을 존중하고『춘추』를 높이지 않는 것은 어리석고 막힌 것이다(『論衡』「程材篇」).

라고 하여『춘추』가 '한의 경서'이며, 그것은 동중서에서 유래한 것임을 역설하고 있다. 그러나 반고나 왕충이 선양하는 동중서는 ⑦재이설을 심화시킴과 동시에 무제 측근을 비판하고자 한 '고묘원재대高廟園災對'가 정적에게 악용됨으로써 자신의 사상을 국정에 반영시킬 수 없었다(渡邉

義浩, 「白虎通」, 1995). 무제가 공손홍 등의 유자를 중용한 것은 황제의 생모를 '모이자귀'의 의례에 의거하여 정통화하고, 흉노를 비롯한 이적과의 전쟁을 그 특이한 복수·이적관으로 정당화한 『공양전』의 현실 적응성을 높이 평가하였던 것의 표현이다. 그러나 이후 선제기의 국정은 『공양전』에 의한 정통화를 허락하지 않았다.

2. 선제기의 국정과 『곡량전』

문제·경제뿐 아니라 무제의 생모까지도 정통화했던 '모이자귀'의 의례는 그 이후 생모·생조모가 잉첩일 경우 그 아들·손자가 황제가 되었을 때 그들을 추존하는 논리로 자주 이용되었다(田中麻紗巳, 「『母以子貴』をめぐって—兩漢の用例と何休の解釋」, 1985). 소제가 생모 조첩여趙倢伃를 황태후로 추존한 것도 사서史書에는 명기되어 있지는 않지만 '모이자귀'의 의례에 의해 정당화되었을 것이다. 그러나 선제의 즉위는 『공양전』의 이론으로는 정당화되지 않는다. 『한서』 권71, 「준불의전」에,[16)]

> 시원 5년, 한 남자가 황독거黃犢車를 타고 황조黃旐를 세우고, 황첨유黃襜褕를 입고, 황모黃冒를 쓰고 북궐北闕에 나타나서 스스로 위태자衛太子라고 하였다. 공거公車가 이 사실을 보고하였다. 조서를 내려 공경·장군·중이천석으로 하여금 함께 살펴보도록 하였다. 장안의 관리와 인민으로서 모여 구경하는 자가 수만 명에 달하였다. 우장군은 군사를 궁궐 문 아래에 정비시켜 비상사태에 대비하였다. 운집한 승상·어사중이천석 가운데 감히 발언하는 자가 아무도 없었다. 경조윤 준불의雋不疑는 늦게 도착하였는데, 수종하는 관리를 꾸짖으면서 그 남자를 포박하도록 하였다. 어떤 사람이 "아직 시비를 알 수 없으니, 잠시 너그럽게 대우합시다"라고 하였다. 준불의는 "당신은 어찌 위태자일 것을 걱정하는가! 옛날 괴외蒯聵는 아버지의 명을 어기고 망명했는데, 그의 아들 첩輒은 그를 거부하고 받아들이지 않았다. 『춘추』에서는 이를 옳다고 여

겼다. 위태자는 선제(무제)에게 죄를 짓고 도망하였는데 곧바로 죽지 않고 이제 스스로 돌아왔으니, 이는 죄인이다"라고 하였다. 드디어 조옥詔獄으로 보냈다.

라고 하였듯이, 소제 시대의 경조윤 준불의는 한 사내가 무제와 위황후의 아들로서 태자로 책립되었다가 폐위된 위태자衛太子를 자칭했을 때 주저없이 그를 체포했는데, 그 정당성의 논거는 『춘추공양전』 애공 3년 조에 있었다. 『공양전』은 아버지의 명을 거역하고 망명했던 위衛 영공靈公의 태자 괴외蒯聵가 귀국하려 하자 이를 거부한 그의 아들 괴첩蒯輒의 행위를 옳다고 인정하였다.[17] 준불의는 이에 비추어 볼 때 이미 무제에게 죄를 지은 위태자를 인정할 필요는 없다고 판단한 것이다. 이 소식을 전해들은 위태자의 동생 소제는 공경에게 경술經術을 배운 자를 등용해야 한다고 하여 준불의의 조치를 높게 평가하였다.[18] 그러나 후에 즉위한 위태자의 손자인 선제의 입장에서 본다면, 『공양전』은 인정하기 어려운 조치를 정당화한 마음에 들지 않는 경전이 된다.

위태자는 마땅히 체포되어야 할 것으로 간주되었다. 그런데 그의 손자인 선제가 즉위할 수 있었던 것은 곽광霍光이 소제 붕어 후에 즉위한 창읍왕昌邑王 유하劉賀를 폐위시켰기 때문이다. 곽광은 황제폐위라는 전대미문의 조치를 실행하기 위해 자신의 외손녀인 상관上官 황태후를 이용했다. 곽광이 신하들을 이끌고 황태후에게 알현을 청하자, 당시 17세에 불과했던 황태후는 미앙궁으로 나아갔고, 이어서 황제를 불러들였다. 황제(유하)는 황태후 앞에 배복拜伏하였다. 곽광 이하 신하들은 무도한 황제를 폐위해야 한다고 연명으로 서명한 상주문을 올렸고, 황태후는 이를 재가하였다. 황제는 새수璽綬를 황태후에게 반환하였고, 결국 폐위되었다. 『한서』 권68 「곽광전」에서,[19]

> 이제 폐하께서는 효소황제孝昭皇帝의 뒤를 이었으면서도 행실이 음벽하고 법도에서 벗어났습니다. 『시』에 "비록 아직 나이가 어려 아무것도 모른다고 하지만, 또한 이미 아들을 안고 있도다"라고 하였습니다. 오형五刑에 해당하는 죄 가운데 불효보다 큰 것은 없습니다. 주周의 양왕襄王이 어머니를 잘 섬기지 못하였는데, 『춘추』에 "천왕은 밖으로 쫓겨나서 정에 거처하였다(天王出居于鄭)"라고 하였습니다. 불효 때문에 그를 쫓아내어, 천하로부터 단절시킨 것입니다. 종묘는 군주보다 중요합니다. 폐하께서는 아직 고묘高廟에서 명을 받지 않았기 때문에 천서天序를 계승하고 조종祖宗의 묘廟를 받들어 만성萬姓을 아들로 삼을 수 없습니다. 마땅히 폐위시켜야 합니다(『漢書』 卷68, 「霍光傳」).

라고 하였듯이, 상주문에서는 위衛 무공武公이 여왕厲王을 풍자한 『시경』 「대아大雅·탕지십蕩之什·억抑」과 더불어 『춘추』 희공 24년 조의 경문을 인용하고 있다. 『공양전』에서는 "왕자에게는 밖이 없는데, 이곳에서 '출出'이라고 말한 것은 무엇 때문인가? 어머니를 잘 섬기지 못했기 때문이다"라고 해석하였다.[20] 후한 말에 공양학을 집대성하여 『춘추공양전해고春秋公羊傳解詁』를 저술한 하휴何休는 이에 대해 "어머니를 잘 섬기지 못하였던 것이다. 불효보다 큰 죄는 없다. 그러므로 '출出(내쫓다)'이라고 하여 단절시킨 것이다. 아랫사람이 윗사람을 폐하는 의리는 없다. 그런데도 왕을 단절시킬 수 있었던 것은 어머니는 아들을 폐할 수 있고, 신하는 어머니의 명을 따를 수 있음을 밝힌 것이다"라고 주석을 달았다.[21] 이와모토 켄지岩本憲司가 『춘추공양전하휴해고春秋公羊傳何休解詁』(1993)에서 하휴의 주 전반부는 『한서』 권68 「곽광전」, 후반부는 『춘추번로』 「정화편精華篇」과 유사하다고 지적하였듯이, 하휴의 이 해석은 동중서 학파의 공양학 전개를 계승하면서, 『한서』에 기록된 전한 국정의 현실을 정당화하기 위해 쓰였던 것으로 생각된다. 공양학은 황태후가 황제를 폐위하는 정당성까지도 보증함으로써 선제 즉위시기까지는 착실하게 전한의 국정을 정통화하였다.

그런데 선제와 『공양전』은 서로 맞지 않았다. 선제는 곽광이 죽은 후 친정親政을 시작하면서 곽씨 일족을 모조리 죽였다(『漢書』 卷68, 「霍光傳」). 『공양전』은 조부 위태자의 체포를 정당화하는 논거를 제공했을 뿐 아니라 부인夫人의 지위를 제한하여 사서士庶 출신으로 군주가 된 자의 생모는 '부인'이라 칭할 수 없다고 규정하였다.22) 따라서 선제에게는 자신에게 불리한 공양학파를 대신하여 친정을 정통화할 수 있는 유설儒說이 필요하였다. 『곡량전』의 출연은 필연이었다.

『춘추곡량전』은 선제의 조칙으로 개최된 석거각회의에서 그다지 멀지 않은 시기에 출현한 반공양전反公羊傳이라고 한다(山田琢, 「穀梁傳の成立について」, 1958). 그러나 해석의 방법은 『공양전』을 계승하여 이를 전개시킨다. 노마 후미치카가 『춘추학—공양전과 곡량전』(2001)에서 정리한 바에 따르면, 『곡량전』의 성격은 (1)노국魯國 중심에서 벗어나 있으며, (2)이념의 왕이 아니라, 현실의 주 왕실에 대한 존주尊周의 지향이 강하며, (3)주의 봉건제도를 유지하려는 강한 의지가 보인다고 한다. 그 성격은 『좌씨전』에 비하면 『공양전』에 훨씬 가깝다. 한편 『공양전』과는 다른 『곡량전』의 특징은 i 양국讓國을 인정하지 않고 장유長幼의 순서에 따른 후계자 계승을 주장하며, ii 화이혼일華夷混一의 이상사회 실현을 주장하며, iii 중민사상重民思想과 법형法刑의 병용을 주장한다.23) 『곡량전』의 특징에는 『공양전』을 대신하고자 하는 『춘추』의 전傳으로서의 성격이 현저하게 나타나 있다.

이곳에서는 『곡량전』의 특징 i ~iii을 국정과 관련지어 검토하고자 한다. 『곡량전』이 출현한 선제기 유교에 요구된 바는 무엇보다도 Ⅰ민간에서 즉위한 선제의 정통화에 있었다. 그리고 선제기의 국정 상의 특징은 Ⅱ흉노의 항복과 Ⅲ내정의 중시에 있었다.

『춘추곡량전』은 '은공원년隱公元年'으로 시작하는 『춘추』의 앞머리에서 계자繼子의 문제를 논한다. 은공이 아버지 혜공惠公의 총애를 받은 동생 환공桓公에게 양국讓國 즉 공위公位의 선양을 기약하고 즉위한 것과 관련해서 ⑤양국을 찬미하는 『공양전』뿐 아니라 『좌씨전』도 은공을 '현군賢君'으로 평가한다. 이에 반하여 『곡량전』은 "선군(혜공)이 환공에게 지위를 넘겨주려고 한 것은 정正이 아니라 비非이며 사邪다"라고 하여 장자상속을 폐지하려 한 혜공의 행위를 '사邪'라고 하였고, 그것을 실행으로 옮기려고 한 은공의 행위는 "은공이 선군의 사지邪志를 탐지하고 드디어 환공에게 넘겨주고자 한 것은 아버지의 악을 이루어주는 것이다"라고 엄격하게 규탄한다. 혜공의 의지에 따르는 부모에 대한 '효'보다도 장자상속을 높은 도라고 생각한 것이다. 이리하여 『곡량전』은 ⅰ양국을 인정하지 않고 장유의 순서에 따른 후계자 계승을 주장하여 무제의 장자위태자의 손자인Ⅰ선제의 즉위를 정당화하였다.

선제 또한 스스로 장자상속을 관철시켰다. 선제는 즉위 당초 곽광이 섭정의 대권을 반환하고자 하였을 때 이를 받아들이지 않았다. 곽씨에 대항할 권력기반을 아직 구축하지 못했기 때문이다. 그렇지만 선제는 즉위한 그 해 11월, 2세의 장자(후의 원제)를 낳은 그의 처 허씨許氏를 황후로 삼았다. 4년 후, 곽광의 처 현顯은 자신의 딸을 황후로 세우기 위해 허황후를 독살하였고, 그에 대한 조사도 곽광의 의향에 따라 중지되었다. 그 결과 독살은 발각되지 않은 채 이듬해 본시本始 4년(기원전 70) 곽광의 딸 성군成君이 황후로 책립되었다(『漢書』 卷8, 「宣帝紀」).

지절地節 2년(기원전 68), 곽광이 병사함으로써 친정을 시작한 선제는, 이듬해 독살된 허황후가 낳은 왕자 석奭을 황태자로 세웠다(후의 원제). 당시 황후는 여전히 곽광의 딸이었지만, 선제는 『곡량전』이 강하게 주장하는 장자상속을 관철시켰던 것이다(『漢書』 卷8, 「宣帝紀」).

선제의 친정기에는 한 건국 이래 최대의 현안이었던 II 대흉노문제가 해결된다. 신작神爵 2년(기원전 60), 처음으로 서역도호西域都護를 구자龜玆에 설치하고 정길鄭吉에게 서역의 남북도南北道를 제압하게 한 결과 흉노는 내부분열을 거듭하면서 5인의 선우가 난립하게 된다. 이 가운데 가장 강력했던 호한야呼韓邪선우는 일단 흉노의 통일에는 성공했지만 형 질지郅支선우에게 패하자, 감로甘露 원년(기원전 53) 그 아들을 한에 귀순시켜 구원을 요청하였다. 그리고 2년 후 감로 3년(기원전 51)에는 호한야선우 스스로 한에 내조하고, 5월 조하朝賀에 참여하였다(『漢書』 卷78, 「匈奴傳上」).

이에 앞서 선제는 호한야선우에 대한 대우를 논의하게 하였다. 『한서』 권78 「소망지전」에는 다음과 같이 기술되어 있다.[24]

> 처음 흉노의 호한야선우가 내조하자, 공경에게 조서를 내려 그에 대한 예의禮儀를 논의하게 하였다. 승상 황패黃霸·어사대부 우정국于定國은 의론하여 "성왕의 제도에서는 덕을 베풀고 예를 행할 때에 <u>경사京師를 우선하고 제하諸夏를 뒤로 하며, 제하諸夏를 우선하고 이적夷狄을 뒤로 한다</u>고 하였습니다. 『시詩』에 '예에 따라 넘치지 않으시니, 드디어 백성들을 봄에 이미 호응하는도다. 상토相土(契의 손자)께서 열열하시니, 바다 밖까지 절연히 정제되도다'라고 하였습니다. 폐하의 성덕聖德은 하늘과 땅 사이에 가득 차고, 사해 바다 밖까지 두루 미치시니, 흉노의 선우가 바람에 휩쓸리듯 교화를 흠모하여 진귀한 물건을 받들고 조하를 하러 왔습니다. 예로부터 아직 이러한 적이 없었습니다. 이들에 대한 예의는 마땅히 제후왕과 같게 하고, 위차位次는 그 아래에 있도록 해야 합니다"라고 하였다. 소망지는 "선우의 나라는 한의 정삭正朔이 미치는 바가 아니기 때문에 적국敵國(대등한 나라)이라 칭합니다. 마땅히 불신不臣의 예禮로 대우하고, 위차는 제후왕의 위에 있어야 합니다. 외이外夷가 머리를 땅에 대고 번藩이라고 칭하지만, 중국은 겸양하여 신하로 여기지 않습니다. 이는 기미羈縻의 의리이고, 겸향謙亨의 복입니다. 『서書』에 '융적戎狄은 황복荒服이다'라고 하였는데, 그들이 와서 귀복하는 것이 갑작스럽고 일

> 정함이 없음을 말하는 것입니다. 설령 흉노의 후사後嗣가 끝내 새처럼 숨고 쥐처럼 엎드려서 조향朝享을 빠뜨린다 하더라도 배반하는 신하가 되지는 않을 것입니다. 한의 신뢰와 겸양이 만맥蠻貉에게 행해져서 복록이 끝없이 흘러간다면, 만세의 장책이 될 것입니다"라고 하였다. 천자가 이를 받아들이고, 조서를 내려 "듣건대, 오제五帝와 삼왕三王의 시대에는 교화가 베풀어지지 않는 곳에는 정사를 미치게 할 수 없었다고 한다. 이제 흉노의 선우가 북번北藩이라 칭하면서 정월 초하루에 조회를 하는데도, 짐의 불초함은 널리 덮을 만한 덕이 없구나. 빈객의 예로 대우하고, 선우의 위차는 제후왕의 위에 있게 하고, 폐백을 잡고 신臣이라 칭하게 하지만, 이름은 쓰지 않도록 하라."

흉노의 선우를 제후왕의 아래에 두어야 한다는 승상 황패와 어사대부 우정국의 의론은 『춘추공양전』 성공 16년 조에서 "『춘추』는 그 나라(魯)를 친근히 하고 제하를 배척하며, 제하를 친근히 하고 이적을 배척한다"고 한 것을 논거로 삼고 있어 공양학의 ②이적에 대한 엄격한 양이사상을 반영한다. 그러나 소망지의 반론을 채용한 선제는 감로 3년(기원전 51) 정월 이적인 흉노의 호한야선우의 지위를 제후왕의 위에 두었고, 황제를 배알할 때에 신이라 칭하지만 이름을 말하지 않는 '칭신불명稱臣不名'의 대우를 허용하였다. 이리하여 한漢은 Ⅱ흉노와의 화친관계를 맺을 수 있었다. 『공양전』과 같은 ②강렬한 양이사상과 ⑥복수의 긍정으로는 이러한 관계를 유지할 수 없다. 『공양전』과 달리 『곡량전』은 ii화이혼일의 이상사회 실현을 주장한 것이다.[25]

그리하여 선제는 같은 감로 3년(기원전 51) 5월, 소망지를 사회자로 삼아 석거각회의를 주재하게 하였다. 오쿠보 류로大久保隆郎가 「'고금'과 '화이'」「古今'と'華夷'」(2002)에서 지적했듯이 새로운 흉노대책이 의거해야 할 경전을 공인하기 위한 것이었다. 또 후쿠이 시게마사福井重雅가 논증한 대로 석거각회의는 '오경五經의 이동異同'을 토의하기 위한 것으로, 이때 비로소 각각의 오경에 박사가 갖추어지게 되었다. 제도적인 유교

일존체제로의 제일보였다.[26] 다만 석거각회의는 오경 모두를 동등하게 다룬 것이 아니라, 『춘추』 특히 『춘추공양전』에 대항하여 『춘추곡량전』의 현창을 목적으로 하였다. 회의의 결과는 "대부분 『곡량』에 따라" 선제의 의향대로 되었다(『漢書』 卷88, 「儒林 瑕丘江公傳」).

이리하여 선제는 Ⅰ자신의 즉위를 ⅰ장자상속의 최우선에 의거하고, Ⅱ흉노의 항복을 ⅱ화이혼일에 의거하여 정당화하는 『곡량전』을 유교의 중핵에 올려놓았다. 그렇지만 이것은 선제의 정치가 유교만을 의거처로 삼아서 운영되었음을 의미하지는 않는다. 선제는 국정의 근본은 "어진 이천석二千石"에 있다고 하여 순리循吏를 적극적으로 등용함으로써 Ⅲ내정을 중시하였다(『漢書』89, 「循吏傳」). 그러나 『한서』 권9 「원제기」에 태자였던 원제가 유자儒者만을 전적으로 등용해야 한다고 건의했을 때,[27]

> 선제는 얼굴빛을 바꾸면서 "한가漢家에는 스스로 만든 제도가 있다. 본래 패도와 왕도를 함께 사용하였다. 어찌 주나라처럼 오로지 덕교德敎에만 맡기는 정치를 채용하겠는가!"라고 하였다.

라는 선제의 유명한 말에서 전하고 있듯이, 선제는 오로지 유교를 배운 자만을 중용하지는 않았다. 무제기에 등용되어 법형法刑을 중시하고 군주권력의 신장을 목표로 한 혹리酷吏는 선제기에도 순리와 함께 활약하였다.[28] 『곡량전』은 ⅲ중민사상과 법형의 병용이라는 특징으로 인해 "법률法律을 시서詩書로 삼는다"(『漢書』 卷77, 「蓋寬饒傳」)고 칭해진 선제의 '왕패잡유王霸雜揉'의 정치에 매우 적합하였다. 후한과 같은 유교일존 정책이 선제기에는 시행되지 않았음에 유의할 필요가 있다.

이상과 같이 『곡량전』은 ⅰ적장자상속의 최우선을 통해 무제의 적증손인 Ⅰ선제의 즉위를 정당화하였고, ⅱ화이혼일의 이상사회 실현을 주장하여 Ⅱ흉노의 항복이라는 현실에 적응하였다. 또 선제의 Ⅲ내정의 중시에 대응하여 iii중민사상과 법형의 병용을 주장하여 선제의 '왕패잡유'의 정치를 뒷받침하였던 것이다. 그러나 원제 즉위 후의 전한은 '왕패잡유'의 정치를 포기하였으며, 후한에서도 '관寬'치治가 주류였다.[29] 대외적으로도 한은 이후 강족羌族 등 이적의 침입에 시달렸기 때문에 『곡량전』이 한의 춘추학에서 주류가 되지는 못하였다. 다만 『공양전』을 대신하고자 한 최초의 『춘추』 전傳으로서, 또 높은 이론적 정합성으로 인해 3전의 하나라는 지위를 상실하지는 않았다.

3. 유향·유흠과 『좌씨전』

원제가 즉위하자 국정운용의 논거로서 유교의 지위를 중심에 올려놓는 일이 본격화되었지만, 이에 수반하여 오히려 유교 경의經義의 상호모순과 현실과의 괴리현상은 현재화하였다.[30] 유교는 아직 후한에서처럼 일존체제를 구축하지 못하였으며, 황제의 국정운용은 우왕좌왕하였다. 이러던 중에 천天의 우주적 운행에 기반을 둔 정합적인 수적數的 세계관에 의거한 율력사상律曆思想에 기초하여 전한의 유교 교설을 수렴한 유흠 및 그 아버지 유향에게 발견된 것이 『춘추좌씨전』이다.[31]

카가 에이지加賀榮治의 「『춘추』경전의 성립을 둘러싸고『春秋』經傳の成立をめぐって」(1990, 1991, 1992)라는 논문에 의하면, 『좌씨전』은 (1) 기층에 춘추장력春秋長曆을 두고, 『국어國語』 및 이와 근원이 같은 자료에서 취한 (2)사전설화史傳說話 이외에 술수가術數家들이 전한 복서설화卜筮說話·세성설화歲星說話가 중층적으로 겹쳐 있으며, 『좌씨전』을 『춘추』의 전傳답게 만드는 (3)해경解經의 문장, '서왈書曰' '불서不書' '범례凡例' 등이 추가되어 완성되었다는 성격을 갖는다. 『공양전』이 사事(史實)의 동

기를 중시하면서 정치사회의 통일을 위한 질서규범을 수립하고자 하였고, 『곡량전』이 사事의 결과를 중시하면서 통일된 정치사회의 질서안정을 목표로 하였다면, 『좌씨전』은 사事를 해석하는 데에서 시작하고 의義는 그 후에 설명한다는 특징을 갖는다. 즉 ㉮사事를 위주로 하는 것이 의義를 위주로 하는 『공양전』·『곡량전』과 다른 『좌씨전』의 특징이다. 또한 한가의 정통화와 관련하여, 『춘추좌씨전』 문공 전 13년 조 등에 ㉯한의 조상은 요제堯帝의 말예末裔라는 사전설화를 싣고 있는 것도 『공양전』과 『곡량전』에는 없는 특징이다. 이와 같은 『좌씨전』의 특징과 『좌씨전』이 출현한 성제기 국정 상의 문제인 ①천자칠묘제天子七廟制, ②교사郊祀, ③한화덕설漢火德說과의 관계를 고찰하기로 하겠다.

①천자칠묘제의 문제는 군국묘郡國廟의 폐지로부터 파생되었다. 군국묘란 고조 유방이 아버지를 위해 각 군국에 설치한 태상황묘에서 기원하여 태조묘(고조)·태종묘(문제)·세종묘(무제)로 증가한 것으로서, 군국에서 황제의 조상을 제사지내는 묘를 가리킨다.[32] 군국묘에 더하여 장안 및 근교에는 고조로부터 선제 및 태상황과 선제의 생부 사황손史皇孫의 묘廟가 있었다. 이들을 제사지낼 때는 막대한 경비가 지출되었다. 경비의 문제만이 아니었다. 군국묘는 유교의 경의에 합치되지 않는 제도였다. 이 때문에 승상 위현성韋玄成 등 70인은 『한서』 권73 「위현성전」에,[33]

> 『춘추』의 의리에 "아버지는 지서支庶의 집에서 제사를 받지 않고, 군주는 신복臣僕의 집에서 제사를 받지 않고, 왕은 하토下土의 제후諸侯에게서 제사를 받지 않는다"고 하였습니다. 신들은 어리석게 생각건대, 군국에 있는 종묘에는 마땅히 제사를 거행하지 말아야 합니다. 신들은 청컨대 다시는 제사를 거행하지 않도록 하소서.

라고 하였듯이, '『춘추』의 의리'에 비추어 볼 때 폐지해야 한다고 상주하였다. 다만 호리이케 노부로堀池信夫가 『한위사상사연구漢魏思想史硏究』(1988)에서 지적하였듯이, 이 '『춘추』의 의리'는 춘추학과 관계된 자료가 아니라 『예기』를 전거로 한다. 예설禮說까지 '『춘추』의 의리'로 표현하고 있는 것에서 한대 『춘추』의 중요성을 지적할 수 있는데, 어쨌든 이리하여 군국묘는 폐지되었다. 그리고 이후 천자칠묘제의 문제가 논의된다. 장안 및 근교에서 제사를 지내고 있었던, 고조에서부터 선제 및 태상황과 선제의 생부 사황손의 종묘를 어떻게 정리할 것인가 하는 문제가 파생된 것이다.

후지카와 마사카즈藤川正數에 의하면, 전한시대 종묘제의 문제는 방계에서 들어와 제위를 계승한 황제의 생부 묘를 황제의 친묘親廟로서 제사지내야 하는가, 무제의 묘를 '세종'으로 삼아 불훼묘不毁廟에 포함시킬 것인가 하는 두 가지 점으로 수렴된다.[34] 위현성은 태조묘는 남기고 태상황·혜제·문제·경제의 묘는 혈연적 관계가 모두 끝났으므로(親盡) 허물고, 황고묘皇考廟는 아직 혈연적 관계가 끝나지 않았으므로 남겨두어야 한다고 주장했다. 이에 대하여 윤경시尹更始는 황제로 즉위하지 않은 선제의 생부 황고묘는 허물어야 한다고 반론을 폈다. 원제는 조서를 내려 위현성 등의 황고묘 존속설에 손을 들어주었지만 문제는 해결되지 않았다. 원제는 이윽고 조상의 노여움을 두려워하여 허물 예정이었던 태상황묘·혜제묘를 복구하였다. 성제가 즉위하자, 다시 논의가 재개되었다. 공광孔光과 하무何武는 태조묘·태종묘만을 불훼묘로 하고, 무제의 묘는 허물어야 한다고 주장하였다. 이에 대하여 유흠은 왕순王舜과 더불어 무제의 묘를 세종묘로 삼아 불훼묘에 넣을 것과 불훼묘의 수에는 제한이 없으며 칠묘의 수에 포함시킬 수 없다고 주장했다. 『한서』 권73 「위현성전」에,[35]

> 태복太僕 왕순王舜·중루교위中壘校尉 유흠劉歆이 의론하여 말하였다. "… [①]『예기』의 「왕제」 및 『춘추곡량전』에 '천자는 7묘이고, 제후는 5묘이고, 대부는 3묘이고, 사는 2묘다'라고 하였습니다. … 『춘추좌씨전』에 [②]'명분과 지위가 같지 않으면 예禮 또한 수를 달리한다', [③]'위로부터 아래로 2씩 강쇄하는 것이 예다'라고 하였습니다. 7이라는 것은 정법正法의 수니, 상수常數로 할 수 있습니다. 종宗은 이 수 안에 포함되지 않습니다. 종宗은 변수變數이기 때문입니다. 만일 공덕功德이 있다면 그를 종으로 삼는 것이니, 미리 수를 설정해서는 안 됩니다. …"

라고 하였듯이, 유흠은 천자칠묘의 전거로서 ①『예기』「왕제」와 『춘추곡량전』을 들고 있다. 그리고 불훼묘의 수에는 제한이 없으며, 불훼묘는 7묘 안에 포함되지 않는다는 유흠의 독자적인 주장에서는 『춘추좌씨전』의 ②장공 전 18년 조, ③양공 전 26년 조를 논거로 제시하고 있다. 애제는 이에 따라 무제의 묘를 불훼묘로 하였고, 최종적으로 왕망이 황고묘를 폐지하기로 결정함으로써 천자칠묘제의 문제는 해결되었다. 즉 ①천자칠묘제의 문제를 해결하기 위한 논거를 『좌씨전』의 경의經義에서 찾은 것이다.

군국묘의 폐지나 천자칠묘제 이상으로 한의 고사와 경의 사이에서 요동친 것이 ②교사郊祀의 문제다. 전한시대에는 무제가 순행한 감천甘泉에 태치泰畤를 세워 태일泰一을 제사지내고, 하동河東의 분음汾陰에서 후토后土를 제사지내는 천지의 제사가 고사로서 계승되었다. 이에 대하여 광형匡衡은 제사에서 주술성을 배제하고자 475개 곳의 제사를 폐지할 뿐 아니라 감천의 태치와 분음의 후토 나아가서는 오제五帝를 제사지내는 옹雍의 오치五畤까지 폐지하고 장안성의 남교南郊와 북교北郊에서 천지의 제사를 거행해야 한다고 주장하였고, 성제는 이를 채용하였다. 그리하여 건시建始 원년(기원전 32) 3월, 성제는 남교에서 상제를 제사지내고 북교에서 후토를 제사지냈다. 중국에서의 남북교사南北郊祀의 시작이다. 그런데 교사를 지내던 날, 장안에서 미증유의 대풍재해大風災害가 발생하였기 때문에 이후 교사는 거행되지 못하였다. 성제의 자문을 받은 유향은 광형을 비판하면서 남북교에 반대하였다. 결국 영시永始 2년(기원전 16)에 이르러 황태후가 성제에게 아들이 없는 것은 제사를 옮겼기 때문이라고 하여 천지의 제사를 감천·분음으로 복귀시키도록 하였다. 이에 대하여 곡영谷永은 다시 장안의 남북교로 옮길 것을 요청하였다. 황태후는 성제가 붕어하자 일단 장안으로 옮겼지만, 애제가 병이 들자 다시 감천·분음으로 복귀시켰다.

이처럼 교사의 장소를 둘러싸고 우왕좌왕하는 모습에서 유교의 경의에 따라 국정을 운용하고자 노력하였음에도 불구하고 아직은 그것이 실현되지 못하였음을 발견할 수 있다. '유교국가'는 아직 성립하지 못하였던 것이다. 이 역시도 왕망에 의해서 장안의 남북교가 확립되었고, 감천·분음의 제사와 옹의 오치는 폐지되었다.36) 유흠은 왕망이 이 문제를 심의하도록 한 유자 가운데 한 사람이기는 하지만, 구체적으로 어떠한 역할을 하였는지에 대해서는 기록이 없다(『漢書』 卷25下, 「郊祀志下」).

이어서 『좌씨전』이 한의 국정과 가장 깊게 관련된 ③한화덕설에 대해서 검토하도록 하겠다. 유향·유흠 이전까지 오덕종시설은 상승설을 채용하고 있었다. 문제기의 장창張蒼이 한수덕설漢水德說을 제도화한 것에 대하여 가의賈誼와 공손신公孫信은 한을 토덕으로 생각하였는데, 황룡의 출현을 계기로 공손신의 한 토덕설이 문제에게 채용되었다. 이를 이어받아서 무제는 태초 원년(기원전 104), 수명개제사상受命改制思想에 기초해 태초력太初曆을 제정하여 삼정설三正說에 호응하게 하고, 한을 토덕으로 결정하였다.37)

이에 대하여 유흠은 삼통력三統曆을 작성하여 태초력에 대항하였고,

상생相生의 오덕종시설에 기초하여 ③한화덕설을 제창하였다. 『한서』 권21상 「율력지」에,38)

> 유향의 아들 유흠은 그 미묘함을 궁구하여 ①삼통력三統曆 및 보譜를 작성하여 그것으로 『춘추』를 해설하였다. 그 추산하는 방법이 긴밀하므로 이하에서 이를 기술하겠다. 무릇 역曆의 춘추春秋는 천天의 시時니, 인사人事를 배열할 때에는 천의 시를 이용하였다. 『전』에서 "인민은 하늘과 땅의 중정한 기를 받아서 태어나니, 이른바 명命이다"라고 하였다. … ②『전』에서 "원元은 선善의 우두머리다"라고 하였다. 삼덕三德을 양성하는 것이 선善이다.

라고 하였듯이, 반고는 유흠이 ①삼통력과 세보世譜에 의거하여 『춘추』를 해설한 것으로 이해하였다. 사실 유흠의 역론曆論에는 곳곳에 『좌씨전』이 인용되고 있다. 삼통이라는 말은 '일원삼통사천육백십칠년一元三統四千六百十七年'이라는 역법상의 용어이자 동시에 하·은·주 삼대의 정삭正朔인 천통天統·지통地統·인통人統을 의미하며, 나아가 천·지·인의 삼재三才를 관통하는 본질적인 이법인데, 이것을 정통화한 것은 ②『춘추좌씨전』 소공 전 12년 조이다. 물론 호리이케 노부로가 『한위사상사연구』(1988)에서 중시하였듯이, 삼三과 이二의 기본적인 수치 관계(96)는 『역』에서 말하는 '삼천양지三天兩地' 요컨대 하늘과 땅으로부터 얻은 절대적인 수의 의미를 가지며, 따라서 삼통력은 『좌씨전』과 더불어 『역』을 중심적인 경전으로 삼았다. 그런데 유흠은 『예』의 경전을 제외한 대부분의 유교경전을 삼통력의 세계 안에 배치하여 경학이 세계를 통괄하는 것으로 규정하고 그 중심에 『역』과 더불어 『좌씨전』을 두었던 것이다.

『좌씨전』이 삼통력에 유용했던 것은 똑같이 『춘추』의 전傳이면서도 『공양전』·『곡량전』과 달리 ㉮사事를 위주로 하였기 때문이다. 춘추장력

春秋長曆을 추산할 때, 37회의 일식 이외에 간지干支를 갖는 기사의 존재는 유용하다. 『좌씨전』에 의거하면, 경經의 393의 간지 이외에 독자적인 386의 간지를 추가할 수 있다. ㉮사事를 위주로 하는 『좌씨전』의 특성이다.[39] 유흠은 『좌씨전』에 기록된 역상曆象 24사事를 삼통력을 이용함으로써 산출하여 삼통력의 정당성을 실증하였다. 이리하여 유흠은 『좌씨전』의 (1)기층에 춘추장력을 둔다는 성격과 ㉮사事를 위주로 하는 특징을 살려냄으로써 한의 토덕을 정통화하던 태초력을 타파했던 것이다.

그렇다면, 한이 토덕이 아니라 화덕이라는 것은 어떻게 증명하였을까? 가휘賈徽는 유흠에게 『좌씨전』을 배웠는데, 그의 아들 가규賈逵는 한의 화덕은 『좌씨전』에 의거하여 소호少昊를 넣음으로써 증명된다고 하였다. 『후한서』 열전26 「가규전」에,[40]

> 또 오경의 학파는 모두 도참圖讖을 증거로 삼아서 유씨(漢)가 요堯의 후손임을 밝히지 못하였는데, 『좌씨』에는 홀로 명문明文이 있습니다. 오경의 학파는 모두 전욱顓頊이 황제黃帝를 대신했다고 말함으로써 요는 화덕이 될 수 없었습니다. 『좌씨』에는 ①소호少昊가 황제黃帝를 대신하였다고 하였으니, 곧 ②도참에서 말하는 제선帝宣입니다. 만일 요堯가 화덕火德이 될 수 없다면 한漢은 적덕赤德이 될 수 없습니다. 그 발명하고 보익한 바가 실로 많은 것입니다(『後漢書』 列傳26, 「賈逵傳」).

라고 하였다. 광무제가 한의 정통화를 위해 도참을 선포하였던 후한에서 『좌씨전』을 현창하기 위해서서는, ①『좌씨전』에 의거하여 소호少昊를 넣음으로써 한요후설·한화덕설을 증명할 수 있음을 주장할 뿐 아니라, 도참과의 결합까지도 언급하지 않으면 안 되었다.[41] 다만,

○ 오경가설五經家說

황제(土) → 전욱(金) → 제곡(水) → 요(木) → 순(火) →

하(土) → 은(金) → 주(水) → 한(木)

○ 좌씨전설左氏傳說

황제(土) → 소호(金) → 전욱(水) → 제곡(木) → 요(火) →

순(土) → 하(金) → 은(水) → 주(木) → 한(火)

라고 하여, 소호를 넣어 요의 화덕을 논증하는 것 자체는 가규 이전부터 행해지고 있었다. 역순으로 되어 있기 때문에 이해하기 어렵겠지만 『한서』 권21하 「율력지하」에,42)

> 세경世經. 『춘추』 소공 17년 조에 "담자郯子가 노나라로 와서 조회를 하였다" 고 하였다. 그 『전』에 "노나라의 대부 소자昭子가 '소호씨少昊氏는 새(鳥)의 이름으로 관직의 명칭을 삼았는데, 무엇 때문인가?'라고 담자에게 물었다. 담자가 대답하였다. '소호씨는 우리 조상이니, 나는 그 이유를 알고 있습니다. 옛날에 황제씨黃帝氏는 구름(雲)으로 정사를 다스렸기 때문에 백관의 장관을 모두 운雲으로 명명하였습니다. 염제씨炎帝氏는 불(火)로 정사를 다스렸기 때문에 백관의 장관을 모두 화火로 명명하였습니다. 공공씨共工氏는 물(水)로 정사를 다스렸기 때문에 백관의 장관을 모두 수水로 명경하였습니다. 태호씨太昊氏는 용으로 정사를 다스렸기 때문에 백관의 장관을 모두 용龍으로 명명하였습니다. 우리 고조高祖 소호少昊 지摯께서 즉위할 때, 마침 봉황이 날아왔습니다. 그러므로 새(鳥)로 정사를 다스렸고, 백관의 장관을 모두 조鳥로 명명하였던 것입니다.'" 담자는 소호가 그 지위를 황제에게 받은 것에 의거하여, 황제는 염제에게 받았고, 염제는 공공에게 받았고, 공공은 태호에게 받았음을 말한 것이다. 그러므로 먼저 황제를 말하고 위로 거슬러 올라가 태호에까지 미친 것이다.

라고 하였듯이, 유흠의 「세경世經」은 『춘추좌씨전』 소공 전 17년 조를 논거로 제왕의 계보를 추적하면서 한화덕설을 창설하였다. 유흠은 『좌씨전』을 논거로 제왕의 계보에 소호를 삽입함으로써 상생相生의 오덕종시설에 기초한 한화덕설을 정통화한 것이다.

또『좌씨전』의 특징으로 제시한 ㉯한의 조상을 요의 말예로 보는 논거는『춘추좌씨전』문공 전 13년 조에 "그곳에 살고 있던 자들이 유씨가 되었다(其處者爲劉氏)"라고 하여 진秦에 남아 있던 사회士會의 자손이 유씨가 되었다는 6글자다. 여기에다 양공 전 24년 조·소공 전 29년 조에 보이는 요의 자손이 유루劉累이며 유루의 자손이 범씨范氏라는 사전설화史傳說話와 더불어『한서』권1「고조본기」의 찬문贊文에 인용된 진에 머물러 있던 유씨가 한실의 조상이 되었다는 유향의 설을 더하면, 한요후설이 완성된다.

이에 대해서는 일찍이 공영달이 이 6글자는 한의 좌전가가 '유'를 성으로 하는 한에 아부하여 좌씨를 흥기시키기 위해 덧붙인 것이라고 하였으며(『春秋左氏傳』文公 13年疏), 유봉록劉逢祿은 6글자를 유흠이 덧붙인 것이라고 단언하고『좌씨전』그 자체도 유흠의 위작이라고까지 주장하였다(『左氏春秋考證』下). 카마다 타다시鎌田正는『좌전의 성립과 그 전개左傳の成立と其の展開』(1963)에서 문공 전 13년 조의 6글자를 유흠이 덧붙였다는 설과『좌씨전』을 유흠의 위작으로 보는 것을 부정하고, 한화덕설 및 한요후설은 그의 아버지 유향의 설이라고 주장하였다. 그러나『사기』권2「하본기」에,[43]

> 도당씨陶唐氏(요임금의 자손)는 이미 쇠퇴하였지만, 그 후에 유루劉累라는 자가 있었다. 환룡씨豢龍氏에게 용을 사육하는 법을 배웠는데, 공갑孔甲을 섬겼다. 공갑은 그에게 성을 하사하여 어룡씨御龍氏라고 하였고, 시위豕韋의 땅을 물려받도록 하였다. 용 가운데 암컷 한 마리가 죽자, 유루는 하후夏后(孔甲)에게 그 고기를 먹게 하였다. 하후는 사자를 보내어 다시 그 고기를 구해오도록 하였다. 유루는 그 고기를 다시 구할 수 없었기 때문에 두려워하여 떠나

버렸다.

라고 되어 있다. 이 『사기』의 문장은 한요후설의 논거 가운데 하나인 『춘추좌씨전』 소공 전 7년 조와 거의 같은 문장이다. 물론 자구의 차이는 있다. 결정적으로 다른 것은 현행 『춘추좌씨전』 소공 전 7년 조에는 이곳에 '범씨는 그 후손이다(范氏其後也)'라는 5글자가 추가되어 있다는 점이다. 『춘추좌씨전』 문공 전 13년 조의 '그곳에 살고 있던 자들이 유씨가 되었다(其處者爲劉氏)'는 6글자와 마찬가지로 부가附加의 방법이다. 유씨의 조상과 관련된 부분이 모두 같은 형식으로 보충되어 있는 점에서 볼 때, 카마다 타다시의 주장처럼 문공 전 13년 조의 6글자를 후대인의 찬입이 아니라고 단정하기는 어렵다. 『좌씨전』 모두를 유흠의 위작이라고 생각하는 것은 논외로 치더라도, 유향·유흠이 서적을 교수校讎할 때 당시의 정치상황에 영합한 가필이 이루어졌으리라고 추정하는 것은 부자연스러운 일이 아니다. 적어도 사마천司馬遷이 보았다는 「좌씨전」에서는 한이 요의 후예라는 것은 도출되지 않았다. 그것은 『사기』 권2가 『춘추좌씨전』 소공 전 7년 조를 인용하면서도 요와 한의 관계를 전혀 언급하지 않은 것에서 분명하다. 쿠노 쇼이치久野昇一는 「전한 말 한화덕설이 주장된 이유에 대하여前漢末に漢火德說の称へられたる理由に就いて」(1938)에서 『사기』의 출현은 각 왕조의 조상을 분명히 하였기 때문에 한실의 명예를 위해 그 조상을 밝힐 필요가 있었다고 하여 한요후설의 출현이유를 설명한다. 사가와 마유코佐川繭子는 「광무제에 의한 화덕요후의 한 재흥에 대하여光武帝による火德堯後の漢再興について」(2005)에서 『사기』의 「본기」·「세가」에는 요 후손의 씨족이 존재하지 않기 때문에 유씨요후劉氏堯後의 계보를 발견하기에는 사정이 좋지 않았을 것이라고 하였다. 『사기』 집필 단계에서는 한요후설은 성립하지 않았던 것

이다. 사마천이 보았다는 「좌씨전」과 유흠·유향이 '발견'한 『춘추좌씨전』은 동일한 책이 아닐 가능성이 높다. 어쨌든 유향·유흠은 ㉯한의 조상은 요의 말예라는 『좌씨전』의 특징을 통해서 ③한화덕설 및 한요후설을 정통화하였던 것이다.

이상에서처럼 『좌씨전』은 성제기 국정의 중요과제였던 ①천자칠묘제의 문제를 해결하기 위한 유흠의 주장에 정통성을 부여하였다. 또 (1)기층에 춘추장력을 두고, ㉮사事를 위주로 함으로써 한토덕설의 논거인 태초력을 타파하는 삼통력을 정통화하였다. 그리고 ③한화덕설 및 한요후설을 ㉯한의 조상은 요의 말예라는 사전설화를 통해서 정통화하였다.

이렇게 하여 확립된 ③한화덕설·한요후설은 이윽고 왕망에게 이용된다. 『한서』 권99상 「왕망전상」에,[44)]

> 나는 부덕한 몸으로 ①황초조고皇初祖考 황제黃帝의 후손과 황시조고皇始祖考 우순虞帝의 후예에 의탁하였다. 더욱이 태황태후의 말속末屬이기도 하다. ... ②적제赤帝 한씨고황제漢氏高皇帝의 신령이 천명을 받들어 전국금책傳國金策의 서書를 나에게 전해주셨다. 나는 매우 공경스럽고 두렵지만, 감히 삼가 받지 않을 수 있겠는가!

라고 하였듯이, 거섭 3년(8) 11월의 하서下書에서 왕망은 스스로를 ①황제·순의 후예로 규정하고, ②한을 화덕火德(赤德)으로 해석하였다. 또 『한서』 권99중 「왕망전중」에,[45)]

> 왕망이 말하였다. "나의 ①황시조고皇始祖考 우제虞帝(舜)는 당唐(堯)에게서 지위를 물려받았다. ②한씨漢氏의 초조初祖 당제唐帝는 대대로 전국傳國의 상象이 있으니, 나는 다시 친히 한의 고황제高皇帝의 신령에게서 금책金策을 받을 것

이다."

라고 하였듯이, 시건국 원년(9)에는 ②한을 요(唐帝)의 후예로 규정하고, ①요순혁명에 준거를 두고 한신혁명이 이루어졌음을 서술하였다.

그러나 강유위의 『신학위경고』처럼 유흠이 왕망을 위해 『좌씨전』을 위작했다고 주장할 수는 없다. 한의 정통화를 위해 『좌씨전』을 논거로 하여 만들어진 ③한화덕설·한요후설을 왕망이 이용한 것이지, 왕망토덕설·왕망순후설을 위해 ③한화덕설·한요후설이 만들어진 것은 아니다. 그렇지만 결과적으로 왕망이 신을 건국하는 데에 『좌씨전』이 이용되었음은 틀림없다. 신을 타도하고 한을 부흥시킨 광무제 유수가 『좌씨전』을 학관에 세운다는 것은 어려운 일이었다. 그러나 천자칠묘제나 교사제도 등 『좌씨전』의 출현을 배경으로 하는 정치상황 속에서 왕망에 의해 정해진 '고전적古典的 국제國制'의 기본적인 형태는 계승되지 않을 수 없었다.46) 그렇다면 후한은 『춘추』 3전에 어떠한 대응을 보였을까?

4. 후한의 국정과 『공양전』·『좌씨전』의 상극

광무제는 즉위의 정통성을 도참에서 찾았다. 적복부赤伏符다. 『후한서』 본기1상 「광무제기상」에,47)

> 광무제가 전에 장안에 있을 때 관사를 함께 사용했던 강화彊華가 관중關中에서 적복부赤伏符를 바쳤다. "유수가 군사를 일으켜 부도한 자를 사로잡으니, 사방 오랑캐가 구름처럼 모여들고, 용은 들판에서 싸운다. 47의 즈음에 화火의 기운이 주인이 된다." 신하들은 이로 인해서 다시 상주하였다. "수명受命의 상서로움은 사람이 호응하는 것을 중대하게 여깁니다. 만 리 먼 사람들까지 신뢰를 합하여 의론하지 않고서도 정을 같이 하고 있습니다. 주周의 백어白魚가 어찌 이에 비할 수 있겠습니까? 이제 위로는 천자가 없고 사해 안이

> 혼란에 빠져 있습니다. 부서符瑞의 응함이 밝게 드러나고 있으니, 마땅히 천신天神에 화답하여 뭇 사람들의 원망을 채워주어야 할 것입니다." 광무제는 이에 유사有司에게 명하여 호鄗의 남쪽 천추정千秋亭의 오성맥五成陌에 제단을 설치하게 하였다. (건무 원년) 6월, 황제의 자리에 올랐다.

라고 하였듯이, 주나라 수명의 상징인 백어보다도 확실하게 즉위의 정당성을 부여한 ①적복부는 한화덕설에 기초한 것이었다. 덧붙여 천자에게 가장 중요한 천의 제사인 교사郊祀 이외에도 이듬해 건무 2년(26)에 규정된 영기迎氣의 의례 역시 '원시의 고사'로 불리는 왕망의 제도를 계승하였다(『續漢書』 志7, 「祭祀上」). 왕망이 정한 예제는 본래 한을 위해 의론되었던 것이다. 게다가 건국 초창기에 새로운 경의에 기초한 정통성을 내세울 여유도 없었을 것이다.

좌씨학파도 역시 성행하였다. 건무 4년(28)에 상서령尙書令 한흠韓歆이 고문古文 『비씨역費氏易』과 『좌씨전』을 학관에 세울 것을 상소하였는데 금문파와의 토의를 거쳐 광무제의 재가가 떨어졌으며, 이봉李封이 『좌씨전』의 박사가 되었다. 하지만 이 이후에도 학관 설립을 둘러싼 시비논쟁이 끊임없이 계속되다가 마침 이봉이 죽자 광무제는 그의 후임을 임명하지 않았다. 이후 『좌씨전』이 학관에 세워지는 일은 없었다(『後漢書』 列傳26, 「陳元傳」).

이러한 광무제의 판단 배경에는 그 내용은 훌륭하지만 결과적으로 왕망의 찬탈을 허용한 『좌씨전』에 후한의 정통성을 맡기는 일을 피하고자 하는 의도가 있었을 것이다. 『속한서』 지7 「제사지상」에,48)

> 건무 7년 5월에 이르러 삼공三公에게 조서를 내려 말하였다. "한漢은 마땅히 요堯를 교제郊祭해야 한다. 경·대부·박사와 의론하도록 하라." 이 때 시어사侍御史 두림杜林이 상소하여 "한이 일어난 것은 요임금과 관계없습니다. 따라서

> 은·주의 경우와 달리함이 마땅하니, 옛 제도에서는 고제高帝를 배향하였습니다. 지금 군대가 밖에 나가 활동하고 있으니, 우선 원년 교사郊祀의 고사故事와 같게 해야 할 것입니다"라고 하였다. 황제가 이에 따랐다.

라고 하였듯이, 건무 7년(31) 광무제는 두림의 상소에 따라 교사郊祀에서 요임금을 배향하지 않도록 결정하였다. 왕망의 한신혁명이 요순혁명에 준거를 두고 행해졌던 사실을 생각한다면, 당연한 조치라고 할 수 있겠다.[49]

이윽고 광무제는 곽황후郭皇后를 폐하고 음황후陰皇后를 세웠다. 이에 따라 건무 19년(43), 곽황후의 아들로서 황태자였던 유강劉彊은 동해왕東海王으로 물러났고, 음황후의 아들(후의 명제)이 황태자가 되었다. 황태자를 교체하는 조칙은 『후한서』 본기1하 「광무제기하」에,[50]

> 건무 19년 6월 무신戊申에 조서를 내려 "『춘추』의 의리에 아들을 세울 때에는 귀함을 원칙으로 삼는다. 동해왕東海王 양陽은 황후의 아들이니, 마땅히 대통大統을 계승해야 한다. 황태자 강彊은 겸손함을 숭상하고 번국에서 대비하도록 하라. 부자의 정은 오래도록 어긋남을 중히 여긴다. 강을 동해왕으로 삼으며, 양을 세워 황태자로 삼고 이름을 장莊으로 고치도록 하라."

라고 되어 있다. '자이모귀(아들은 어머니로 인해서 귀해진다)'다. 공양학파도 반격에 힘쓰고 있었던 것이다.[51] 「3. 유향·유흠과 『좌씨전』」에서 언급했듯이 가규가 『좌씨전』에만 한요후설·한화덕설이 명기되어 있다는 내용의 상주문을 올려 『좌씨전』을 학관에 세울 것을 촉구한 것은 장제 이후의 일이다. 장제는 가규의 상주를 옳다고 평가하고, 공양의 엄씨嚴氏·안씨顔氏 두 학파의 설을 익힌 유생 가운데에서 20인을 선발하여 『좌씨전』을 배우게 하였다고 한다(『後漢書』 列傳26, 「賈逵傳」).

이어서 건초 4년(79)에 장제는 백호관회의를 주재하였다. 좌씨학을 대표로 하는 고문학과 공양학을 중심으로 하는 금문학의 대립을 축으로 하는 논의를 정리한 『백호통』은 전체적으로 보면 거의 금문설로 정리되어 있다. 춘추학을 보면 『좌씨전』은 완전히 무시되었고 『곡량전』은 약간 인용되었으며, 공양학파의 설이 대부분 채용되었다.[52] 이 백호관회의에서 왕망이 정한 예제인 '원시의 고사'를 중심으로 하는 고전적 국제가 경의에 의거하여 정통화되었다. 구체적으로 살펴보면 ①낙양천도洛陽遷都, ②기내제도畿內制度, ③삼공三公의 설치, ④12주목州牧의 설치, ⑤남북교사南北郊祀, ⑥영기迎氣(五郊), ⑦칠묘합사七廟合祀, ⑧관직官稷(社稷), ⑨벽옹辟雍(明堂·靈臺), ⑩학관學官, ⑪이왕후二王後, ⑫공자의 자손·⑬악제개혁樂制改革, ⑭천하의 칭호(王朝名)의 대부분이 백호관회의에서 금문학의 경의에 따라 다시 정통화되었다(본서 2장). 흉노정책의 방침 전환을 정당화한 『곡량전』의 공인을 주목적으로 하였던 석거각회의에 반해서, 한의 국정 전반을 『공양전』 및 공양학설로 정통화한 백호관회의는 후한 '유교국가'의 완성을 상징하는 회의였다.[53]

백호관회의에서 이루어진 것은 금문학 『공양전』의 우월성을 확인하고 왕망이 정한 한의 국제를 경의로 정통화한 것만이 아니다. 현실의 변용에 적응하기 위한 새로운 『공양전』의 전개도 발견할 수 있다. 생모의 외척이 많았던 전한에서 '모이자귀'의 의례는 외척의 정치관여를 정당화하는 데에 커다란 역할을 하였다. 그런데 후한의 외척은 생모가 아니라 적처의 일족출신이었으며, 적처권嫡妻權을 그 권력의 의거처로 삼고 있었다(渡邉義浩, 「後漢時代の外戚について」, 1990). 이러한 외척의 권력형태, 구체적으로 말하면 장제의 외척인 두씨竇氏의 권력은 '모이자귀'를 가지고는 정통화할 수 없었다. 그리하여 제시된 의례가 '취선대국娶先大國'이다.

백호관회의 이후 후한 중기 순제의 외척 양씨梁氏는, 일찍이 장제의 귀인貴人으로서 화제를 낳았지만 죄를 짓고 주살된 양씨의 자손이었다. 그럼에도 불구하고 『후한서』 본기10하 「양황후기」에,54)

> 양가陽嘉 원년 봄, 유사有司가 상주하여 "장추궁長秋宮을 세워야 합니다. 승씨후乘氏侯 양상梁商은 선제先帝의 외척이기 때문입니다. 『춘추』의 의리에 '아내를 맞아들일 때에는 대국의 여자를 우선한다'고 하였습니다. 양소귀인梁小貴人은 마땅히 천조天祚(황제)와 짝하게 하여, 지위를 곤극坤極(황후)에서 바르게 해야 합니다"라고 하였다. 순제가 이에 따랐다. 이에 수안전壽安殿에서 귀인을 세워 황후로 삼았다.

라고 하였듯이, 양귀인梁貴人은 순제의 황후가 되었으며 양씨는 외척으로서 권력을 휘두르게 된다. 이곳에서 주목해야 할 것은 유사有司라는 일반적인 명칭으로 전해지는 관료가 '취선대국'이라는 '춘추의 의리'를 당연하다는 듯이 양황후 책립의 정당성으로서 인용하고 있다는 사실이다. '취선태국'이라는 '춘추의 의리'는 『춘추』의 경문은 물론 『공양전』에도 그리고 하휴의 주에도 보이지 않는다. 이 논리는 『백호통』 권10 「가취嫁娶」에,55)

> 왕자王者가 아내를 맞아들일 때 반드시 대국의 여자 가운데서 먼저 선택하는 것은 그들이 예의를 갖추었고 본 것이 많기 때문이다. 『시』에 "큰 나라에 따님이 있으니, 하늘의 따님에 비길 만하네. 예禮에 따라 그 길한 날짜를 정하니, 친히 위수渭水에서 신부를 맞이하네"라고 하였다. 이는 왕자는 반드시 대국에서 아내를 맞이함을 밝힌 것이다. 『춘추전』에 "기후紀侯가 와서 조회를 하였다"고 하였다. 기자紀子가 딸을 천자에게 시집보냈기 때문에 작위를 높여 (子를) '후侯'라고 칭한 것이다.

고 하였듯이, 백호관회의에서 결정된 공양학설임을 알 수 있다. 순제 시기 양황후를 책립할 때 유사가 올린 상주는 '모이자귀'의 의례를 전개하던 중에 백호관회의에서 생겨난 '취선대국'으로 황후 책립을 정당화하였다. 여기서 유교일존의 시대인 후한의 국정에서 『백호통』이 가지는 규제력의 강도를 이해할 수 있으며, 동시에 공양학파 학설의 전개를 볼 수 있다.

그렇다면 『좌씨전』만이 유씨와 『춘추』의 연계를 직접적으로 전하고 있다는 가규의 주장에 대해 공양학은 어떠한 논리전개를 통해 대항했을까? 오늘날 그 해답을 전해주는 것은 『춘추공양전』 애공 14년 조에 붙여진 하휴의 주이다. 『춘추공양전해고』 애공 14년 조에,[56]

> [전傳] 군자(공자)는 어찌하여 『춘추』를 지었는가?
> [주注] 공자는 위를 우러러 보아 천명天命을 추산하고 아래를 굽어보아 시변時變을 살피면서도, 오히려 미래의 일을 관찰하여 미리 먼 앞날을 이해하였다. 한이 마땅히 대란의 뒤를 이을 것임을 알았기 때문에 난세를 다스리는 법을 만들어 주었던 것이다.
> [전傳] 『춘추』의 의리를 제정하여 후대의 성인을 기다린다.
> [주注] 신성한 한(聖漢)의 왕이 이를 법으로 삼을 것을 기다린 것이다.

라고 하였다. 이곳에서 공자는 한의 성립을 미리 알았으며, 그 때문에 법으로 삼을 수 있는 『춘추』의 의리를 제정한 신비한 존재로 해석되고 있다. 왕관은 없지만 진정한 왕자인 '소왕素王' 공자는 후세의 '신성한 한(聖漢)'을 위해 진정한 왕자의 법을 『춘추』로써 제시한 것이다. 하휴로 대표되는 공양가의 '공자소왕설孔子素王說'은 이리하여 '신성한 한'의 정통성을 뒷받침함으로써 『좌씨전』에 대항하였다. 공양학은 『좌씨전』이 왕망에게 이용된 것을 계기로 한의 정통사상으로서의 지위를 회복하고, 백호관회의에서 그 승리를 확정지었다. 그 배경에는 『공양전』 자체가 한의 국정현상에 적합한 점도 있었지만, 학설을 전개시킨 공양학파의 노력이 있었기 때문이다.

후한 말을 살았던 하휴는 『춘추공양전』 선공 15년 조의 주에서 이상적인 토지제도로서 정전법井田法을 주장하였다(渡邉義浩, 「井田の系譜—占田・課田制の思想史的背景について」, 2005). 그러나 조위曹魏의 둔전제屯田制, 서진西晉의 점전占田·과전법課田法으로 이어지는 정전제의 계보는 『예기』 「왕제」에서부터 전개되었다.57) 공양학이 '신성한 한(聖漢)'으로 받들던 후한의 멸망은 공양학파의 보급과 전개를 곤란하게 만들었다. 한편 지속적으로 공양학에 대항하였던 좌씨학은 후한의 멸망에도 잘 대응하였다. 후한 '관寬'치治의 말로에 대응해서 좌씨학은 『춘추좌씨전』 소공 전 20년 조의 '관맹상제寬猛相濟'를 논거로 법형法刑을 중시하는 '맹猛'정政을 주장하여 조위나 제갈량의 국정운용에 영향을 끼쳤다(渡邉義浩, 「'寬'治から'猛'政へ」, 2001 ; 「死して後已む—諸葛亮の漢代的精神」, 2003). 또 사회의 분권화에 대응해서는 『춘추좌씨전』 희공 전 24년 조를 논거로 동성제후에 대한 봉건을 정당화하였다(渡邉義浩, 「'封建'の復権—西晉における諸王の封建に向けて」, 2005). 더욱이 서진 시대에 두예杜預가 등장하여 『좌씨전』에 주를 붙여 사마씨司馬氏의 권력을 정통화하면서 『공양전』을 압도하였다(渡邉義浩, 「杜預の左傳癖と西晉の正統性」, 2005 ; 「杜預の諒闇制と皇位繼承問題」, 2005). 신성한 한과의 관계가 지나치게 밀접했던 『공양전』은 신성한 한과 더불어 쇠퇴했던 것이다.

맺음말

본장에서는 『춘추』 3전의 성립이나 그 사상내용의 문제를 잠시 제쳐

두고, 양한시대 정치과정에서 『춘추』 3전이 어떻게 국정을 정당화하는데 활용되었는가를 고찰하였다. 출현시기가 가장 빠른 『공양전』은 무제기까지의 전한 국정을 정당화하였고, 후한시대에도 그 학설을 전개시킴으로써 양한을 통해 『춘추』의 중심적인 경전이 되었다. 이에 반해 『곡량전』은 그것이 출현하였던 선제기의 정치에는 잘 적응하였지만, 선제 시기의 특수한 상황에 지나치게 특화된 느낌이 있다. 가장 늦게 등장한 『좌씨전』은 한의 예제禮制 근본을 규정하는 우위성을 갖고 있었지만, 왕망에게 이용됨으로써 후한에서의 지위는 불리해졌다.

『공양전』은 한을 위한 춘추였다. 하휴가 신성한 한을 위해 쓰였다고 분명하게 기록하고 있을 뿐 아니라, 한족漢族 국가에게 지속적으로 위협이 되었던 이적에 대한 강렬한 양이사상은 '한'이라는 시대에 진정 적합한 것이었다. 한의 멸망 후, 5호 16국시대를 거치면서 호한胡漢융합이 진전되는 중에도 『공양전』의 고전은 지속되었다. 이에 반하여 『좌씨전』은 사事(史實)를 위주로 하기 때문에 다양한 사례를 이끌어 낼 수 있다는 점에서 범용성이 높았다. 그로 인해서 한의 멸망 후, 위진남북조의 동란기를 뛰어넘어 당대唐代 '오경정의五經正義'의 하나로 선택되었던 것은 아닐까?

1) 반고가『한서』에서 동중서를 선양했다는 것은 渡邉義浩,『兩漢の儒教と政治權力』(2005), 광무제가 도참을 천하에 선포했다는 것은 渡邉義浩,『後漢國家の支配と儒教』(1995) 및 板野長八,『儒教成立史の硏究』(1995) 참조.
2)『춘추』3전 가운데『공양전』과『곡량전』에 대해서는 野間文史,『春秋學—公羊傳と穀梁傳』(2001)에,『좌씨전』에 대해서는 野間文史,『春秋正義の世界』(1989)에 각각 코멘트를 붙인 연구동향이 정리되어 있다. 본서는 野間文史의 선행 연구정리에 크게 의거하였다.
3) 田中麻紗巳,「『漢書』の「春秋の義」について」(1995) ;「後漢初期の春秋學について」(1996) ;「漢代の穀梁傳」(2007) ;「『後漢書』所引春秋三傳」(2007). 皮錫瑞,『經學通論』(1954)의「4, 春秋 論春秋爲後世立法惟公羊能發明斯義惟漢人能實行斯義」에 史書에 보이는 '『春秋』의 義'가 정리되어 있다. 日原利國의「春秋公羊傳の漢代的展開」(1960)에서도 한대 '『春秋』의 義'의 현실 구체적 파악을 인민주의적·국가주의적인『춘추』해석의 긴장관계 속에서 검토한다. 나아가 陳蘇鎭의『漢代政治與『春秋』學』(2001)과 張端穗의『西漢公羊學硏究』(2005)도 정치과정과의 관련 속에서 전자는『춘추』3전, 후자는『공양전』의 특징을 탐구한다.
4) 加賀榮治,「『春秋』經傳の成立をめぐって, 承前, 三續」(1990, 1991, 1992). 이에 반하여『한서』「예문지」를 비롯해 狩野直喜의『春秋硏究』(1994)처럼『좌씨전』이『공양전』보다 먼저 성립하였다고 보는 입장도 있다. 이 밖에『춘추』의 成書에 관해서는 平勢隆郎,『『春秋』と『左傳』—戰國の史書が語る「史實」,「正統」, 國家領域觀』(2003) 참조.
5) 이는『공양전』에는 한대 공양학의 특징인 災異와 人事 사이에 직접적인 인과관계를 발견할 수 없으며 人事의 노력으로 天災를 피할 수 있다는 天人一致의 사상은 발견되지 않는다고 한 中江丑吉의「公羊傳及公羊學に就いて」(1950)를 비판하면서 논증한 것이다.
6) 哀公 14년 '西狩獲麟'의 傳文과 漢 高祖와의 관계에 대해서는 狩野直喜,『兩漢學術考』(1964)에서 이미 지적하였다. 또 內山俊彦의「堯舜の君子を知るや—讀公羊小記」(1983)는 이 傳文의 해석과 그 의의를 논한 것이다.
7) 日原利國의『春秋公羊傳の硏究』(1976)는 ①의 經과 權을「5장 經과 權」에서, 文과 實을「7장 文과 實」에서, ②를「6장 특이한 夷狄論」에서, ③을「4장 人倫道德」에서, ④를「3장 心意의 偏重」에서, ⑥을「2장 俠氣와 復讐」에서 자세하게 논하였다.
8) 金谷治,「漢初儒生の活動 (二) —賈誼と賈山と經典學者たち」(1960). 또한 선구적인 연구인 重澤俊郎,『原始儒學思想と經學』(1949)에 가의를 논한 부분이 있다. 唐雄山의『賈誼禮治思想硏究』(2005)는 가의의 제후대책을 '割地定制', 흉노대책을 '三表五餌'라는 개념을 중심으로 논하였다.
9) 吳楚七國의 난에 대해서는 稻葉一郎,「吳楚七國の亂について」(1976), 전한 왕국의 相에 대해서는 鎌田重雄,『秦漢政治制度の硏究』(1962) 참조.

10) 적미의 난에서 성양경왕 신앙의 중요성에 대해서는 志田不動麿, 「赤眉の賊と漢城陽景王祠との關係」(1930) 참조.

11) 田中麻紗巳는 「『母以子貴』をめぐって―兩漢の用例と何休の解釋」(1985)에서 '子以母貴'는 桓公의 첩모를, '母以子貴'는 隱公의 妾母를 각각 가리킬 가능성이 있다고 지적하면서도, 환공이 귀한 것과 관련해서 공양은 아들과 어머니가 서로 귀함을 뒷받침한다는 의미로 서술하였다고 이해한다.

12) 景帝長男榮, 其母栗姬, 栗姬, 齊人也. (景帝)立榮爲太子. … (館陶)長公主日譽王夫人男之美, 景帝亦賢之. 又有曩者所夢日符, 計未有所定. 王夫人知帝望栗姬, 因怒未解, 陰使人趣大臣立栗姬爲皇后. 大行奏事畢, 日, "'子以母貴, 母以子貴. 今太子母無號. 宜立爲皇后.'" 景帝怒日, "是而所宜言邪!" 遂案誅大行, 而廢太子爲臨江王. 栗姬愈恚恨, 不得見, 以憂死. 卒立王夫人爲皇后, 其男爲太子(『史記』 卷49, 「外戚世家」).

13) (武帝)乃下詔日, "高皇帝遺朕平城之憂, 高后時單于書絶悖逆. 昔齊襄公復九世之讎, 『春秋』大之"(『漢書』 卷94上, 「匈奴傳上」). 또한 狩野直喜는 『春秋研究』(1994)에서 무제는 『春秋』의 義를 흉노정벌의 구실로 삼았다고 하였다.

14) 福井重雅는 『漢代儒教の史的研究』(2005)에서 반고의 작위적인 동중서 선양이 명백하다고 하였다. 渡邉義浩, 『兩漢の儒教と政治權力』(2005)도 참조.

15) (或日)"法令, 漢家之經, 吏議決焉. 事定於法, 誠爲明矣." 日, "夫五經亦漢家之所立, 儒生善政, 大義皆出其中. 董仲舒表『春秋』之義, 稽合於律, 無乖異者. 然則『春秋』, 漢之經, 孔子制作, 垂遺於漢. 論者徒尊法家, 不高『春秋』, 是闇蔽也"(『論衡』 「程材篇).

16) 始元五年, 有一男子乘黃犢車, 建黃旐, 衣黃襜褕, 著黃冒, 詣北闕, 自謂衛太子. 公車以聞. 詔使公卿·將軍·中二千石雜識視. 長安中吏民聚觀者數萬人. 右將軍勒兵闕下, 以備非常. 丞相·御史·中二千石至者並莫敢發言. 京兆尹(雋)不疑後到, 叱從吏收縛. 或日, "是非未可知, 且安之." 不疑日, "諸君何患於衛太子! 昔蒯聵違命出奔, 輒距而不納, 『春秋』是之. 衛太子得罪先帝, 亡不卽死, 今來自詣, 此罪人也." 遂送詔獄(『漢書』 卷71, 「雋不疑傳」).

17) 狩野直喜는 『春秋研究』(1994)에서 『논어』에 전해지는 공자의 말에 의거하여 蒯輒이 아버지를 거부한 행위를 긍정했다는 『공양전』의 해석은 공자의 진의를 곡해한 것이라고 하였다.

18) 『漢書』 卷7, 「昭帝紀」. 冨谷至가 「『儒教の國教化』と『儒學の官學化』」(1979)에서 서술하였듯이 공양학의 동기주의적인 법률해석은 재판의 장에서 중요한 역할을 하였다.

19) 今陛下嗣孝昭皇帝後, 行淫辟不軌. 『詩』云, "籍日未知, 亦既抱子." 五辟之屬, 莫大不孝. 周襄王不能事母, 『春秋』日, "天王出居于鄭", 繇不孝出之, 絶之於天下也. 宗廟重於君, 陛下未見命高廟, 不可以承天序, 奉祖宗廟, 子萬姓, 當廢(『漢書』 卷68, 「霍光傳」).

20) 王者無外, 此其言出何? 不能乎母也(『春秋公羊傳』 僖公 24年).

21) 不能事母. 罪莫大於不孝, 故絶言出也. 下無廢上之義, 得絶之者, 明母得廢之, 臣下得從母命(『春秋公羊傳注疏』 僖公 24年).

22) 公羊學은 '母以子貴'의 義例에 따라 媵妾의 아들이 황제가 되면 그 생모는 先君의 夫人이 되는 것으로 보았지만, 『通典』 卷72 禮32에 인용된 許愼의 『五經異義』에 "妾母의 아들이 군주가 되면, 아들은 그 어머니를 높여서 夫人으로 칭할 수 있

다. 살펴보건대, 춘추공양설에 첩의 아들이 군주가 되면, 어머니는 부인으로 칭할 수 있다. 그러므로 堂에 올라가서는 妾이라고 칭하여 嫡妻에게 굽히지만, 堂에서 내려와서는 夫人이라고 칭하여 존귀함이 國家에 행해진다. 그렇다면 士庶에서 일어나 군주가 되었더라도 어머니는 또한 夫人이라 칭할 수 없다(妾母之子爲君, 子得尊其母爲夫人. 按『春秋公羊說, 妾子立爲君, 母得稱夫人. 故上堂稱妾, 屈于嫡, 下堂稱夫人, 尊行國家. 則士庶起爲人君, 母亦不得稱夫人)"라고 하였듯이, 허신이 전하는 공양설에서는 士庶에서 군주가 된 자는 그 어머니를 夫人으로 칭할 수 없다고 하여 부인의 범위를 제한하였다.

23) 『穀梁傳』의 夷狄觀에 대해서는 山田琢, 「穀梁傳の成立について」(1958) ; 「春秋の理想—公羊·穀梁二傳の夷狄觀をめぐって」(1958) 참조. 『穀梁傳』의 法刑 중시에 대해서는 重澤俊郎, 「穀梁傳の思想と漢の社會」(1942) 및 日原利國, 「漢代思想研究の現況」(1983) 참조.

24) 初, 匈奴呼韓邪單于來朝, 詔公卿議其儀, 丞相(黃)霸·御史大夫(于)定國議曰, "聖王之制, 施德行禮, 先京師而後諸夏, 先諸夏而後夷狄. 『詩』云, '率禮不越, 遂視旣發, 相土烈烈, 海外有截.' 陛下聖德, 充塞天地, 光被四表, 匈奴單于, 鄕風慕化, 奉珍朝賀, 自古未之有也. 其禮儀宜如諸侯王, 位次在下." 望之以爲"單于非正朔所加, 故稱敵國, 宜待以不臣之禮, 位在諸侯王上. 外夷稽首稱藩, 中國讓而不臣, 此則羈縻之誼, 謙亨之福也. 『書』曰, '戎狄荒服', 言其來服, 荒忽亡常. 如使匈奴後嗣, 卒有鳥竄鼠伏, 闕於朝享, 不爲畔臣. 信讓行乎蠻貉, 福祚流于亡窮, 萬世之長策也." 天子采之, 下詔曰, "蓋聞五帝·三王敎化所不施, 不及以政. 今匈奴單于稱北藩, 朝正朔, 朕之不逮, 德不能弘覆. 其以客禮待之, 令單于位在諸侯王上, 贊謁稱臣而不名."(『漢書』 卷78, 「蕭望之傳」).

25) 山田琢은 「春秋の理想—公羊·穀梁二傳の夷狄觀をめぐって」(1958)에서 『춘추곡량전』 애공 13년 조의 '吳의 夫差論'과 애공 14년 조의 '西狩獲麟'에 의거하여 공자의 이상이 이적을 발전시켜 中國의 禮에 부합하도록 하는 華夷混一의 세계 실현에 있었다고 하였다.

26) 福井重雅, 「秦漢時代における博士制度の展開—五經博士の設置をめぐる疑義再論」(1995). 福井에 의하면, 선제 이후 원제·성제·애제·평제로 이어지는 전한 후기에 이르러서도 여전히 공적으로 박사의 이름이나 정원 등을 기록한 문언을 발견할 수 없으며, 광무제 建武 연간에 비로소 五經이란 『역』·『서』·『시』·『예』·『춘추』 등 다섯 종류의 경전을 가리키며, 1經마다 정해진 家法이 세워져 각 가법에 박사가 설치되는 제도가 결정되었다고 한다. 博士弟子制度로서의 유교일존체제는 후한 광무제기에 이르러 겨우 완성된 것이다. 林啓屛은 「論漢代經學的「正典化」及其意義—以「石渠議奏」爲討論中心」(2002)에서 석거각회의를 경전의 '正經化'운동의 일환으로 자리매김하였다.

27) 宣帝, 作色曰, "漢家自有制度, 本以霸王·王道雜之, 奈何純任德敎, 用周政乎!"(『漢書』 卷9, 「元帝紀」).

28) 선제 시기의 혹리 활약에 대해서는 鎌田重雄, 「循吏と酷吏—地方官の二つの型とその配置」(1950) ; 影山剛, 「前漢の酷吏をめぐる二·三の問題」(1957) ; 譚傳賢, 「十年來(一九八七~一九九七) 有關漢代酷吏與吏治研究綜論」(1998) 참조.

29) '寬'治가 후한시대 통치의 주류였다는 것은 渡邉義浩의 「「德治」から「寬治」へ」(1994) 및 「「寬」治から「猛」政へ」(2001) 참조.

30) 『春秋公羊傳』 文公 9년·襄公 29년 조의 『春秋』의 義를 논거로 郅都 單于의 아들을 국경까지 환송하기로 한 의론이 통과되지 못하였고, 『春秋公羊傳』 襄公 6년 조의 『春秋』의 義를 토대로 二王의 後를 공자의 자손으로 파악한 의론이 재가를 받지 못하는 등 국정운용의 논거로서 『春秋』의 義를 제기하는 일이 증가한 반면 이에 수반하여 그것이 거부되는 경우도 많았다.

31) 劉歆의 律曆思想에 대해서는 堀池信夫, 『漢魏思想史研究』(1988) 및 川原秀城, 『中國の科學思想』(1996) 참조.

32) 郡國廟에 대해서는 守屋美都雄, 「前漢時代の郡國廟に就いて」(1938) 참조. 郡國廟뿐 아니라 天子七廟制 등도 포함하여 전한 후기의 국정과 유교의 관계를 논한 것으로 保科季子, 「前漢後半期における儒家禮制の受容―漢的傳統との對立と皇帝觀の變貌」(1998)가 있다.

33) 『春秋』之義, 父不祭於支庶之宅, 君不祭於臣僕之家, 王不祭於下土諸侯. 臣等愚以爲宗廟在郡國, 宜無修, 臣請勿復修(『漢書』 卷73, 「韋玄成傳」).

34) 藤川正數, 『漢代における禮學の研究(增訂版)』(1985). 伊藤德男, 「前漢の宗廟制―七廟制の成立を中心にして」(1983)도 참조.

35) 太僕王舜·中壘校尉劉歆議曰, … "①『禮記』「王制」及『春秋穀梁傳』, 天子七廟, 諸侯五, 大夫三, 士二. … 『春秋左氏傳』曰, ②名位不同, 禮亦異數, ③自上以下, 降殺以兩, 禮也. 七者, 其正法數, 可常數者也. 宗不在此數中. 宗, 變也. 苟有功德則宗之, 不可預爲設數. …"(『漢書』 卷73, 「韋玄成傳).

36) 漢代 郊祀制度에 관한 禮學의 전개에 대해서는 藤川正數의 『漢代における禮學の研究(增訂版)』(1985), 제도의 변천에 대해서는 金子修一의 『中國古代皇帝祭祀の研究』(2006)와 王柏中의 『神靈世界·秩序的構建與儀禮的象徵―兩漢國家祭祀制度』(2005) 참조. 전한 무제기의 郊祀에 대해서는 目黑杏子, 「前漢武帝期における郊祀体制の成立―甘泉泰畤の分析を中心に」(2003) 참조. 또한 岩野忠昭는 「前漢後期の郊祭論」(2004)에서 『춘추번로』와의 관련성을 논하였고, 北村良和는 「前漢末の改禮について」(1981)에서 七廟制에서 漢家의 자기모독을 발견하고 그것을 王莽의 經學帝國 출현의 선지급으로 자리매김하였다.

37) 五行思想에 대해서는 島邦男, 『五行思想と禮記月令の研究』(1971) 참조. 石合香은 「秦漢期の受命改制―五德終始說と三正說による檢討」(2003)에서 三正制의 중시는 班固가 현창한 것이며, 실제의 受命體制는 오덕종시설이 중심이었다고 하였다.

38) (劉)向子(劉)歆究其微眇, 作三統曆及譜以說『春秋』. 推法密要, 故述焉. 夫曆春秋者, 天時也, 列人事而因以天時. 『傳』曰, "民受天地之中以生, 所謂命也." … 『傳』曰, "元, 善之長也." 共養三德爲善(『漢書』 卷21上, 「律曆志」). 三統曆과 世譜에 대해서는 能田忠亮·藪內淸, 『漢書律曆志の研究』(1951) 참조.

39) 杜預가 春秋經과 『左氏傳』 합계 779개의 干支를 가능한 한 살릴 수 있도록 潤月을 19년마다 7번 설정하고 큰달과 작은 달을 정하여 작성한 春秋長曆에서 37회의 日食 중 33회를 曆의 모습 그대로 설정할 수 있었던 것에 대해서는 渡邉義浩, 「杜預の春

秋長曆について」(2005) 참조.

40) 又五經家皆無以證圖讖明劉氏爲堯後者, 而『左氏』獨有明文. 五經家皆言顓頊代黃帝, 而堯不得爲火德.『左氏』以①爲少昊代黃帝, ②즉即圖讖所謂帝宣也. 如令堯不得爲火, 則漢不得爲赤. 其所發明·補益實多(『後漢書』 列傳26, 「賈逵傳」).

41) 福井重雅는 「班固の思想續論―とくに『左傳』と緯書を中心として」(1999)와 「班固の思想初探―とくに漢堯後説と漢火德説を中心として」(2000)에서 이 賈逵의 상주문은 漢堯後說, 火德說, 『左傳』, 讖緯 네 가지의 상관관계를 논한 최초의 기록이라고 하였다. 漢火德說에 대해서는 久野昇一, 「前漢末に漢火德説の称へられたる理由に就いて(上) (下)」(1938) 및 楊權, 『新五德理論與兩漢政治―「堯後火德」說考論』(2006) 참조.

42) 世經. 『春秋』昭公十七年, "郯子來朝." 『傳』曰, "昭子問, '少昊氏鳥名何故?' 對曰, '吾祖也, 我知之矣. 昔者, 黃帝氏以雲紀, 故爲雲師而雲名. 炎帝氏以火紀, 故爲火師而火名. 共工氏以水紀, 故爲水師而水名. 太昊氏以龍紀, 故爲龍師而龍名. 我高祖少昊摯之立也, 鳳鳥適至, 故紀於鳥, 爲鳥師而鳥名.'" 言郯子據少昊受黃帝, 黃帝受炎帝, 炎帝受共工, 共工受太昊, 故先言黃帝, 上及太昊(『漢書』 卷21下, 「律曆志下」).

43) 陶唐既衰, 其后有劉累. 學擾龍于豢龍氏, 以事孔甲. 孔甲賜之姓曰御龍氏, 受豕韋之後. 龍一雌死, 以食夏后. 夏后使求, 懼而遷去(『史記』 卷2, 「夏本紀」).

44) 予以不德, 託于①皇初祖考黃帝之後, 皇始祖考虞帝之苗裔, 而太皇太后之末屬. … ②赤帝漢氏高皇帝之靈, 承天命傳國金策之書, 予甚祇畏, 敢不欽受(『漢書』 卷99上, 「王莽傳上」). 왕망의 禪讓革命과 漢火德說에 대해서는 渡邊さおり, 「王莽の易姓禅讓革命について」(1995) 참조.

45) 莽曰, "予之皇始祖考虞帝受嬗于唐. 漢氏初祖唐帝, 世有傳國之象, 予復親受金策於漢高皇帝之靈"(『漢書』 卷99中, 「王莽傳中」).

46) 왕망이 정한 '元始 연간의 故事'를 중심으로 유교에 기초를 둔 國制의 정비를 '중국 고전적 국제의 성립'으로 자리매김하는 것에 대해서는 渡辺信一郎, 「天下觀念と中國における古典的國制の成立」(2002) 참조. 後漢의 故事에 대해서는 본서 제3장 참조.

47) 光武先在長安時同舍生彊華, 自關中奉赤伏符. 曰, "劉秀發兵捕不道, 四夷雲集龍鬬野, 四七之際火爲主." 羣臣因復奏曰, "受命之符, 人應爲大. 萬里合信, 不議同情. 周之白魚, 曷足比焉? 今上無天子, 海內淆亂. 符瑞之應, 昭然著聞. 宜答天神, 以塞羣望." 光武於是命有司設壇場於鄗南千秋亭五成陌. (建武元年) 六月, 卽皇帝位(『後漢書』 本紀1上, 「光武帝紀上」).

48) 至(建武)七年五月, 詔三公曰, "漢當郊堯. 其與卿大夫·博士議." 時侍御史杜林上疏, 以爲"漢起不因緣堯, 與殷周異宜, 而舊制以高帝配. 方軍師在外, 且可如元年郊祀故事." 上從之(『續漢書』 志7, 「祭祀志上」).

49) 後漢이 曹魏에게 멸망되는 漢魏革命에서도 그것이 요순혁명에 준거를 두었다는 것에 대해서는 渡邉義浩, 「三國時代における「公」と「私」」(2003) 및 본서 8장 참조.

50) (建武十九年) 六月戊申, 詔曰, "『春秋』之義, 立子以貴. 東海王陽, 皇后之子, 宜承大統. 皇太子彊, 崇執謙退, 願備藩國. 父子之情, 重久違之. 其以彊爲東海王, 立陽爲皇太子, 改名莊."(『後漢書』 本紀1下, 「光武帝紀下」).

51) 후한 초의 공양학이 緯書를 도입함으로써 한의 정통화를 적극적으로 꾀하면서 반격에 힘썼다는 것은 安居香山, 「圖讖の形成とその延用についての考察—光武革命前後を中心として」(1964) 및 間嶋潤一, 「兩漢に於ける「獲麟」解釋に就いて」(1977) 참조. 그 결과 何休의 『解詁』 안에는 수많은 緯書가 인용되었는데, 春秋義에 관한 사례, 災異에 관한 사례, 禮制에 관한 사례로 대별될 수 있다는 것에 대해서는 田中麻紗巳, 「『春秋公羊解詁』 緯書關連個所」(1993) 참조.

52) 田中麻紗巳, 「『白虎通』の「或曰」「一說」」(1990) 참조. 다만 백호관회의 4년 후 건초 8년(83)에 조서를 내려 『穀梁』·『古文尙書』·『毛詩』와 더불어 『左氏傳』도 재능 있는 諸生들에게 배우게 하였다. 田中麻紗巳는 「後漢初期の春秋學について」(1996)에서 이를 古文學에 호의적이었던 章帝가 賈逵 등의 요청을 수락한 결과라고 추측하였다.

53) 백호관회의가 개최된 후한 장제기에 '유교국가'의 성립을 설정하고, 이를 유교국교화의 완성으로 생각할 수 있다는 것은 渡邉義浩, 『後漢國家の支配と儒教』(1995)』 및 본서 서론 참조.

54) 陽嘉元年春, 有司奏, "立長秋宮, 以乘氏侯(梁)商先帝外戚.『春秋』之義, '娶先大國.' 梁小貴人, 宜配天祚, 正位坤極." (順)帝從之. 乃於壽安殿立貴人爲皇后(『後漢書』 本紀10下, 「梁皇后紀」). 공양학이 외척의 정치참여를 정당화했다는 것에 대해서는 何照淸 , 『兩漢公羊學及其對當時政治之影響』(1986) 참조.

55) 王者之娶, 必先選于大國之女, 禮儀備所見多. 『詩』云, "大邦有子, 俔天之妹. 文定厥祥, 親迎于渭", 明王者必娶大國也. 『春秋傳』曰, "紀侯來朝", 紀子以嫁女于天子, 故增爵稱侯 (『白虎通』 卷10, 「嫁娶」).

56) [傳] 君子曷爲爲『春秋』. … [注] … 孔子仰推天命, 俯察時變, 卻觀未來, 豫解無窮. 知漢當繼大亂之後, 故作撥亂之法以授之. [傳] 制『春秋』之義, 以俟後聖. [注] 待聖漢之王, 以爲法 (『春秋公羊傳解詁』 哀公 14年).

57) 渡邉義浩, 「井田の系譜—占田・課田制の思想史的背景について」(2005). 하휴의 정전제에 대해서 內山俊彦은 「何休の考えた歷史」(2001)에서 衰亂→升平→大平의 상승과정이 『춘추』 경문 안에 이상으로서 존재하였으며, 그 大平에 구체적 내용을 부여하는 하나의 기초가 정전제국가라고 지적하였다. 中嶋隆藏, 「何休の思想」(1968)도 참조.

제 2 장
『백호통』에 나타난 후한유교의 고유성

제2장 『백호통』에 나타난 후한유교의 고유성

머리말

서론에서 언급했듯이 본서의 목적은 후한 '유교국가'의 성립으로 '유교의 국교화'가 완성되었으며, 그 시기는 후한 장제기의 백호관회의에서 구할 수 있다는 가설을 실증하는 데에 있다.

백호관회의는 장제 건초 4년(79), 양종楊終의 상주를 계기로(『後漢書』 列傳38, 「楊終傳」) 위응魏應이 장제의 조서를 받들어 10명의 유자들에게 경의經義의 의문점을 의론케 하고, 장제가 직접 결재하는 형식으로 행해졌다.[1] 그 내용은 반고가 정리한 『백호통』을 통해 엿볼 수 있는데, 후외려侯外廬는 『중국사상통사中國思想通史(제2권)』(1957)에서 동중서 이래의 재이설·참위설을 받아들인 극히 종교적 색채가 짙은 유교로 황제권의 신격화와 절대화를 꾀함으로써 한의 종교적·사상적 통치를 영속화시키는 것을 목적으로 한다고 하였다. 이 회의에서 규정된 경의 가운데 군신·부자·부부의 관계를 확립한 삼강설三綱說은 이후 중국에서 오랫동안 강제력을 행사하였다.[2] 히하라 토시쿠니日原利國는 「백호관회의의 사상사적 위치白虎觀論議の思想史的位置づけ」(1967)에서 백호관회의가 갖는 사상사적 의미를 다음과 같이 정리하였다. 장제가 직접 참석하여 행한 백호관회의의 결과는 금문 공양학만을 채용하고 고문 좌씨학을 모두 배척하였다. 그러나 그 논의는 어디까지나 고문학이라는 반조정反措定을 통해 구성되고 논정되었다. 좌씨학의 진출에 대항하여 공양학파는 그 지위를 유지하기 위해서라도 본래의 해석을 왜곡하고, 때로는 참위설을 받아들여 종교적인 변질까지 범하였으며, 『좌전』과 어떠한 차이도 없는 주장을 억지로 짜내어 의식적으로 국가주의로 경사됨으로써 지배권력의 요청에 호응하였다. 그리하여 공양학은 군주권을 절대화하는 이론으로 스스로를 탈각시켰다. 공양학의 이와 같은 왜곡과 변용은 체제측이 필요로 하는 경서해석의 종언을 의미하는 것이라고 하였다. 체제유교로서의 사상내용의 완성을 여기에서 볼 수 있겠다.

한편 이케다 슈죠池田秀三는 「『백호통의』와 후한의 학술『白虎通義』と後漢の學術」(1995)에서 후한의 학술·사상에 대한 『백호통』의 결정적인 영향력을 지적하면서도, 그것이 그려내는 '백호통국가'는 현실의 국가와는 직접적으로 관계없는 어디까지나 문헌조작과 상상력으로 구축되었다는 점, 즉 철저한 관념상의 산물이라는 점에 첫 번째 특질이 있으며, 그러한 국가상을 처음 제시하였다는 점에 『백호통』의 최대 사상사적 의의가 있다고 하였다.

이에 대하여 본장은 『백호통』에 나타나는 후한 유교의 고유성을 종교성, 국제國制와의 긴밀성, 신하에 대한 배려 세 가지 점에서 논함으로써 『백호통』이 어떻게 현실과 관련을 맺으면서 형성되었고, 또 어떻게 현실을 규정하고 있었는가 하는 문제를 논증하겠다.

1. 종교성

후한 '유교국가'에서 유교의 첫 번째 특징은 종교성이 강하다는 데에 있다. 이를 『백호통』에 규정된 천자와 황제라는 두 가지 칭호 및 천인상관설을 통해 검토해보기로 하겠다.

후한의 군주가 '천자'와 '황제'라는 두 가지 칭호를 갖고 각각 다른 기능을 수행했다는 것은 잘 알려진 사실이다(西嶋定生, 「皇帝支配の成立」, 1970). 즉 천자는 수명자의 칭호로서, 천지의 신들에 대한 자칭이다. 그 지위는 조령이나 상제에 의해 보증된다. 한편 황제는 통치자의 칭호로서, 제국의 내부와 자기 조상에게 제사를 올릴 때에 사용된다. 그 지위는 선대 황제 혹은 선대 황제의 적처의 임명으로 확보된다.[3] 이들 두 가지 칭호를 『백호통』은 어떻게 규정하였을까? 천자의 칭호와 관련해서는 『백호통』 「작爵」에,[4]

> 천자天子란 작위의 명칭이다. 작위를 천자라고 칭하는 것은 무엇 때문인가? 왕자는 ①천天을 아버지로 섬기고 지地를 어머니로 섬겨서 ②천의 아들이 되기 때문이다.

라고 규정하였다. 한편 제帝와 관련해서는 『백호통』 「호號」에,[5]

> 제왕帝王이란 무엇인가? 호號다. 호라는 것은 공功의 표현이다. 공을 표현하고 덕을 밝히는 것은 ③신하들을 호령하기 위한 것이다.

라고 규정하였다. 양자가 병존하는 이유에 대해서는 『백호통』 「호號」에,[6]

> '천자'라고 칭하기도 하고 '제왕'이라 칭하기도 하는 것은 무엇 때문인가? 생각건대, 위(하늘)와 접할 때 천자라고 칭하는 것은 작위를 가지고 ④천天을 섬긴다는 뜻을 밝히기 위한 것이다. 아래(인민)와 접할 때 제왕이라고 칭하는 것은 그 지위와 칭호가 천하에서 지극히 존귀하여 그것으로 ③신하를 호령한다는 뜻을 밝히기 위한 것이다.

라고 하였다. 양자의 차이는 확연하다. 황제(이곳에서는 帝王)는 공으로 그 지위에 나아가서 ③'신하를 호령하는 자'로 규정된다. 이에 반하여 천자는 ④'천을 섬기는' ②'천의 아들'이다. 전자는 인간의 노력으로 이룰 수 있지만, 후자는 인간의 지식을 초월한다. 『백호통』에서는 천天을 다음과 같이 규정한다. 『백호통』「천지天地」에,7)

> 천天이란 무엇인가? 천이라는 글자는 머리(鎭)라는 뜻이다. 높은 곳에 거처하여 아래를 다스려서 사람의 머리가 된다.

라고 하였다. 이곳에서 '천'은 '아래를 다스리는 자'로 규정된다. 이는 인격을 갖춘 종교적 주재자로서의 천을 의미하며, 무인격의 기계적인 자연은 아니다.8) 인간세계에 대한 공적이나 덕으로 신하를 호령하는 것이 황제라면, 인간을 다스리는 주재자인 '천'의 힘에 의거하는 것이 천자다. 바꾸어 말하면, 천자는 천의 종교성으로 지탱된다고 할 수도 있겠다.

이러한 『백호통』 경의의 논거가 된 것은 위서緯書다. 제왕과 천자의 차이를 서술한 『백호통』「호」의 전거는 『태평어람』 권76 「황왕부皇王部」 1에서,9)

> 『효경구명결孝經鉤命訣』에 "삼황三皇은 천천히 걷고, 오제五帝는 빠르게 걷고, 삼왕三王은 달리고, 오패五霸는 질주한다. '천자'라고 칭하기도 하고 '제왕'이라 칭하기도 한다. 위(하늘)와 접할 때 천자라고 칭하는 것은 작위를 가지고 ④천天을 섬긴다는 뜻을 밝히기 위한 것이다. 아래(인민)와 접할 때 제왕이라 칭하는 것은 그것으로 ③신하를 호령한다는 뜻을 밝히기 위한 것이다"라고 하였다.

라고 인용한 『효경구명결』이다. 효경위孝經緯는 위서 중에서도 춘추위春秋緯와 더불어 중요한 지위를 차지한다. 위서 가운데에서 공자가 『춘추』와 더불어 가장 중시한 것이 『효경』이라고 여겼기 때문이다. 또한 효경위에는 '효'의 내용이나 방식을 설명한 부분은 적고, 천자나 경대부가 효를 행하면 천하·자연 또는 가정이 잘 다스려진다는 식으로 그 효과를 설명한 부분이 대세를 차지한다.[10] 이곳에서의 효경위도 마찬가지로 생각된다.

그 때문에 ①'천天을 아버지로 섬기고 지地를 어머니로 섬기는' 천자는 효를 행하여 천을 섬기지 않으면 안 된다. 『북당서초北堂書鈔』 권90 「예의부禮儀部」 11에,[11]

> 『백호통』에 "왕자王者가 천天을 제사지내는 것은 무엇 때문인가? 아버지를 섬기는 것을 인하여서 천을 섬기기 때문이다"라고 하였다.

고 하였듯이, 천을 제사지내는 교사郊祀에서도 천과 천자는 아버지와 아들의 관계와 마찬가지로 효에 의해서 맺어진다고 할 수 있다.[12] 이리하여 효는 모든 덕행의 근간이 되며, 제국의 질서도 이것으로 보증된다.

이러한 천과 천자의 관계는 천인상관설에 의해서 지탱된다. 이케다 토모히사池田知久는 「중국 고대 천인상관론中國古代天人相關論」(1994)에서 동중서의 천인상관설을 세계 속에 발생하는 모든 존재와 운동이 주로 인격을 갖춘 종교적 신격인 '천'의 주재성에서 근원한다는 표면적인 형식 채널을 통함으로써 천하·국가에서 '천자'가 보여주는 윤리성·정치성의 선악에 상응하여 일어나는 것으로 이해하였고, 실제적인 내용으로는 '천하' 혹은 '천하'로 대표되는 인류전체의 주체성·능동성을 고창한 사상이라고 하였다.

이 때문에 천인상관설에서 천이 내리는 재이는 천자가 보여주는 윤리성·정치성의 악의 정도에 따라 '천'의 주재성을 원인으로 하여 발생한

다. 『백호통』 「재변災變」에,13)

> 하늘이 재변을 일으키는 것은 무엇 때문인가? 군주를 경고하여 그 행실의 잘못을 깨닫게 하며 과오를 뉘우치고 덕을 닦아서 상각과 사고를 깊게 하도록 하기 위한 것이다. 『원신계』에 "(군주의) 행동에 결점이 있으면 기氣가 하늘에서 어긋나고, 사물의 실정이 이에 감응하여 이변현상이 나타나니, 그것으로 사람을 경계하도록 한다"고 하였다.

고 되어 있다. 이처럼 『백호통』에서도 재이는 주재성을 갖는 인격신인 '천'이 '인군'의 행위를 견책하기 위해 일으키는 것으로 규정한다. 전거로 삼은 위서는 『효경원신계孝經援神契』다. 이곳에서도 효경위가 '천'의 종교성의 논거가 되고 있음에 유의할 필요가 있다. 또 『문원영화文苑英華』 권561 「하상서賀祥瑞」에,14)

> 『원신계』에 "천자가 효를 행하면 경운景雲이 나와서 노닌다"라고 하였다.

고 하였듯이, 반대로 천자가 '효'를 행하면 서상瑞祥이 출현한다고 『효경원신계』는 말하고 있음을 알 수 있다.

그렇다면 『백호통』에서도 서상은 천자가 보여주는 윤리성·정치성의 선善의 정도에 상응하여 '천'의 주재성을 원인으로 하여 발생한다고 규정하였을 듯하다. 『백호통』 「봉선封禪」에,15)

> 천하가 태평하면 부서符瑞가 와서 이르게 된다. 생각건대, 이는 왕자가 하늘의 뜻을 이어받아 이치에 순응하면서 음양을 조화시켰기 때문이다. 음양을 조화시키면 만물이 질서를 이루고, 아름다운 기운이 가득 차게 된다. 그러므로 부서가 연이어 이르게 된다. 이는 모두 덕德에 상응해서 이르는 것이다. (왕자의) 덕이 하늘에 이르면 북두칠성과 태극성이 밝게 빛나고, 해와 달이

> 빛을 발하며, 감로甘露가 내리고, (왕자의) 덕이 땅에 이르면 가화嘉禾가 자라나고, 망협蓂莢이 피어나고, 거창秬鬯이 나와서 태평太平이 감응한다.

라고 하였다. 『백호통』은 주재성을 지닌 인격신인 '천'이 천자에게 내리는 재이와 더불어 서상도 내려주는 것으로 이해하였다. 인용문에는 표기되어 있지 않지만, 후반부에는 재이의 경우와 마찬가지로 『효경원신계』를 전거로 인용하였다.16) 『효경원신계』를 중심적인 논거로 삼아 천인상관설을 긍정한 것이다. 『백호통』에서 천과 천자를 결합시키는 이념은 효경위를 전거로 하는 '효'였던 것이다(본서 제6장 참조).

이상에서처럼 『백호통』은 황제와 병칭되는 천자라는 칭호에 대해 위서를 논거로 삼아 천을 섬기는 천의 아들로 규정하여, 천의 종교성으로 천자가 지탱된다고 이해하였다. 그 구체적인 표현이 천인상관설이다. 주재자인 '천'은 천자의 정치·윤리에 대하여 악한 정사를 행하면 재이를, 선한 정사를 펼치면 서상을 내려주어 천자를 지탱한다는 것이다. 천天이 리理와 등치되어 상제上帝의 의지가 곧 리理라고 주장한 송학宋學에 비한다면(小島毅, 「天子と皇帝—中華帝國の祭祀體系」, 1991), 후한유교의 첫 번째 특징이 종교성에 있다는 것은 분명하다. 또 『백호통』에서의 천인상관설이 효경위를 논거로 삼고 있는 데에서도 알 수 있듯이, 천과 천자를 결합시키는 것은 '효'였다. 이 때문에 천자는 부모를 섬길 때와 마찬가지로 효를 행하여 천을 섬긴다. 후한의 천자는 종교적인 주재자인 천에게 효를 행하여 섬김으로써, 그 지배의 정통성을 천의 종교성으로 지탱할 수 있었던 것이다.

2. 국제國制와의 긴밀성

후한 '유교국가'에서 유교의 두 번째 특징인 국가제도와 유교의 긴밀성을 고찰하는 방법은 유교교의儒教教義에 기초한 제사가 어떻게 형성되었고, 그것이 어떻게 정통화되었는지를 검토하는 것이 중심이 된다. 유교교의에 기초한 제사는 왕망이 정권을 장악하고 있던 평제 원시 4·5년(4·5)에 단행된 개혁으로 형성되어간다. 원시 5년(5), 왕망에 의해 규정된 남북교南北郊의 성립을 정점으로 하는 의례는 '원시 연간의 고사'로 불리며, 후한 국가제사의 기본이 되었던 것으로 평가받는다(金子修一, 『中國古代と皇帝祭祀』, 2001).

와타나베 신이치로渡辺信一郎는 「천하관념과 중국 고전적 국제의 성립天下觀念と中國における古典的國制の成立」(2002)에서 '원시 연간의 고사'를 중심으로 유교에 기초를 둔 국제의 정비를 '중국에서의 고전적 국제의 성립'으로 자리매김하고, 그 성립시기를 전한 원제 초원 3년(기원전 46)부터 후한 명제 영평 2년(59)까지의 약 100년 사이에서 찾는다. 와타나베 신이치로가 정리한 전한 말·왕망기의 국제개혁 일람표를 아래에 게시하고, 사항의 번호를 따라가면서 『백호통』에서 국제를 어떻게 자리매김하였는지를 고찰하고자 한다.

사항	제안자	제안년도	부활·확정년차
① 洛陽遷都	翼奉	初平3(B.C.46)	光武 建武1(25)
② 畿内制度	翼奉	初平3(B.C.46)	王莽 始建國4(12)
③ 三公設置	何武	綏和1(B.C.8)	哀帝 元壽2(B.C.1)
④ 十二州牧設置	何武	綏和1(B.C.8)	光武 建武18(42)
⑤ 南北郊祀	匡衡	建始1(B.C.32)	平帝 元始5(5)
⑥ 迎氣(五郊)	王莽	元始5(5)	平帝 元始5(5)
⑦ 七廟合祀	貢禹	永光4(B.C.40)	平帝 元始5(5)
⑧ 官稷(社稷)	王莽	元始3(3)	平帝 元始3(3)

⑨ 辟雍(明堂·靈臺)	劉向	綏和1(B.C.8)	平帝 元始4(4)
⑩ 學官	王莽	元始3(3)	平帝 元始3(3)
⑪ 二王後	匡衡·梅福	成帝期	成帝 綏和1(B.C.8)
⑫ 孔子子孫			平帝 元始1(1)
⑬ 樂制改革	平當	成帝期	明帝 永平3(60)
⑭ 天下之號(王朝名)	王莽		王莽 居攝3(8)

[前漢末·王莽期 國制改革 一覽]

① 낙양천도와 관련하여 『백호통』 「경사京師」 에,[17]

> 왕자王者가 반드시 토중土中을 선택하여 경사京師를 세우는 것은 무엇 때문인가? 가르침과 도리를 골고루 퍼뜨리고 오고 가는 거리를 공평하게 하며, 선한 일을 한 사람을 쉽게 보고하고 악한 일을 한 사람을 쉽게 보고하게 하여, 마땅히 두려워하고 신중히 하여 선과 악을 살펴야 함을 밝히기 위한 것이다. 『상서』에 '왕께서 와서 상제의 뜻을 이으시어, 스스로 토중에서 정사를 행하소서'라고 하였으니, 성인이 하늘의 뜻을 이어서 건설한 것이다. 『상서』에 '주공이 감히 하늘의 아름다움을 공경하지 않을 수 없으시어 와서 집터를 살펴보았다'라고 하였다.

고 되어 있다. 전거로 삼고 있는 『상서』는 앞의 것은 「주서周書·소고召誥」, 뒤의 것은 「주서周書·낙고洛誥」이므로, '토중土中'이란 낙읍洛邑을 가리킨다. 왕망이 낙양천도를 시도하면서 "토중인 낙양의 도읍으로 나아가고자 한다(『漢書』 卷99中, 「王莽傳中」, "即土之中雒陽之都")"고 했을 때의 '토중'과 같은 장소로 생각해도 좋을 듯하다. 『백호통』에서는 "왕자는 반드시 토중을 선택하여 경사를 세운다"고 서술하고, 그 '토중'의 전거를 경전인 『상서』에서 구함으로써 후한이 낙양에 도읍을 정한 것을 유교의 교의로 정통화한 것이다.

② 기내제도畿內制度란 서주시대의 동서 양도兩都를 고제古制로 이해하는 제도로서, 낙양을 동도東都라고 한다. 『백호통』「경사京師」에,[18]

> 주가周家는 처음 어디에 봉해졌는가? 후직后稷은 태邰에 봉해졌다. 공유公劉는 태邰를 떠나 빈邠으로 갔다. 『시』에 "유태有邰의 나라에 나아가 살 곳을 정하셨네"라고 하였다. 또 "후덕하신 공유公劉께서, 빈邠에서 머물 곳을 정하셨네"라고 하였다. 주가는 도읍을 다섯 번 옮겼지만, 그 뜻은 한결같았다. 모두 그 도를 완성시키고자 한 것이다.

라고 하였다. 전거로 삼고 있는 『시경』은 앞의 것이 「대아大雅·생민生民」, 뒤의 것이 「대아大雅·공유公劉」다. 주나라는 도읍을 다섯 번 옮겼다고 하면서도, 인용문에는 태와 빈 이외의 세 곳은 언급하지 않았다. 그러나 『제왕세기帝王世紀』에 의하면,[19] 다섯 번에 걸친 주나라의 천도란 태邰→빈邠→기산岐山→정程→풍酆→낙읍洛邑으로의 천도를 가리킨다. '다섯 번의 천도'는 모두 '도를 완성'시키기 위해 단행되었다고 하였으므로, 낙읍 이전의 서도西都와 낙읍洛邑이라는 기내제도는 『백호통』에 의해서 승인되었다. 후한에서는 수도 낙양의 주변뿐 아니라 장안의 주변까지를 포괄하여 사예교위부司隷校尉部라는 특별행정지구를 설치함으로써 기내제도의 이념은 현실과 즉응하고 있었다.

③ 삼공三公의 설치와 관련해서는 『백호통』「봉공후封公侯」에,[20]

> 왕자王者가 삼공과 구경을 세우는 것은 무엇 때문인가? 하늘은 비록 지극히 신묘하지만 반드시 해와 달의 빛에 의존하고, 땅은 비록 지극히 신령스럽지만 반드시 산과 하천의 화육이 있어야 한다. 성인은 비록 만인의 덕을 갖추었지만 반드시 빼어나고 현명한 인재를 필요로 한다. 3공公·9경卿·27대부大夫·81

> 원사元士를 두어 하늘의 이치에 순응하여 그 자신의 도를 완성하는 것이다.

라고 하였다. 『북당서초北堂書鈔』 권51 「설관부設官部」에 인용된 허신許愼의 『오경이의五經異義』에 의하면,21) 금문 『상서』의 하후夏侯·구양歐陽은 3공·9경·27대부·81원사의 설을 취한다. 이에 반하여 고문의 『주례』는 3공公·3고孤·6경卿의 설을 취하고 있어 『백호통』과 다르다. 『백호통』은 관학인 금문학 계열의 주장을 채용함으로써 후한의 '삼공구경제'를 교의敎義에 의거하여 정통화하였던 것이다.

④ 12주목州牧의 설치와 관련해서는 『백호통』 「봉공후封公侯」에,22)

> 주백州伯이란 무엇인가? '백伯'은 우두머리(長)라는 뜻이다. 현량賢良을 뽑아서 한 주州의 우두머리가 되게 한다. 그러므로 '백伯'이라고 한 것이다. 『예기』 「왕제」에 "천리의 밖에 방백方伯을 세운다. 5국國으로 속屬을 삼는데, 속에는 장長을 둔다 . 10국으로 련連을 삼는데, 련에는 솔率을 둔다. 30국으로 졸卒을 삼는데, 졸에는 정正을 둔다. 210국으로 주州를 삼는데, 주에는 백伯을 둔다. 요임금의 당唐나라와 순임금의 우虞나라에서 그것을 '목牧'이라고 부른 것은 무엇 때문인가? 질박함(質)을 숭상했기 때문이다. 대부로 하여금 왕래하게 하여 제후를 돌보고 살피도록 했다. 이 때문에 '목牧'이라고 한 것이다.

라고 하였다. 금문 『예기』 「왕제」를 전거로 삼아서 주백州伯의 뜻을 설명하고, 그것이 요·순시대에는 '목牧'으로 칭해졌음을 기술하고 있다. 후한시대에는 주백이 아니라 주자사州刺史가 설치되어 관할 지역의 민사民事에 대한 감찰권을 갖고 있었다. 이시이 히토시石井仁가 「한 말 주목고漢末州牧考」(1992)에서 밝혔듯이 후한 말에는 주州에 목백牧伯을 설치하여 해당 주에 대한 군정지배를 일상화하였다. 『백호통』의 규정이 문구상으로는 현실화되었던 것이다.

⑤ 남북의 교사 및 ⑥ 영기迎氣(五郊)와 관련해서는, 『백호통』의 해당 부분이 산일되어 분명하게 알 수는 없다. 「1. 종교성」에서 들었던 '왕자는 천을 제사지낼 때에, 아버지를 섬기듯이 천을 섬긴다'는 일문逸文 이외에 몇 개의 일문이 전하기는 하지만 남북교사 및 영기를 직접 언급하고 있는 것은 아니다.

⑦ 칠묘의 합사와 관련된 부분도 산일되었는데, 『예기정의』 권12 「왕제」에[23]

> 『백호통』에 "주나라는 후직后稷·문文·무武로써 특별히 칠묘七廟다"라고 하였다.

고 되어 있다. 『백호통』에서 주나라의 제도를 천자칠묘로 인식하였음을 엿볼 수 있다. 『백호통』은 주나라의 제도에 따르는 사례가 많다는 사실에서 유추해 본다면, 천자는 칠묘라고 규정했을 가능성이 높다.

⑧ 관직官稷(社稷)과 관련해서는 『백호통』 「사직社稷」에,[24]

> 왕자王者가 사社와 직稷에 제사를 올리는 것은 무엇 때문인가? 천하 사람을 위해 복을 기원하고 공에 보답하기 위한 것이다. 사람은 땅이 아니면 서 있을 수 없고, 곡식이 아니면 먹을 수 없다. 토지는 넓고 넓어서 두루 다 공경을 보일 수 없다. 오곡은 많고 많아서 하나하나 다 제사를 올릴 수 없다. 그러므로 땅을 돋우어 사社의 제단을 세워서 땅을 소유하고 있음을 보여준다. 직稷(기장)은 오곡의 우두머리다. 그러므로 직稷의 제단을 세워서 제사를 올린다.

라고 하였다. '사社'란 무엇인가 하는 문제에 대해서는 수많은 논의가 있다. 『춘추좌씨전』은 '사'를 '구룡句龍'이라고 하였고, 허신은 '토공土公'이라고 하였으며, 정현은 '지기地示'라고 하였다. 테츠이 요시노리鉄井慶紀는 「『사』에 대한 일 시론『社』についての一試論」(1981)에서 '사社'의 기

원에 대해 자신의 우주축설宇宙軸說을 포함하여 14가지의 주장을 소개하고 있다. 이처럼 많은 주장 가운데 『백호통』은 '사'를 '토지(土)'로 이해하는 설을 취한다. 이는 『태평어람』에 '효경설孝經說'로 인용된 『효경원신계』를 전거로 하는 관점인데,[25] 『백호통』에서 '사'를 이해할 때에도 효경위를 중시하였음을 알 수 있다.

⑨ 벽옹辟雍과 관련해서는 『백호통』「벽옹」에,[26]

> 천자가 벽옹辟雍을 세우는 것은 무엇 때문인가? 예악禮樂을 행하여 덕화德化를 펼치기 위한 것이다. '벽'이란 벽옥(璧)의 뜻이니, 벽옥의 둥근 것을 형상하여 하늘을 본받는다는 의미다. '옹'이란 주위를 물로 에워싸 막는다는 뜻이니, 교화가 흘러넘치는 것을 상징한다. '벽'이라는 글자는 쌓는다(積)는 뜻이니, 천하의 도덕을 쌓는 것을 말한다. '옹'이라는 글자는 북돋는다(壅)는 뜻이니, 천하의 의칙을 북돋는 것을 말한다. 그러므로 '벽옹'이라 한 것이다. 『예기』「왕제」에 "천자의 경우는 '벽옹'이라 하고, 제후의 경우는 '반궁泮宮'이라고 한다"고 하였다.

고 되어 있다. 전거는 금문 『예기』「왕제」다. 영대·명당과 관련해서는 『백호통』「벽옹」에,[27]

> 천자가 영대靈臺를 설치하는 것은 무엇 때문인가? 하늘과 사람의 마음을 살피고, 음과 양의 만남을 관찰하고, 별과 별자리의 징험을 헤아려서 만물이 한정할 수 없는 근원에서 복을 얻을 수 있도록 하기 위한 것이다. 『시』에 "영대를 짓기 시작한다"고 하였다. 천자가 명당明堂을 세우는 것은 신령神靈과 소통하여 천지天地에 감응하고, 사시四時를 바로잡아 교화敎化를 베풀어서, 덕을 지닌 사람을 높이고, 도를 지닌 사람을 중용하며, 재능 있는 사람을 현창하고, 행실이 훌륭한 사람을 포창하기 위한 것이다. 명당은 위는 둥글고 아래는 네모지며, 8개의 창문과 4개의 문이 있다. 이는 정사를 펼치는 건물로서, 국도의 남쪽에 있다.

고 하였다. 영대의 전거는 『예함문가禮含文嘉』, 명당의 전거는 『효경원신계』를 중심으로 한다.[28] 후한에서는 광무제 중원 원년(56)에 벽옹·영대·명당의 삼옹三雍을 낙양에 설치하였고, 명제기부터 빈번하게 제사를 거행하였다(金子修一, 『中國古代と皇帝祭祀』, 2001). 『백호통』은 삼옹 모두에 대해 그 존립의의를 규정하고 있는 것이다.

⑩ 학관學官과 관련해서도 『백호통』「벽옹」에,[29]

> 옛날에 15세에 태학에 들어가는 것은 무엇 때문인가? 생각건대, 8세에 젖니를 갈게 되어 비로소 인식능력이 생기기 시작하니, 학교에 들어가 글자를 익히고 계산법을 배운다. 7에 8을 더한 15세에 이르면 음과 양이 갖추어진다. 그러므로 15세에 결발을 하고 관을 쓰게 되어 뜻이 분명해지니, 태학에 들어가 경전의 문헌을 배운다. '학學'이라는 글자는 깨닫는다(覺)는 뜻이니, 알지 못하는 바를 깨닫게 되는 것이다. 그러므로 배워서 성性을 다스리고, 사고를 하여 정情을 변화시킨다. 그러므로 "옥은 다듬지 않으면 그릇을 이루지 못하고, 사람은 배우지 않으면 의리를 알지 못한다"고 한 것이다.

라고 하여, 배우는 것의 의의부터 정의를 내린다. 후한에서는 태학을 설치하고 금문학을 학관에 세웠다.[30] 학관을 세우는 것도 『백호통』에 규정되어 있다.

⑪ 이왕二王의 후예와 관련해서는 『백호통』「삼정三正」에,[31]

> 왕자王者가 이왕二王의 후예를 보존해 주는 것은 무엇 때문인가? 선왕先王을 높이 받들고 천하에 삼통三統을 통용시키려는 것이다. 천하는 일가一家의 소유가 아님을 밝히는 것이니, 공경하고 겸양함의 지극함이다. 그러므로 100리의 땅을 봉하여 각자의 정색正色으로 복식을 하고, 그 예악禮樂을 행하여 영원히 그들의 선조를 섬기게 한다.

라고 하였다. 한대에 이왕의 후예는 주와 은의 자손인데, 주의 자손을 포로후褒魯侯에, 그리고 은의 자손으로서 ⑫공자의 자손을 포성후褒成侯에 봉건하였다.32) 다만 『백호통』에는 ⑫공자의 자손에 대한 처우와 관련된 기록은 보이지 않는다.

⑬ 악제樂制의 개혁과 관련해서는 『백호통』 「예악」에,33)

> 왕자王者에게 육악六樂이 있는 것은 공업功業을 귀하게 여기고 덕망德望을 찬미하기 위한 것이다. 제사를 지낼 때에 연주한다. 생각건대, 선왕의 악을 연주하는 것은 법이 있음을 밝히고 그 근본을 바로 잡는다는 뜻을 보여주기 위한 것이다. 자신이 스스로 지은 악을 연주하는 것은 자신의 업적을 밝히기 위한 것이다.

라고 하여, 왕자가 갖추어야 할 육악六樂에 대하여 서술하였는데, 진립陳立이 『백호통소증白虎通疏證』(1994)에서 "이 문장에는 오자와 탈자가 많다"고 하였듯이, 문장의 뜻이 잘 통하지 않는다.

⑭ 천하의 칭호(왕조의 이름)와 관련해서는 『백호통』 「호號」에,34)

> 하·은·주라는 칭호가 있는 것은 무엇 때문인가? 생각건대, 왕자가 천명을 받으면 반드시 천하의 아름다운 칭호를 세워서 자신의 공업을 표창하여 스스로를 밝게 드러내고, (전 왕조와) 성을 바꾸어 자손을 위해 제도를 만든다. 하·은·주라는 것은 천하를 소유한 왕조의 위대한 칭호다. 수많은 왕들은 똑같이 천하를 소유한 적이 있었기 때문에 서로 구별되지 않는다. 천하의 대례大禮를 다시 제정하고 칭호를 세워 이전 왕조와 스스로를 구별하는 것은 자신의 공업을 표창하기 위한 것이다. 반드시 칭호를 고치는 것은 천명이 이미 분명하게 드러나서 천하에 자신을 현창하고자 함을 밝히기 위한 것이다. 자신이 다시 선왕의 칭호를 답습한다면, 국체를 계승하고 문화를 준수하는 군주와 다를 바가 없게 된다. 현창하지 않고 밝게 드러내지 않는 것은 하늘의 뜻이 아니다. 그러므로 천명을 받은 왕자는 반드시 천하의 아름다운 칭호를

> 선택하여 자기의 공업을 표창하여 마땅히 베풂을 이루었음을 밝히는 것이 옳다. 미리 전 왕조를 이겼음을 스스로 표창하는 까닭이다.

라고 하여 왕조의 칭호를 세울 필요성에 대해 서술하고 있다.

와타나베 신이치로는 「천하관념과 중국 고전적 국제의 성립」(2002)에서 중국에서의 고전적 국제 즉 천하형국가는 천하관념의 완성에 즉응하여 전한 원제 초원 원년(기원전 46) 익봉翼奉의 낙양천도 상언上言으로 시작되어 후한 명제 영평 2년(59) 전장제도의 확립으로 끝나는, 거의 100여 년에 걸친 기간에 성립하였다고 하였다. 그리고 그것을 경의로 정통화한 것이 장제기의 백호관회의다. 그 결과를 정리한 『백호통』에는 와타나베가 제시한 ①~⑭까지의 요소 대부분이 규정되어 있다. 선진시대에 비할 경우, 이처럼 국가의 제도와 유교가 밀접한 관계를 갖는 것이 후한유교의 특징이다. 후한유교의 고유성의 두 번째 특징인 국제國制와 유교儒教의 밀접한 관계를 여기서 볼 수 있다. '유교국교화'의 완성을 이시기에서 구하는 까닭이다.

3. 신하에 대한 배려

후한 '유교국가'에서 유교의 세 번째 특징은 유교가, 예를 들자면 법가처럼 군주의 일방적인 지배를 주장하지 않고, 신하에 대한 배려를 중시하였다는 점에 있다. 이를 『백호통』에 규정된 군주에 대한 간계諫戒를 통해 확인하고, 나아가 『백호통』이 갖는 현실정치에 대한 규정성을 검토하고자 한다.

신하가 군주에게 간쟁하는 것의 의의를 『백호통』은 다음과 같이 서술한다. 『백호통』 「간쟁諫諍」에,35)

> 신하에게 군주를 간쟁해야 하는 의리가 있는 것은 무엇 때문인가? 충성을 다하고 정성을 바쳐야 하기 때문이다. 『논어』에 "사랑한다면 수고롭게 하지 않을 수 있겠는가? 충성한다면 깨우쳐주지 않을 수 있겠는가?"라고 하였다. 『효경』에 "천자에게 간쟁하는 신하 7인이 있다면, 비록 천자가 무도하더라도 그 천하를 잃지 않는다. 제후에게 간쟁하는 신하 5인이 있다면, 비록 제후가 무도하더라도 그 나라를 잃지 않는다. 대부에게 간쟁하는 신하 3인이 있다면, 비록 대부가 무도하더라도 그 집안을 잃지 않는다. 사에게 간쟁하는 벗이 있다면, 그 자신은 아름다운 명성을 실추하지 않는다. 아버지에게 간쟁하는 아들이 있다면, 그 자신은 불의에 빠지지 않는다"고 하였다.

라고 하였다. 이곳에서도 『효경』을 『논어』와 함께 인용하여 천자에게 간신諫臣이 얼마나 중요한가 하는 주장의 논거로 삼고 있다. 『효경』은 '애경愛敬'을 기초로 삼음으로써, 효제孝悌라는 가족관계를 충순忠順이라는 군신관계로 연관시킨다(渡辺信一郎, 「孝經の國家觀—孝經と漢王朝」, 1987). 군주에 대한 간언도 애경을 기초로 충순의 덕목으로써 행해지는 것이다. 그렇지만 군주가 간언에 따르지 않는다면, 신하 가운데 제후의 신하인 경우에는 군신관계를 해소할 수 있다고 『백호통』은 규정한다. 『백호통』「간쟁」에,36)

> 제후의 신하가 간쟁을 하는데도 따르지 않으면 떠날 수 있는 것은 무엇 때문인가? 존귀한 이(제후)를 굴복시키고 비천한 이(신하)의 뜻을 펼치게 하여 악한 군주를 고립시키려는 것이다. ... 『대대예기大戴禮記』「보부保傅」에, "대부는 나아가 간언을 하고, 사는 민간의 말을 전한다"라고 하였다.

고 되어 있다. 생략한 부분에는 신하 가운데 제후의 신하가 군신관계를 해소하는 경우의 방법을 기록하고 있으며, 간언을 받아들이지 않았더라도 군주가 예의를 갖추어 대응한 경우에는 3년이라는 기간을 두고

기대를 걸어보지만, 그렇지 않을 경우에는 군신관계를 해소할 수 있다고 규정한다. 또 간언할 수 있는 신하는 대부까지며, 사는 '민간의 말을 전할 수 있다'고 하였듯이 직접 간언할 수는 없다고 규정한다. 후한의 경우 비육백석比六百石까지가 대부에 해당한다(福井重雅, 「漢代の官秩制度と秩六百石の上下」, 1980).

군주의 악을 기록하는 것도 군주를 간하는 중요한 수단이 된다. 『백호통』「간쟁」에,37)

> 왕법王法에 사史를 두어 일을 기록하도록 한 것은 그것으로 신하들이 의법으로 삼고 사람들이 취하여 법칙으로 삼게 하려는 것이다. 이 때문에 반드시 잘못을 기록하는 사史와 음식을 치우는 재宰를 두었다. 『예기』「옥조」에 "행동을 하면 좌사左史가 그것을 기록하고, 말을 하면 우사右史가 그것을 기록한다"고 하였다. 『대대예기』「보부」에 "왕이 법도를 잃으면 사史는 그것을 기록하고, 공工은 그것을 읊조리고, 삼공三公은 나아가 그것을 읽고, 재부宰夫는 그 왕의 음식을 치운다"고 하였다. 이 때문에 천자는 잘못을 행할 수 없었다. 그러므로 사史의 의리에 있어 잘못을 기록하지 않으면 죽임을 당하고, 재宰가 음식을 치우지 않으면 죽임을 당했다.

라고 하였듯이, 『백호통』에서는 군주의 잘못을 사史가 기록할 뿐 아니라 그것을 읽어서 알리며, 재宰는 음식을 올리지 않는다고 규정하였다. 전자의 전거는 『예기』「옥조」, 후자의 전거는 『대대예기』「보부」다. 군주의 행동을 우사좌사가 적어둔 기록을 시간상으로 배열하면 기거주起居注가 완성된다. 상세하게 알 수는 없지만 백호관회의가 개최된 장제기에 마황태후馬皇太后는 스스로 『현종기거주顯宗起居注』를 편찬했다는 기록이 있고(『後漢書』 本紀10上 「馬皇后紀」), 『수서』 권33 「경적지」 2에는 「한헌제기거주漢獻帝起居注」를 가장 오래된 기거주로서 저록하고 있다.

이처럼 『백호통』은 군주의 악을 간언하고 그것을 기록으로 남겨둔다고 함으로써 군주의 일방적인 지배를 용인하지 않는 규정을 만들어내었다.

신하에 대한 군주의 배려를 엿볼 수 있는 두 번째는 백호관회의 개최 시기에 이미 영향력을 행사하고 있던 외척에 대한 대응이다. 『백호통』「왕자불신王者不臣」에,[38]

> 왕자王者가 신하로 삼지 않는 셋이란 무엇인가? 이왕二王의 후예, 처의 부모, 이적夷狄을 가리킨다.

라고 하였다. 이왕의 후예를 존중하는 이유는 「2. 국제國制와의 긴밀성」에서 언급했듯이 '선왕을 높이고, 천하에 삼통'을 통용시키기 위한 것이다. 또 이적을 신하로 삼지 않는 이유는 '중국과는 풍속을 달리하여 교화시킬 수 없기 때문'이라고 이 인용문 뒤에 기술되어 있다(본서 제4장 참조). 모두 온당한 주장이라 할 수 있다.

그런데 처의 부모 즉 외척을 우대하는 것은 원제의 외척인 왕망에게 전한을 찬탈당한 후한에서는 있을 수 없는 일이다. 그럼에도 『백호통』「왕자불신」에,[39]

> 처의 부모를 신하로 삼지 않는 것은 무엇 때문인가? 처는 자기와 한 몸으로 공손히 종묘를 받들어 그 조상의 기뻐하는 마음을 얻고자 한다. 위로는 조상을 계승하고 아래로는 만세를 이어서 무궁히 전한다. 그러므로 신하로 삼지 않는 것이다. 『춘추』에 "기紀나라의 계강季姜이 경사京師로 시집을 갔다"라고 하였다. 부모와 자식의 관계에서, 자식이 아무리 왕후王后가 되었더라도 자신의 존귀함을 부모에게 부가하지 못한다. 왕자가 신하로 여기지 않음을 알 수 있다.

라고 하였듯이, 왕자는 적처의 부모(적처 쪽의 외척)를 '신하로 삼지 않는다'고 규정한다. 주목해야 할 것은 그 이유다. 적처의 부모가 존경받는 이유는 적처가 '자기와 한 몸으로 공손히 종묘를 받드는' 존재로서, '위로는 선조를 계승하고 아래로는 만세를 이어서 무궁히 전하는' 바에 있다고 하였다. 요컨대 『백호통』에 따르면 적처는 종묘에서 황제와 일체화되어 황제와 함께하고 황제 사후에는 종묘 혹은 황실을 '만세'에 '무궁히 전하는' 역할을 수행하기 때문에, 그 부모가 높은 위치를 부여받을 수 있다는 것이다. 후한시대 적처 쪽의 외척이 황실이 단절되었을 때 '정책금중定策禁中'하고, 황제가 어렸을 때에 '임조칭제臨朝稱制'할 수 있는 정통성은 『백호통』의 적처권嫡妻權 규정에서 찾을 수 있다(渡邉義浩, 「後漢時代の外戚について」, 1990).

한편 후한시대 외척의 특징은 그 재생산에 있다. 죄를 지은 외척집안이 다시 외척의 지위에 오르는 것이다. 구체적인 사례를 들어보겠다. 순제의 외척이었던 양씨梁氏는, 일찍이 장제의 귀인貴人으로 화제를 낳았지만 죄를 짓고 주살된 양씨의 자손이다. 그럼에도 『후한서』 본기10하 「양황후기」에,[40]

> 양가陽嘉 원년 봄, 유사有司가 상주하여 "장추궁長秋宮을 세워야 합니다. 승씨후乘氏侯 양상梁商은 선제先帝의 외척이기 때문입니다. 『춘추』의 의리에 "아내를 맞아들일 때에는 대국의 여자를 우선한다"고 하였습니다. 양소귀인梁小貴人은 마땅히 천조天祚(황제)와 짝하게 하여, 지위를 곤극坤極(황후)에서 바르게 해야 합니다"라고 하였다. 순제가 이에 따랐다. 이에 수안전壽安殿에서 귀인貴人을 세워 황후로 삼았다.

라고 하였다. 이곳에서 유사가 양황후 책립의 정통성으로 인용한 것은 '아내를 맞아들일 때에는 대국의 여자를 우선한다'는 '『춘추』의 의리'

다. 『백호통』 권10 「가취嫁娶」에,[41]

> 왕자王者가 아내를 맞아들일 때 반드시 대국의 여자 가운데서 먼저 선택하는 것은 그들이 예의를 갖추었고 본 것이 많기 때문이다. 『시』에 "큰 나라에 따님이 있으니, 하늘의 따님에 비길 만하네. 예禮에 따라 그 길한 날짜를 정하니, 친히 위수渭水에서 신부를 맞이하네"라고 하였다. 이는 왕자는 반드시 대국에서 아내를 맞이함을 밝힌 것이다. 『춘추전』에 "기후紀侯가 와서 조회를 하였다"고 하였다. 기자紀子가 딸을 천자에게 시집보냈기 때문에 작위를 높여 (子를) '후侯'라고 칭한 것이다.

라고 하였다. 즉 양황후를 책립할 때 유사의 『춘추』해석은 백호관회의에서 결정된 규정에 따른 것이다. 『백호통』에 규정된 '아내를 맞이할 때에는 대국의 여자를 우선한다'는 유교이념은 후한시대 외척의 재생산을 지탱하는 정통화이론이 되었다. 『백호통』은 이처럼 신하(이 경우에는 외척)에 대한 배려를 강조함과 동시에 후한의 현실정치를 규정하고 있었던 것이다.

이상에서처럼 『백호통』은 간신의 필요성, 간언을 받아들이지 않았을 때의 군신관계의 해제, 사관에 의한 기록과 철선徹膳 등을 통해서 군주에 대한 신하의 저항을 보장하였다. 더욱이 장제기에 이미 영향력을 행사하고 있던 외척의 정치참여를 정통화하였고, 그 재생산을 허용하였다. 『백호통』이 군주의 일방적인 지배를 주장하지 않고, 신하에 대한 배려를 중시하였음을 알 수 있다. 이와 더불어 순제의 황후를 선출할 때 『백호통』의 규정이 전거가 되었듯이, 『백호통』이 후한의 실제 정치과정에서도 커다란 영향력을 갖고 있었음을 알 수 있다. 『백호통』의 규정은 탁상공론이 아니라 현실정치를 규정하는 이념이 되었다. 『백호통』을 검토함으로써 '유교국가'의 특징을 도출할 수 있는 까닭이다.

맺음말

'원시의 고사'에서 시작된 '중국에서의 고전적 국제' 형성을 위해서는 각각의 제도와 행사 모두를 유교의 경의로 정통화할 필요가 있었다. 그것은 '원시의 고사'가 한을 멸망시킨 왕망의 제도를 근저에 두고 있었기 때문이다. 천의 종교성으로 지탱되는 천자가 한을 위한 경의에 의거하여 이들 국제를 정통화했을 때, '원시의 고사'는 비로소 한을 위한 국제로서 정착된다. 이러한 정치적 요청의 분위기 속에서 개최된 백호관회의의 내용이 현실 국가와 관계없다고 생각할 수는 없다. 물론 『백호통』은 결론만을 요강으로 삼아 정리한 학술서이기 때문에 정치상황이 직접 반영된 경우는 적으며, 오히려 경학적인 이상형을 기록한 부분도 많을 것이다. 그렇지만 「3. 신하에 대한 배려」에서 검토한 외척에 관한 의론처럼 후한의 현실이 『백호통』을 규정하고, 또한 『백호통』이 현실 정치를 규정한 부분도 있었던 것은 아닐까?

『백호통』에 묘사된 종교국가가 모래 위의 예교국가가 아니라, 후한 국가의 실태를 얼마간의 이상을 포함하여 정통화한 것이라면, 장제기의 백호관회의에서 '유교국교화'의 완성을 구할 수 있을 것이다.

1) 백호관회의에 출석한 것이 확실한 儒者는 魯恭(魯詩), 賈逵(左氏春秋), 桓郁(歐陽尙書), 丁鴻(歐陽尙書), 成封(?), 淳于恭(老子), 班固(今文學), 楊終(公羊春秋), 趙博(今文學), 廣平王羨(今文學), 魏應(魯詩), 樓望(嚴氏春秋), 李育(公羊春秋) 등 13명이다. 狩野直喜의 『春秋研究』(1994)에 의거하여 ( ) 안에 넣은 전공을 통해 알 수 있듯이 고문학자는 賈逵뿐이며, 분명하지 않은 成封과 老子 전공의 淳于恭을 제외하면 다른 사람은 모두 금문학파의 儒者였다. 狩野直喜가 백호관회의를 금문학에 의한 教義의 통일로 이해하는 까닭이다. 이들 儒者들에 관해서는 金德建이 「白虎觀與諸儒學派考」(1967)에서 상세하게 논증하였다.

2) 『백호통』의 三綱說에 대해서는 田中麻紗巳, 「『白虎通』の三綱說」(1971) 참조. 삼강설이 한대 사회에 끼쳤던 영향력에 대해서는 李乃禮, 「三綱六紀與社會政合—由『白虎通』看漢代社會人倫關係」(2004) 참조. 이 밖에 『백호통』의 개략을 논한 것으로 向晉衛, 『白虎通義—思想的歷史研究』(2007)가 있으며, 그 禮制의 규정에 대해서는 周德良, 『白虎通暨漢禮研究』(2007)가 있다. 『白虎通』은 陳立의 『白虎通疏證』(1994)을 저본으로 하였다.

3) 선대 황제의 의지가 없는 경우, 선대 황제의 적처 즉 후한의 경우에는 황태후에게 다음 황제의 임명권이 있었다는 것은 渡邉義浩, 「後漢時代の外戚について」(1990) 참조.

4) 天子者, 爵稱也. 爵所以稱天子者何? 王者①<u>父天母地</u>, 爲②<u>天之子</u>也(『白虎通』「爵」). 또한 『漢書』 卷25下, 「郊祀志下」에, "平帝 元始 5년, 大司馬 王莽이 상주하여 '王者는 천을 아버지로 섬긴다. 그러므로 爵을 天子라고 칭한다'고 하였다"("平帝元始五年, 大司馬王莽奏言, '王者父事天, 故爵稱天子'")라고 되어 있어 『백호통』의 이러한 천자 칭호의 이해는 왕망의 상주에 의거한 것임이 분명하다.

5) 帝王者何? 號也. 號者, 功之表也. 所以表功明德, ③<u>號令臣下者</u>也(『白虎通』「號」).

6) 或稱天子, 或稱帝王何? 以爲接上稱天子者, 明以爵④<u>事天</u>也. 接下稱帝王者, 明位號天下至尊之稱, 以③<u>號令臣下</u>也(『白虎通』「號」).

7) 天者何也? 天之爲言鎭也. 居高<u>理下</u>, 爲人鎭也(『白虎通』「天地」).

8) 天에 대한 이해는 池田知久, 「中國古代天人相關論」(1994) 참조.

9) 『孝經鉤命訣』日, "三皇步, 五帝驟, 三王馳, 五霸騖. 〔或稱天子〕, 或稱帝王. 接上稱天子, 明以爵④<u>事天</u>, 接下稱帝王, 明以③<u>號令臣下</u>"(『太平御覽』 卷76, 「皇王部」. 安居香山·中村璋八, 『重修緯書集成』 卷5(孝經·論語)(1973)에 의거하여 〔 〕를 보충하였다). 이 밖에 天子를 爵號로 보는 것은 『周易乾鑿度』에 "공자는 '『易』에 따르면 군주에게는 5가지의 칭호가 있다. 帝라는 것은 天稱이다. 王이라는 것은 美行이다. 天子라는 것은 爵號이다. 大君이라는 것은 興盛行異이다. 大人이라는 것은 聖明德美이다'라고 하였다"(『周易乾鑿度』, "孔子曰, '『易』有君人五號. 帝者, 天稱也. 王者, 美行也. 天子者, 爵號也. 大君者, 興盛行異也. 大人者, 聖明德美也.'")라고 되어 있으

며, 天子가 天을 아버지로 섬기고 地를 어머니로 섬긴다는 것에 대해서는 『乾鑿度』에 "天子란 천의 뜻을 이어받아 만물을 다스리고, 一統을 바꾸어 각자 그 마땅함을 얻게 하며, 天을 아버지로 섬기고 地를 어머니로 섬겨서 만민을 양육하는 자이니, 至尊의 號다"(『乾鑿度』云, "天子者, 繼天理物, 改一統各得其宜, 父天母地, 以養萬民, 至尊之號也")라고 되어 있어 모두 緯書가 전거가 되고 있음을 알 수 있다. 『易乾鑿度』는 陳立의 『白虎通疏證』(1994)에 인용되어 있는 것을 安居香山·中村璋八의 『重修緯書集成』 卷1上(易上)(1981)에 의거하여 補訂하였다.

10) 安居香山·中村璋八, 『重修緯書集成』 卷5(孝經·論語) (1973). 덧붙여 『백호통』에도 『효경』이 중시되어 '五經'에 이어서 중요한 경전으로 설명되고 있다(『白虎通』 「五經」).

11) 『白虎通』云 , "王者(所)以祭天何? 緣(祀) 〔事〕 父以(祭) 〔事〕 天也"(『北堂書鈔』 卷90, 「禮儀部」11). 陳立, 『白虎通疏證』(1994)에 의거하여 ( )를 생략하고 〔 〕를 보충하였다.

12) 渡辺信一郎은 「古代中國の王權と郊祀—南郊祭天儀禮を中心に」(2003)에서 천자의 정통성을 보여주는 '天下爲公'과 황제의 정통성을 보여주는 '天下爲家'가 『孝經』 「聖治章」을 근거로 아버지와 조상에 대한 효의 실천인 南郊祭天 儀禮에 의해서 지양되었다고 하였다. 본서 제6장 참조.

13) 天所以有災變何? 所以譴告人君, 覺悟其行, 欲令悔過修德, 深思慮也. 『援神契』曰, "行有點缺, 氣逆于天, 情感變出, 以戒人也."(『白虎通』 「災變」).

14) 『援神契』云, "天子孝, 則景雲出游"(『文苑英華』 卷561).

15) 天下太平, 符瑞所以來至者, 以爲王者承天統理, 調和陰陽, 陰陽和, 萬物序, 休氣充塞, 故符瑞並臻, 皆應德而至. 德至天, 則斗極明, 日月光, 甘露降. 德至地, 則嘉禾生, 蓂莢起, 秬鬯出, 太平感(『白虎通』 「封禪」).

16) 『太平御覽』 卷873에, "『효경원신계』에 '王者의 德이 하늘에 이르면 甘露를 내려준다'고 하였다. … 『효경원신계』에 '王者의 德이 땅에 이르면 華苹이 감응한다'고 하였다. … 『효경원신계』에 '왕자의 德이 땅에 이르면 嘉禾가 자라난다'고 하였다"("『孝經援神契』曰, '王者德至天, 則降甘露.' … 『孝經援神契』曰, '王者德至於地, 則華苹感.' 『孝經援神契』曰, '王者德至於地, 則嘉禾生.'")고 되어 있다.

17) 王者京師必擇土中何? 所以均道敎, 平往來, 使善易以聞, 爲惡易以聞, 明當懼愼, 損於善惡. 『尙書』曰, '王來紹上帝, 自服於土中.' 聖人承天而制作. 『尙書』曰, '公不敢不敬天之休, 來相宅.'(『白虎通』 「京師」).

18) 周家始封于何? 后稷封于邰. 公劉去邰之邠. 『詩』曰, '即有邰家室.' 又曰, '篤公劉, 于邠其觀.' 周家五遷, 其意一也. 皆欲成其道也(『白虎通』 「京師」).

19) 『太平御覽』 卷155 「郡部」 1에 인용된 『帝王世紀』에, "周의 后稷은 처음 邰에 봉해졌으니, 오늘날의 扶風이 그곳이다. 公劉는 邑을 邠으로 옮겼는데, 오늘날 新平漆의 동북쪽에 있는 邠亭이 그곳이다. 그러므로 『詩』에 '후덕하신 공유께서 邠에 머물 곳을 정하셨네'라고 한 것이다. 太王은 狄人을 피해 漆水를 따라 梁山을 넘어, 邑을 岐山의 남쪽으로 옮겼으니, 西北쪽의 岐城 옛터가 그곳이다. 그러므로 『시』에 '서쪽 물가를 따라 岐山 아래에 이르셨네'라고 한 것이다. 남쪽에 周原이 있었기 때문에 비로소 나라이름을 고쳐 周라고 하였다. 王季는 도읍을 程으로 옮겼다. 그러므로

『尙書』의 序에 '周의 王季는 程에 머물 곳을 정하였다'라고 한 것이 이것이다. 그러므로 『孟子』에 '文王은 畢郢에서 태어나셨으니, 西夷의 사람이다'라고 한 것이다. 文王은 천명을 받고 도읍을 酆으로 옮겼으니, 오늘날의 京兆의 서쪽이 그곳이다. 그러므로 '崇나라에서 오랑캐를 정벌하고, 酆에 도읍을 정하였다'고 한 것이다. 武王은 商나라의 紂王을 정벌하자, 洛邑을 건설하여 도읍을 정하였으니, 오늘날 洛陽의 서남쪽 洛水의 북쪽에 있는 鼎中觀이 그곳이다"(周后稷始封邰, 今扶風是也. 及公劉徙邑於邠, 今新平漆之東北有邠亭, 是也. 故『詩』稱, '篤公劉, 于邠斯館.' 至太王避狄, 循漆水踰梁山, 徙邑於岐山之陽, 西北岐城舊址是也. 故『詩』稱, '率西水滸, 至于岐下.' 南有周原, 故始改號曰周. 王季徙程, 故『書』序曰, '維周王季宅程', 是也. 故『孟子』稱, '文王生於畢郢, 西夷人也.' 曁文王受命, 徙都於酆, 在今京兆之西, 是也. 故稱'伐戎於崇, 作邑於酆.' 及武王伐紂, 營洛邑而定鼎焉, 今洛陽西南洛水之北, 有鼎中觀是也)라고 되어 있다.

20) 王者所以立三公九卿何? 曰, 天雖至神, 必因日月之光. 地雖至靈, 必有山川之化. 聖人雖有萬人之德, 必須俊賢. 三公·九卿·二十七大夫·八十一元士, 以順天成其道(『白虎通』「封公侯」).

21) 『北堂書鈔』 卷51 「設官部」2에 인용된 『五經異議』에, "금문 『상서』의 夏侯歐陽의 설에 '天子의 3公은 첫째 司徒라 하고, 둘째 司馬라 하고, 셋째 司空이라 한다. 9卿·27大夫·81元士이다. 모두 120의 관직이다. 하늘에서는 星辰이 되고, 땅에서는 山川이 된다'고 하였다. 고문 『주례』의 설에 '天子는 3公은 太師·太傅·太保로서 관속이 없으며, 왕과 더불어 관직을 같이 한다. 그러므로 「앉아서 도를 논하니, 이것이 三公이다」라고 한 것이다. 또 3少를 세워 3公의 부관으로 삼으니, 少師·少傅·少保로서, 이것이 3孤다. 冢宰·司徒·宗伯·司馬·司寇·司空이니, 이것이 六卿의 등속이다'라고 하였다"("今『尙書』夏侯歐陽說, '天子三公, 一曰司徒, 二曰司馬, 三曰司空. 九卿·二十七大夫·八十一元士, 凡百二十. 在天爲星辰, 在地爲山川.' 古『周禮』說, '天子立三公, 曰太師·太傅·太保, 無官屬, 與王同職. 故曰, 「坐而論道, 謂之三公.」 又立三少, 以爲之副. 曰, 少師·少傅·少保, 是爲三孤. 冢宰·司徒·宗伯·司馬·司寇·司空, 是爲六卿之屬'")고 되어 있다.

22) 州伯者, 何謂也? 伯, 長也. 選擇賢良, 使長一州, 故謂之伯也. 「王制」曰, "千里之外設方伯. 五國以爲屬, 屬有長. 十國以爲連, 連有率. 三十國以爲卒, 卒有正. 二百一十國以爲州, 州有伯." 唐·虞謂之牧者何? 尙質. 使大夫往來牧諸侯, 故謂之牧(『白虎通』「封公侯」).

23) 『白虎通』云, "周以后稷·文·武, 特七廟"(『禮記正義』 卷12, 「王制」).

24) 王者所以有社稷何? 爲天下求福報功. 人非土不立, 非穀不食, 土地廣博, 不可徧敬也. 五穀衆多, 不可一一而祭也. 故封土立社, 示有土也. 稷, 五穀之長, 故封稷而祭之也(『白虎通』「社稷).

25) 『太平御覽』 卷532, 「禮儀部」12 社稷에, "『孝經說』에 '社는 土地의 주인이다. 땅은 넓어서 모두 공경을 표할 수 없다. 그러므로 땅을 북돋아 社의 제단을 만들어서 功에 보답한다. 稷은 五穀의 우두머리다. 곡식은 많아서 두루 제사를 올릴 수 없다. 그러므로 稷神을 세워서 이를 제사지낸다'고 하였다(『孝經說』曰, '社, 土地之主也. 地廣不可盡敬, 故封土爲社以報功. 稷, 五穀之長也. 穀衆不可遍祀, 故立稷神祭之.')고 되어 있다.

26) 天子立辟雍何? 所以行禮樂宣德化也. 辟者, 璧也, 象璧圓, 以法天也. 雍者, 雍之以水, 象教化流行也. 辟之爲言, 積也, 積天下之道德也, 雍之爲言, 壅也, 壅天下之儀則, 故謂之辟雍也. 「王制」曰, “天子曰辟雍, 諸侯曰泮宮.”(『白虎通』, 「辟雍」).

27) 天子所以有靈臺者何? 所以考天人之心, 察陰陽之會, 揆星辰之證驗, 爲萬物獲福無方之元. 『詩』云, “經始靈臺.” 天子立明堂者, 所以通神靈, 感天地, 正四時, 出教化, 宗有德, 重有道, 顯有能, 褒有行者也. 明堂上圓下方, 八窗四闥, 布政之宮, 在國之陽(『白虎通』 「辟雍」).

28) 『續漢書』 志8, 「祭祀志中」에 “『禮含文嘉』에 ‘예에 따르면, 천자의 영대는 하늘과 인간의 관계·음과 양의 만남을 관찰하기 위한 것이다. 星度의 징험을 헤아리고, 六氣의 상서로움을 징험하여 神明의 변화에 응하고 日氣가 징험하는 바를 관찰하여 만물이 한정할 수 없는 근원에서 복을 얻도록 하기 위한 것이다’라고 하였다”(“『禮含文嘉』曰, ‘禮, 天子靈臺, 所以觀天人之際陰陽之會也. 揆星度之驗, 徵六氣之端, 應神明之變化, 觀日氣之所驗, 爲萬物獲福於無方之原’”)고 되어 있다.

29) 古者所以年十五入大學何? 以爲八歲毁齒, 始有識知, 入學學書計. 七八十五, 陰陽備, 故十五成童志明, 入大學, 學經籍. 學之爲言, 覺也, 悟所不知也. 故學以治性, 慮以變情. 故玉不琢不成器, 人不學不知義(『白虎通』 「辟雍」).

30) 후한시대 태학의 개략에 대해서는 張榮芳, 「論兩漢太學的歷史作用」(1990), 黨錮의 禁 및 何休를 중심으로 한 학문과의 관계에 대해서는 吉川忠夫, 「黨錮と學問—とくに何休の場合」(1976) 참조.

31) 王者所以存二王之後何也? 所以尊先王, 通天下之三統也. 明天下非一家之有, 謹敬謙讓之至也. 故封之百里, 使得服其正色, 行其禮樂, 永事先祖(『白虎通』 「三正」).

32) 중국고대 二王의 후예에 대한 예우에 대해서는 岡安勇, 「中國古代における『二王之後』の禮遇について」(1980) 참조. 衍成公의 발단으로서 褒成侯를 논한 것으로 楠山春樹, 「衍聖公の発端—褒成侯と殷紹嘉侯」(1991)가 있다.

33) 王者有六樂者, 貴公美德也. 所以作供養. 謂傾先王之樂, 明有法, 示正其本, 興己所自作樂, 明作己也(『白虎通』 「禮樂」).

34) 所以有夏·殷周號何? 以爲王者受命, 必立天下之美號, 以表功自克明, 易姓爲子孫制也. 夏·殷周者, 有天下之大號也. 百王同天下, 無以相別, 改制天下之大禮, 號以自別於前, 所以表着己之功業也. 必改號者, 所以明天命已著, 欲顯揚己於天下也. 已復襲先王之號, 與繼體守文之君無以異也. 不顯不明, 非天意也. 故受命王者, 必擇天下美號, 表著己之功業, 明當致施是也. 所以預自表克於前也(『白虎通』 「號」).

35) 臣所以有諫君之義何? 盡忠納誠也. 『論語』曰, “愛之能無勞乎? 忠焉能無誨乎?” 『孝經』曰, “天子有諍臣七人, 雖無道不失其天下. 諸侯有諍臣五人, 雖無道不失其國. 大夫有諍臣三人, 雖無道不失其家. 士有諍友, 則身不離於令名. 父有諍子, 則身不陷於不義.”(『白虎通』 「諫諍」).

36) 諸侯之臣諍諍不從得去何? 以屈尊申卑, 孤惡君也. … 『禮』「保傅」, “大夫進諫, 士傳民語.” (『白虎通』 「諫諍」).

37) 王法立史記事者, 以爲臣下之儀樣, 人之所取法則也. 動則當應禮. 是以必有記過之史, 徹膳之宰. 『禮』「玉藻」曰, “動則左史書之, 言則右史書之.” 『禮』「保傅」曰, “王失度, 則史書之, 工誦之, 三公進讀之, 宰夫徹其膳.” 是以天子不得爲非. 故史之義不書過則死, 宰不徹膳亦死 (『白虎通』 「諫諍」).

38) 王者所不臣三, 何也? 謂二王之後·妻之父母·夷狄也(『白虎通』 「王者不臣」).

39) 不臣妻父母何? 妻者與己一體, 恭承宗廟, 欲得其歡心. 上承先祖, 下繼萬世, 傳於無窮, 故不臣也. 『春秋』曰, "紀季姜歸于京師." 父母之于子, 雖爲王后, 尊不加於父母. 知王者不臣也(『白虎通』「王者不臣」).

40) 陽嘉元年春, 有司奏, "立長秋宮, 以乘氏侯(梁)商先帝外戚. 春秋之義, '娶先大國.' 梁小貴人, 宜配天祚, 正位坤極." (順)帝從之. 乃於壽安殿立貴人爲皇后(『後漢書』 本紀10下, 「梁皇后紀」)

41) 王者之娶, 必先選于大國之女, 禮儀備所見多. 『詩』云, "大邦有子, 俔天之妹. 文定厥祥, 親迎于渭", 明王者必娶大國也. 『春秋傳』曰, "紀侯來朝", 紀子以嫁女于天子, 故增爵稱侯 (『白虎通』 卷10, 「嫁娶」). 大久保隆郎는 「後漢章帝建初の治世について—『論衡』著作の史的背景」(1985)에서 『백호통』 가운데에서 「嫁娶」의 글자 수가 3,281자로 돌출되게 많다는 것을 이유로 이편의 중요성을 강조한다.

제 3 장

후한시대 예와 고사

제3장 후한시대 예禮와 고사故事

머리말

후한시대에 성립한 최초의 '유교국가'는 국가지배체제의 모든 것을 유교로 규정하지는 못하였다.[1] 주나라의 제도를 이상으로 하는 유교의 이념형과 진·전한의 중앙집권국가를 계승한 후한국가의 현실 사이에는 접합할 수 없는 도랑이 존재했다. 전한 말에 일어난 군국묘의 시비논쟁은 '유교국가' 성립 이전에 존재했던 커다란 간극의 단적인 표현이라 할 수 있다. 유교의 예제에 의거하여 군국묘를 폐지한 것은[2] 고대국가에서 유교를 이용하여 자신의 지배체제를 정통화하고자 한 효시로서, 후한 '유교국가' 성립의 움직임을 가속화시켰다. 왜냐하면 국가제사의 중심인 천제天帝의 제사와 더불어 제실帝室의 조상을 제사지내는 종묘의례는 고대의 유교가 국가종교로서 존립하기 위해 빠뜨릴 수 없는 것이기 때문이다. 군국묘의 폐지는 종묘의례를 유교화하는 데 있어 커다란 진전이었다. 한편 천제의 제사를 유교의 예제에 의거하여 거행하는 데에 중대한 역할을 한 인물은 왕망이다. 왕망이 제정한 교천의례郊天儀禮는 '원시의 고사'라고 칭해지는데, 후한 '유교국가'로 계승되었다.

그렇지만 후한 '유교국가'는 국가의 모든 예제를 유교에 의거하여 규정하지는 못했다. '한가의 고사'를 제시함으로써 유교의 경의와는 다른 예제를 병존시켰기 때문이다. 그뿐이 아니었다. 왕망이 유교의 경의에 입각하여 제정한 교천의례도 '원시의 고사', 즉 고사故事로 계승하였다. 본장에서는 후한시대 고사의 역할을 밝힘으로써 '유교국가'의 초발형태인 후한의 유교, 특히 예제의 존재방식의 특징을 고찰하고자 한다.

1. 전한시대 고사故事와 법제法制

한대의 행정문서는 규모는 다양했지만 모두 각 관부官府의 서부書府에 수납하고, 안건마다 패찰을 붙여 안권案卷으로 보존하였다(井上亘, 「漢代の書府—中國古代における情報管理技術」, 2005). 이들 가운데에서 고사로 남겨 두어야 할 장표章表·주의奏議는 상서尙書에 보관되었다.[3] 그 내용에 대해서는 『후한서』 열전16 「후패전侯霸傳」에,[4]

> 건무 4년, 광무제는 후패侯霸를 징소하였다. 황제는 수춘壽春에서 만났는데, 그를 상서령拜尙書令에 제수하였다. 당시 고전故典이 없었고, 조정에는 옛 신하들도 적었다. 후패는 고사故事에 밝고 익숙하여 흩어진 문헌을 수집하고, <u>전 왕조의 선정과 법도</u>로서 당시에 보탬이 될 만한 것들을 조목조목 갖추어 상주하였는데, 모두 시행되었다.

라고 하였다. 후한 초기의 춘추곡량학자인 후패가 수집한 고사가 전한의 '선정善政과 법도法度'였다는 데에서 알 수 있듯이, 고사 중에는 관료제도상의 관례나 국정운용의 결과를 기록한 것이 많다.[5] 국정을 운용할 때 상서대尙書臺에 보관된 고사를 참조하는 경우가 많은데, 적자가 아닌 인물을 세운 고사나 황제를 폐위한 고사를 참조했다는 기록이 남아 있다.[6]

따라서 관료에게 고사를 익힌다는 것은 중요하였다. 『한서』 권81 「공광전孔光傳」에,[7]

> 공광은 고제高第로써 상서尙書가 되었다. 고사故事·품식品式을 살펴보고, 수 년만에 한의 제도와 법령에 밝고 익숙하게 되었다. 성제는 그를 매우 신임하여 복야僕射·상서령尙書令으로 승진시켰다. ... 무릇 ①추기樞機를 관장한 10여 년 동안, ②법도法度를 지키고 고사故事를 익혔다. 성제가 묻는 바가 있으면, ③경법經法에 의거하여 자신의 마음에 납득할 수 있는 바를 가지고 대답하였고, 황제의 뜻에 아부하여 구차하게 영합하지 않았다. ... 공광은 오래도록 상서의 일을 관장하면서 ④법령法令에 익숙하여 정통하고 공평하다고 칭해졌다.

라고 하였다. 공광은 ①추기樞機(尙書令)에 있으면서 국정을 운용할 때, ②고사故事와 법도法度를 규범으로 삼았다. 물론 유자이므로 경에 기초하는 경우도 있었지만, 그때에도 ③법과 함께 논거를 살펴서 하문에 답하였다. 그 결과 공광은 ④'법령에 익숙'하게 되었다. 이렇듯 전한에서 경의는 아직 국정운용의 규범이 되지는 못하였다. '유교국가'는 아직 성립하지 않았던 것이다.

이에 대하여 『한서』 권93 행행行幸 「석현전石顯傳」에,8)

> 선제宣帝 때 중서관中書官에 임명되었는데, 홍공弘恭은 법령法令과 고사故事에 밝고 익숙하였다. 주청을 잘하여 그 직책을 잘 수행하였다.

라고 하였고, 『한서』 권60 「두흠전杜欽傳」에,9)

> 왕봉王鳳은 스스로 법도法度를 세우지 못하고 고사故事에 따를 뿐이었다.

라고 하였듯이, 전한시대에 법령과 병칭되는 것은 대부분 고사였다. 앞에서 언급했듯이, 성제 때 박사가 된 공자의 14세손인 유자 공광조차도 고사와 법령을 함께 배웠고, 그에 기초하여 국정에 종사하였다. 전한시대 국정운용의 규범은 유교가 아니라 고사와 법령이었던 것이다.

한편 후한에 들어서면 고사와 병칭되는 것은 법령이 아니라 경전이었다. 『후한서』 열전24 「양통전부양송전梁統傳附梁松傳」에,[10]

> 양송梁松은 경서에 널리 통달하였고, 고사에 밝고 익숙하였다. 여러 유자들과 명당·벽옹·교사·봉선의 예의禮儀를 검토하였는데, 황제는 항상 그의 논의를 인정해주어 총애가 그에 비할 사람이 없었다.

라고 하여, 후한시대 예제의 기초를 다진 양송이 경서에 널리 통달하였을 뿐 아니라 고사를 배웠음을 전하고 있다. '유교국가'가 형성된 후한과 성립 이전 전한 사이에 법령과 경서의 지위가 역전된 것이다.

구체적인 국정운용의 사례를 검토해보기로 하겠다. 후한 말 태위太尉 양병楊秉이 환관 후람侯覽과 구원具瑗을 탄핵하였을 때, 환관 측에 섰던 상서尙書는 양병의 속관을 소환하여, ①외직인 삼공이 근관近官인 환관을 탄핵할 수 있는 전거를 경전과 한제의 고사에서 답하라고 힐문하였다. 『후한서』 열전44 「양진전부양병전楊震傳附楊秉傳」에,[11]

> 상서에서 양병의 연속掾屬을 소환하여 물었다. "①공부公府는 외직外職인데 근관近官을 탄핵하였으니, 경전과 한제에 고사가 있는가?" 양병이 사람을 보내어 대답하였다. "②『춘추』에 '조앙趙鞅이 진양晉陽의 군사를 이끌고 가서 군주 측근의 악인을 축출하였다'고 기록하였고, ③『전』에서는 '군주의 해악을 제거할 때에는 오직 힘을 다할 뿐이다'라고 하였다. ④등통鄧通이 태만하고 오만하자, 신도가申屠嘉는 등통을 불러 힐책하였는데, 문제文帝는 이 말을 듣고 따르면서 용서해줄 것을 청하였다. ⑤한대의 고사에는 삼공의 직무는 통괄하지 않음이 없었다." 상서는 힐문할 수 없었다.

라고 하였듯이, 상서의 힐문에 양병 측이 ②『춘추공양전』 정공 13년 조의 사례[12]와 ③『춘추좌씨전』 희공 전 24년 조의 문장[13]을 인용하였고, ④전한 문제 시기의 승상 신도가가 총신 등통을 힐책하였다(『漢書』卷42, 「申屠嘉傳)는 ⑤'한대의 고사'를 들어 반론하였기 때문에, 상서는 더 이상 힐문할 수가 없었다. 양병의 환관 탄핵이라는 국정운용은 경전의 기술과 한가의 고사에 의해서 정당화되었다.

이처럼 후한시대에 고사와 경전을 병용하여 국정을 운용하였던 것은 전한시대 고사와 법제를 병용하여 국정을 운용했던 것과는 선명한 차이를 보인다. 이곳에서도 후한시대 '유교국가'의 성립을 확인할 수 있다. 이제 이러한 변화의 요인을 탐구함으로써 후한시대 예제의 특징을 고찰하기로 하겠다.

2. 고제古制의 대두와 '주공周公의 고사'

후한시대에 경의가 우월하게 된 것은 전한 말에 개시된 유교이념에 근거를 둔 고제古制에 의거하여 국제國制를 정비한 결과다. 고전古典으로 간주된 경전은 『예기』「왕제」와 『주례』 및 위서가 중심이며, 이 경전들에 의거하여 이루어진 제천의례 등 여러 장치·예법의 성립을 와타나베 신이치로는 「천하관념과 중국 고전적 국제의 성립」(2002)에서 중국에서의 '고전적 국제'의 성립이라고 칭했다. 『한서』 권75 「익봉전翼奉傳」에,14)

> 익봉은 하늘과 땅을 운양雲陽과 분음汾陰에서 제사지내는 것과 여러 침묘를 친소에 따라 질훼迭毁하지 않는 것은 모두 경비를 낭비하는 것이고 고제古制에 어긋나는 것으로 생각했다. ... 한가의 교조郊兆·침묘寢廟·제사의 예는 대부분 고례古禮에 맞지 않습니다. 신 익봉은 진실로 옛 도읍에 의거하여 개정하기는 어렵다고 생각합니다. 그러므로 폐하께서는 도읍을 옮겨 근본을 바로 하시기 바라옵니다.

라고 했듯이 원제 초원 3년(기원전 46) 익봉의 상주문이 그 시작으로, 논의의 중심이었던 군국묘의 폐지는 원제 영광 4년(기원전 40)에 결정되었다. 이 이후 몇 번의 치폐를 거듭하다 평제 원시 5년(5)에 가장 중요한 장안 남북교사南北郊祀의 확정으로 고전적 국제가 완성되었다. 다만 와타나베 신이치로도 「천하관념과 중국 고전적 국제의 성립」(2002)에서 지적하였듯이, 이 시기의 국제정비는 교사제천 의례 등의 예제를 중심으로 이루어졌으며, 구체적인 국정운용은 여전히 고사와 법령에 의거하였다.

이러한 전한 말 국정운용의 상황을 호시나 슈에코保科季子는 '고사'파와 '고제'파의 대립으로 파악하였다.[15] 호시나는 다음과 같이 해석한다. 전한 후반기에 지속된 유가예제의 수용은 한의 황제에게 현실세계의 단 한명의 통치자로서의 권위를 부여할 목적을 갖고 있었다. 그러나 유가의 예제가 수용되어 '황제'의 권위는 확립되었지만, '한가고사漢家故事'의 권위는 저하되는 결과를 낳았다. 유가의 예제가 수용됨으로써, 한의 황제는 보편화되고 추상화된 '수명천자'로 변질되었으며, 황제를 중심으로 한 유교적인 지배체제의 틀이 성립되었다. 왕망 등 '고제'파 관료의 완전한 승리는 대립하는 '한가고사'파의 완전한 패배를 의미하며, 한가의 전통은 부정되고, 유씨의 지배조차 전복되는 결과를 낳았다고 하였다.

이러한 호시나의 분석을 가지고는 전한이 멸망해가는 논리는 설명할 수 있겠지만, 왜 왕망이 한의 선양을 받아야 하는가 하는 필연성은 밝힐 수 없다. 한의 황제가 '수명천자'로서 추상화되는 것만으로는 왕망이 한의 지배를 찬탈할 수 있는 정당성은 생겨날 수 없기 때문이다. 그래서 등장한 것이 '주공의 고사'였다. 『한서』 권99상 「왕망전상」에,[16]

> 원시元始 원년 정월, 왕망은 태후에게 아뢰어 조서를 내리게 하고 흰 꿩을 종묘에 올렸다. 신하들이 이로 인하여 태후에게 상주하여 말하였다. "(태후께서는) 대사마 왕망에게 위임하시어 황제를 세워 종묘를 안정시키게 하셨습니다. 옛날 대사마 곽광은 종묘를 안정시킨 공으로 3만호를 늘려 봉해 받았으니, 그 봉읍이 작위에 걸맞게 되어 소상국蕭相國(蕭何)과 어깨를 나란히 하게 되었습니다. 왕망에 대해서도 곽광의 고사故事와 같게 해야 합니다."... 이에 신하들은 성대하게 진술하여 말하였다. "왕망의 공덕은 주공성왕 때처럼 흰 꿩(白雉)의 상서祥瑞를 불러들였으니, 천년의 시간을 두고서 부절을 합한 듯합니다. 성왕聖王의 법에 신하가 커다란 공을 세우면 살아 있을 때에 아름다운 칭호를 부여하였습니다. 그러므로 주공은 자신이 살아 있을 때에 그 칭호를 주나라의 칭호에 가탁하여 주공이라고 하였던 것입니다. 왕망에게는 나라를 안정시켜 한가를 평안하게 한 커다란 공이 있으니, 마땅히 칭호를 하사하여 '안한공安漢公'이라 하고, 봉호封戶를 늘려 작위와 봉읍이 걸맞도록 해주어, 위로는 고제古制에 상응하고 아래로는 행사行事에 준거하여, 하늘의 마음에 따라야 할 것입니다."

라고 하였다. 왕선겸王先謙은 『한서보주漢書補注』의 해당 조목에서, "행사行事는 고사故事라고 말하는 것과 같다. 고제古制는 주공의 고사를 가리킨다"17)고 지적하였다. 이렇듯 왕망은 익주益州 사람들을 부추겨 흰 꿩(白雉)을 헌상하게 하였고, 그리하여 먼저 신하들에게 '곽광의 고사'를 내리도록 상주하게 하였으며, 게다가 주공이 살아 있으면서 주나라의 국호를 본떠 주공이라고 칭해졌던 것과 마찬가지로 안한공安漢公이라는 칭호를 하사받아 '고제'인 '주공의 고사'를 받았던 것이다. 이곳에서 왕망의 '고제'는 '주공의 고사'와 일치한다. 왕망은 '주공의 고사'를 답습함으로써 '고제'에 의해 정통화된 국제로 한의 고사를 개혁하는 주체가 될 수 있었다. 그리고 이를 발판으로 참위사상을 이용하여,18) 한漢을 대신하여 신新을 건국하는 정통성을 획득하였던 것이다.

『한서』에는 '주공의 고사' 5가지의 사례를 기록하고 있다. 『한서』에서 인명을 덧붙인 고사 29사례 가운데, '무제의 고사' 6가지 사례에 이어 두 번째로 많은 것이다(好並隆司, 「前漢後半期の古制·故事をめぐる政治展開」, 2001). 이 '주공의 고사' 5가지는 모두 왕망과의 관련 속에서 사용되었으며, 다른 사람과 관련된 사용례는 없다. 또한 『후한서』에는 '주공의 고사'가 보이지 않는다. 게다가 『후한서』에 등장하는 주공은 비유해서는 안 되는 인물로서 인용되는 경우가 많다.[19] 전한을 찬탈한 왕망이 '주공의 고사'를 이용했기 때문에 후한에서 그것은 금기가 되었던 것이다.[20]

'주공의 고사'가 제안되기에 앞서 먼저 왕망에게 제시되었던 '곽광의 고사'는 후한으로 계승되었다. 다만 그것도 장례를 거행할 때의 '수례殊禮(특별한 예우)'의 경우로 한정되었으며,[21] 생전에 곽광에 비유하는 것은 주공과 마찬가지로 위험한 것이었다.

후한시대에 고사와 경전이 국정운용의 규범이 되었던 것은 전한 말 왕망이 유교의 고제에 바탕을 둔 예제의 정비를 진척시킨 것이 그 한 원인이었다. 그러나 '고제'와 '고사'라는 이항대립만으로 왕망을 이해하는 것은 일면적이다. 종래 연구에서 '고사'파에 대항한 '고제'파로 자리매김 되었던 왕망 자신도 '곽광의 고사'와 '주공의 고사'에 의거하여 자신의 지위를 높였던 사실에 주목해야 한다. 여기서 한대에서 고사가 갖는 중요성을 지적할 수 있다.

왕망의 찬탈을 경의에 의거한 고제만으로 정당화한다는 것은 무리였다. 왕망이 고사를 이용하고, 참위사상을 필요로 했던 이유가 여기에 있다. 후한에서는 왕망이 이용한 고사 가운데 '곽광의 고사'를 사후에 내려주는 '수례殊禮'로 자리매김하였다. '주공의 고사'만큼은 아니지만, 이 역시 위험한 고사였기 때문이다. 이러한 것들은 국정운용의 고사로 계승되지는 않았다. 그렇다면 후한에서 경전과 더불어 국정운용의 규범으로 삼았던 고사란 무엇이며, 그것은 어떻게 형성되었을까? 후한 예제의 기본이었던 왕망의 '원시의 고사' 수용방법부터 검토해보기로 하겠다.

3. 후한시대 고사故事의 역할

후한 '유교국가'의 경의를 규정한 장제기의 백호관회의는 고문학의 장점을 채용하면서도 금문학을 관학으로 삼았다(본서 제2장). 그것은 왕망이 존중하고 전한의 찬탈에 이용한 고문학을 배척하기 위한 것이었다. 그러나 왕망이 제정한 교천제사郊天祭祀에서의 예제禮制의 기본은 이용하지 않을 수 없었다. 그래서 그것을 '왕망의 고사'라고 하지 않고, 전한 평제의 연호를 따서 '원시元始의 고사故事'라고 불렀다. 『속한서』「제사지」에는 천자에게 가장 중요한 천의 제사인 교사郊祀 이외에 영기迎氣의 의례도 '원시의 고사'에 의거하여 거행되었음을 명기하고 있다.[22) 왕망이 제정한 예제는 전한 평제의 '원시의 고사'로서 후한에 계승되었다. 그렇지만 단순히 고사 그대로 계승된 것은 아니다.

'원시의 고사'를 중심으로 하는 고전적 국제는 장제기의 백호관회의에서 경의로 수렴되었다. 위험한 고사는 '수례殊禮'로서 제외되었지만, 경의에 의거하여 정통화하여 후한의 예제로 수렴된 고사도 있었다. 구체적으로 말하면, '원시의 고사'를 중핵으로 하여 규정된 ①낙양천도洛陽遷都, ②기내제도畿內制度, ③삼공三公의 설치, ④12주목州牧의 설치, ⑤남북교사南北郊祀, ⑥영기迎氣(五郊), ⑦칠묘합사七廟合祀, ⑧관직官稷(社稷), ⑨벽옹辟雍(明堂·靈臺), ⑩학관學官, ⑪이왕후二王後, ⑫공자의 자손, ⑬악제개혁樂制改革, ⑭천하의 칭호(王朝名) 등 대부분이 백호관회의에서 경의에 의거하여 정통화되었다(본서 제2장). 그리하여 왕망이 제정한 '원시의 고사'는 『백호통』에 정리된 후한의 예제로 수렴되어 중국의 고전적 국제로서 커다란 영향력을 갖게 되었다.

사례를 들어 검증하기로 하겠다. 순제가 총애하는 4인의 귀인貴人 가운데 누구를 황후로 세울 것인가를 고심하다 주책籌策으로 결정하고자 했을 때, 호광胡廣이 간언을 하였다. 『후한서』 열전34 「호광전」에는,[23)]

(호광이) 상소하여 간하였다. "외람되이 조서를 살펴보니, 황후를 세우는 것은 그 일이 중대하기 때문에 겸손히 하여 스스로 마음대로 정하지 않고, 주책籌策을 빌어 의문을 신령한 귀신에게서 결정하고자 한다고 하였습니다. 편적篇籍에 기록된 바와 조종祖宗의 전고典故에 일찍이 없었던 일입니다"라고 하였다.

고 서술하고 있다. 호광이 반대의 논거로 삼은 '편적에 기록된 바'란 유교 경전의 기술을 가리키며, '조종의 전고'란 '한가의 고사'를 가리킨다. 호광도 고사를 경전과 더불어 정책결정의 중요한 근거로 삼은 것이다.[24)] 이 문제는 결국 『후한서』 본기10하 「양황후기梁皇后紀」에,[25)]

양가陽嘉 원년 봄, 유사有司가 상주하여 "장추궁長秋宮을 세워야 합니다. 승씨후乘氏侯 양상梁商은 선제先帝의 외척이기 때문입니다. 『춘추』의 의리에 '아내를 맞아들일 때에는 대국의 여자를 우선한다'고 하였습니다. 양소귀인梁小貴人은 마땅히 천조天祚(황제)와 짝하게 하여, 지위를 곤극坤極(황후)에서 바르게 해야 합니다"라고 하였다. 순제가 이에 따랐다. 이에 수안전壽安殿에서 귀인貴人을 세워 황후로 삼았다.

라고 하였듯이, 『춘추공양전』의 '아내를 맞아들일 때에는 대국의 여자를 우선한다'는 의례에 따라 결론을 보았다. 그 경의는 『백호통』 권10

「가취嫁娶」에,[26]

> 왕자王者가 아내를 맞아들일 때 반드시 대국의 여자 가운데서 먼저 선택하는 것은 그들이 예의를 갖추었고, 본 것이 많기 때문이다.

라고 한 것에 기초한다. 백호관회의에서 규정한 후한의 경의가 현실에 대한 강한 규제력을 갖고 있었음을 알 수 있다.

그러나 백호관회의를 통해 경의에 입각하여 한의 모든 현실의 규범을 만들어낼 수는 없었다. 고문학의 장점이나 '원시의 고사' 등을 수렴했지만, 주나라의 제도를 이상으로 하는 경전으로 진과 전한의 제도를 계승한 후한의 지배체제를 모두 정통화한다는 것은 어려운 일이다. 이때 현실과 경의 사이의 간극을 메우기 위해 고사가 이용되었다. 하나의 예를 들자면 호광도 발언하였듯이, '한의 고사'와 경서를 병용하여 후한의 국정을 운용하는 규범으로 삼았던 것이다.

이 때문에 고사는 경의에 비해 융통성이 있었으며, 나쁘게 말하면 원칙이 없었다. 바꾸어 말하면 그만큼 경의에 비해 현실에 즉응하고 있었다. 하나의 사항에 대해서 가부 쌍방에 모두 고사가 있을 경우 유리한 쪽을 선택하는 방식도 취해졌다. 게다가 '한가의 고사'를 존중해야 하는가 하는 문제에 대해서는, 이를 답습해야 한다는 견해[27]와 답습해서는 안 된다는 견해[28]가 병존하였다.

후한 정치사에서 커다란 문제가 되었던 환관에 대해서도, 환관은 성내省內에 급사給事할 뿐이라는 '건무·영평의 고사'를 논거로 환관을 축출해야 한다는 주장[29]이 제기된 적도 있었지만, '한가의 고사'에서는 환관을 궁중에서 생활하도록 하였으므로 폐절해서는 안 된다고 하여 환관을 옹호할 때 고사를 제시하는 경우[30]도 있었다.

이상의 사례는 하나의 사항에 대해서 양측에서 모두 고사를 논거로 제시한 경우인데, 경의에 대항하여 고사를 제시하는 사례 혹은 그 역의 사례도 있다. 『시경』을 전거로 외척 양기梁冀를 주공에 비유하려는 움직임[31]에 대항하여, 황경黃瓊은 소하곽광의 고사를 들어 양기에 대한 수례殊禮를 등우鄧禹의 고사와 동등하게 억제하는 데에 성공하였다.[32] 이는 고사에 의거하여 경의를 누른 사례라고 할 수 있다. 역의 경우도 있다. 명제 '영평의 고사'에서는 법률을 중시하는 '이정吏政'을 존중하였다. 이에 대항하여 진총陳寵은 『상서』를 전거로 제시하면서 '관寬'치治를 주장하였다.[33] 또 광무제 '건무의 고사'에서 결정된 대신탈복大臣脫服의 제도에 대해, 진충陳忠은 『효경』을 논거로 비판하였다.[34]

이처럼 고사는 후한 '유교국가'에서 규정한 경의와 반드시 부합되지만은 않는 다양한 현실적 사례를 판단하기 위한 논거가 되었다. 이 때문에 후한에서 국정에 종사하는 관료는 경의와 더불어 고사를 배울 필요가 있었다. 이어서 후한의 천자에게 가장 중요한 천의 제사인 교사郊祀와 조상제사 가운데, 후자의 의례와 관련된 고사와 경의의 관계를 고찰해보도록 하겠다.

후한의 조상제사는 유교에서 규정한 예제와는 달랐다. 명제가 광무제의 원릉原陵에 올라 묘제墓祭를 거행하였고, 이 상릉上陵의 예를 '한가의 고사'로 계승하였기 때문이다.[35] 후한 말의 채옹蔡邕은 평소 경의와 다른 이 '한가의 고사'에 의문을 품고 있었지만, 상릉의 예에 참가했을 때의 감개를 다음과 같이 서술하였다. 『속한서』 지4 「예의지상」에 인용된 사승謝承의 『후한서』에,[36]

> 건녕 5년(172) 5월, 황제(영제)가 원릉原陵(광무제의 능)에 오를 때, 채옹은 사도연司徒掾이 되어 공식행렬에 따라갔다. 원릉에 도착하여 그 의식을 보고는

> 감개무량하여 함께 있던 사람에게 말하였다. "듣건대, 옛날에는 묘제墓祭를 지내지 않았다. 조정에서 상릉上陵의 예禮를 거행할 때, 처음에는 없애야 한다고 생각했다. 이제 그 의식을 보고 그 본뜻을 살펴보니, 비로소 효명황제의 지극한 효와 측은해 하는 마음을 알게 되었다. 옛 제도로 바꾸어서는 안 된다." ... 채옹은 태부太傅 호광胡廣을 보면서 말했다. '국가의 예에는 번잡하더라도 생략할 수 없는 것이 있다. 선제先帝께서 마음 쓰시는 것이 이처럼 지극히 치밀함을 알지 못하였구나.' 호광은 '그렇다네. 자네는 마땅히 이를 기록하여 배우는 자들에게 보여주어야 할 것이네'라고 하였다. 채옹은 물러나 이를 기록하였다.

라고 하였다. '옛날에는 묘제를 지내지 않았다'는 유교의 경의와는 다르지만, 명제가 광무제를 그리워하는 효심의 표현인 '상릉의 예'는 거행되어야 한다. 채옹이 이런 생각을 호광에게 말하자, 호광은 이를 기록으로 남겨 배우는 자들에게 보여주어야 한다고 답하였다. '한가의 고사'를 경의보다 우선시 한 것이다. 후한의 '유교국가'는 천자에게 가장 중요한 조상제사를 유교의 예제와 합치시키지 않았다. '유교국가'의 초발형태인 후한국가의 특징이 여기에 있다. 그리고 이를 가능하도록 했던 것이 고사였다. 한편, 고사가 개재함으로써 현실에 적응할 수 없는 예제도 그 존재를 인정받는 일면도 후한 '유교국가'에는 필요하였다.

비현실적인 삼년상의 예제가 존재하였고, 삼년이란 25개월인가 27개월인가 하는 경학 상의 논쟁이 일어났던 것도 이념과는 별도로 '한가의 고사'에 따라 상례를 현실적으로 운용하였기 때문이다.37) 후한시대 상례의 경의는 『백호통』에 의거하여 삼년상을 25개월로 규정하였다. 『백호통』 「상복喪服」에,38)

> 삼년상은 어째서 25개월로 하는가? ... 아버지는 지극히 존귀하고, 어머니는 지극히 친하다. 그러므로 더하고 융숭하게 하여 효자의 은혜의 정을 다한다.

> 은애恩愛가 지극히 깊으니, 이에 더하여 두 배로 한다. 그러므로 기년期年이 두 번인 25개월이 되는 것이다.

라고 하였다. 그렇지만 천자는 물론이고 관료가 실제로 3년 동안 복상한다면 정무는 정체되고 만다. 현실적으로 이 예제는 파탄될 수밖에 없다. 이때, 삼년상을 단축할 수 있는 논거를 제공한 것이 '문제의 고사'다. 『한서』 권4 「문제기文帝紀」에,[39]

> 유조遺詔에 "짐은 듣건대, 천하 만물로서 싹을 틔우는 것 가운데 죽지 않는 것은 없다. 죽음이란 천지의 이치요 만물의 자연이니, 어찌 매우 슬퍼할 만한 것이 아니겠는가! 오늘날 세상 사람들은 모두 삶을 기뻐하고 죽음을 싫어하니, 장례를 지나치게 화려하게 하여(厚葬) 생업을 파괴시키고 복상을 지나치게 무겁게 하여(重服) 생명을 해치고 있다. 내 매우 취할 바가 아니다. … 저 천하의 관리와 인민들에게 명령하노라. 이 조서의 명령이 도달하면, 조곡弔哭을 한 지 ①3일만에 모두 상복을 벗도록 하라. 부인을 얻고 딸을 시집보내는 것, 제사를 지내는 것, 술을 마시고 고기를 먹는 것 등을 금지하지 말도록 하라. 스스로 마땅히 상사喪事를 처리하고, 상복을 입고, 곡을 해야 하는 자들도 모두 참최복斬衰服을 입지 않도록 하라. 질絰과 대帶는 3촌寸을 넘지 않도록 하라. 수레 및 병기를 베로 입히는 일이 없도록 하라. 인민을 징발하여 궁전에서 곡을 하는 일이 없도록 하라. 궁중에서 마땅히 곡을 해야 하는 자는 모두 아침저녁으로 각각 15번 소리를 내어 곡을 하고, 예禮가 끝나면 물러나도록 하라. 아침저녁의 곡을 하는 시간이 아니면, 함부로 곡을 할 수 없도록 금지하라. 하관한 이후에는 ②대홍大紅(大功服)을 15일 동안 입고, 소홍小紅(小功服)을 14일 동안 입고, 섬纖(細布衣)을 17일 동안 입은 후에 상복을 벗도록 하라"고 하였다.

라고 하였다. 문제는 본래 참최 3년(25개월)의 복을 해야 하는 상喪을 ②대홍大紅(大功)의 복을 15일 동안, 소홍小紅(小功)의 복을 14일 동안, 섬복纖服을 7일 동안 총 36일만 복을 하도록 유조를 내렸고, 일반 '관리와 인민'의 경우에는 ①3일만에 '상복을 벗도록' 명을 내렸다.

후한 '유교국가'는 이 '문제의 고사'를 전거로 삼아 예제 상의 경의인 25개월 상례와 현실사회에서의 생활을 멋지게 습합시켰다. 이처럼 고사는 후한 '유교국가'의 경의가 현실과 부합하지 않을 때 양자를 습합시키는 역할을 수행하였다. 말하자면 최초의 '유교국가'인 후한의 유교는, 그 경의 특히 예제 부분에 아직 현실과 괴리된 이상론을 포함하는 원초적인 형태를 남기고 있었다. 고사가 존재했다는 사실은 이와 같은 후한 '유교국가'의 예제특징을 보여준다고 하겠다.

맺음말

유교를 정통성의 중핵에 올려놓은 후한 '유교국가'는 유교의 이상인 이념형과 후한의 현실 사이의 간극을 '한가의 고사'로 메우고자 하였다. 여기에 중국사상 최초로 성립한 '유교국가'로서의 후한시대 예제의 특징이 있다. 아직은 현실에 대한 적응력이 부족했던 것이다.

후한 '유교국가'의 붕괴 후, 삼국시대를 거쳐 '유교국가'를 재편하고자 한 서진시대에 살았던 두예杜預는 양암심상諒闇心喪의 제도에 의거하여 '문제의 고사'를 경의에 편입시켰다(渡邉義浩, 「杜預の諒闇制と皇位繼承問題」, 2005). 유교는 '유교국가'가 재편될 때마다 고사를 흡수하면서 시대의 변화에 대응하였다. 물론 그것으로 모든 현실에 대응할 수 있었던 것은 아니다. 고사는 집성되고 규정화되어 호광의 『한제도漢制度』, 채옹의 『독단獨斷』, 응소應劭의 『한관예의고사漢官禮儀故事』 등 서적으로 정리되기도 하였다.[40] 이윽고 고사의 일부는 서진시대의 법으로서 율律·령슈과 병칭되어 격格의 원류가 되기도 하였다.[41]

1) 이에 반해서 재편된 西晉 '유교국가'에서, 유교에 입각한 국가지배의 세 기둥인 封建·井田·學校와 관련하여 말하자면, 왕의 봉건은 『춘추좌씨전』 희공 傳11년 조에, 異姓에 대한 5등작의 봉건은 『예기』 「왕제」에, 占田·課田制도 『예기』 「왕제」에, 국자학의 설치는 『예기』 「學記」에 그 정통성의 논거를 두었다는 것에 대해서는 渡邉義浩, 「西晉における「儒教國家」の再編」(2008) 참조.
2) 郡國廟 및 그 폐지에 대해서는 守屋美都雄의 「前漢時代の郡國廟に就いて」(1938)가 기본적인 이해를 제공한다. 그 사상사적 의의에 대해서는 津田左右吉, 「漢代政治思想の一面」(1950) 및 板野長八, 「前漢末に於ける宗廟·郊祀の改革運動」(1972)을, 역사적인 의의에 대해서는 金子修一, 「中國—郊祀と宗廟と明堂及び封禅」(1982) 참조. 이 밖에 北村良和, 「前漢末の改禮について」(1981)도 있다.
3) 故事가 尙書에 보관되었다는 것은 『資治通鑑』 卷51 「漢紀」43, 順帝 陽嘉 2년 조의 胡三省注에, "漢의 故事는 모두 尙書에서 주관하였다(漢故事, 皆尙書主之)"고 지적하였다. 尙書에서 章表·奏議를 故事로 인식하였다는 것은 『後漢書』 「左雄傳」에, "좌웅이 納言의 직무를 관장하면서부터 匡正하는 바가 많았다. 章表·奏議를 올릴 때마다, 臺閣은 그것을 故事로 삼았다(自雄掌納言, 多所匡肅. 每有章表·奏議, 臺閣以爲故事)"(『後漢書』 列傳51, 「左雄傳」)고 하였고, 『後漢書』 「鄭弘傳」에, "(尙書令) 정홍은 앞뒤에 펼쳐진 상주문 가운데 왕도정치에 보탬이 될 만한 것은 모두 南宮에서 그것을 기록하여 故事로 삼았다(弘前後所陳有補益王政者, 皆著之南宮, 以爲故事)"(『後漢書』 列傳23, 「鄭弘傳」)고 하였다. 황제가 이를 참조하였다는 것은 『後漢書』 「楊賜傳」에 "후에 靈帝는 南宮으로 옮겨가서 故事를 열람하였다. 楊賜가 올린 張角을 멸해야 한다는 奏文 및 전에 侍講했을 때에 달았던 주석을 얻고는 감동하여 깨닫고, 조서를 내려 양사를 臨晉侯에 봉하고 食邑 1500戶를 하사하였다(後帝徙南宮, 閱錄故事, 得賜所上張角奏及前侍講注籍乃感悟, 下詔封賜臨晉侯, 邑千五百戶)"(『後漢書』 列傳44, 「楊震傳附楊賜傳」)고 하였다.
4) 建武四年, 光武徵(侯)霸與車駕會壽春, 拜尙書令. 時無故典, 朝廷又少舊臣, 霸明習故事, 收錄遺文, 條奏<u>前世善政·法度</u>有益於時者, 皆施行之(『後漢書』 列傳16, 「侯霸傳」).
5) 전한의 고사에 대해서는 好並隆司, 「稱臣而不名」再考」(2001)가 있다. 好並은 전한의 고사는 무제기에 內朝에서 추진한 정책을 가리키는 경우가 비교적 많으며, 그것을 전제적 정치체제를 희구하는 관료가 의거해야 할 규범으로서 이용하였고, 이에 반대하는 官人은 유가적 색채가 짙은 古制를 가지고 비판하였다고 한다. 또 故事를 넓게 파악하여 '如故事'를 '便宜從事'와 같은 일상 행정의 일환으로 고찰한 邢義田의 「漢代『故事』考述」(1986)도 참조가 된다.
6) 적자가 아닌 아들을 세운 고사에 대해서는 "(元帝는) 尙書에게 景帝 때에 膠東王을 세운 고사를 여러 차례 물었다(數問尙書以景帝時立膠東王故事)"(『漢書』 卷82, 「史丹傳」)고 하였으며, 황제를 폐위시킨 고사에 대해서는 "(宮人들은) 이로 인

해서 먼저 鄧悝·鄧弘·鄧閶이 尙書 鄧訪과 황제 폐위의 故事를 취하여 平原王 劉得을 옹립하여 황제로 세우고자 모의하였다고 무고하였다(因誣告悝·弘·閶先從尙書鄧訪取廢帝故事, 謀立平原王得)"(『後漢書』 列傳6, 「鄧禹傳附鄧騭傳」)라고 하였다.

7) (孔)光以高第爲尙書. 觀故事·品式, 數歲明習漢制及法令. 上(成)帝甚信任之, 轉爲僕射·尙書令. … 凡典①樞機十餘年, ②守法度修故事. 上有所問, ③據經法以心所安而對, 不希指苟合. … 久典尙書, ④練法令, 號稱詳平(『漢書』 卷81, 「孔光傳」).

8) 宣帝時任中書官, 恭明習法令故事, 善爲請奏, 能稱其職(『漢書』 卷93, 佞幸, 「石顯傳」).

9) (王)鳳不能自立法度, 循故事而已(『漢書』 卷60, 「杜欽傳」). 덧붙여 故事에 기초하여 정치를 행하는 것을 '比'라고 한다. 『禮記正義』 卷13 「王制」의 注疏에, "이미 지나간 옛일(故事)을 행하는 것을 '比'라고 한다. … 마땅히 반드시 옛 법의 경중의 사례를 살펴 그것으로 일을 완성해야 한다(已行故事曰比. … 當必察按舊法輕重之例, 以成於事)"고 하였다.

10) (梁)松博通經書, 明習故事. 與諸儒脩明堂·辟雍·郊祀·封禪禮儀, 常與論議, 寵幸莫比(『後漢書』 列傳24, 「梁統傳附梁松傳」).

11) 尙書召對(楊)秉掾屬, "①公府外職, 而奏劾近官, 經典·漢制有故事乎?" 秉使對曰, "②『春秋』 '趙鞅以晉陽之甲, 逐君側之惡', ③『傳』曰, '除君之惡, 唯力是視.' ④鄧通懈慢, 申屠嘉召通詰責, 文帝從而請之. ⑤漢世故事, 三公之職無所不統." 尙書不能詰(『後漢書』 列傳44, 「楊震傳附楊秉傳」).

12) 『春秋公羊傳』 定公 13년 조에, "晉의 趙鞅은 晉陽의 병사를 이끌고 가서 荀寅과 士吉射를 축출하였다. 荀寅과 士吉射는 어떠한 자들인가? 군주 측근의 악인이다(晉趙鞅取晉陽之甲, 以逐荀寅與士吉射. 荀寅與士吉射者, 曷爲者也? 君側之惡人也)"라고 하였다.

13) 『春秋左氏傳』 僖公 24년 조에, "(披가) 대답하여 말하였다. '신은 생각건대, 당신께서 들어와 군주가 되었으니, 군주의 도리를 아실 것입니다. 만약 아직도 알지 못하신다면, 또 장차 환란이 미치게 될 것입니다. 군주의 명을 받들 때 두 마음을 품지 않는 것이 옛 제도(古制)입니다. 군주의 해악을 제거할 때에는 오직 힘을 다할 뿐입니다'라고 하였다."("對曰, '臣謂君之入也, 其知之矣. 若猶未也, 又將及難. 君命無二, 古之制也. 除君之惡, 唯力是視.'").

14) (翼)奉以爲, 祭天地於雲陽汾陰, 及諸寢廟不以親疏迭毁, 皆煩費, 違古制. … 漢家郊兆·寢廟祭祀之禮多不應古. 臣奉誠難亶居而改作, 故願陛下遷都正本(『漢書』 卷75, 「翼奉傳」).

15) 保科季子, 「前漢後半期における儒家禮制の受容―漢的傳統との對立と皇帝觀の變貌」(1988). 好並隆司의 「稱臣而不名」再考」(2001)는 保科의 논문을 명기하지는 않았지만, 같은 입장을 취하고 있다.

16) 元始元年正月, (王)莽白太后下詔, 以白雉薦宗廟. 羣臣因奏言太后, "(太后)委任大司馬(王)莽, 定策安宗廟. 故大司馬霍光有安宗廟之功, 益封三萬戶, 疇其爵邑, 比蕭相國. 莽宜如光故事."…於是羣臣乃盛陳, "莽功德, 致周·成白雉之瑞, 千載同符. 聖王之法, 臣有大功則生有美號. 故周公及身在而託號於周. 莽有定國安漢家之大功, 宜賜號曰安漢公, 益戶, 疇爵邑, 上應古制, 下準行事, 以順天心."(『漢書』 卷99上, 「王莽傳上」).

17) 先謙曰, "行事猶言故事. 古制, 謂周公故事"(王先謙, 『漢書補注』 卷99上, 「王莽傳上」).

18) 왕망의 참위사상 이용에 대해서는 安居香山이 「王莽と符命」(1963)에서 구체적인 사

례를 들어 상세하게 검증하였으며, 板野長八, 「圖讖と儒教の成立 (一) (二)」(1975)는 그 의의를 논하였다. 保科季子, 「受命の書—漢受命傳說の形成」(2005)도 참조.

19) 후한 외척 가운데 가장 전횡을 휘두른 梁冀에게 아첨한 宰宣은 양기를 주공에 비유하였지만, '주공의 고사'를 하사해야 한다고는 말하지 않았고, 양기의 처를 봉해야 한다는 주장에 그쳤다. "弘農 출신 宰宣은 평소 성격이 아첨을 잘하고 간사하였는데, 양기에게 총애를 얻고자 하였다. 이에 글을 올려 '대장군에게는 주공과 같은 공이 있습니다. 이제 그의 아들들에게 이미 封號를 내렸으므로, 그 처에게도 마땅히 邑君으로 봉해야 합니다'라고 하였다(弘農人宰宣素性佞邪, 欲取媚於冀, 乃上言'大將軍有周公之功, 今旣封諸子, 則其妻宜爲邑君')"(『後漢書』 列傳24, 「梁統傳附梁冀傳」).

20) 후한 찬탈준비를 마친 曹操는 「短歌行1」에서 주공의 고사를 노래하는 등 한 때 스스로를 주공에 비유한 시기가 있었다. 그 후 조조는 周의 文王에 자신을 비유하였고, 아들 曹丕 때에 漢의 禪讓을 받았다. 조조가 '魏武輔漢의 故事'로 불리는 선양 매뉴얼을 만든 것에 대해서는 石井仁, 『曹操 魏の武帝』(2000) 참조.

21) '곽광'의 고사 등 한에서 육조시대에 걸친 殊禮와 故事의 관계에 대해서는 石井仁, 『曹操 魏の武帝』(2000) 참조.

22) 『續漢書』 志7, 「祭祀上」 '郊'에, "建武 2년 정월, 처음으로 郊祀의 兆域을 낙양성의 남쪽 7리 되는 곳에 조성하였으니, 鄗땅과 이웃하였다. 元始 연간의 故事를 채용한 것이다(二年正月, 初制郊兆於雒陽城南七里, 依鄗. 采元始中故事)"라고 하였고, 같은 책 志8, 「祭祀中」, '迎氣'에, "계절의 기운을 五郊의 兆域에서 맞이한다. 『禮讖』 및 『月令』에 五郊迎氣의 服色이 기록되어 있기 때문에 이로 말미암아서 永平 연간 이후 元始 연간의 고사를 채용하여 낙양의 사방에 五郊의 兆域을 만들었다(迎時氣, 五郊之兆. 自永平中, 以『禮讖』及『月令』有五郊迎氣服色, 因採元始中故事, 兆五郊于洛陽四方)"고 하였다.

23) (胡廣)上疏諫曰, "竊見詔書, 以立后事大, 謙不自專, 欲假之籌策, 決疑靈神. 篇籍所記·祖宗典故, 未嘗有也"(『後漢書』 列傳34, 「胡廣傳 」).

24) '漢家의 故事'를 중시한 호광은 이윽고 그것을 『漢制度』로 정리하였고, 王隆이 편찬한 『漢官』에 解詁를 붙였다. 또 호광에게 고사의 지식을 전수받은 蔡邕이 『獨斷』을 저술했다는 것은 福井重雅, 「蔡邕と独断」(1983) 참조.

25) 陽嘉元年春, 有司奏, "立長秋宮, 以乘氏侯(梁)商先帝外戚. 春秋之義, '娶先大國.' 梁小貴人, 宜配天祚, 正位坤極" (順)帝從之. 乃於壽安殿立貴人爲皇后(『後漢書』 本紀10下, 「梁皇后紀」)

26) 王者之娶, 必先選于大國之女, 禮儀備所見多(『白虎通』 卷10, 「嫁娶」).

27) '祖宗의 故事'를 답습해야 한다는 견해로는 "이듬해, 郊祀의 제도를 크게 의론하였는데, 대부분 周에서는 后稷을 郊祀하였으므로, 漢은 마땅히 堯를 제사지내야 한다고 주장하였다. 조서를 내려 다시 公卿議에 부쳤는데, 의론하는 자들이 모두 같은 의견이었고, 황제도 이에 동의하였다. 杜林만이 홀로 '周室이 흥기한 것은 그 복이 后稷으로부터 말미암은 것이지만, 漢의 功業은 홀로 일어났으니, 堯의 공과 무관합니다. 祖宗의 故事는 마땅히 계승해야 합니다'라고 하였다. 두림의 의론에 따라 결정되었다(明年, 大議郊祀制, 多以爲周郊后稷, 漢當祀堯. 詔復下公卿議, 議者僉同, 帝亦然之. 林獨以爲'周室之興, 祚由后稷, 漢業特起, 功不緣堯. 祖宗故事, 所宜因循.' 定從林議)"(『

後漢書』 列傳17, 「杜林傳」)고 한 것이 있다.

28) 故事를 답습하지 말고 새로운 禮樂을 제정하라고 한 章帝의 조서에서는 "(장제는 조서를 내려 말하였다.) 한은 진의 뒤를 이었기 때문에 예는 무너지고 악은 붕괴되어 우선 고사를 답습하였으니, 살펴볼 만한 것이 없다. 이러한 것들에 대해 알고 있는 자가 있다면, 각각 짐을 도울 수 있는 바를 다하도록 하라(漢遭秦餘, 禮壞樂崩, 且因循故事, 未可觀省, 有知其說者, 各盡所能)"(『後漢書』 列傳25, 「曹褒傳」)라고 하였다.

29) 환관을 축출해야 한다는 주장으로는 "竇武는 이에 태후에게 아뢰어 '故事에 따르면, 黃門과 常侍는 단지 省內에서 給事하게 하여 門戶를 담당하고, 近署의 재물을 주관하게 해야 합니다. 이제 政事에 참여시켜 권력을 맡기니, 그 자제들이 줄지어서 탐욕스럽고 포악한 짓을 마음대로 하고 있습니다. 천하가 흉흉한 것은 바로 이 때문입니다. 마땅히 모두 주멸하여 조정을 깨끗하게 해야 합니다'라고 하였다(武乃白太后曰, '故事, 黃門常侍但當給事省內, 典門戶, 主近署財物耳. 今乃使與政事而任權重, 子弟布列, 專爲貪暴. 天下匈匈, 正以此故. 宜悉誅廢, 以淸朝廷.')"(『後漢書』 列傳59, 「竇武傳」)고 한 것이 있다.

30) 환관을 폐절해서는 안 된다는 주장으로는 "何太后는 이를 받아들이지 않고, '中官이 禁省을 통령하는 것은 예로부터 지금까지 漢家의 故事이니, 폐할 수 없다'고 하였다((何)太后不聽曰, '中官統領禁省, 自古及今, 漢家故事, 不可廢也.')"(『後漢書』 列傳59, 「何進傳」)고 한 것이 있다.

31) 梁冀를 周公에 비유하는 움직임은 "元嘉 원년, (황경은) 司空으로 좌천되었다. 桓帝는 대장군 양기를 표창하여 높이고자 하여 中朝의 二千石 이상으로 하여금 그 禮를 의론하게 하였다. 特進 胡廣, 太常 羊溥, 司隸校尉 祝恬, 太中大夫 邊韶 등은 모두 양기의 공훈과 덕망을 칭송하면서 그 제도와 포상은 마땅히 주공에 견주게 하고 山川과 土田과 附庸을 하사해야 한다고 주장하였다(元嘉元年, 遷司空. 桓帝欲褒崇大將軍梁冀, 使中朝二千石以上會議其禮. 特進胡廣·太常羊溥·司隸校尉祝恬·太中大夫邊韶等, 咸稱冀之勳德, 其制度賚賞, 以宜比周公, 錫之山川·土田·附庸)"(『後漢書』 列傳51, 「黃瓊傳」)고 한 것이 있다.

32) 梁冀를 周公에 비유하려는 움직임을 故事를 통해 중지시킨 것에 대해 "황경이 홀로 의론을 세워 말하였다. '양기는 이전에 親迎의 공로로 封邑을 3천호로 늘려 받았고, 또 그의 아들 梁胤도 봉읍과 상을 더해 받았습니다. 옛날 주공은 성왕을 보좌하고 도와서 예와 악을 제정하였고, 교화는 태평을 이루었습니다. 이 때문에 크게 나라를 세우게 하여 땅 7백리를 소유하게 했던 것입니다. 이제 제후는 戶와 邑의 수로 표준을 삼고, 里數로 한도를 삼지 않습니다. 소하는 泗水에서 고조를 알아보고 따랐으며, 곽광은 위태로움을 안정시켜 나라를 일으켰는데, 모두 邑戶과 封土를 늘려 주어 그 공을 현창하게 하였습니다. 양기는 鄧禹와 비교될 수 있으니, 총 4개의 현을 식읍으로 삼게 하고, 賞賜의 등급은 霍光과 동등하게 하여, 천하 사람들로 하여금 상은 반드시 공에 합당해야 하고, 작위는 덕을 넘을 수 없음을 알도록 해야 합니다'라고 하였다. 황제는 이에 따랐다(瓊獨建議曰, '冀前以親迎之勞, 增邑三千, 又其子胤亦加封賞. 昔周公輔相成王, 制禮作樂, 化致太平, 是以大啓土宇, 開地七百. 今諸侯以戶邑爲制, 不以里數爲限. 蕭何識高祖於泗水, 霍光定傾危以興國, 皆益戶增封, 以顯其功. 冀

可比鄧禹, 合食四縣, 賞賜之差, 同於霍光, 使天下知賞必當功, 爵不越德.' 朝廷從之"(『後漢書 列傳51, 「黃瓊傳」)라고 하였다.

33) '영평의 고사'에 대하여 '寬'治를 주장한 것은 "진총은 세 번 관직을 옮겼는데, 숙종 초에 상서가 되었다. 이 당시에는 영평의 고사를 계승하여 吏政은 엄격한 것을 숭상하였고, 상서에서 일을 결정하는 것은 대체로 중형에 가까웠다. 진총은 황제가 새로 즉위하였으므로 마땅히 선대 황제 때의 가혹한 풍속을 바꾸어야 한다고 생각하였다. 이에 상소하여 '신은 듣건대, 선왕의 정치는 賞은 과분하게 내리지 않고 刑은 남용하지 않았으니, 만일 부득이한 경우라면 차라리 과분하게 상을 내릴지언정 형을 남용하지는 않았다고 하였습니다. 그러므로 요임금은 典籍을 저술하여 <과오와 불행으로 지은 죄는 용서해 주라>고 하였고, 주공은 告戒를 만들어서 <뭇 獄事를 그르치지 않도록 하라>고 하였으며, 伯夷의 典制에는 <五刑을 공경하여 三德을 이룬다>고 하였습니다. … 마땅히 선왕의 도를 높여서 번잡하고 가혹한 법을 씻어내고, 모진 형벌을 가볍게 하여, 뭇 생명을 구제하고 지극한 덕을 온전하고 넓게 하여 하늘의 마음을 받들어야 합니다'라고 하였다(三遷, 肅宗初, 爲尙書. 是時承永平故事, 吏政尙嚴切, 尙書決事率近於重. 寵以帝新卽位, 宜改前世苛俗. 乃上疏曰, '臣聞先王之政, 賞不僭, 刑不濫, 與其不得已, 寧僭不濫. 故唐堯著典, <眚災肆赦>, 周公作戒, <勿誤庶獄>, 伯夷之典, <惟敬五刑, 以成三德>. … 宜隆先王之道, 蕩滌煩苛之法, 輕薄箠楚, 以濟羣生, 全廣至德, 以奉天心.')"(『後漢書』 列傳36, 「陳寵傳」)고 되어 있다. '寬'治에 대해서는 渡邉義浩, 「「寬」治から「猛」政へ」(2001) 참조.

34) 大臣脫服의 제도에 대해 『효경』을 논거로 비판한 것은 "元初 3년, 황제는 조서를 내려 대신은 삼년상을 거행하고, 복이 끝나면 관직으로 돌아올 수 있도록 하였다. 진충은 이로 인하여 상서하여 말하였다. '孝宣皇帝의 舊令에, 軍屯에 종사하거나 縣官에 급사중인 사람의 경우 조부모가 돌아가신 지 아직 3개월이 되지 않았다면 모두 요역에 징발하지 않고 葬送을 할 수 있도록 하라고 하였습니다. 청컨대 이 제도에 따르소서'라고 하였다. 태후가 이에 따랐다. 建光 연간에 이르러, 尙書令 祝諷·尙書 孟布 등이 상주하여 '孝文皇帝께서는 예를 간략히 하는 제도를 정하셨고, 光武皇帝께서는 관리가 휴가를 내어 집에 돌아가 복상하는 법을 폐지하여 법칙을 만세에 남기셨으니, 진실로 바꿀 수 없는 것입니다. 마땅히 建武의 故事를 회복해야 합니다'라고 하였다. 진충은 상소하여 '신은 듣건대, 『효경』은 부모를 사랑하는 데에서 시작하고, 애달파하고 슬퍼하는 데에서 끝난다고 하였습니다. 위로는 천자로부터 아래로는 서인에 이르기까지 존귀하거나 비천하거나 그 의리는 똑같은 것입니다'라고 하였다. … 환관들은 이를 불편하게 여겼다. 마침내 진충의 상주문을 숨기고 축풍과 맹포의 의견에 따랐으며, 드디어 법령 안에 이를 기록해두었다(元初三年有詔, 大臣得行三年喪, 服闋還職. (陳)忠因此上言, '孝宣皇帝舊令, 人從軍屯及給事縣官者, 大父母死未滿三月, 皆勿徭, 令得葬送. 請依此制.' 太后從之. 至建光中, 尙書令祝諷·尙書孟布等奏, 以爲'孝文皇帝定約禮之制, 光武皇帝絕告寧之典, 貽則萬世, 誠不可改. 宜復建武故事.' 忠上疏曰, '臣聞之『孝經』, 始於愛親, 終於哀戚. 上自天子, 下至庶人, 尊卑貴賤, 其義一也. … 宦豎不便之, 竟寢忠奏而從諷·布議, 遂著于令)"(『後漢書』 列傳36, 「陳寵傳附陳忠

傳」)라고 하였다. 大臣脫服에 대해서는 藤川正數, 「大臣奪服の制について」(1985) 참조.

35) 明帝의 上陵禮를 중심으로 하는 예제개혁에 대해서는 藤田忠, 「上陵の禮よりみた明帝の禮制改革について」(1993) 참조.

36) 建寧五年正月, 車駕上原陵, 蔡邕爲司徒掾, 從公行. 到陵, 見其儀, 愾然謂同坐者曰, "聞古不墓祭. 朝廷有上陵之禮, 始謂可損. 今見其儀, 察其本意, 乃知孝明皇帝之孝惻隱, 不可易舊. … 邕見太傅胡廣曰, '國家禮有煩而不可省者, 不知先帝用心周密之至於此也.' 廣曰, '然. 子宜載之, 以示學者.' 邕退而記焉(『續漢書』 志4, 「禮儀志 上注引謝承『後漢書』).

37) 물론 경학에서도 예에 합치되지 않는 사태를 승인하는 것이 문제되었으며, 『춘추번로』에서는 '經'에 대한 '變'을, 『춘추공양전』에서는 '經'에 대한 '權'을, 『춘추곡량전』에서는 '經'에 대한 '變之正'을 논하고 있다. 屈池信夫, 「漢代の「權」について」(2007) 및 吉田篤志, 「『穀梁傳』に見る「變之正」—變側的行爲の是認」(1993) 참조.

38) 三年之喪, 何二十五月? … 父至尊, 母至親, 故爲加隆, 以盡孝子之恩. 恩愛至深, 加之則倍, 故再期二十五月也(『白虎通』 「喪服」).

39) 遺詔曰, "朕聞之, 蓋天下萬物之萌生, 靡不有死. 死者天地之理, 物之自然, 奚可甚哀! 當今之世, 咸嘉生而惡死, 厚葬以破業, 重服以傷生, 吾甚不取. … 其令天下吏民, 令到出臨三日, 皆釋服. 無禁取婦嫁女祠祀飮酒食肉. 自當給喪事服臨者, 皆無踐. 絰帶無過三寸. 無布車及兵器. 無發民哭臨宮殿中. 殿中當臨者, 皆以旦夕各十五擧音, 禮畢罷. 非旦夕臨時, 禁無得擅哭. 以下, 服大紅十五日, 小紅十四日, 纖七日, 釋服."(『漢書』 卷4, 「文帝紀」).

40) 司馬彪의 『續漢書』의 志가 胡廣의 『漢制度』, 蔡邕의 『獨斷』, 應劭의 『漢官禮儀故事』 등의 연장선으로 '漢家의 故事'를 정리했다는 것은 渡邉義浩, 「司馬彪の修史」(2006) 참조.

41) 故事를 唐代의 格의 원류라고 생각할 수 있는 것은 『大唐六典』이다(卷6 刑部郎中員外郎注). 守屋美都雄, 「晉故事について」(1950) 참조.

제 4 장

양한시대 화이사상의 전개

제4장 양한시대 화이사상의 전개

머리말

화이사상은 중국황제가 직접 지배할 수 없는 지역을 중국의 세계관 속에 편입시키기 위해 시행한 사상적 영위로부터 생겨났다. 화이사상에서 중화와 이적의 구별은 도의의 유무, 습속이나 제도의 차이 등 문화적인 개념으로 규정된다. 예와 덕의 유무를 가지고 중화와 이적을 구별하는 것이다. 물론 『춘추좌씨전』처럼 이적을 금수나 승냥이로 취급하는 차별적인 사고방식도 있다.[1] 그러나 후세에 계승된 화이의 구별은 종족에 따라 화와 이를 인간과 금수로 구분하는 『좌씨전』의 이념이 아니라, 문화적인 우열에 한정된다는 춘추공양학파의 이념이었다.[2]

지금까지 화이사상에 대한 연구는 『춘추』 3전을 동등하게 다루거나, 유교의 화이사상 전반을 광범위하게 추구하는 경우가 많았다.[3] 그러나 『공양전』과 『곡량전』에서의 화이사상은 크게 다르며, 또 같은 공양학파 안에서도 『공양전』 그 자체와 백호관회의에서 주창된 공양설 및 하휴의 화이사상에는 각각 차이가 있다. 이와 같은 화이사상의 전개는 시대마다 처한 국정의 상황, 특히 국가의 존망과 관계되는 이적에 대한 대응에 따라 규정되었을 것이다. 본장에서는 한대 화이사상의 전개 및 그것을 초래한 역사적 배경에 대해 논하고자 한다.

1. 『공양전』과 『곡량전』

중국에서 이적에 대한 다양한 주장을 정리하고, 이론적인 완성체를 만들어내기 위한 최초의 시도는 『춘추공양전』에서 이루어졌다.[4)]『공양전』에서 화와 이를 구분하는 기준은 문화적인 우열이었다. 따라서 이적이 화하의 덕화를 받아들여 '진화'한다면, 그 차별은 철폐된다. 이적에서 중화로 옮겨갈 수 있는 것이다. 처음 '형인荊人'이라고 하여 주州의 명칭으로 불리었던 초楚는 이윽고 '초인楚人'이라고 하여 국國의 명칭으로 불리었으며, 마침내는 '초자楚子'라고 하여 자子의 작위로 불리었다. 하휴에 따르면, "이적도 진화하여 작위를 갖게 된다(夷狄進至於爵)"(『春秋公羊傳注疏』 卷1 隱公 元年).[5)]

한편으로 『공양전』이 갖는 강한 권계주의는 중화를 이적으로 전락시키기도 한다. "중화도 강등되어 이적이 된다"는 상호성도 갖고 있다.[6)] 또한 『공양전』에 보이는 화이사상의 특징으로 치열한 양이사상攘夷思想이 있다. 『공양전』에서는 초나라를 격파한 제환공의 패업을 '왕자의 일(王者之事)'(『春秋公羊傳』 僖公 4년)이라고 칭양한다.[7)]

이러한 화이사상을 담고 있는 『공양전』은 호무생胡毋生의 최종적인 정리를 거쳐 전한 경제 때에 출현하였다.[8)] 경제기까지 전한에서 국정상의 중대한 문제가 되었던 것은 강대한 제후왕의 존재와 흉노의 침공이었다. 『공양전』이 강렬한 양이사상을 주장한 배경에는 경제기까지 흉노와의 굴욕적인 외교문제가 있었다(본서 제1장).

무제기에는 위청과 곽거병이 흉노를 격파함으로써 이전까지의 굴욕적인 외교관계를 변화시켰다. 『한서』 권94상 「흉노전」에,[9)]

(무제는) 이에 조서를 내려 "고황제高皇帝는 짐에게 평성平城의 근심을 남기셨고, 고후高后 때에 선우單于가 보낸 편지의 내용은 극히 패역무도하였다. 옛날 제나라 양공이 9대 조상의 원수를 갚았는데, 『춘추』에서는 이를 훌륭하게 여겼다"라고 하였다.

라는 조서에는 흉노와 전쟁을 치루기 위한 무제의 정당성이 언급되어 있다. 이는 『춘추공양전』 장공 4년 조에, "9세대 이전의 일인데도 원수를 갚을 수 있는가? 백 세대 이전의 일이라도 갚을 수 있다(九世猶可以復讐乎? 雖百世可也)"는 『춘추』의 의리를 전거로 한다. 『공양전』은 제나라 양공이 기紀나라를 멸망시킨 것을 9세대 전 제후齊侯의 원수를 갚은 것이라고 긍정하고, 백 세대 이전의 원수라도 복수해야 한다고 하였다. 『곡량전』과 『좌씨전』의 같은 조목에서는 이러한 해석을 하지 않는다. 무제의 조서에서는 『공양전』에 보이는 복수의 긍정이 고조 유방 이래 흉노의 침공에 대한 복수를 정당화하고 있다. 『공양전』의 격렬한 양이사상은 이적인 흉노에 대한 복수를 정당화하기 위해 이용되었다. 그리하여 격렬한 양이사상과 복수의 긍정이라는 특징을 지닌 『공양전』은 흉노의 침공에 고심하는 전한 초기 국제관계의 현실을 배경으로 무제 조서의 전거가 되었던 것이다.

복수를 긍정하는 『공양전』의 양이사상은 한과 흉노의 격렬한 대립관계에 적합하였다. 그러나 국제관계의 변화는 이러한 화이사상을 현실에 대한 질곡으로 변화시킨다. 선제의 친정기에 대흉노문제는 화친으로 방향을 돌린다. 감로 3년(기원전 51), 호한야선우는 스스로 한에 내조하여 정월의 조하朝賀에 참여한다.[10] 이에 앞서 선제는 호한야선우에 대한 예우를 집의集議에 부쳤다. 『한서』 권78 「소망지전」에,[11]

처음 흉노의 호한야선우가 내조했을 때, 공경에게 조서를 내려 그에 대한 예의禮儀를 논의하게 하였다. 승상 황패黃覇·어사대부 우정국于定國은 의론하여 "성왕의 제도에서는 덕을 베풀고 예를 행할 때에, ①경사京師를 우선하고 제하諸夏를 뒤로 하며, 제하諸夏를 우선하고 이적夷狄을 뒤로 한다고 하였습니다. 『시』에 '예에 따라 넘치지 않으시니, 드디어 백성들을 봄에 이미 호응하는도다. 상토相土(契의 손자)께서 열열하시니, 바다 밖까지 절연히 정제되도다'라고 하였습니다. 폐하의 성덕은 하늘과 땅 사이에 가득차고, 사해 바다 밖까지 두루 미치시니, 흉노의 선우는 바람에 휩쓸리듯 교화를 사모하여 진귀한 물건을 받들고 조하를 하러 왔습니다. 예로부터 아직 이러한 적이 없었습니다. 이들에 대한 예의는 마땅히 제후왕과 같게 하고, 위차位次는 그 아래에 두어야 합니다"라고 하였다. 소망지는 "선우의 나라는 한의 정삭正朔이 미치는 바가 아니기 때문에 적국敵國(대등한 나라)이라 칭합니다. ②마땅히 불신不臣의 예禮로 대우하고, 위차는 제후왕의 위에 있어야 합니다. 외이外夷가 머리를 땅에 대고 번藩이라고 칭하더라도, 중국은 겸양하여 신하로 여기지 않습니다. 이는 기미羈縻의 의리이고, 겸향謙亨의 복입니다. 『서』에 '융적戎狄은 황복荒服이다'라고 하였는데, 그들이 와서 귀복하는 것이 갑작스럽고 일정함이 없음을 말하는 것입니다. 만일 흉노의 후사後嗣가 끝내 새처럼 숨고 쥐처럼 엎드려서 조향朝享을 빠뜨리더라도 배반하는 신하가 되지는 않을 것입니다. 한의 신뢰와 겸양이 만맥蠻貉에게 행해져서 복록이 끝없이 흘러간다면, 만세의 장책이 될 것입니다"라고 하였다. 천자가 이를 받아들이고, 조서를 내려 "듣건대, 오제五帝와 삼왕三王의 시대에는 교화가 베풀어지지 않는 곳에는 정사를 미치게 할 수 없었다고 한다. 이제 흉노의 선우가 북번北藩이라 칭하면서 정월 초하루에 조회를 하는데도, 짐의 불초함은 널리 덮을 만한 덕이 없구나. ③빈객의 예로 대우하고, 선우의 위차는 제후왕의 위에 있게 하고, 폐백을 잡고 신臣이라 칭하게 하지만, 이름은 쓰지 않도록 하라."

라고 하였다. 흉노 선우의 위차를 제후왕의 아래에 두어야 한다는 ①승상 황패와 어사대부 우정국의 의론은 『공양전』을 전거로 한다. 『춘추공양전』 성공 15년 조에,[12]

> 『춘추』는 그 나라(魯)를 친근히 하고 제하諸夏를 배척하며, 제하를 친근히 하고 이적夷狄을 배척한다.

고 하였다. 중화와 이적을 준별하는 『공양전』의 화이사상에 기초하여, 흉노의 선우를 제후왕의 아래에 두어 신하로서 복종하게 해야 한다는 것이다. 황패와 우정국은 무제기까지의 현실을 정당화하던 『공양전』에 입각하여 선제기의 새로운 국제정세에 대응하고자 하였다. 그러나 흉노의 선우를 제후왕의 아래에 두어 대우한다면 흉노와 한의 관계는 화친으로 전환되기 어렵다.

선제에 앞선 소제의 시대에는 염철회의가 개최되었다. 무제기의 정책을 계승하려는 어사 측은 흉노를 무력으로 토벌하는 것이 필수적이라고 하였다. 이에 대항하여 현량·문학 측은 인덕仁德으로 화친을 하거나 회유를 해야 한다고 주장하였다.[13] 소망지는 이러한 유가의 주장을 계승하면서 ②흉노의 선우에게 불신不臣의 예우를 해주고, 그 위차를 제후왕의 위에 두어야 한다고 의론하였다.[14] 선제는 감로 3년(기원전 51) 정월, 소망지의 의론을 받아들여 ③빈객의 예로 선우를 대우하였고,[15] 위차를 제후왕의 위에 두도록 하였다. 그리하여 한은 흉노와 화친관계를 맺을 수 있었다.

선제가 맺은 흉노와의 화친은 『공양전』이 지닌 강렬한 양이사상과 복수의 긍정으로는 정당화될 수 없다. 이에 반하여 선제기에 출현한 『춘추곡량전』은 이적과의 새로운 관계를 주장한다. 『춘추곡량전』 애공 13년 조에,[16]

> 황지黃池의 회맹에서, ①오자吳子는 진화하였구나! 마침내 '자子'를 칭하였다. ②오吳나라는 이적夷狄의 나라로서, 머리를 자르고 몸에 문양을 새겨 넣는 풍습을 하였지만, 노魯나라의 예禮를 이용하고 진晉나라의 권세에 의지하여, 관

> 을 쓰고 현단복玄端服을 입어 상의와 하의가 서로 이어지도록 입고자 청하였고, 그 성주成周에 공물을 헌상하여 천왕天王을 높이고자 하였으니, ① 오나라는 진화한 것이다. 오나라는 동방의 대국으로서, 자주 소국을 바쳐 중국에 합치게 하였다. 오나라가 능히 이를 해냈으니, 신하로 삼지 않을 수 있겠는가? ① 오나라는 진화한 것이다. 왕王은 존귀한 칭호이고, 자子는 비천한 칭호이다. 존귀한 칭호를 사양하고 비천한 칭호를 자처하면서 제후와 회합하여 천왕을 높였다. 오나라 왕 부차夫差는 "좋은 관冠을 가져오라!"고 하였다. 공자는 "③ 훌륭하도다! 부차는 관의 이름도 알지 못하면서, 관을 쓰고자 하였다"라고 하였다.

고 되어 있다. 『곡량전』은 ②이적인 오자吳子가 노공魯公 및 진후晉侯와 황지黃池에서 회맹한 사실을 높게 평가한다. 경문經文에서 '오자吳子'라고 기록한 것은 오나라 부차가 왕王의 칭호를 사양하고 자子라고 칭했기 때문으로, 동방의 대국으로서 제후를 회맹하고 주왕을 높인 것을 포창하기 위한 것이다. 부차가 '좋은 관'을 요구한 것에 대해 공자는 ③관의 이름도 알지 못하면서 관을 쓰고자 했다고 칭찬했다는 것이다. 전문傳文에는 오나라가 이적에서 ①진화했음을 세 번 기록하였고, 공자의 입을 빌어 '훌륭하구나!'라고 하여 부차를 극찬하였다. 야마다 타쿠山田琢의 「춘추의 이상—공양·곡량 2전의 이적관을 둘러싸고春秋の理想—公羊·穀梁二傳の夷狄觀をめぐって」(1958)에 의하면, 이 부차론夫差論은 이어지는 애공 14년 조의 『곡량전』에서 기린이 공자를 위해 출현했다고 해석하는 이유가 되었으며, 공자의 이상이 이적도 진화하여 중국의 예에 합치된 화이혼일의 세계 실현에 있음을 보여준 것이라고 하였다. 수긍할 만한 견해다. 『곡량전』은 공자의 화이혼일의 이상이 성취된 증거로 기린이 공자를 위해 출현했다고 설명함으로써, 중화와 이적이 공존하는 정당성을 보여주었다.

이에 반해서 『공양전』 애공 13년 조에서는 황지의 회맹에서 오나라가 맹주의 자리에 오른 것을 "오나라가 회맹을 주관하였다(吳主會也)"라고 기술하여 그 사실을 기록하면서도, 이념으로서는 "(吳가 회맹을 주관하였는데, 어째서 '晉侯'를 먼저 언급하였는가?) 이적이 중국의 주인이 되는 것을 허락하지 않았기 때문이다(不與夷狄之主中國也)"라고 하여 그 패업을 부정하였다. 이러한 논리를 가지고는 북방민족왕조의 성립은커녕, 이민족과의 공존도 어렵다. 『곡량전』은 이러한 『공양전』의 한계를 뛰어넘어 화이혼일의 이상사회 실현을 주장하였던 것이다.

그리하여 선제는 선우가 내조한 지 4개월 후 감로 3년(기원전 51) 5월, 소망지를 사회자로 삼아 석거각회의를 주재하게 하였다. 새로운 흉노대책이 의거해야 할 경전을 공인하기 위한 것이었다(본서 제1장). 석거각회의는 무엇보다 『공양전』을 대신하여 『곡량전』의 현창을 목적으로 하였다. 회의의 결과는 '대부분 『곡량』에 따르게' 됨으로써 선제의 의향대로 되었다(『漢書』 卷88, 儒林 「瑕丘江公傳」). 선제는 흉노의 항복이라는 새로운 국제정세에 대응하기 위해 화이혼일의 이상사회 실현을 주장하는 『곡량전』을 공인하여 자신의 외교정책을 정당화했다. 여기서 한의 화이사상은 『공양전』의 엄격한 양이사상에서 『곡량전』의 화이혼일로 크게 전환되었다.

이리하여 한의 지원을 받은 호한야선우는 대립하던 질지郅支선우를 압도하였다. 강거康居로 달아난 질지선우는 한의 서역도호 감연수甘延壽에게 죽임을 당하였다. 흉노를 통일한 호한야선우는 한과 다시 화친을 체결하고, 경녕竟寧 원년(기원전 33) 입조하여 한의 사위가 될 것을 청하였다. 원제는 후궁에서 뽑은 왕장王牆(王昭君)을 선우에게 보내 한과 흉노는 '일가一家'로 칭해지게 되었다.17)

『공양전』은 강렬한 양이사상을 주장하였다. 그 배경에는 경제기까지 흉노와의 굴욕적인 대외관계가 있었다. 무제기의 대흉노전쟁은 『공양전』의 양이사상에 의해서 정당화되었다. 이에 반하여 『곡량전』은 화이혼일의 이상사회를 주장함으로써 선제가 호한야선우에게 부여한 '칭신불명稱臣不名'이라는 수례殊禮를 정당화하였다. 『곡량전』이 석거각회의에서 공인됨으로써 한과 흉노의 관계는 이후 대체로 순조롭게 전개되었다.

2. 칭신稱臣과 불신不臣

선제 이래의 흉노와의 화친관계를 파괴한 것은 왕망이다. 평제 원시연간(1~5), 서역의 거사후왕車師後王 고구姑句가 무기교위戊己校尉 서보徐普에게 쫓겨 흉노로 망명하였고, 거호래왕去胡來王 당두唐兜가 서역도호 단흠但欽에게 버림을 받아 흉노로 망명하자, 흉노의 오주류약제烏珠留若鞮 선우는 이를 한에 보고하였다. 왕망은 서역은 중국에 내속되어 있으므로 2인의 왕을 받아들여서는 안 된다고 전하였다. 선우는 선제·원제는 장성 이남은 중국 황제의 관할, 이북은 흉노의 관할로 하기로 약속했다고 하면서 반론을 폈지만, 왕망은 강경한 태도를 취하면서 선우의 구명요청에도 불구하고 2인의 왕을 돌려보내도록 하고 그들을 처형하였다.[18] 이를 계기로 양국의 관계는 악화되었다.

시건국 원년(9), 왕망은 오위장五威將 왕준王駿과 오위솔五威率 견부甄阜를 파견하여 한을 대신하여 천명을 받았음을 선우에게 고지하고, 대량의 금백金帛을 사여함과 동시에 선우의 새수를 개정하였다. 한이 증여했던 새璽의 문장은 '흉노선우새匈奴單于璽'였지만, 왕망이 변경한 문장은 '신흉노선우장新匈奴單于章'으로서, 흉노 앞에 '신'자를 덧붙이고, '새'를 '장'으로 바꾸었다. '새璽'와 '인印'의 중간에 위치하는 '장章'은 한에 복속된 주변 이민족의 수장에게 수여하는 것이며, 흉노 앞에 덧붙여진 '신'은 흉노가 신나라의 신하임을 보여준다.[19] 왕망이 한에서 맺었던 외교관계를 일신하여 이적을 아래에 두는 정책을 전개한 이유는 『한서』 권99중 「왕망전중」에,[20]

> 또 말하였다. "① 하늘에는 두 태양이 없고, 땅에는 두 왕이 없는 것은 영원히 바뀔 수 없는 도리다. 한나라 때의 제후가 '왕王'이라 칭하고, 사방의 이적夷狄에 이르기까지도 그와 같이 했던 것은 고전古典에 위배되고, ② 일통一統에 어긋난다. 제후왕의 칭호는 모두 '공公'이라고 칭하고, 사방의 이적 가운데 '왕'이라고 참칭하는 자들은 모두 이를 고쳐 '후侯'로 하도록 정한다"고 하였다.

라고 한 것처럼 왕망이 즉위했을 때에 내린 조서로 설명된다. 이곳에 보이는 왕망의 세계관은 『예기』와 『춘추공양전』에 기초하여 구축된 것이다. ①『예기』 「증자문」에,[21] "공자는 ①'하늘에는 두 태양이 없고, 땅에는 두 왕이 없다'고 하였다"고 하였으며, ② 『춘추공양전』 은공 원년조에,[22] "어째서 '왕의 정월'이라고 말하였는가? 일통一統을 존중하기 때문이다"라고 하였듯이, 왕망의 외교정책은 금문계열의 경전을 전거로 하였다.[23] 처음으로 화이사상을 체계화한 『공양전』의 강한 규제력을 여기서 볼 수 있다. 그러나 『공양전』의 엄격한 양이사상에 입각하여 선우에게 '칭신'을 하게 해서는 흉노와 안정적인 외교관계를 맺을 수 없다. 이듬해 시건국 2년(10) 이후, 흉노는 중국을 주기적으로 침공하여 왕망정권의 붕괴를 재촉한 적미의 난을 야기하는 사회불안을 조성하게 된다.

신을 대신하여 후한이 건국된 후에도 흉노의 침공은 계속되었다. 그러나 건무 24(48), 욱건일축왕薁鞬日逐王 비比는 조부 호한야선우의 칭호를 계승하였음을 한의 오원군五原郡의 새외 지역에 전하였고, 이듬해 건무 25년(49)에는 『후한서』 열전79 「남흉노전」에,[24]

> 남선우는 다시 사자를 한의 조정에 파견하여 번국蕃國의 예를 받들어 ①칭신稱臣하고, 국내의 진귀한 보물을 헌상하면서 사자의 감독과 보호를 요청하게 하였으며, 시자侍子를 파견하여 ②이전의 맹약을 체결하게 하였다.

라고 하였듯이, ①'칭신稱臣'을 하면서 ②이전의 맹약을 다시 체결할 것을 요청하였다. 이전의 맹약이란 이곳에서는 선제宣帝의 고사故事를 가리킨다. 남선우는 조부 호한야선우 때와 마찬가지로 빈객의 예로 대우하는 '칭신불명'의 대답을 기대했을 것이다.

광무제는 이 제안을 집의集議에 부쳤지만, 신하들은 "모두 천하가 처음 안정되어 중국은 공허하다. 이적의 마음은 거짓되어 헤아리기 어려우니, 허락해서는 안 된다"고 하여 남선우의 제안을 거부해야 한다고 하였다(『後漢書』 列傳79, 「南匈奴傳」). 병주幷州의 북방에 웅거하며 흉노와 결탁하여 저항하던 노방盧芳은 건무 18년(42)에 이미 흉노로 망명하였지만, 상곡上谷, 대군代郡, 응문鴈門, 정양定襄, 운중雲中, 오원五原, 삭방朔方, 북지北地의 8군을 방기할 정도로 흉노의 지속적인 침략을 받고 있던 후한에서는 흉노와의 화친에 소극적인 신하들이 많았던 것이다.[25] 이에 대하여 『후한서』 열전9 「경엄전부경국전耿弇傳附耿國傳」에,[26]

> 경국은 홀로, "신이 생각건대, 마땅히 효선제의 고사와 같이 하여 제의를 받아들여야 합니다"라고 하였다 … 황제(광무제)는 그의 의론에 따르고, 마침내 비比를 세워 남선우로 삼았다.

라고 하였듯이, 경국耿國만이 홀로 선제의 고사에 따라 남선우의 제의를 받아들여야 한다고 주장하였고, 광무제는 이에 따랐다. 그 결과, 『후한서』 열전79 「남흉노전」에,[27]

> 건무 26년, 중낭장中郎將 단침段郴·부교위副校尉 왕욱王郁을 남선우에 사신으로 파견하였는데, 남선우의 조정에 서 있으니, 오원五原의 서쪽 새외지역과 80리의 거리였다. 선우는 이에 한의 사자를 맞이하였다. 사자는 "선우는 마땅히 ① 엎드려 절을 하고 조서를 받아야 한다"고 하였다. 선우는 잠시 머뭇거린 후 엎드려 칭신稱臣을 하였다. 절을 마치자, 통역자로 하여금 한의 사자에게 알리도록 하였다. "선우는 새로 즉위하였는데, 진실로 좌우측근들에 부끄러워하고 있습니다. 원컨대, 사자께서는 선우로 하여금 무리들 앞에서 몸을 낮추어 따르게 하는 일이 없도록 해 주십시오." 골도후骨都侯 등이 이를 보고서 모두 눈물을 흘렸다. 단침 등이 복명을 하자, 이에 조서를 내려 남선우가 운중雲中에 거주할 수 있도록 허락하였다.

라고 하였듯이, 중낭장 단침이 사자로 파견되었다. 그러나 단침은 남흉노에게 ①'엎드려 절을 하고서 조서를 받도록' 요구하였다. 남선우에게 신하의 예를 갖추도록 한 것이다. 남선우는 잠시 머뭇거리다 어쩔 수 없이 ②'칭신'을 하고서 광무제의 조서를 받았다. 이는 분명 선제의 고사와는 다른 것이다. 요시나미 타카시好並隆司는 「광무제와 흉노—후한왕조에 신종한 선우光武帝と匈奴—後漢王朝に臣従した單于」(2002)에서 경국이 선제의 고사를 인용한 것은 단순히 자신의 의론에 권위를 부여하기 위한 것일 뿐, 본래 선제의 고사에 담긴 화이평등의 의미는 전혀 이해하지 못했다고 하였다. 사상사적으로 말하면, 선제기에 공인된 『곡량전』은 고려의 대상이 되지 못하였으며,[28] 『공양전』의 이적관이 표출된 결과로 이해할 수 있다. 『공양전』의 강한 규제력을 여기서 볼 수 있다.

그러나 왕망기와 마찬가지로, 선우를 신하로서 종속시키는 국제관계가 안정적일 수는 없었다. 광무제기에서 명제기까지 후한은 흉노의 침공으로 지속적인 괴롭힘을 당하였다. 그러한 정치상황 속에서 이적의 침입을 막기 위한 사상적 영위는 백호관회의의 결과를 정리한 『백호통』에 남아 있다. 『백호통』 「왕자불신王者不臣」에,[29]

> 왕자가 신하로 삼지 않는 셋이란 무엇인가? 이왕二王의 후예, 처의 부모, 이적夷狄을 가리킨다. … ①이적은 중국과 지역이 떨어져 있고 풍속이 달라서, 중화中和의 기운으로 낳을 수 있는 바가 아니니, 예의로 교화할 수 있는 대상이 아니다. 그러므로 신하로 삼지 않는다. ②『춘추전』에서 "이적이 서로 속이더라도, 군자는 미워하지 않는다"고 하였고, 『상서대전』에서 "정삭正朔(曆)이 미치지 않는 곳이라면, 군자는 신하로 여기지 않는다"고 하였다.

라고 하였다. 인용된 ②『춘추전』은 『춘추공양전』 소공 16년 조인데, 『공양전』의 설명은 이적을 '불신不臣'의 대상으로 간주하는 주요한 이유가 되는 것은 아니다. 이적을 '불신'의 대상으로 간주하는 주요한 이유인 ①과 가장 가까운 내용을 담고 있는 것은 위서 『효경구명결』이다. 『예기주소』 권36 「학기」의 소疏에,30)

> 또 살펴보건대, 『구명결』에, "천자가 항상 신하로 삼지 않는 것이 셋이니, 이왕二王의 후예·처의 부모·이적의 군주다. … 이적의 군주를 신하로 삼지 않는 것은 ③정치적 교화가 미치지 않는 곳에는 겸손히 하여 신하로 삼지 않기 때문이다. 제후에게는 이러한 예禮가 없다"고 하였다.

라고 하여, 『백호통』 「왕자불신」의 조목 자체가 『효경구명결』에 크게 의거하였음을 알 수 있다. 후한의 유교를 현실에 적응시켜왔던 위서는 화이사상에서도 이적을 '불신不臣'의 대상으로 자리매김함으로써, '칭신稱臣'을 하게 하면 침공해 오는 흉노의 문제를 해결하는 논거를 제공하였다.

다만 『백호통』의 이적규정은 ③'정치적 교화가 미치지 않는 곳'이라는 『효경구명결』의 규정보다 한 발 더 나아가 이적의 태생을 ①'중화中和의 기운으로 낳는 바가 아니다'라고 하였다. 이처럼 태생이 다르다고 보는 것은 바로 『좌씨전』의 이적관이다. 『춘추좌씨전』 양공 전 4년 조에서 "융戎은 금수다"라고 하였고, 민공 전 원년 조에서 "융적戎狄은 승냥이와 같아서, 만족시킬 수가 없다"고 하였듯이, 『좌씨전』은 이적을 태생적으로 차별한다. 『백호통』은 『춘추공양전』 소공 16년 조를 인용하였는데, 그 이적관이 『공양전』에 기초한 것처럼 보이게 하면서도, 이적을 태생적으로 차별하는 『좌씨전』의 내용을 도입함으로써 '칭신'을 하게 하면 침공해 오는 흉노를 '불신'의 대상으로 간주함으로써 흉노의 침공에 고심하는 후한의 정치적 요청에 대응하였다.31) 그러나 그것은 화이혼일 사회의 실현을 지향하는 『곡량전』이 정당화한 선제기의 '불신不臣'이 아니다. 이적을 금수로 취급하는 『좌씨전』의 이적관으로 이적과의 융화를 거부하는 양이사상을 강조한 『공양전』의 이적관을 강화한 것이었다.

『백호통』의 정리자 반고가 저술한 『한서』 권94 「흉노전」의 찬贊에,32)

> 이 때문에 ① 『춘추』에서는 제하諸夏를 친근히 하고 이적夷狄을 배척하였다. 이적의 사람들은 탐욕스럽고 이익을 좋아하며, 머리를 풀어헤치고 왼쪽으로 옷깃을 여미며, ② 인간의 얼굴에 금수의 마음을 품고 있다. 그들은 중국과 예복을 다르게 하고, 풍속을 달리하며, 음식이 같지 않고, 언어가 통하지 않으며, 멀리 북쪽 끝 춥고 이슬 내리는 들판에 거주하며, 초원을 쫓아다니며 가축을 기르고, 활을 쏘아 사냥하는 것으로 생업을 삼으며, 산곡에 의해서 떨어져 있고, 사막에 의해서 가로막혀 있으니, 천지 사이에서 안과 밖이 격절되는 까닭이다. 이 때문에 ② 성왕聖王께서는 그들을 금수로 취급하였으니, ③ 그들과 더불어 맹약을 맺지도 않았고, 그들을 공격하지도 않았다. 약속을 하면 재화를 소비하더라도 속임을 당하고, 공격을 하면 군사를 수고롭게 하더라도 원한을 초래하기 때문이었다. 그 땅은 경작을 하여 먹고 살 수 없으며, 그 인민들은 신하로 삼아서 기를 수 없다. 이 때문에 도외시하여 받아들이지 않고, 멀리하여 가까이 하지 않았으며, ④ 정교正教가 그 사람들에게 미치지 않았고, 정삭政敎이 그 나라에 베풀어지지 않았다. 그들이 쳐들어오면 징계하여 제어

> 하였고, 물러가면 대비하여 지켰다. ⑤그들이 의를 사모하여 공물을 헌상하면, 예와 겸양으로 대우하고 묶어두어 관계를 단절하지 않음으로써, 잘못이 그들에게 있도록 하였다. 이것이 성왕께서 만이蠻夷를 제어하는 떳떳한 방법이었다.

라고 하여 ①『춘추공양전』 성공 15년 조를 인용하면서도, ②'이적은 금수'라는 『좌씨전』의 이적관을 표명하였다. 이곳에서도 이적관은 『좌씨전』에 의거하고 있다. 게다가 ③맹약을 맺거나 공격을 가하지도 않았으며, ④중국의 정치·교화를 베풀지 않고 외교관계도 맺지 않고자 하였다고 하여 이적과의 관계단절을 주장한다. 그리고 ⑤이적이 공물을 헌상할 경우에도 묶어두어 관계를 단절하지 않기만 하는 것이 성왕의 이적 통어술이었다고 서술한다. 이러한 반고의 이적관은 『공양전』을 인용하면서도 이적을 금수로 파악하여 문화를 베풀 수 없다는 『좌씨전』의 이적관을 전면적으로 전개한 점에서, 『백호통』과 동질적이라고 할 수 있다.

화제 영원 원년(89), 두헌이 북흉노를 격파하고 이민족에 대한 내속內屬을 진행하는 정치상황에서도,[33] 후한에서는 『백호통』의 영향 아래 이적을 금수로 취급하는 의론이 성행하였다.[34] 그러나 도료장군度遼將軍으로 대표되는 이민족 통어관이 유사시 출격할 때에는 도료장군 휘하의 군사와 더불어 이민족 부대도 통솔하기 위해,[35] 한인과 이적을 태생적으로 차별하는 이적관은 극복될 필요가 있었다.

순제 영화 원년(136), 무릉태수는 복속한 만이의 조세를 한인과 같은 액수로 해야 한다고 상서하였고, 의론하는 자들은 이를 옳다고 하였다. 그러나 『후한서』 열전76 「남만전南蠻傳」에,[36]

> 상서령 우후가 홀로 상주하였다. "예로부터 성왕은 풍속을 달리하는 사람들을 신하로 삼지 않았습니다. 덕을 베풀 수 있는 바가 아니고, 위엄을 가할

수 있는 바가 아니기 때문입니다. ①그들은 금수의 마음처럼 탐욕스러워 예禮를 가지고 따르게 할 수 없음을 알았던 것입니다. 이 때문에 그들을 묶어두어(羈縻) 안정시키고 위무하였으니, 귀부하면 받아들여 거부하지 않았고, 배반하면 버리고 쫓지 않았습니다. ②선제先帝의 구전舊典에 공물과 세금을 차등하여 부과했으니, 그 유래가 오래된 것입니다. 이제 갑작스럽게 세금을 늘리면 반드시 원한과 반란을 초래할 것입니다. 그 얻는 바를 계산해보건대, 소비되는 바를 갚지 않는다면 반드시 후회되는 일이 생길 것입니다."

라고 하였듯이, 상서령 우후虞詡는 ①『백호통』과 동질적인 이적관을 논거로 삼아 홀로 반대하였다. 그러나 우후의 반대를 무시하고 증세를 강행한 순제에 대항하여 남만南蠻은 반란을 일으켰다. 반란의 원인은 그 이적관 때문이 아니라 과세 강화에 있었지만, 이곳에서는 우후 이외의 논자들이 ②만이와의 '구전舊典'을 깨고 이적에게 한인과 동등한 과세를 강행하고자 한 사실에 주목하고자 한다. 이적의 내속을 진행하는 한편에서, 그들에게 한인과 동일한 액수의 조세를 부과할 필요가 있을 만큼 후한의 재정은 압박을 받고 있었다.

영제 중평 2년(185) 변장邊章과 한수韓遂가 난을 일으켰을 때, 선비鮮卑의 기병을 모집하여 이를 평정하자는 의론이 일어났다. 이에 응소應劭가 논박을 전개하였다. 『후한서』 열전38 「응소전」에,37)

응소가 논박하여 말하였다. "선비는 멀리 막부漠北에 격절되어 살면서 개나 양처럼 무리를 짓고, 군장의 통솔도 없고 거처하는 집도 없으며, 천성이 탐욕스럽고 사나워 신의를 지키지 않습니다. 그러므로 자주 변경지역을 범하여 편안할 때가 없습니다. 단지 무역을 할 때에만 비로소 와서 복종할 뿐입니다. ①중국의 진귀한 재물을 원하는 것이지, 위엄을 두려워하고 은덕을 생각하는 것이 아닙니다. 얻고자 한 일이 만족스럽다고 생각하면, 발걸음을 되돌려 해를 끼치게 됩니다. ②조정에서 그들을 도외시하고 받아들이지 않은 것은 대체로 이 때문입니다. ... 신은 어리석게 생각건대, ③농서隴西 지역의 강호羌胡 가운데 선

> 을 지키고 배반하지 않을 자를 모집하고 그 가운데 날래고 용감한 자를 뽑아 많은 상을 내려야 합니다..."라고 하였다. 이에 백관들에게 조서를 내려 조당朝堂에서 크게 모이게 하였는데, 모두 응소의 의론에 따랐다.

라고 하였듯이, 선비에 대한 응소의 인식은 『백호통』의 이적관과 동질적이다. ①중국의 권위와 덕을 무시하고 단지 이익만을 추구하여 중국과 교류할 뿐인 선비를 후한의 내부로 끌어들일 수는 없다. 응소가 ②『춘추공양전』 성공 15년 조를 전거로 삼고 있는 것은 앞에 언급한 반고와 마찬가지다. 그러나 주목할 것은 ③'농서隴西의 강호羌胡'에 대한 응소의 인식이다. 비록 이적이라도 '선을 지키고 배반하지 않는 자'라면, 그중 날래고 용감한 자를 한의 군대에 편입시켜야 한다는 것이다. 이는『공양전』에 본래 담겨 있었지만 『백호통』에서 사라졌던, 이적이 화하의 덕화를 받아들여 '진화'한다면 그 차별은 철폐된다는 이적관의 표출이다. 이적을 금수로 취급하는 이적관을 잔존시키면서도, 이적과의 일체화를 지향하지 않을 수 없었던 후한의 경제적·군사적 핍박의 정도가 전년(184)에 일어난 황건의 난으로 한층 높아지고 있었음을 알 수 있다.

후한국가의 통치이완과 강족羌族의 침공 및 국내의 반란으로 이민족 군대를 별도 조직하여 통솔하는 것이 아니라 호한융합의 군대를 편성할 필요성이 높아지고 있었다. 『좌씨전』의 영향 아래 구성된 『백호통』 공양학설의 이적관은 한계를 맞고 있었다. 이민족 군사의 편입을 정당화할 수 있는 혹은 적어도 이적을 용인할 수 있는 이념의 창출이 요구되었던 것이다. 하휴의 『춘추공양전해고』에 보이는 이적관은 이러한 시대적 요청에 대응한 것이다.

3. 하휴何休의 이적관夷狄觀

이적과의 공존을 지향하는 발상이 후한에 전혀 없었던 것은 아니다. 명제 때 서강西羌의 한 부족이 다른 부족의 압박으로 도망쳐서 후한으로 이주해왔는데, 자주 법을 어기자 임강장臨羌長은 70여명을 주살했다. 명제는 조서를 내려 그 보호를 명하였다. 『후한서』 열전77 「서강전西羌傳」에,[38]

> 현종顯宗이 이를 불쌍하게 여겨 조서를 내렸다. "옛날 제나라 환공이 융적을 공격하였지만 어짊과 은혜가 없었기 때문에 『춘추』에서는 (환공을) 폄하하여 '제인齊人'이라고 하였다. 이제 국가에는 어진 덕이 없고, 은혜는 먼 지역까지 미치지 못하고 있다. 어리고 약한 사람들에게 무슨 죄가 있어서 목숨을 잃어야 한단 말인가! … 그들이 있는 곳에 의약을 보내어 살펴주고, 그 종족사람들을 초무하도록 하라. 만약 옛 땅으로 돌아가고자 하는 자가 있다면 두터이 예우하여 보내주고, 작은 종족이 만일 저항을 그치고 스스로 나아가 공을 바치고자 하는 자가 있다면, 모두 그 죄를 면제해주도록 하라. 만일 역모를 꾀하다가 관리에게 체포되었지만 죄상이 아직 판결되지 않았다면 모두 공이 있는 자로 간주하여 상을 내려주도록 하라."

라고 하였다. 이곳에서 명제가 강족의 보호를 위해 전거로 삼은 경전은 『춘추공양전』 장공 13년 조이다. 『공양전』에는 강렬한 양이사상을 서술하는 부분 이외에 이적과의 공존을 꾀하는 부분도 있었던 것이다. 『춘추공양전해고』 장공 30년 조에,[39]

> [경經] 제인齊人이 산융山戎을 정벌하였다.
> [전傳] 이는 제후齊侯다. '인人'이라고 칭한 것은 왜인가? 폄하한 것이다. 어째서 폄하하였는가? 자사마자子司馬子는 "압박한 것이 너무 격심했기

때문이다"라고 하였다. 이는 대체로 전쟁이다. 어째서 '전쟁(戰)'이라고 말하지 않았는가? 『춘추』에서는 대등한 나라에 대해서는 '전쟁'이라고 말한다. 환공은 융적을 쫓아내기만 했어도 되었다.

[주注] 당시 환공의 힘으로 본다면 단지 쫓아내기만 해도 되었다. 융적도 하늘과 땅이 낳은 바인데, 압박하여 죽인 것이 너무 격심했다. 그러므로 '전쟁(戰)'이라는 말을 삭제하여 폄하하고, 그 일을 보여준 것이다. 어질지 못함을 미워한 것이다.

라고 하였듯이, 후한 말에 『춘추공양전해고』를 저술하여 공양학파의 이적관을 『백호통』의 이적관에서 크게 진전시킨 하휴는, 명제가 서강을 우대하기 위해 전거로 삼았던 『춘추공양전』 장공 30년 조의 경전經傳에 주를 붙여 융적도 한인과 마찬가지로 '하늘과 땅이 낳은 바'이므로 이를 지나치게 죽이는 것은 어질지 못하다고 하였다. 『춘추곡량전』의 같은 조목에서는 경經에서 '제인齊人'이라고 쓴 것은 제후齊侯라는 명칭을 '산융山戎'에게 사용하는 것을 꺼려했기 때문이라고 하였고, 『춘추좌씨전』은 같은 조목에 전傳을 붙이지 않았다. '산융'이라는 이적도 한인과 마찬가지로 '하늘과 땅이 낳은 바'라는 하휴의 주장이 『좌씨전』이나 『곡량전』의 영향을 받지 않았음을 알 수 있다. 하휴 이적관의 배경에는 명제의 서강 우대 조서가 있었을 것이다.40)

이러한 하휴 이적관의 전체상은 『춘추공양전』 원목소原目疏에 인용된 「문익례文謚例」에서 하휴가 『춘추』의 의례義例로 제시한 '삼과구지三科九旨'설과 함께 말할 수 있다.41) 『춘추공양전주소』 권1 은공 조에,42)

"주周를 새 왕조(新)로 삼고, 송宋을 옛 왕조(故)로 삼으며, 『춘추』를 신왕新王에 해당시킨다"고 하였다. 이것이 일과삼지一科三旨다.

라고 한 제1과 '존삼통存三統'은 삼통설의 계승이자 수정인데, 여기서 중심 문제는 공자가 '신왕新王'을 위해 『춘추』를 저술했다고 했을 때의 그 '신왕'이 무엇인가 하는 것이다. 『춘추공양전해고』 애공 14년 조에,[43)]

> [주注] ①공자는 평소 도록圖錄을 살펴보고, 서성庶聖 유계劉季(劉邦)가 주나라를 대신할 것임을 알았다. 땔감을 하는 자가 기린을 잡은 것을 보고, 그 때문에 출현한 것임을 알았다. 무엇 때문인가? 기린이란 목木의 정기이고, 땔감을 한다는 것은 서인이 불을 태운다는 뜻이다. 이는 적제赤帝(火帝)가 장차 주나라를 대신하여 그 자리에 나아갈 것이므로, 기린이 땔감을 하는 자에게 잡힌 것이다. 서쪽에서 사냥을 하여 기린을 잡았다는것은 동쪽으로부터 서쪽에서 왕이 된다는 뜻이다. 동東은 묘卯의 상象이고, 서西는 금金의 상象이다. '기린(麟)'이라고 말한 것은 병융兵戎의 문文이다. 한漢의 성姓은 묘금도卯金刀이니, 병兵으로써 천하를 얻게 됨을 말한 것이다.

라고 주를 붙였고, 같은 『춘추공양전해고』 애공 14년 조에,[44)]

> [주注] ①공자는 위로 천명天命을 헤아리고, 아래로 시변時變을 살폈으며, 멀리 미래를 관찰하고, 미리 무궁함을 분석하여, 한漢이 마땅히 커다란 혼란의 뒤를 이을 것임을 알았다. ②이 때문에 난세를 다스리는 법(撥亂之法)을 만들어 이를 한에 전해준 것이다.

라고 주를 붙였듯이, 하휴는 공자가 『춘추』에서 제기한 '신왕'이란 한漢을 가리키며, ①공자는 한의 출현을 미리 알고서 한을 위해 『춘추』를 저술했다고 주장하였다. ②공자가 한을 위한 '난세를 다스리는 법(撥亂之法)'으로서 전해준 『춘추』의 참된 뜻을 밝히는 것, 이것이 하휴의 경학의 목적이었다.

'삼과구지'설의 제2과 '장삼세張三世'와 제3과 '이외내異外內'는 불가분의 관계에 있다. 『춘추공양전주소』 권1 은공 조에,[45)]

> 또 "직접 본 것에 대해서 표현을 달리하고, 들은 것에 대해서 표현을 달리하고, 전해들은 것에 대해서 표현을 달리한다"고 하였다. 이과육지二科六旨다. 또 "그 나라(魯)를 친근히 하고 제하諸夏를 배척하며, 제하를 친근히 하고 이적夷狄을 배척한다"고 하였다. 이것이 삼과구지三科九旨다.

라고 하였다. 또한 '이외내'의 말미에는 "이적도 진화하여 작위를 갖게 된다"(『春秋公羊傳解詁』 隱公 元年, 何注)는 한 조목이 추가되며(小島祐馬, 「公羊家の三科九旨說」, 1920), '장삼세'와 '이외내'는 밀접하게 관계되어 『춘추』 경에 기록된 실제의 시대와는 독립하여 공자가 미리 알고 있었던 주나라에서 한나라에 이르기까지의 과정을 제시한 것이라고 한다(內山俊彦, 「何休の考えた歷史」, 2001). 구체적으로 말하면 이 세 단계를 하휴는 『춘추공양전해고』 은공 원년 조에서,46)

> [전傳] 직접 본 것에 대해서 표현을 달리하고, 들은 것에 대해서 표현을 달리하고, 전해들은 것에 대해서 표현을 달리한다.
>
> [주注] 직접 본 것이란 소공·정공·애공 및 자기와 아버지 시대의 일을 가리킨다. 들은 것이란 문공·선공·성공·양공·조부 시대의 일을 가리킨다. 전해들은 것이란 은공·환공·장공·민공·희공 및 조부·증조부 시대의 일을 가리킨다. … ①전해들은 바의 시대에서는 다스림이 ①쇠란 속에서 일어나고 있음을 보여주니, 마음 쓰는 것이 여전히 거칠고 조잡하다. 그러므로 ①그 나라(魯)를 친근히 하고 제하諸夏를 배척한다. … ②들은 바의 시대에는 다스림이 ②승평임을 보여주니, ②제하를 친근히 하고 이적을 배척한다. … ③직접 본 바의 시대에서는 다스림이 ③태평임을 보여주니, ③이적도 진화하여 작위를 갖게 되고, 천하는 먼 나라든 가까운 나라든 작은 나라든 큰 나라든 모두가 한결같아서 차별이 없게 된다.

라고 하였다. ①쇠란(所傳)의 시대에는 자국 이외에는 화하의 나라라도 배척하지만, ②승평(所聞)의 시대에는 이적은 배척하더라도 화하의 나라들에 대해서는 자타의 구별을 하지 않는다. 그리고 ③태평(所見)의 시대에는 이적도 진화하여 작위를 갖게 되고 화하와 이적의 구별도 소멸되어 천하는 모두 동일하게 된다는 것이다.47) 우치야마 토시히코内山俊彦는 ①쇠란의 시대는 주나라의 쇠망시대(공자 이후의 춘추 말·전국·진), ③태평의 시대는 이른바 '신왕'으로서의 한조漢朝에 해당한다고 비정하였다.48) 그러나 하휴가 살았던 후한의 현실은 '태평'과는 거리가 멀었다. 환관의 전횡으로 국정은 문란하였고, 이를 비판한 이응李膺 등은 연희 9년(166) 당인으로 지목되어 금고되었다. 제1차 당고黨錮의 금禁이다. 하휴가 당인의 영수 진번陳蕃의 벽소를 받아 현실정치를 개혁하고자 했던 것은 환제가 붕어하자 건녕 원년(168) 외척 두무竇武가 진번을 태부로 발탁했던 때였다. 그런데 두무와 진번이 환관의 주멸에 실패하자, 이듬해 건녕 2년(169) 하휴는 제2차 당고의 금에 연좌되었다.49) 『춘추공양전해고』는 이후 당고가 해제되는 광화 2년(179)년까지 사이에 저술되었을 것으로 생각된다(『後漢書』 列傳69下, 儒林 「何休傳」).

이러한 정치적 배경 아래 저술된 하휴의 『춘추공양전해고』에는 당연히 현실정치가 반영되어 있다. 나카지마 류조中嶋隆藏는 「하휴의 사상何休の思想」(1968)에서 연희 연간(158~167) 진번이 올린 상소에 보이는 후한에 대한 비판은 『춘추공양전해고』에 그 시정책이 기술되어 있다고 하였고, 요시카와 타다오吉川忠夫는 「당고와 학문—특히 하휴의 경우黨錮と學問—とくに何休の場合」(1976)에서 『춘추공양전해고』에서 환관의 총애와 등용을 경계하고, 현자를 선발 등용할 것을 주장한 것은 청류인사의 인식과 가깝다고 지적하였다.

우치야마 토시히코内山俊彦는 「하휴가 생각한 역사何休の考えた歴史」(2001)에서 '삼과구지'설의 제2과 '존삼통'에서 하휴가 『춘추』를 한을 위한 '난세를 다스리는 법(撥亂之法)'으로 규정한 이상, 『춘추』에는 주나

라 멸망부터 한의 천하통일에 이르기까지의 '난세를 다스리는 법'이 포함되지 않으면 안 된다고 하였다. 과연, '난세를 다스리는 법'의 적용이 한의 천하통일까지로 한정되는 것일까? 하휴는 『춘추공양전해고』 선공 15년 조에서 '정전제'를 상술하면서,50) "민력을 균등히 하고 국가를 강성하게" 만들기 위한 경제정책을 제언하였다. 이처럼 현실정치에 대한 하휴의 높은 문제관심에서 생각해볼 때 '태평'의 시대가 되면 실현된다는, '이적도 진화하여 작위를 갖는다'는 이적관은 한편으로 '태평'을 실현하기 위한 정책으로 주장되었다고 이해할 수도 있을 것이다.

이와 같이 이적과의 공존을 지향하는 하휴주何休注의 발상은 경학의 측면에서 보면 『곡량전』의 영향이라 할 수 있다.51) 『곡량폐질穀梁廢疾』을 저술하여 공양학의 우위를 주장한 하휴이지만, 경전해석에 나타난 이적관에는 『곡량전』의 그림자가 짙게 드리우고 있음을 볼 수 있다. 이와 더불어 하휴가 이적을 '(작위에) 나아가게 해 줌' 경우 이적도 중국을 위해 군사력을 제공할 것이라는 주장을 높게 평가한 배경에, 진번의 이민족 정책이 있었음에 주목하고자 한다.

『후한서』 열전56 「진번전」에,52)

> 당시 영릉零陵과 계양桂陽의 산적들이 해를 끼치자, 공경들은 군사를 파견하여 토벌하고, 또 주군州郡에 조서를 내려 일체 모두 효렴孝廉·무재茂才를 추거하게 해야 한다고 의론하였다. 진번은 상소하여 이를 논박하면서 말하였다. "옛날 고조가 창업을 할 때에, 천하는 휴식을 취하였고, 조정은 백성을 위무하여 적자赤子와 같이 여겼습니다. 이제 <u>두 군郡의 인민 또한 폐하의 적자입니다.</u> 적자들이 해를 입게 된 것은 어찌 그 이유가 탐욕과 학정이 그렇게 만든 것이 아니겠습니까! 마땅히 삼부三府에 엄하게 명하여, 목牧·수守·영장令長을 은밀히 조사하게 해야 합니다. 직무를 수행함에 조화를 잃어서 백성들을 침해한 자가 있으면 곧바로 보고하게 하고, 다시 청렴하고 현명하여 공을 받드는 사람들 가운데 법령을 펼칠 때 백성을 사랑하는 마음을 가진 자를 뽑는

다면, 조정의 군사를 수고롭게 하지 않고서도 도적들은 그치게 될 것입니다. 또 삼서三署의 낭리郎吏는 2천여 명이고, 삼부三府의 속관은 정원의 한도를 넘었지만 임명되지 못하고 있습니다. 다만 우수한 사람을 뽑아서 그에게 관직을 수여하고, 열악한 자를 추려내어 제거해야 합니다. 어찌 일체의 인재를 추거하라는 조서를 번거롭게 내려서 청탁의 길을 조장해야겠습니까!"

라고 하였듯이, 진번은 이적(산적)도 '폐하의 적자'라고 하여 그 토벌에 반대하였다. 이러한 진번의 이적인식은 이적도 '하늘과 땅이 낳은 바'라고 말한 하휴의 이적인식과 상통한다. 진번의 경우에는 한 걸음 더 나아가 '폐하의 적자' 즉 이적도 중국을 구성하는 하나의 요소로 인식하였다. 그러나 하휴는 경전해석의 정합성을 유지할 필요가 있었다. 그 때문에 진번만큼 강하게 이적을 '폐하의 적자'라고 규정할 수는 없었다. '태평'의 시대가 되면 '이적도 진화하여 작위를 갖게 된다'고 서술함으로써, 역으로 이적을 작위에 나아가게 해주면 '태평'이 이른다는 것을 추론케 하는 것이 강한 양이사상을 담은 『공양전』에 대한 경전해석으로서는 한계였을 것이다.

'이적도 진화하여 작위를 갖게 됨'으로써 달성되는 하휴의 '태평'은, 오구라 요시히코小倉芳彦가 「화이사상의 연구華夷思想の硏究」(1966)에서 주장한 것과 같은, 화이·내외의 차별을 소멸시키고 천하에 군림하는 한의 왕조를 절대화하는 정치한 '관념도식' 따위는 결코 아니다. 후한 말 국가통치의 이완과 군대의 약체화를 직시하고 공자가 그 성립을 예견한 '신성한 한(聖漢)'을 재확립하기 위한 군사적인 기반을 중국을 흠모하는 이민족의 군대편입에서 찾기 위해 행해진 현실에 대한 제언이었다.53) 통치정책으로 현인을 얻기 위한 선거제도의 개혁, 경제정책으로 인민의 빈부차를 없애고 국가를 풍요롭게 하기 위한 정전제와 더불어 군사력을 재정비하기 위해 이민족의 군대편입을 용이하도록 하기 위한 이념으로 '이적도 진화하여 작위를 갖게 됨'으로써 달성되는 '태평'의 실현을 하휴는 주장했던 것이다.

하휴의 삼과구지설의 일부로 간주되는 '이적도 진화하여 작위를 갖게 된다'는 발언은 사상사적으로는 『곡량전』의 영향 속에서, 정치적으로는 진번 등 당인의 주장 속에서 출현하였다. 그리하여 『공양전』 본래의 양이사상은 불식되고, 중화와 이적을 문화적인 우열의 차이로 이해하는 관점이 가능하게 되었다. 후세에 계승된 『공양전』의 화이사상은 여기서 성립하였다. 다만 하휴의 주에는 『곡량전』과 같은 화이의 일체화를 주장하는 태도는 그다지 눈에 띠지 않는다. 어디까지나 한인과는 별개의 존재인 이적이 진화하여 작위를 갖게 됨으로써 한인과 이적이 혼재하는 것을 용인할 뿐이다. 5호16국에서 북조에 걸쳐 진행된 호한융합의 배경이 되었던 이념을 다시 추구할 필요가 있는 까닭이다.

맺음말

양한의 화이사상은 『춘추공양전』이 중심을 이르면서 무제기의 이적을 적대시하는 사상에서 이적과의 혼재를 용인하는 하휴의 사상으로 크게 전개되었다. 이와 같은 화이사상의 전개 배경에는 침공을 하던 이적이 한에 내속되어 그 군사력이 중시되는 현실정치가 존재하였다. 이러한 호한의 혼재는 조조에 의한 흉노의 분할과 정주를 계기로 진전되었고, 위진남북조시기 호한융합으로 발전하였다. 이에 대응하여 화이사상은 어떠한 전개를 보였을까? 후한 명제기에 전래되었지만, 오랫동안 세력을 확대할 수 없었던 이적 전래의 불교는 하휴의 화이사상이 출현한 후한 말부터 서서히 확산되어 갔다. 한편, 서진에서는 화이의 준별을 주장하는 사융론徙戎論도 현저해졌다(渡邉義浩, 「西晉における華夷思想

の變容」, 2009). 이윽고 사용론으로 그 한계를 드러낸 유교의 화이사상을 대신하여 불교의 화이사상이 존재감을 증가시켜 갔다.

1) 『춘추좌씨전』의 화이사상에 대하여 小倉芳彦은 「裔夷の俘—『左傳』の華夷觀念」(1965)에서 『좌씨전』에는 춘추시대의 史實을 비교적 충실하게 전하는 부분과, 그것을 토대로 전국시대 중기 이후에 설화문학을 추가한 부분이 있는데, 후자에 유가의 독특한 화이 차별 관념이 짙게 부가되었다고 한다.
2) 공양학파가 근거로 삼는 『춘추공양전』 그 자체가 갖는 화이사상에 대해서 高津純也는 「春秋三傳に見られる「華夷思想」について」(2000)에서 '중국'이라는 존칭을 유지한 나라는 周·宋·魯·齊에 불과하였다고 지적하고, 『공양전』을 '중국' 대 '이적'의 이원론으로 설명하는 것은 오류라고 주장하였다. 『춘추공양전』 그 자체의 화이사상에 대해서는 横畑茂明, 「春秋公羊傳の夷狄觀」(1995)도 참조.
3) 小倉芳彦의 「華夷思想の硏究」(1966)는 유교의 화이사상 전반을 추구하는 종합적인 연구의 전형이다. 이 밖에 山田統, 「天下という觀念と國家の形成」(1949), 安倍建夫, 「中國人の天下觀念—政治思想史的試論」(1956), 越智重明, 「華夷思想の成立」(1992), 邢義田, 「天下一家—傳統中國天下觀的形成」(1981) 등도 '천하'의 개념과 관련하여 화이사상 전반을 다루었다.
4) 『춘추공양전』에서 처음으로 정리된 화이사상이 형성되었다는 것에 대해서는 日原利國, 『春秋公羊傳の硏究』(1976)의 「6장 특이한 夷狄論」 및 日原利國, 「華夷觀念の變容」(1984) 참조.
5) 『춘추공양전』에서 夷狄이 '진화한다'는 사상의 전개에 대해서는 田中麻紗巳, 「何休の夷狄觀について—「進」を中心として」(1982) 참조.
6) 日原利國, 『春秋公羊傳の硏究』(1976). 日原은 『춘추공양전』이 이적에 대해 배타적이고 공격적인 이유를 화하의 나라들에게 모멸해야 할 이적에 대한 폄하를 호소함으로써 자신들의 패륜을 질책하고 쟁란을 저지하고자 하는 의도에서 찾는다. 아직 성립하지 않은 재이사상 대신에 이적을 설정함으로써 화하의 질서 확립의 급무를 통감케 하고자 하였다는 것이다.
7) 『춘추공양전』 뿐 아니라 『공양전』에 주를 붙인 하휴도 제환공의 공덕 가운데 "楚를 복종시킨 것보다 큰 것은 없다"(『春秋公羊傳解詁』 僖公 4年注)고 하여, 환공의 攘夷를 높게 평가한다. 또한 何休를 辟召한 陳蕃과 桓公의 패업과의 관계에 대해서는 南部英彦, 「何休の覇道觀—陳蕃等の經世意識を手掛かりに」(2003) 참조.
8) 野間文史는 『春秋學—公羊傳と穀梁傳』(2001)에서 胡毋生에 의해서 최종적인 정리가 이루어진 경제기에 『공양전』의 가장 특징적인 부분도 작성되었는데, 그것은 ①大夫의 遂事를 금지하는 한편으로, 그것이 허용되는 예외로서 經에 대한 權·文에 대한 實을 주장한다, ②夷狄은 그 존재 자체를 인정하지 않을 정도로 격렬한 攘夷思想을 갖는다, ③군주와 신하의 의리를 절대시함과 동시에 親親의 도리와의 양전을 꾀한다, ④행위의 결과보다도 행위를 하고자 하는 의지를 중시하는 동기주의를 취한다, ⑤양국讓國을 찬미한다, ⑥복수를 긍정한다, ⑦災異에서 天意를 읽어낸다는 7가지

점으로 정리할 수 있다고 하였다.

9) (武帝)乃下詔曰, "高皇帝遺朕平城之憂, 高后時單于書絕悖逆. 昔齊襄公復九世之讎, 『春秋』大之."(『漢書』 卷94上, 「匈奴傳上」).

10) 『漢書』 卷94上, 「匈奴傳」. 內田吟風, 『北アジア史研究(匈奴篇)』(1975). 이하, 전한 시대 흉노의 동향에 대해서는 이 책에 의거한다. 岡安勇의 「匈奴呼韓邪單于の對漢「稱臣」年代について」(1990)에 의하면, 호한야선우가 정월의 朝賀에 사자를 파견하거나 혹은 한으로 인질을 보냈을 때, 이미 '稱臣'하였다고 한다.

11) 初, 匈奴呼韓邪單于來朝, 詔公卿議其儀, 丞相(黃)霸·御史大夫(于)定國議曰, "聖王之制, 施德行禮, ①先京師而後諸夏, 先諸夏而後夷狄. 『詩』云, '率禮不越, 遂視旣發, 相土烈烈, 海外有截.' 陛下聖德, 充塞天地, 光被四表, 匈奴單于, 鄕風慕化, 奉珍朝賀, 自古未之有也. 其禮儀宜如諸侯王, 位次在下." (蕭)望之以爲"單于非正朔所加, 故稱敵國, 宜待②以不臣之禮, 位在諸侯王上. 外夷稽首稱藩, 中國讓而不臣, 此則羈縻之誼, 謙亨之福也. 『書』曰, '戎狄荒服', 言其來服, 荒忽亡常. 如使匈奴後嗣, 卒有鳥竄·鼠伏, 闕於朝享, 不爲畔臣. 信讓行乎蠻貉, 福祚流于亡窮, 萬世之長策也." 天子采之, 下詔曰, "蓋聞五帝·三王教化所不施, 不及以政. 今匈奴單于稱北藩, 朝正朔, 朕之不逮, 德不能弘覆. 其③以客禮待之, 令單于位在諸侯王上, 贊謁稱臣而不名."(『漢書』 卷78, 「蕭望之傳」).

12) 『春秋』內其國而外諸夏, 內諸夏而外夷狄(『春秋公羊傳』 成公 15年).

13) 弘和順, 「『鹽鐵論』に見える對匈奴政策論爭をめぐって」(1991). 염철회의의 사상사적 의의에 대해서는 日原利國, 「『鹽鐵論』の思想的研究」(1953), 정치사적 배경에 대해서는 西嶋定生, 「武帝の死―『鹽鐵論』の政治史的背景」(1965) 참조.

14) 保科季子의 「漢儒の外交構想―「夷狄不臣」論を中心に」(2007)에 의하면, 이러한 '夷狄不臣'論은 『尙書大傳』의 越裳氏의 설화에 의해서 이론화되었다고 한다.

15) '贊謁稱臣而不名'에 대해서, 尾形勇은 「漢唐間の「殊禮」について」(1974)에서 이를 연문으로 보고, 선제는 호한야선우를 빈객의 예가 아니라 신하의 예로 대우하였다고 해석한다. 이에 대해서 岡安勇은 「中國古代における「客禮」の禮遇形式―匈奴呼韓邪單于への禮遇を手掛りとして」(1987)에서 선우는 군신관계가 성립되지 않는 빈객으로서 예우받았다고 주장한다. 소망지의 의론에 '不臣의 禮'라고 되어 있듯이 선제는 호한야선우를 빈객으로 예우하였다고 생각된다. 이 문제에 대해서는 好並隆司, 「「稱臣而不名」再考」(2001)도 참조.

16) 黃池之會, ①吳子進乎哉! 遂子矣. 吳夷狄之國也, 祝髮文身. 欲因魯之禮, 因晉之權, 而請冠端而襲, 其藉於成周, 以尊天王, ②吳進矣. 吳東方之大國也, 累累致小國以會諸侯, 以合乎中國. 吳能爲之, 則不臣乎? 吳進矣. 王, 尊稱也. 子, 卑稱也. 辭尊稱而居卑稱, 以會乎諸侯, 以尊天王. 吳王夫差曰, "好冠來!" 孔子曰, "③大矣哉! 夫差未能言冠而欲冠也"(『春秋穀梁傳』 哀公 13年).

17) 『漢書』 卷94, 「匈奴傳」. 王昭君과 같은 和蕃公主가 후한에서 위진남북조 시대에는 등장하지 않았다는 것은 藤野月子, 「唐代の和蕃公主を諸問題について」(2006) 참조.

18) 왕망의 대외정책에 대해서는 西嶋定生, 『秦漢帝國』(1974』) 및 東晋次, 『王莽―儒家の理想に憑かれた男』(2003) 참조.

19) 栗原朋信, 「文獻にあらわれたる秦漢璽印の研究」(1960). 渡辺惠理, 「前漢における華夷印制の形成―『有漢言章』の印文に関する一考察」(1994)도 참조.

20) 又曰, “①天無二日, 土無二王, 百王不易之道也. 漢氏諸侯或稱三, 至于四夷亦如之, 違於古典, ②繆於一統. 其定諸侯王之號皆稱公, 及四夷僭號稱王者皆更爲侯”(『漢書』 卷99中, 「王莽傳中」).

21) 孔子曰, “天無二日, 土無二王”(『禮記』 「曾子問」). 『禮記』 「坊記」에도 같은 표현이 있다.

22) 何言乎王正月? 大一統也(『春秋公羊傳』 隱公 元年).

23) 康有爲는 『新學僞經考』(中華書局, 1956)에서 왕망과 『좌씨전』의 깊은 관계를 주장하지만, 왕망은 외교정책에서는 『좌씨전』을 전거로 삼지 않았다. 왕망이 『좌씨전』을 포함하여 모든 유교경전을 이용했다는 것에 대해서는 宇野精一, 『中國古典學の展開』(1949) 및 岩本憲司, 「義から事へ」(2007) 참조.

24) 南單于復遣使詣闕, 奉蕃①稱臣, 獻國珍寶, 求使者監護, 遣侍子, ②修舊約(『後漢書』 列傳79, 「南匈奴傳」).

25) 『後漢書』 列傳79, 「南匈奴傳」. 內田吟風, 『北アジア史硏究(匈奴篇)』(1975) ; 陳序經, 『匈奴史稿』(2007). 이하, 후한시대 흉노의 동향에 대해서는 이들 책에 의거하였다.

26) 國獨曰, “臣以爲宜如孝宣故事受之.” … 帝從其議, 遂立比爲南單于(『後漢書』 列傳9, 「耿弇傳附耿國傳」).

27) 二十六年, 遣中郎將段郴·副校尉王郁使南單于, 立其庭, 去五原西部塞八十里. 單于乃延迎使者. 使者曰, “單于當伏拜受詔.” 單于顧望有頃, 乃伏稱臣. 拜訖, 令譯曉使者曰, “單于新立, 誠慙於左右, 願使者衆中無相屈折也.” 骨都侯等見, 皆泣下. 郴等反命, 詔乃聽南單于入居雲中(『後漢書』 列傳79, 「南匈奴傳」).

28) 선제시대를 제외하면 『곡량전』의 영향력은 적었다는 것에 대해서는 田中麻紗巳, 「漢代の穀梁傳」(2007) 참조. 다만 『곡량전』은 3傳兼修의 풍조가 높아지는 후한 말에 『穀梁廢疾』을 저술한 何休에게는 커다란 영향을 끼쳤다. 田中麻紗巳, 「何休の夷狄觀について―「進」を中心として」(1982) 참조.

29) 王者所不臣三, 何也? 謂二王之後·妻之父母·夷狄也. … ①夷狄者, 與中國絕域異俗, 非中和氣所生, 非禮義所能化, 故不臣也. ②『春秋傳』曰, “夷狄相誘, 君子不疾”, 『尙書大傳』曰, “正朔所不加, 卽君子所不臣也”(『白虎通』 「王者不臣」). 『白虎通』은 陳立, 『白虎通疏證』(中華書局, 1994)을 저본으로 하였다.

30) 又按『鉤命決』云, “天子常所不臣者三. 唯二王之後·妻之父母·夷狄之君. … 不臣夷狄之君者, 此政敎所不加, 謙不臣也. 諸侯無此禮.”(『禮記注疏』 卷38, 「學記」의 疏).

31) 백호관회의가 좌씨학파의 진출에 대항하여 공양학파의 지위를 유지하기 위해 본래의 해석을 왜곡하고 때로는 참위설을 수용하여 종고적인 변질까지 범하거나 혹은 『좌씨전』과 전혀 다를 바 없는 주장을 억지로 짜내어 의식적으로 국가주의로 경사하여 지배권력의 요청에 대응하였다는 것에 대해서는 日原利國, 「白虎觀論議の思想史的位置づけ」(1967) 참조.

32) 是以①『春秋』內諸夏而外夷狄. 夷狄之人, 貪而好利, 被髮左衽, ②人面獸心. 其與中國殊章服, 異習俗, 飮食不同, 言語不通, 辟居北垂寒露之野, 逐草隨畜, 射獵爲生, 隔以山谷, 雍以沙幕, 天地所以絕外內也. 是故②聖王禽獸畜之, ③不與約誓, 不就攻伐. 約之則費賂而見欺, 攻之則勞師而詔寇. 其地不可耕而食也, 其民不可臣而畜也, 是以外而不內, 疏而不戚, ④政敎不及其人, 正朔不加其國. 來則懲而御之, 去則備而守之. ⑤其慕義而貢獻, 則接之以禮讓, 羈縻不絕, 使曲在彼, 蓋聖王制御蠻夷之常道也(『漢書』 卷94下, 「匈奴傳下」).

33) 內屬은 外臣化와 郡縣化의 중간에 위치하는 漢에 대한 종속으로, 내속해 온 민족의 戶口는 군현 혹은 전문적인 領護官이 관할하여 일반 漢人과 구별하여 지배했다는 것에 대해서는 小林聰, 「漢代における中國周邊民族の內屬について」(1991) 참조.

34) 예를 들면, 王符가 『潛夫論』에서 탐욕스러운 이적을 공격하여 멸망시켜야 한다고 무단적인 양이사상을 주장했다는 것에 대해서는 日原利國, 「王符の人間觀」(1980) 참조.

35) 和帝 永元 원년(89), 度遼將軍 鄧鴻이 緣邊 義從胡 및 南匈奴 左賢王과 함께 출격했다는 것에 대해서는 小林聰, 「後漢の少數民族統御官に関する一考察」(1988) 참조.

36) 尙書令虞詡獨奏曰, "自古聖王不臣異俗, 非德不能及, 威不能加, ①知其獸心貪婪, 難率以禮. 是故羈縻而綏撫之, 附則受而不逆, 叛則棄而不追. ②先帝舊典, 貢稅多少, 所由來久矣. 今猥增之, 必有怨叛. 計其所得, 不償所費, 必有後悔."(『後漢書』 列傳76, 「南蠻傳」). 蠻夷에 대한 課稅에 대해서는 伊藤敏雄, 「中國古代における蠻夷支配の系譜—稅役を中心として」(1995) 참조.

37) (應)劭駁之曰, "鮮卑隔在漠北, 犬羊爲羣, 無君長之帥, 廬落之居, 而天性貪暴, 不拘信義, 故數犯障塞, 且無寧歲. 唯至互市, 乃來靡服. ①苟欲中國珍貨, 非爲畏威懷德. 計獲事足, 旋踵爲害. 是以②朝家外而不內, 蓋爲此也. … 臣愚以爲③可募隴西羌胡守善不叛者, 簡其精勇, 多其牢賞. …" 於是詔百官大會朝堂, 皆從劭議(『後漢書』 列傳38, 「應劭傳」).

38) 顯宗憐之, 乃下詔曰, "昔桓公伐戎而無仁惠, 故『春秋』貶曰'齊人'. 今國家無德, 恩不及遠, 羸弱何辜, 而當并命! … 所在致醫藥養視, 令招其種人, 若欲歸故地者, 厚遣送之. 其小種若束手自詣, 欲效功者, 皆除其罪. 若有逆謀爲吏所捕, 而獄狀未斷, 悉以賜有功者."(『後漢書』 列傳77, 「西羌傳」). 후한시대 羌族의 內徙策에 대해서는 熊谷滋三, 「後漢の羌族內徙策について」(1988) 참조.

39) [經] 齊人伐山戎. [傳] 此齊侯也. 其稱人何? 貶. 曷爲貶? 子司馬子曰, "蓋以操之爲已蹙矣." 此蓋戰也. 何以不言戰? 『春秋』敵者言戰. 桓公之與戎狄, 驅之爾. [注] 時桓公力, 但可驅逐之而已. 戎亦天地之所生, 而乃迫殺之甚痛. 故去戰貶見其事. 惡不仁也(『春秋公羊傳解詁』 莊公 30年).

40) 何休보다 25세 연장자로 죽은 해는 1년 정도 빠른 張奐은 段熲과 함께 강족을 토벌하고, 그 패잔병들이 겨우 몇 명 남게 되었을 때 투항하도록 권고할 것을 주장하면서, "羌도 하나의 기운이 낳은 것이다. 모조리 죽여서는 안 된다"고 하였다(『後漢書』 列傳55, 「張奐傳」). 田中麻紗巳, 「何休の夷狄觀について—「進」を中心として」(1982)에서 하휴는 張奐과 같은 사고방식에서 영향을 받은 것은 아닐까라고 하였다. 또 다른 배경에는 명제의 조서가 있었다고 생각된다.

41) 何休의 '三科九旨'說에 대해서는 小島祐馬, 「公羊家の三科九旨說」(1920) 참조.

42) "新周·故宋, 以『春秋』當新王", 此一科三旨也(『春秋公羊傳注疏』 卷1 隱公).

43) [注] ①夫子素案圖錄, 知庶聖劉季當代周. 見薪采者獲麟, 知爲其出. 何者? 麟者木精, 薪采者庶人燃火之義, 此赤帝將代周居其位, 故麟爲薪采者所執. 西狩獲麟之者, 從東方王於西也. 東

卯, 西金象也. 言獲者, 兵戈文也. 言漢姓卯金刀, 以兵得天下(春秋公羊傳解詁』 哀公 14年)

44) [注] 孔子①仰推天命, 俯察時變, 卻觀未來, 豫解無窮, 知漢當繼大亂之後, ②故作撥亂之法以授之(『春秋公羊傳解詁』 哀公 14年).

45) 又云, "所見異辭, 所聞異辭, 所傳聞異辭", 二科六旨也. 又"內其國而外諸夏, 內諸夏而外夷狄", 是三科九旨也(『春秋公羊傳注疏』 卷1 隱公).

46) [傳] 所見異辭, 所聞異辭, 所傳聞異辭. [注] 所見者, 謂昭·定·哀·己與父時事也. 所聞者, 謂文·宣·成·襄·王父時事也. 所傳聞者, 謂隱·桓·莊·閔·僖, 高祖·曾祖時事也. … 於①所傳聞之世, 見治起於①衰亂之中, 用心尙粗觕, 故①內其國而外諸夏. … 於②所聞之世, 見治②升平, ②內諸夏而外夷狄. … 至③所見之世, 著治③大平, ③夷狄進至於爵, 天下遠近小大若一(『春秋公羊傳解詁』).

47) 田中麻紗巳은 「『春秋公羊解詁』の「太平」について」(1988)에서 何休의 大平에 대해서, 중국 국내의 治世라는 협의의 태평 뿐 아니라, 이를 더욱 발전시킨 이상적인 광의의 태평까지도 묘사하고자 하였다고 지적하였다.

48) 內山俊彦, 「何休の考えた歷史」(2001). 內山의 논문에서 비정할 수 없다고 한 ②升平의 시대에 대해서 稻葉一郎은 「何休『春秋公羊經傳解詁』の歷史觀」(1967)에서 漢初부터 景帝까지라고 하였다. 또한 岩本憲司은 「公羊三世說の成立過程」(1980)에서 '所見異辭' 이하의 문장은 嬴公·眭孟 시기에 부가된 것이라고 하였다.

49) 후한시대의 환관 및 黨錮의 禁에 대해서는 渡邉義浩, 『後漢國家の支配と儒教』(1995) 참조.

50) 井田사상에 대해서는 渡邉義浩, 「井田の系譜—占田 · 課田制の思想史的背景について」(2005) 참조.

51) 田中麻紗巳는 「何休の夷狄觀について—「進」を中心として」(1982)에서 何休의 注에서 夷狄을 '작위에 나아가게 해 줄 것'을 주장한 것은 『곡량전』의 영향이었음을 僖公 18년 조의 사례를 통해 실증하였다. 또한 高津純也는 「春秋三傳に見られる「華夷思想」について」(2006)에서 『곡량전』 이외에 『좌씨전』에서도 직·간접적으로 원용하였음을 지적하였다.

52) 時零陵桂陽山賊爲害, 公卿議遣討之, 又詔下州郡, 一切皆得擧孝廉茂才. 蕃上疏駁之曰, "昔高祖創業, 萬邦息肩, 撫養百姓, 同之赤子. 今二郡之民, 亦陛下赤子也. 致令赤子爲害, 豈非所在貪虐, 使其然乎? 宜嚴勅三府, 隱覈牧·守·令長. 其有在政失和, 侵暴百姓者, 即便擧奏, 更選淸賢奉公之人, 能班宣法令情在愛惠者, 可不勞王師, 而羣賊弭息矣. 又三署郞吏二千餘人, 三府掾屬過限未除, 但當擇善而授之, 簡惡而去之. 豈煩一切之詔, 以長請屬之路乎!"(『後漢書』 列傳56, 「陳蕃傳」).

53) 田中麻紗巳는 「何休の夷狄觀について—「進」を中心として」(1982)에서 '이적도 진화하여 작위를 갖게 된다'고 말하는 하휴의 이적관의 근저에는 이적에게 중국을 흠모하는 마음이 존재한다고 믿는 관념이 있었다고 하였다.

제 2 부

군주권의 정통화와 제사·의례

제 5 장

『정전』의 감생제설과 육천설

제5장 『정전鄭箋』의 감생제설과 육천설

머리말

중국문학의 연원인 『시경』은 2천 년 동안 '모전정전毛傳鄭箋'으로, 바꾸어 말하면 '경서'로서 전해져왔다. 그런데 20세기 초부터 경학적인 해석에서 탈피하여 시詩의 원의로 되돌아가고자 하는 연구가 진행되었다.[1] 그리하여 『시경』에는 본래 "신들이 살아서 존재했던 고대라는 시대에, 그 신들에게 희구하는 사람들의 기원의 근본에는 오곡풍양과 자손번영이라는 인간의 가장 근원적인 욕구가 있었으며, 인간의 원시적 본능을 솔직하게 긍정하는 것"이 있었음이 밝혀졌다(牧角悅子, 『中國古代の祭祀と文學』, 2006).

그러나 유교일존의 후한 '유교국가'에서 『시경』은 경서로 밖에 살아남을 수 없었다. 그렇다면 『시경』이 유교 속으로 수렴되었을 때, 그 원의에 담겨있던 종교성과 주술성은 소멸되었을까? 그렇지는 않다. 『모전』에서 부정하는 감생제설感生帝說을 『정전』에서는 긍정한다. 감생제설은 정현의 경전해석에서 왕자가 천신과 직접 연결될 수 있는 논리적 근거가 되어 정현의 경학에 강한 종교성[2]을 부여하였다.

본장은 『시경』의 원의에 담겨있던 종교성이 한의 국정현실과 어떻게 관련을 맺으면서 감생제설로 현재화하였고, 그 신비성이 무엇을 지탱하고 있었는가를 고찰하고자 한다.

1. 『정전』에 보이는 감생제설

이케다 슈조池田秀三는 「정학에서 「모시전」의 의의鄭學における「毛詩箋」の意義」(2007)에서 정현이 삼가시三家詩를 버리고 『도전』에 『정전』을 붙인 이유는, 첫째 「시서詩序」를 쓴 자하子夏를 매개로 함으로써 『시경』과 『의례』를 일체로 파악하여 시詩를 가지고 예禮를 해석할 수 있었다는 점, 둘째 자하의 「시서」가 공자가 『시경』을 편찬한 의도를 전한 글이었다는 점에 있다고 하였다. 다만 『경전석문經典釋文』 권5 「모시음의상毛詩音義上」에,[3]

> 살펴보건대, 정현의 『육예론六藝論』에 "『시』에 주를 붙일 때, 『모전毛傳』을 으뜸으로 삼아 이를 위주로 하였다. 『모전』의 뜻이 은미하고 소략한 경우에는 다시 뜻을 밝혀두었다. 만일 생각이 다른 부분이 있다면, 나의 해석을 내려 식별할 수 있도록 하였다"고 하였다.

라고 『육예론』에서 서술하였듯이,[4] 정현은 『모전』을 부연하여 그 은미하고 소략한 뜻을 밝히는 한편으로, 자신의 생각에 기초하여 모의毛義와는 다른 해석을 내렸다고 선언하였다. 그 결과 『정전』은 종종 모의毛義를 파괴하였는데,[5] 「현조玄鳥」 및 「생민生民」에 보이는 감생제설은 그 전형이다.

감생제설이란 천명을 받은 왕조의 시조는 통상적으로 태어나지 않고, 그 어머니가 이물異物에 감응하여 제왕을 잉태한다는 관념이다.[6] 주나라의 시조전설을 전해주는 「생민」을 통해 『모전』과 『정전』을 비교해보도록 하겠다. 『모시정의毛詩正義』 권17 「대아大雅·생민生民」에,[7]

> 제帝의 발자국에 엄지발가락을 밟아 움직이시니, 크게 여기는 바, 멈추는 바

로세. 이에 임신하시고 이에 조심하시어, 이에 낳고 이에 기르시니, 이분이 후직이시니라(履帝武敏歆, 攸介攸止. 載震載夙, 載生載育, 時維後稷).

[모전毛傳] '리履'는 밟는다(踐)는 뜻이다. '제帝'는 ① 고신씨高辛氏라는 제帝이다. '무武'는 발자취(跡)라는 뜻이다. '민敏'은 빠르다(疾)는 뜻이다. ② 제를 따라 가서 하늘을 알현하였다. 장차 제사지내고자 함에 가지런하고 민첩하였다. '흠歆'은 흠향한다(饗)는 뜻이다. '개介'는 크다(大)는 뜻이다. '유지攸止'는 복록이 멈추는 바(福祿所止)라는 뜻이다. '진震'은 움직인다(動)는 뜻이다. '숙夙'은 일찍(早)이라는 뜻이다. '육育'은 성장시킨다(長)는 뜻이다. 후직은 백곡을 파종하여 인민을 이롭게 하였다.

[정전鄭箋] '제帝'는 상제上帝의 뜻이다. '민敏'은 엄지발가락(拇)의 뜻이다. '개介'는 좌우左右의 뜻이다. '숙夙'이라는 글자는 엄숙하다(肅)는 뜻이다. 교매郊禖를 제사지낼 때에, ③ 당시에 대신大神의 발자취가 있었다. 강원姜嫄이 그것을 밟았다. 발로 채울 수가 없었다. 그 엄지발가락이 있는 부분을 밟자, 마음과 몸이 뭉클뭉클하여 좌우로 움직였다. 멈추어 머물렀던 바, 마치 인도人道의 정기가 자기를 감응시키는 듯하였다. 이에 드디어 임신을 하였다. 그리하여 엄숙히 경계하고 다시는 제帝를 모시지 않았다. 후에 아들을 낳아 양육시켰다. 이름은 기棄이다. 순舜이 요임금의 신하가 되었을 때 그를 추거하였다. 이가 후직이다.

라고 하였다. 『모전』에서는 ①제帝를 고신씨高辛氏 제곡帝嚳으로 보고, ② 강원姜嫄이 제곡의 뒤를 따라 제곡의 발자취를 밟으면서 수행하여 인禋의 제사를 거행하였는데, 민첩하였다고 해석하였다. 즉 『모전』은 후직의 탄생을 감생제설로 설명하지 않았다. 오늘날의 입장에서 보면 '합리'적인 해석이라 하겠다.

그러나 정현은 『모전』의 해석을 따르지 않았다. ③강원이 천제의 거대한 발자국을 보고, 그의 엄지발가락을 밟자 임신을 하여 후직을 낳았다고 하여 감생제설을 주장하였다. 신의 발자국을 밟고 임신을 한다.

주술적이며 성적이다. 『시경』의 원의에 담겨있던 주술성이나 종교성을 그대로 잔존시키는 자연스런 해석이라고 할 수 있다. 사마천도 『사기』 권4 「주본기」에서 감생제설을 채록하였고, 주희도 『시집전詩集傳』 권17 「생민지십生民之什 3-2」에서 정현의 감생제설은 반드시 부정할 수만은 없다고 하였다.8)

이와 같은 정현 감생제설의 근거는 위서緯書에 있다. 『모시정의』 권17 「대아·생민」에,9)

> 『정의』에 말한다. "정현은 이 시와 「현조」의 시는 후직이 발자국을 통해서 태어났고, 설이 알을 통해서 태어났음을 설명한 경문이라고 생각했다. ④『하도河圖』에 '강원은 거인의 발자국을 밟고 후직을 낳았다'고 하였고, ⑤『중후中候』 「직기稷起」에 '창요蒼耀 후직后稷이 태어날 때에 발자국의 창성함에 감응하였다'고 하였다. ... ⑥(『鄭箋』에서는) (강원이) 제곡帝嚳의 비妃가 아니라고 생각하였다. 그러나 ⑦『사기』에는 '제곡이 강원을 비로 삼으니, 이가 후직을 낳았다'고 하였다. 명문이 분명하다."

공영달에 의하면, 『정전』의 감생제설은 ④『하드』를 전거로 한다.10) 또한 정현이 주를 붙인 『상서중후尙書中候』11)에서 주나라는 오덕종시설에서 목덕에 해당된다고 하였기 때문에, 공영달은 ⑤이곳에서의 천제天帝를 창제蒼帝 영위앙靈威仰으로 보았다. 한편 같은 감생제설을 묘사하는 『사기』에서는 ⑦강원을 제곡의 비로 보았지만, ⑥정현은 위서에 따라 비가 아니라고 주장하였다. 『정전』의 감생제설은 직접적으로는 삼가시三家詩를 수용한 것이지만,12) 정현이 위서를 논거로 『모전』을 파괴하고 삼가시의 해석을 채용하여 감생제설을 주장하였음을 알 수 있다. 위서가 지닌 신비성이 『시경』의 원의에 담겨있던 신비성과 공명하고 있는 것이다.

이어서 은나라의 시조전설을 전해주는 「현조」에 대한 『모전』과 『정

전』의 해석을 비교하도록 하겠다. 『모시정의』 권20 「상송商頌·현조玄鳥」에,13)

하늘이 현조에게 명하여 내려가서 상商을 낳게 하였네. 은나라 땅의 크고 큰 곳에 거주하게 하였네(天命玄鳥, 降而生商. 宅殷土芒芒).

[모전毛傳] '현조玄鳥'는 제비(鳦)다. 춘분에 현조가 내려왔다. 탕湯의 선조 유융씨有娀氏의 딸 간적簡狄은 고신씨高辛氏라는 제帝의 배필이 되었다. 제는 그녀에 이끌려 함께 가서 교매郊禖에게 기도를 올려 설契을 낳았다. 그러므로 하늘이 명한 바에 근본해서 현조가 날아옴으로써 태어난 것이다. '망망芒芒'은 커다란 모습(大貌)을 뜻한다.

[정전鄭箋] '강降'은 내려 보낸다(下)는 뜻이다. 하늘이 제비를 내려 보내서 상商을 낳았다는 것은 제비가 알을 떨어뜨리자 융씨娀氏의 딸 간적簡狄이 이를 삼키고 설을 낳았음을 가리킨다.

라고 하였다. 『모전』은 제비가 날아오는 춘분 즈음에, 제곡이 간적을 따라 함께 가서 교매郊禖(媒妁의 神)를 제사하는 예를 거행하고 설을 낳았다고 '합리'적으로 해석한다.14) 이에 반하여 정현은 천제天帝가 현조(제비)를 내려 보내자, 간적이 그 알을 삼키고 임신을 하여 은나라의 시조 설을 낳았다고 하여 감생제설을 전개시킨다.15) 감생제설에 대한 『모전』과 『정전』의 입장은 「생민」과 동일한데, 주목할 만한 것은 그 서문에 있다. 『모시정의』 권20 「상송·현조」에,16)

「현조」는 고종高宗을 제사지낼 때에 노래한 시이다.

[정전鄭箋] '사祀'는 '협祫'의 글자가 되어야 한다. '협祫'은 합한다(合)는 뜻이다. ... 붕어한 후 비로소 설契의 묘廟에서 합제合祭를 지냈는데, 이 시를 노래하였

다. 옛날에 군주의 상에, 3년의 예가 끝나고 나면 그 묘에서 체禘의 제사를 올리고, 그런 후에 태조의 묘에서 협제祫祭를 지내며, 이듬해 봄에 군묘羣廟에서 체禘의 제사를 올린다. 이 이후에는 5년에 두 번 은제殷祭를 거행한다. 한 번은 체禘의 제사로, 한 번은 협祫의 제사로 지내는데, 『춘추』에서는 이를 '대사大事'라고 하였다.

고 되어 있다. 정현은 '「현조」는 고종을 제사지낼 때에 노래한 시'라고 한 서문에 전箋을 붙이면서, '사祀'를 '협祫'으로 고친 후 자신의 체협론禘祫論을 전개시켰다.17) '시를 가지고 예를 해석한다'고 말하는 까닭이다.

이상에서처럼 『정전』에 보이는 감생제설은 위서가 지닌 신비성이 『시경』의 원의에 담겨있던 신비성과 공명함으로써 자연스런 해석으로 존중되었다. 또 '시를 가지고 예를 해석하는' 정현은 『시경』에서의 감생제설을 체협론의 논거로 삼았다. 『주례』를 경례經禮로 삼아 '삼례三禮'의 원융한 예학체계를 구축하고, 그 체계 속에 모든 경서를 정합적으로 포괄하는 정현의 학문적 영위의 일환으로 『정전鄭箋』은 저술되었다(池田秀三, 「鄭學における「毛詩箋」の意義」, 2007). 그렇다면 정현 예학의 특징인 육천설과 감생제설은 어떠한 관계일까?

2. 육천설과 감생제설

정현의 육천설은 지고신인 호천상제昊天上帝 이외에, 오행을 주관하면서 역대 왕자의 수명제受命帝가 되는 창제蒼帝 영위앙靈威仰(木 주관)·적제赤帝 적표노赤熛怒(火 주관)·황제黃帝 함추뉴含樞紐(土 주관)·백제白帝 백초거白招拒(金 주관)·흑제黑帝 즙광기汁光紀(水 주관)의 오제(五天帝) 등 6종류의 천제를 상정하는 사상이다. 이들을 제사하는 것에 대해서, 정현은 『예기주소』 권46 「제법」에,18)

> 제법祭法. 유우씨有虞氏는 체禘제사를 지낼 때 황제黃帝를 배향하고, 교郊제사를 지낼 때 곡嚳을 배향하였으며, 조祖제사를 지낼 때 전욱顓頊을 배향하였고 종宗제사를 지낼 때 요堯를 배향하였다. 하우씨夏后氏도 체禘제사를 지낼 때 황제黃帝를 배향하고, 교郊제사를 지낼 때 곤鯀을 배향하였으며, 조祖제사를 지낼 때 전욱顓頊을 배향하고 종宗제사를 지낼 때 우禹를 배향하였다. 은인殷人은 체禘제사를 지낼 때 곡嚳을 배향하였고, 교郊제사를 지낼 때 명冥을 배향하였으며, 조祖제사를 지낼 때 설契을 배향하고, 종宗제사를 지낼 때 탕湯을 배향하였다. 주인周人은 체禘제사를 지낼 때 곡嚳을 배향하고 교郊제사를 지낼 때 직稷을 배향하였으며, 조祖제사를 지낼 때 문왕文王을 배향하고 종宗제사를 지낼 때 무왕武王을 배향하였다.
>
> [정주鄭注] 체禘·교郊·조祖·종宗은 배향하여 제사지내는 것을 가리킨다. ①이곳의 체禘는 호천昊天을 원구圜丘에서 제사지내는 것을 가리킨다. ②상제上帝를 남교南郊에서 제사지내는 것을 '교郊'라고 한다. 오제五帝·오신五神을 명당明堂에서 제사지내는 것을 '조祖'·'종宗'이라고 한다. '조祖'와 '종宗'은 통용해서 사용한다. 후세에는 체禘·교郊·조종祖宗의 제사가 있었다.

라고 하였다. 정현은 천의 제사를 둘로 나누어, ①호천(昊天上帝)을 원구에서 제사지내고(圜丘祀天), ②상제(五天帝)를 남교에서 지내야(南郊祭天) 한다고 주장한다.[19] 호천상제는 육천 가운데 최고의 지위를 차지하며, 황천상제皇天上帝·천황대제天皇大帝라고도 불리면서 천天 전체를 주재하는 최고의 신이다. 또 북신北辰 요백보耀魄寶라고도 칭해지듯이, 자미궁의 별자리인 북극제성北極帝星을 실체로 하며 태일상거太一常居·북극대제北極大帝로도 이해되고 있었다.

오제(五天帝)에 대해서 정현은 『예기주소』 권34 「대전」에서,[20]

> 『예』에서 왕이 되지 않으면 체禘의 제사를 올리지 못한다고 하였다. 왕자王者는 그 시조가 말미암아 태어난 바에 체禘의 제사를 드리고, 그 시조를 거기에

배향한다.

> [정전鄭箋] 무릇 큰 제사를 '체禘'라고 한다. '자自'는 말미암는다(由)는 뜻이다. ③선조가 말미암아서 태어난 바에 크게 제사하는 것이니, 교郊에서 천을 제사지내는 것을 가리킨다. ④왕자의 선조는 모두 태미성大微星의 오제五帝의 정精에 감응하여 태어난다. 창제蒼帝는 영위앙靈威仰이고, 적제赤帝는 적표노赤熛怒이고, 황제黃帝는 함추뉴含樞紐이고, 백제白帝는 백초거白招拒이고, 흑제黑帝는 즙광기汁光紀다. 모두 정세正歲의 정월正月에 교郊에서 이들을 제사지낸다. 특별히 높여주는 것이다. ⑤『효경』에 "교사郊祀할 때에 후직后稷을 천天에 배향하였다"고 하였는데, 영위앙靈威仰에 배향한 것이다. "명당明堂에서 종사宗祀할 때에 문왕을 상제에 배향하였다"고 하였는데, 오제五帝에게 두루 배향한 것이다.

라고 하였다. 정현에 의하면, 오천제는 ③왕자의 선조가 태어나게 된 바의 천제이며, 왕자의 선조는 ④오천제의 정精에 감응하여 태어난 감생제다. 오천제는 각각 위서에 기초하여 그 명칭이 정해져 있으며,21) 교郊에서 왕자의 시조인 감생제를 배향하여 오천제를 제사지낸다. ⑤주나라의 경우라면, 감생제 후직을 오천제의 창제 영위앙(오덕종시설에서는 목덕)에 배향하여 제사지낸다. 또한 천을 아버지로 섬기는 것이 최고의 효라고 설명하는 『효경』의 「성치장」을 제천의례의 해석으로 중시하는 것은 정현설의 특징이라고 할 수 있다.

정현의 육천설은 남교제천南郊祭天을 통해서 오천제 가운데 어느 하나를 수명제로 삼은 왕자의 유래를 보여주고, 그 정통성을 옛 제왕계보 속에서 정립한다. 수명제는 한 왕조에게 있어 수호신으로 기능한다. 그리고 수호신인 수명제와 제사의례를 주재하는 왕자의 중간에 위치하는 시조의 출생은 감생제설로 설명된다. 이리하여 정현의 감생제설은 모든 왕조가 제사지내야 하는 호천상제 이외에, 특정 왕조의 수호신이 되는 수명제로서의 오천제의 존재를 설명함으로써, 천인상관설을 논증하고, 황제권력에 신비적인 정통성을 부여했던 것이다.

정현의 감생제설은 이처럼 경전의 체계적인 해석에 기여했을 뿐 아니라,[22] 오천제의 교체를 주장함으로써 혁명을 통한 왕조의 교체를 긍정한다. 후한에서 왕조의 교체는 오덕종시설, 그 가운데에서도 오행상생설로 설명되고 있었다. 그렇다면 감생제설은 오행상생설과 어떠한 관계일까? 『모시정의』「시보서詩譜序」에,[23]

> 정현은 『중후中候』「칙성도敕省圖」에 주를 달 때, 복희伏犧·여왜女媧·신농神農의 세 시대를 삼황三皇으로 삼았고, 헌원軒轅·소호少昊·고양高陽·고신高辛·도당陶唐·유우有虞의 여섯 시대를 오제五帝로 삼았다. 덕德이 북신北辰에 합치되는 경우 모두 '황皇'이라고 칭했고, 오제좌五帝座의 별자리에 감응한 경우 모두 '제帝'라고 칭했다. 그러므로 삼황은 셋이고, 오제는 여섯이다.

라고 하였듯이, 정현은 감생제설에 기초하여 오행상생설과 큰 관계가 있는 『사기』의 5인의 오제에 소호를 더하여 6인의 오제설을 주장했다. '오'제인데 어떻게 '6인'이 될 수 있는가 하면, "오제좌의 별자리에 감응한 경우 모두 '제'라고 칭한다", 즉 감생제는 모두 '오제'로 칭할 수 있기 때문이다.[24] 『사기』 권1「오제본기」에서 제시한 황제(토)→전욱(금)→제곡(수)→요(목)→순(화)의 오제는, 오행상생설을 적용하면 하(토)→은(금)→주(수)→한(목)으로서 한이 목덕이 되어버린다. 한의 현실에 적합하지 않은 것이다. 이에 반하여 감생제설에 의거하여 소호를 추가하면, 황제(토)→소호(금)→전욱(수)→제곡(목)→요(화)→순(토)→하(금)→은(수)→주(목)→한(화)이 되어 요의 화덕과 한요후설이 증명될 수 있다.[25] 이리하여 정현의 감생제설은 한화덕설·한요후설이라는 후한 정통화 이론까지 지탱하고 있었던 것이다.

이상에서처럼 감생제설은 육천설로 증명되는 황제권력의 신비성을 유지하고, 오행상생설에 기초한 후한의 정통화를 실증하고 있었다. 그렇다면 정현의 육천설은 한의 어떠한 현실과 관련을 맺으면서 구축되었던 것일까?

3. 한가漢家의 제천과 육천설

후한 '유교국가'가 성립하기 이전 한가의 제사는 옹雍의 오치五畤·분음汾陰의 후토后土·감천甘泉의 태치泰畤 3곳에 대한 황제친제가 중심을 이루었으며, 그것은 원제시기에는 '구의舊儀'로서 완성되었다.26) 이들 제사 가운데 가장 오래된 옹의 오치는 고조 유방 때에 진의 옹 사치에 하나의 치를 더하여 성립하였다. 『사기』 권28 「봉선서」에,27)

> 한나라가 일어나고 고조가 미천했을 때, 일찍이 큰 뱀을 죽인 적이 있었다. 한 귀신이 있어 "그 뱀은 백제白帝의 아들이요, 죽이는 자는 적제赤帝의 아들이 될 것이다"라고 하였다. 고조가 처음 기의했을 때 풍현豐縣 분유枌榆의 사社에서 제사를 지냈다. 패현沛縣에 진군하여 점령하고 패공沛公이 되어서는 치우蚩尤에게 제사를 지내면서 북과 깃발에 피를 바르는 의식(釁)을 행하였다. 마침내 10월에 파상灞上에 이르러 제후들과 함양咸陽을 평정하고 한왕漢王으로 즉위하였다. 이로 인해 10월을 세수歲首로 삼고 색은 적색을 숭상하였다. (한왕) 2년, 동쪽으로 진격하여 항적項籍을 격파하고 돌아와 입관入關하자, (사람들에게) 물었다. "옛날 진秦나라 때 지냈던 상제上帝 제사는 어떤 제帝였는가?" "① 사제四帝입니다. 백제白帝·청제靑帝·황제黃帝·적제赤帝의 제사가 있었습니다"라고 대답하였다. 고조는, "내가 듣기로 하늘에는 오제五帝가 있다던데, 사제를 제사지내는 것은 무엇 때문인가?"라고 하였다. 이에 대해서 알고 있는 자가 아무도 없었다. 그러자 고조는 "나는 알고 있다. 바로 내가 나타나길 기다려 다섯을 갖추려는 것이다"라고 하였다. 그리고는 ② 흑제黑帝의 사당을 세우고 북치北畤라고 하였다. 유사有司가 제사를 올리고 천자가 직접 참여

> 하지는 않았다. 옛 진나라 축관祝官들을 모두 불러들였고, 태축太祝과 태재太宰를 다시 설치하여 옛날 의례대로 거행하게 하였다.

라고 하였듯이, 진나라에서는 ①네 상제(백·청·황·적)를 제사지냈는데, 한왕 2년(기원전 205) 유방은 상제는 다섯이며 자신이 ②흑제라고 하여 북치를 증설하게 하였다. 『사기』에는 유방이 자신을 상제라고 선언했다고 기록한 것이다. 사실은 흑을 상징색으로 삼는 수덕의 진나라를 위해 흑제를 비워두었던 것이며, 유방도 친제를 하지 않고 옛 진나라의 축관에게 제사를 거행하게 하였다고 하였듯이, 옛 진나라 땅인 관중關中을 안정시키는 시책의 하나로 생겨난 설화일 것이다.

그렇지만 유방이 스스로 상제라고 선언했다는 『사기』의 기록은 그 영향력이 상당하였다. 이것이 정현의 육천설에서 오천제를 왕자의 시조로 규정하는 배경이 되었던 '현실'일 것이다. 정현은 감생제설을 비판하는 허신許愼에게 반론을 폈다. 『모시정의』 권17 「대아·생민」에,[28)]

> 『오경이의五經異義』에 "『제시』·『노시』·『한시』와 『춘추공양』에서 '성인은 모두 아버지가 없이 하늘에 감응하여 태어난다'고 하였고, 『좌씨』에서는 '성인에게는 모두 아버지가 있다'고 하였다. 삼가 살펴보건대, 「요전堯典」에 '구족을 친애한다'고 하였다. 요임금의 어머니 경도慶都가 적룡赤龍에 감응하여 요임금을 낳았다면, 요임금이 어떻게 구족을 얻어 그들을 친애할 수 있겠는가? 『예참禮讖』에 '도당씨(요임금)는 오묘五廟'이라고 하였으니, 하늘에 감응하여 태어나지 않았음을 알 수 있다"고 하였다. 내(정현) 듣건대, 감응하여 태어나면 아버지가 없게 되고, 아버지가 있다면 감응하여 태어난 것이 아니라고 말하는 제설은 모두 편견된 주장이다. 「상송商頌」에 '하늘이 현조에게 명하여 내려가서 상商을 낳게 하였다'고 하였으니, 유융씨의 딸 간적이 제비의 알을 삼키고 설契을 낳았음을 가리킨다. 이는 성인의 감응이 경전의 명문에 보이는 것이다. 유온劉媼은 한 태상황의 처로서 적룡에 감응하여 고조를 낳았으니, 이는 아버지가 있는데도 신에 감응하여 태어난 것이 아니겠는가!

라고 하였다. 감생제로 간주되는 요임금에게 구족이 있었음을 이유로 천에 감응하여 태어난 것이 아니라고 주장하는 허신의 『오경이의』에 대해서, 정현은 아버지가 있어도 감응하여 태어난다는 증거로, 유방의 어머니 유온劉媼이 남편이 있는데도 적룡에 감응하여 유방을 낳았음을 들고 있다. 정현은 아버지가 있는 유방이 요임금과 마찬가지로[29] 적제 적표노의 정精에 감응하여 태어난 감생제임을 자설의 근거로 삼은 것이다. 유방이 스스로 흑제임을 선언한 이상, 한가漢家는 오제를 제사지내야 한다고 정현은 생각했을 것이다. 실제로 전한에서는 오제의 제사를 거행하고 있었다.

유방의 아들 문제는 15년(기원전 165) 여름 4월, 황룡이 출현하고 풍년이 들자 이를 계기로 한가 최초로 교사郊祀를 옹의 오치에서 거행하였다(『史記』 卷10, 「文帝紀」). 그리하여 옹오치의 오제는 처음으로 천제로서 한가의 제천 대상이 되었다.

이를 계승한 무제는 옹오치의 교사에 3년 1교라는 정기성을 부여했을 뿐 아니라, 천과 지를 한 짝으로 삼아 제사지내기 위해 '지제地祭' 하동후토河東后土와 '태일太一=상제上帝'론에 기초한 감천의 태치를 창설하였다. 특히 감천의 태치는 옹의 오치를 대신하여 전한시대 교사의 중핵적 지위를 차지하게 된다(目黑杏子, 「前漢武帝期における郊祀体制の成立—甘泉泰畤の分析を中心に」, 2003」). 그 시작은 『사기』 권28 「봉선서」에,[30]

> 박현亳縣 출신 유기謬忌가 태일太一을 제사지내는 방식을 상주하여 "천신 가운데 가장 존귀한 것은 태일입니다. 태일의 보좌신을 오제라고 합니다. 옛날에 천자는 봄과 가을에 동남쪽 교외에서 태일을 제사지냈는데, 태뢰를 사용하여 7일 동안 제사를 지냈으며, 제단을 쌓고 팔방으로 귀도鬼道를 개통하였습니다"라고 하였다. 이에 천자는 태축에게 명하여 그 사당을 장안의 동남쪽 교외에 세우게 하고, 유기가 말한 방식대로 정기적으로 제사를 지냈다.

라고 하였듯이, 원광 2년(기원전 133) 유기가 옹오치의 '오제=상제'라는 방식에 이의를 제기하여 태일을 천신의 최고위에, 오제를 그 보좌신으로 삼아 동남쪽 교외에서 제사지낼 것을 상주하고, 무제가 이에 따랐던 것에 있다. 그러나 무제가 이를 친제하여 전한시대 제사의 중핵에 올려놓게 되는 것은 원정 5년(기원전 112)에 방사方士 공손경公孫卿이 감천을 신선이 되어 하늘로 올라간 황제黃帝가 온갖 신령들과 교접한 '명정明廷'으로 규정하면서부터다(『史記』 卷28, 「封禪書」).

츠다 소키치津田左右吉는 이때에 이르러 태일은 천·상제와 동일시되었으며, 동시에 천상에서는 자미궁에 비정되어 신이 됨으로써 종교적인 성질을 띠게 되었다고 하였다.31) 『사기』 권27 「천관서」 및 이에 대한 사마정司馬貞의 『색은索隱』에,32)

> 중궁中宮은 천극성天極星이다. 그 가운데 가장 밝은 별은 태일太一이 항상 머무는 곳이다.
>
> [색은索隱] 살펴보건대, 『춘추합성도春秋合誠圖』에, "자미紫微는 대제大帝의 실室이니, 태일太의 정精이다"라고 하였다.

라고 하였듯이, 태일을 자미궁에 비정한 것은 위서 『춘추합성도』다. 위서가 정현설을 지탱하고 있었음은 이미 서술한 대로다. 정현의 육천설에서 호천상제는 북신 요백보라고도 칭해지듯이, 자미궁의 성좌인 북극제성北極帝星을 실체로 하며, 태일상거太一常居·북극대제北極大帝로도 이해되고 있었다. 카가 에이지加賀榮治는 정현의 육천설에 대하여,33)

> 단지 위서에만 기초했을 뿐 아니라, 아마도 전한 고조 때에 오치가 성립한 점, 문제·무제시대에 오치의 제사를 거행했던 점 등 한제漢制의 실태에 근거를 두

> 고서 오제를 천제로 이해하였으며, 여기에 상제를 추가하여 천제를 여섯으로 보았고, 오제의 명칭만을 위서에 의거하여 이름 붙였을 것이다.

라고 지적하였다. 수긍할 만한 견해다. 다만 상제는 본래 태일이었음을 카가설에 추가할 수 있다. 정현은 무제시기에 감천의 태치에서 제사지냈던 현실을 배경으로, 태일=호천상제와 상제를 보좌하는 오제=오천제를 종합하여 육천설을 형성하였다. 그리고 그 정당성을 위서에 더하여 유방이 감생제였던 것에서 찾았던 것이다.

앞에서 들었듯이 『사기』에는 유방이 스스로 흑제라고 선언했던 사실과 더불어 적제의 아들이었음을 함께 기록하였다. 이 때문에 유방이 오제 가운데 어느 쪽의 감생제인가 하는 의론은 후한시대까지 계속되었다. 『태평어람』 권90 「황왕부」15 '광무황제'에 인용된 『동관한기東觀漢紀』에,[34]

> 한나라 초창기에는 덕운德運·정삭正朔·복색服色에 정해진 바가 없었다. 고조는 진나라를 답습하여 10월을 세수歲首로 삼았고, 한나라를 수덕으로 삼아 북치를 세우고 흑제를 제사지냈다. 효문제 때에 이르러 가의와 공손신은 진나라는 수덕이므로 한나라는 마땅히 토덕이 되어야 한다고 주장하였다. 효무제 때에 이르러 예관倪寬과 사마천도 여전히 토덕에 따랐다. 광무제가 즉위하자 도참圖讖을 살피고 오운五運을 추론하여 한나라를 화덕으로 하였다. 주나라는 창蒼이고 한나라는 적赤이니, 수水[35]는 화火를 낳고, 적赤은 창蒼을 대신한다. 그러므로 광무제는 낙양을 도읍으로 정했다.

라고 하였듯이, 유방이 흑제로 칭했기 때문에 한은 처음에 수덕으로 하였고, 문제 때에도 오행상승설에 기초하여 토덕으로 하였다. 무제시대에도 예관과 사마천은 여전히 토덕에 따랐다고 한다. 후한의 광무제가 화덕으로 정할 때에 기초했던 도참에 대해서는 『사기』 권8 「고조본기」

에 대한 사마정의 『색은』에,[36]

> 『시함신무詩含神霧』에, "적룡赤龍이 여온女媼을 감응시키니, 유계劉季(유방)가 일어났다"고 하였다.

고 인용되어 있다. 『시경』의 감생제설을 답습한 시위詩緯 『시함신무』에 의해서[37] 유방이 감생제라는 것, 그리고 한이 화덕이라는 것이 설명되었다. 후한 '유교국가'에서 비로소 감생제인 유방의 화덕이 위서에 기초하여 확정되었다.

이를 이어받아서 정현은 앞에서 언급했듯이 『박오경이의駁五經異義』에서 "유온은 한 태상황의 처로서 적룡에 감응하여 고조를 낳았다. 이는 아버지가 있는데도 신에 감응하여 태어난 것이 아니겠는가!"라고 하였다. 정현은 위서를 논거로 삼아 유방이 적제 적표노의 정精에 감응하여 태어난 감생제임을 확신하였던 것이다.

이상에서처럼 정현의 육천설은 전한의 제사 특히 감천의 태치에서 제사를 지낸 현실을 배경으로 구축되었다. 감천태치의 태일이 호천상제, 오제가 오천제에 해당되는 것이다. 이의 정통성을 증명하는 것이, 『정전』에서 『모전』을 파괴하면서까지 주장된 감생제설이었다. 그리고 정현은 감생제설의 최종적인 정통성을 유방이 감생제라는 것으로 담보하였다. 한이라는 왕조에서 살았다는 현실은 정현의 주장을 근저에서 규정하고 있었던 것이다.

맺음말

『시경』의 원의에 담겨있던 종교성은, 유방이 흑제라고 칭하였고 적제의 아들로 간주하는 『사기』의 기술을 배경으로, 정현에게 감생제설을 주장하게 하였다. 정현은 나아가 무제시기에 감천의 태치에서 제사를 지낸 현실을 배경으로 육천설을 구축하였는데, 그 정당성 역시 감생제설로 증명하였다. 정현은 감생제설의 논거를 유방에서 구함으로써, 옹의 오치로부터 감천의 태치로 이어지는 전한시대 제천의 현실을 무시할 수 없었다. 그리하여 육천설은 『주례』를 중심으로 하는 정현의 경학을 체계화했을 뿐 아니라, 소호를 포함시킴으로써 한요후설·한화덕설을 정통화하고, 나아가서는 전한시대 제천의 현실까지도 경학체계 속에 수렴하는 역할을 수행했던 것이다.

정현 경학의 체계성은 경전 상호간의 모순을 없애고, 철학사상 내에서의 종합성만을 추구한 것이 아니었다. 한의 현실 속에서 생겨난 천의 제사의 현실까지도 그 사정거리에 두었다. 따라서 후한의 현실 제사체계와 정현의 그것이 달랐던 것에 대해서, 정현은 그것을 바로 잡고자 하는 의사를 보였을 것이다. 이 문제에 대해서는 다음 장에서 논하기로 하겠다.

1) 『시경』의 문학성을 추구하는 이러한 연구의 계보에 대해서는 牧角悅子, 「詩經の文學性—聞一多の古代學を中心に」(2007) 참조.
2) 加賀榮治는 『中國古典解釋史(魏晉篇)』(1964)에서는 정현의 경전해석을 "대통일제국의 질서체계로서, 그 근원을 대통일제국의 중심인 왕자에 두고, 그 왕자가 마침내 천신과 직결되는 것으로 이해했다"고 의미를 부여하여 그 종교성의 높이를 지적하였다. 또한 정현의 생애와 학문 및 후세에 대한 영향에 대해서는 藤堂明保, 「鄭玄研究」(1986) 및 耿天勤, 『鄭玄志』(2003) 참조.
3) 案鄭『六藝論』云, "注『詩』宗毛爲主. 毛義若隱略, 則更表明. 如有不同, 卽下己意, 使可識別也"(『經典釋文』 卷5, 「毛詩音義上」).
4) 정현이 『육예론』의 「詩論」에서 詩는 禮의 운용을 원활하게 하도록 하기 위해 지어졌다고 주장했다는 것은 間嶋潤一, 「鄭玄の『六藝論』の「詩論」について」(1981) 참조.
5) 辺土名朝邦은 「鄭玄の詩經解釋學」(1980)에서 『鄭箋』의 『毛傳』 파괴원칙을 (1)구성의 균형을 지향한다, (2)聲訓에 의거하여 詩文을 고쳐 읽는다, (3)三家詩에 따른다, (4)時制的 思考, (5)讖緯에 따른다는 5종류로 분류한다.
6) 南昌宏은 「鄭玄の感生帝說—周の始祖說話を中心として」(1992)에서 감생제설에 대한 학설사를 정리하였다.
7) 履帝武敏歆, 攸介攸止. 載震載夙, 載生載育, 時維後稷. [毛傳] 履, 踐也. 帝, ①高辛氏之帝也. 武, 跡. 敏, 疾也. ②從於帝而見於天. 將事齊敏也. 歆, 饗. 介, 大也. 攸止, 福祿所止也. 震, 動. 夙, 早. 育, 長也. 后稷播百穀以利民. [鄭箋]云, 帝, 上帝也. 敏, 拇也. 介, 左右也. 夙之言肅也. 祀郊禖之時, ③時則有大神之跡. 姜嫄履之. 足不能滿. 履其拇指之處, 心體歆歆然其左右, 所止住, 如有人道感己者也. 於是遂有身. 而肅戒不復御. 後則生子而養長. 名曰棄. 舜臣堯而擧之. 是爲后稷(『毛詩正義』 卷17, 「大雅·生民」). 또한 『詩經』 「魯頌·閟宮」에 대한 『鄭箋』에서도 후직의 탄생을 감생제설로 해석한다.
8) 이에 대한 王肅의 鄭玄 비판에 대해서는 渡邉義浩, 「王肅の祭天思想」(2008) 참조. 劉毓慶 等編, 『詩義稽考』에 「生民」에 대한 역대 학설이 정리되어 있다.
9) 『正義』曰, "鄭以此及「玄鳥」, 是說稷以跡生·契以卵生之經文也. ④『河圖』曰, '姜嫄履大人跡生后稷.' ⑤『中候·稷起』云, '蒼耀稷生感跡昌.' … ⑥(鄭箋)意以爲非帝嚳之妃. ⑦『史記』嚳以姜嫄爲妃, 是生后稷, 明文皎然"(『毛詩正義』 卷17, 「大雅·生民」).
10) 감생제설이 위서에 많이 보이며, 그 근본에는 한 고조의 神權性과 火德의 주장이 있다는 것에 대해서는 安居香山, 「感生帝說の展開と緯書思想」(1979) 참조.
11) 鄭玄의 『尙書中候』에 대한 주 및 이 책에서 설명하는 周의 受命에 대해서는 間嶋潤一, 「『尙書中候』における周の受命神話について」(1997) 참조.
12) 鄭玄이 의거한 三家詩도 緯書에 기초했다는 것은 大川尙節, 『三家詩より見たる鄭玄の詩經學』(1937) 참조. 정현이 三禮注에 三家詩를 이용했다는 것은 大川尙節의 저서 이외에도 王秀臣의 『三禮用詩考論』(2007)에서도 논증하고 있다. 『毛傳』과 『鄭箋』의 관계에 대해서는 文幸福, 『詩經毛傳鄭箋弁異』(1989) ; 梁錫鋒, 『鄭玄以禮箋詩研究』

(2005) 참조. 양한시대 三家詩에 대해서는 趙茂林, 『兩漢三家『時』研究』(2006) 참조.

13) 天命玄鳥, 降而生商. 宅殷土芒芒. [毛傳] 玄鳥, 鳦也. 春分, 玄鳥降. 湯之先祖有娀氏女簡狄, 配高辛氏帝. 帝率與之祈于郊禖而生契. 故本其爲天所命, 以玄鳥至而生焉. 芒芒, 大貌. [鄭箋]云, 降, 下也. 天使鳦下而生商者, 謂鳦遺卵, 娀氏之女簡狄吞之而生契(『毛詩正義』 卷20, 「商頌·玄鳥」).

14) 間嶋潤一은 「鄭玄の感生帝說に就いて」(1985)에서 『毛傳』에서 郊禖를 천에 대한 제사로 이해한 점을 중시하여 『모전』도 후직의 출생을 종교적·신비적인 차원에서 파악하고자 하였다고 지적하였다. 郊禖에 대해서는 池田末利, 「高禖信仰の成立—古代中國の原始母神」(1965) 참조.

15) 『詩經』 「商頌 ·長發」에서도 『鄭箋』은 감생제설로 설의 탄생을 설명하였다.

16) 「玄鳥」, 祀高宗也. [鄭箋] 祀當爲祫, 祫, 合也. … 崩而始合祭於契之廟, 歌是詩焉. 古者君喪, 三年既畢, 禘於其廟, 而後祫祭於太祖. 明年春, 禘於羣廟. 自此之後, 五年而再殷祭. 一禘一祫, 『春秋』謂之大事(『毛詩正義』 卷20, 「商頌·玄鳥).

17) 池田秀三, 「鄭學における「毛詩箋」の意義」(2007) 참조. 『魯禮禘祫義』에 보이는 정현의 체협론에 대해서는 間嶋潤一, 「鄭玄の 『魯禮禘祫義』の構造とその意義」(1985) 참조.

18) 祭法. 有虞氏禘黃帝而郊嚳, 祖顓頊而宗堯. 夏后氏亦禘黃帝而郊鯀, 祖顓頊而宗禹. 殷人禘嚳而郊冥, 祖契而宗湯. 周人禘嚳而郊稷, 祖文王而宗武王. [鄭注] 禘·郊·祖·宗, 謂祭祀以配食也. ①此禘, 謂祭昊天於圜丘也. ②祭上帝於南郊曰郊. 祭五帝·五神於明堂曰祖·宗. 祖·宗通言爾. 下有禘·郊·祖宗(『禮記注疏』卷46, 「祭法」).

19) 이 밖에 鄭玄은 祖·宗을 明堂總享으로 해석한다. 이러한 정현의 해석에 대해서, 王肅은 禘를 宗廟의 大祭로 본다. 鄭玄의 祭天思想에 대해서는 間嶋潤一, 「鄭玄の祭天思想に就いて— 『周禮』國家における圜丘祀天と郊天」(1987) 참조. 역대 郊祀制度에 대해서는 小島毅, 「郊祀制度の變遷」(1989) 참조.

20) 『禮』, 不王不禘, 王者禘其祖之所自出, 以其祖配之. [鄭箋] 凡大祭曰禘. 自, 由也. ③大祭其先祖所由生, 謂郊祀天也. ④王者之先祖, 皆感大微五帝之精以生, 蒼則靈威仰, 赤則赤熛怒, 黃則含樞紐, 白則白招拒, 黑則汁光紀, 皆用正歲之正月郊祭之, 蓋特尊焉. ⑤『孝經』曰, "郊祀后稷以配天", 配靈威仰也. "宗祀文王於明堂, 以配上帝", 汎配五帝也(『禮記注疏』 卷34, 「大傳」).

21) 五帝를 비롯해서 정현이 위서에 의거하여 경학을 체계화하였고, 『육예론』에서 "六藝는 圖에서 생겨나는 바이다"라고 하였듯이, 정현의 학문·사상의 근본이념인 六藝의 一體觀이 위서에 의거하여 만들어졌다는 것은 池田秀三, 「緯書鄭氏學硏究序說」(1983) 참조.

22) 정현이 『주례』를 중심으로 각 경전을 체계화한 방법에 대해서는 加賀榮治, 『中國古典解釋史(魏晉篇)』(1964) 참조.

23) 鄭注『中候』「敕省圖」, 以伏犧·女媧·神農三代爲三皇, 以軒轅·少昊·高陽·高辛·陶唐·有虞六代爲五帝. 德合北辰者皆稱皇, 感五帝座星者皆稱帝, 故三皇三而鄭注五帝六也(『毛詩正義』 「詩譜序」).

24) 이점은 南沢良彦, 「『帝王世紀』の成立とその意義」(1992)에서 지적하고 있다.

25) 이러한 오제의 설은 본래 劉歆이 『춘추좌씨전』에 기초하여 주장하였으며, 賈逵 등

좌전학파에 의해서 계승된 것이다. 이에 대해서는 본서 제1장 참조.

26) 目黑杏子는 「前漢武帝期における郊祀體制の成立—甘泉泰畤の分析を中心に」(2003)에서 전한 원제시기에 '舊儀'로 간주되었던 漢家의 祭祀를 상세하게 해명하였으며, 아울러 이들 제사는 다양한 세계관제사론을 풍부하게 수렴하여 창출된 것이라고 그 의의를 부여하였다.

27) 漢興, 高祖之微時, 嘗殺大蛇. 有物曰, "蛇, 白帝子也, 而殺者赤帝子." 高祖初起, 禱豐枌榆社. 徇沛, 爲沛公, 則祠蚩尤, 釁鼓旗. 遂以十月至灞上, 與諸侯平咸陽, 立爲漢王. 因以十月爲年首, 而色上赤. 二年, 東擊項籍而還入關, 問, "故秦時上帝祠何帝也?" 對曰, "①四帝, 有白·青·黃·赤帝之祠." 高祖曰, "吾聞天有五帝, 而有四, 何也?" 莫知其說. 於是高祖曰, "吾知之矣, 乃待我而具五也." ②乃立黑帝祠, 命曰北畤. 有司進祠, 上不親往. 悉召故秦祝官, 復置太祝·太宰, 如其故儀禮(『史記』 卷28, 「封禪書」).

28) 『異義』, "『詩』齊·魯·韓『春秋公羊』說'聖人皆無父, 感天而生', 『左氏』說'聖人皆有父.' 謹案「堯典」'以親九族', 即堯母慶都, 感赤龍而生堯, 堯安得九族而親之? 『禮讖』云'唐五廟', 知不感天而生." 玄之聞也, 諸言感生得無父, 有父則不感生, 此皆偏見之說也. 「商頌」曰, "天命玄鳥, 降而生商." 謂娀簡吞鳦子生契, 是聖人感見於經之明文. 劉媼是漢太上皇之妻, 感赤龍而生高祖, 是非有父感神而生者也!(『毛詩正義』 卷17, 「大雅·生民」).

29) 『隸釋』 卷1에 저록된 「帝堯碑」에서도 요임금을 감생제로 이해하였다. 후자의 제사와 후한국가와의 관계에 대해서는 渡邉義浩, 『後漢國家の支配と儒教』를, 漢家의 故事에 대해서는 본서 제3장 참조.

30) 亳人謬忌奏祠太一方曰, "天神貴者太一. 太一佐曰五帝. 古者天子以春秋祭太一東南郊, 用太牢, 七日, 爲壇開八通之鬼道." 於是天子令太祝立其祠長安東南郊, 常奉祠如忌方 (『史記』 卷28, 「封禪書」).

31) 津田左右吉, 「太一について」(1924). 福永光司는 「昊天上帝と天皇大帝と元始天尊—儒教の最高神と道教の最高神」에서 馬融이 『尙書』를 해석하면서 上帝를 太一로 이해하였음을 지적하였다.

32) 中宮天極星. 其一明者, 太一常居也. [索隱] 案, 『春秋合誠圖』云, "紫微, 大帝室, 太一之精也."(『史記』 卷27, 「天官書」·索隱).

33) 加賀榮治, 『中國古典解釋史(魏晉篇)』(1994), 113쪽.

34) 自漢草創, 德運·正朔·服色未有所定. 高祖因秦, 以十月爲正, 以漢水德, 立北畤而祠黑帝. 至孝文, 賈誼公孫臣以爲, 秦水德, 漢當爲土德. 至孝武, 倪寬·司馬遷, 猶從土德. 自上即位, 案圖讖, 推五運, 漢爲火德. 周蒼漢赤, 水生火, 赤代蒼, 故上都雒陽(『太平御覽』 卷90, 「皇王部」15 '光武皇帝'에 인용된 『東觀漢紀』).

35) 저본으로 삼은 四部叢刊本 『太平御覽』에도, 吳樹平, 『東觀漢記校注』(1987)에도 '水生火'로 되어 있는데, 福井重雅가 「班固の思想 初探—とくに漢堯後說と漢火德說を中心として」(2000)에서 지적대로 '木生火'가 되어야 할 것이다.

36) 『詩含神霧』云, "赤龍感女媼, 劉季興"(『史記』 卷8, 「高祖本紀」·索隱). 이 밖에 『春秋握成圖』云, "劉媼夢赤鳥如龍戲己, 生執嘉"(『史記』 卷8, 「高祖本紀」·正義)·『春秋握成圖』曰, "執嘉妻含始, 游雒池, 赤珠出, 刻曰, '玉英吞此爲王客, 以其年生劉季, 爲漢皇"(『太平御覽』 卷136, 「皇親部」2)라는 두 가지 사례를 볼 수 있다. 安居香山, 「詩緯より

見た緯書成立の考察」(1979) 참조.

37) 詩緯가 『齊詩』와 관련되면서 원제·성제시대 이후 성립하였다는 것은 安居香山, 「詩緯より見た緯書成立の考察」(1979) 참조.

제 6 장

양한시대 천의 제사와 육천설

제6장 양한시대 천의 제사와 육천설

머리말

양한시대에 창안된 천의 제사는 군주권의 정통성을 보여주는 것으로서 중국전근대의 국가에 계승되었다. 그러나 군주가 거행하는 천의 제사의례는 전한과 후한 사이에 커다란 차이가 있었다. 그 차이는 후한시대 '유교국가'의 형성에 그 원인이 있다고 생각되는데, 후한에서는 '한가의 고사'로서 존중해야 할 전한 이래 천의 제사와 유교의 경의를 어떻게 습합시켰을까?

중국의 군주는 천과의 관계 속에서 천자라는 작위를 사용하였을 뿐 아니라, 황제라는 정식칭호를 갖고 있었다. 이 두 가지 군주의 칭호는 각각 군주에게 어떠한 정통성을 부여하였고, 천과 어떠한 관계를 갖고 있었을까? 나아가 후세의 경학에 커다란 영향을 끼친 후한 말의 정현은 육천설이라 칭해지는 독자적인 천의 관념을 창출했는데, 정현은 후한의 어떠한 현실을 배경으로, 무엇을 목적으로 이렇게 특이한 천의 관념을 주장했을까?

본장은 이러한 문제들에 답을 함으로써, 중국 고대국가에서 천의 제사를 지탱한 이념과 현실의 관계를 고찰하고자 한다.

1. 양한시대 천의 제사

한대 천의 제사는 유방의 아들 문제가 15년(기원전 165) 여름 4월, 황룡의 출현과 풍년을 계기로 진의 태치사제泰畤四帝를 계승하여 옹의 오치에서 오제를 제사지낸 것에서 시작된다.1) 이듬해 문제는 위양渭陽의 오제묘五帝廟라는 독자적인 상제 제사장소를 창설하였지만 모두 한 차례의 제사에 그쳤고, 경제도 중원 6년(기원전 144)에 옹오치의 제사를 거행했을 뿐이다.

천을 본격적으로 제사지내기 시작한 무제는 옹오치의 제사에 3년 1교라는 정기성을 부여했을 뿐 아니라, 천과 지를 한 짝으로 제사지내기 위해 '지제地祭' 하동후토河東后土와 '태일太一=상제上帝'론에 기초한 감천甘泉의 태치泰畤를 창설하였다. 특히 감천의 태치는 옹의 오치를 대신하여 전한시대 천의 제사의 중핵적 지위를 차지하게 된다(目黑杏子, 「前漢武帝期における郊祀体制の成立─甘泉泰畤の分析を中心に」, 2003」). 무제가 감천의 태치를 존중한 것은 『사기』 권28 「봉선서」에,2)

> 그해 가을 무제가 옹雍에 행차하여 교郊 제사를 지내려고 하였다. 어떤 사람이 말하였다. "오제는 태일의 보좌신입니다. 마땅히 태일 제사를 세워 천자께서 직접 교 제사를 지내야 합니다." 무제는 이 말을 의심하며 결정을 내리지 못했다. 제齊 지역 출신의 공손경公孫卿은 "올해 보정寶鼎을 얻었고, 이번 겨울 신사일辛巳日 초하루 아침이 동지인데, 이는 황제黃帝 때와 같습니다"라고 하였다. ... (공손경은) "(申公에게서 얻은 글에) '황제는 옹에 나아가 상제께 교 제사를 올리고, 그곳에서 3개월 동안 머물렀다. 귀유구鬼臾區는 대홍大鴻이라는 호를 받았는데, 죽은 뒤 옹 땅에 묻혔다. 이 때문에 홍총鴻冢이라 하였다. 그 후 황제는 명정明廷에서 온갖 신령들과 교접하였다. 명정이란 감천을 말한다'고 하였습니다"라고 말하였다.

라고 하였듯이, 원정 5년(기원전 112) 방사 공손경이 감천을 하늘로 올라가 신선이 된 황제黃帝가 온갖 신령들과 교접한 '명정明廷'으로 규정하였기 때문이다. 황제는 전국시대 제 지역을 중심으로 한 황로사상에 의해서 천지개벽 후의 혼돈상태에서 출현하여 인류에게 사회생활의 지침을 부여한 존재로 가탁되었으며, 『사기』의 「오제본기」에서는 오제의 첫머리가 되었다.3) 방사는 전국시대 말기부터 한초에 걸쳐 제齊·연燕을 주된 활동지역으로 삼고 추연鄒衍의 사상학술을 부회하여 괴이하고 황당한 설을 만들어 아첨과 영합을 일삼던 지식인층이다.4) 무제시대 천의 제사가 유교와는 무관하게 황로사상에 기초하여 방사의 손에 의해서 이루어졌음을 알 수 있다.

유교에 기초하여 이와 같은 천의 제사에 이의를 제기한 인물이 성제 즉위 때의 승상 광형匡衡이다. 『한서』 권25하 「교사지하」에5)

> 성제가 처음 즉위했을 때, 승상 광형과 어사대부 장담張譚이 상주하여 말하였다. "제왕의 일 가운데 하늘의 질서(天序)를 받드는 것보다 큰 것이 없으며, 하늘의 질서를 받드는 것은 교사郊祀보다 중요한 것이 없습니다. 그러므로 성왕聖王은 마음과 생각을 다하여 교사의 제도를 세웠던 것입니다. 천天을 남교南郊에서 제사하는 것은 양陽에 나아가는 의리입니다. 지地를 북교北郊에서 제사하는 것은 음陰에 나아가는 상징입니다. ... 감천의 태치와 하동의 후토 제사는 마땅히 장안으로 옮겨 옛 제왕의 경우와 부합하도록 해야 합니다. 원컨대 여러 신하들과 함께 논의하여 결정하도록 하소서." 상주는 재가되었다.

라고 하였듯이, 광형은 장담과 함께 제왕의 가장 중요한 임무는 하늘의 질서를 받드는 교사郊祀에 있다고 하면서, 유교에 기초하여 수도의 남쪽 교외에서 천을 제사지내는 교사제도를 실현해야 한다고 주장하였다. 다만 코지마 츠요시小島毅가 「교사제도의 변천郊祀制度の変遷」(1989)에서 지적한 대로, 이 상주문에는 유교경전의 전거가 보이지 않는다. 무제가 봉선을 행할 때에도 그랬듯이 유교에 의거하여 천을 제사지내는 것과 관련된 경의經義의 정비가 이루어지지 않았음을 이곳에서도 볼 수 있다.

그렇지만 성제는 이 상주문에 기초해서 건시 원년(기원전 32), 옹의 오치·감천의 태치·하동의 후토 등 세 제사를 폐지하고, 장안에 남북교南北郊를 설치하였다. 그런데 성제가 황자를 낳지 못하였고, 또 천변지이가 빈발하는 등의 이유로 장안의 남북교는 흥폐를 거듭하였다. 여기에 종지부를 찍은 인물이 평제 때의 대사마 왕망이다. 『한서』 권25상 「교사지하」에,6)

> 평제 원시 5년에 대사마 왕망이 상주하여 말하였다. "왕자는 천을 아버지로 섬기기 때문에 작爵을 천자라고 칭합니다. 공자께서는 ①'사람의 행실은 효보다 큰 것이 없고, 효는 아버지를 높이는 것보다 큰 것이 없으며, 아버지를 높이는 것은 천에 배향하는 것보다 큰 것이 없다'고 하였습니다. 왕자는 돌아가신 아버지를 높여 천에 배향하고자 할 때, 돌아가신 아버지의 뜻을 미루어 짐작하여 할아버지를 높이고자 하니, 이처럼 위로 계속 미루어 올라가면 마침내 시조에까지 이르게 됩니다. 이 때문에 ②주공께서는 교사郊祀를 지낼 때 후직을 천天에 배향하였고, 명당明堂에서 종사宗祀할 때 문왕을 상제上帝에 배향하였던 것입니다. ③『예기』에서 '천자는 천지와 산천에 제사하는데, 해마다 두루 제사지낸다'고 하였습니다. ④『춘추곡량전』에서는 '12월 하신일下辛日에 점을 치고, 정월 상신일上辛日에 교사를 지낸다'고 하였습니다." … 모든 사람들이 "건시 연간 때 승상 광형 등의 주장대로 장안의 남북교를 복구하여 이전처럼 해야 합니다"라고 하였다.

라고 하였듯이, 왕망은 천자라는 칭호로 표현되는 군주의 지위가 천과의 의제적인 부자관계로 지탱된다는 것을 ①『효경』「성치장」을 전거로 효를 매개로 삼아서 증명하였다. 그리고 같은 ②『효경』「성치장」에 기초하여 주나라에서의 배향을 제시하고, ③『예기』「곡례하」와 ④『춘추곡량전』 애공 원년 조를 인용하여 그 정통성을 경의에 의거하여 증명하였다. 이리하여 왕망은 유교에 기초한 교사를 확립하였다는 평가를 받게 되었다.7)

왕망이 확립한 교사단郊祀壇의 구체상은 『속한서』 지7 「제사상」의 주에 인용된 『삼보황도』에 전한다. 상세한 것은 메구로 쿄코目黑杏子의 「전한 무제기 교사체제의 성립—감천 태치의 분석을 중심으로前漢武帝期における郊祀体制の成立—甘泉泰畤の分析を中心に」(2006)라는 논문이 참고된다. 다만 본장의 논지 전개와 관련해서 주목되는 교사단의 특징은 팔방으로 계단이 있는 원형의 상제단이 있고, 그 주위에 오제의 단이 있어 각각의 방향에서 중앙의 상제단을 에워 쌓고 있다는 사실이다. 메구로의 논문에서 지적했듯이, 이는 감천의 태치를 계승한 것으로 생각된다. 무제를 섬긴 방사 유기謬忌가 오제를 '태일의 보좌신'이라고 한 주장이 수용된 것이다(본서 제5장 참조). 왕망은 상주하여 다음과 같이 말하였다. 『한서』 권25하 「교사지하」에,8)

> 오늘날 천신을 ① '황천상제태일皇天上帝泰一'이라고 칭하고, 그 조역兆域을 '태치'라고 합니다. 그런데 지기地祇를 '후토'라고 칭하는 것은 중앙의 황령黃靈과 서로 같습니다. 또 북교에 조역을 만들었지만 아직 존칭이 없습니다. 마땅히 지기를 '황추후기皇隆后祇'라 칭하고, 그 조역은 '광치廣畤'라고 해야 합니다. 『역』에 "같은 종류의 사물은 서로 한곳에 모이고, 다른 사물은 무리에 따라 서로 나뉜다"고 하였습니다. 여러 신들을 나누는데 종류에 따라 서로 따르게 하여 5부로 만들고, 천추天墜의 별신別神을 위한 조역을 만들어야 합니다. 중앙은 ② 제황령후토帝黃靈后土의 치畤 및 일묘日廟·북신北辰·북두北斗·전성塡星·중수중궁中宿中宮이니, 장안성의 미未 방위에 조역을 만듭니다. 동방은 ② 제태호청령구망帝太昊青靈勾芒의 치畤 및 뇌공雷公·풍백묘風伯廟·세성歲星·동수동궁東宿東宮이니, 동교에 조역을 만듭니다. 남방은 ② 염제적령축융炎帝赤靈祝

> 融의 치畤 및 형혹성熒惑星·남수남궁南宿南宮이니, 남교에 조역을 만듭니다. 서방은 ② 제소호백령욕수帝少皞白靈蓐收의 치畤 및 태백성太白星·서수서궁西宿西宮이니, 서교에 조역을 만듭니다. 북방은 ② 제전욱흑령현명帝顓頊黑靈玄冥의 치畤 및 월묘月廟·우사묘雨師廟·진성辰星·북수북궁北宿北宮이니, 북교에 조역을 만듭니다.

라고 하였듯이, 상제를 ①'황천상제태일'이라 칭하였다. 유교적인 '황천상제(호천상제)'와 황로적인 '태일'을 융합한 것이다. 또 옹오치 이래의 전통을 갖는 오제에게도 ②'제황령후토'·'제태호청령구망'·'염제적령축융'·'제소호백령욕수'·'제전욱흑령현명'이라는 명칭을 부여하면서 각각의 조역을 정하였다. 성제기에 옹의 오치·감천의 태치·하동의 후토 등 세 제사를 폐지한 후 천변지이가 지속되어 남북교가 흥폐했던 역사적 경험을 거울삼아, 왕망은 유교의 경의뿐 아니라 무제기에 성행했던 황로사상에 기초한 방사의 제천사상까지도 수렴했던 것이다. 왕망의 시대에 유교에 기초하여 천을 제사했다는 것은 틀림없다. 다만 유교의 경의에만 따르는 제사는 아니었던 점에 유의해야 한다. '유교국가'는 왕망시대에는 아직 형성되지 못하였던 것이다.

후한을 건국한 광무제 유수는 건무 2년(26) 교사를 거행할 때, '원시의 고사'로서 왕망의 제천의례를 계승하면서도, 그것에 약간의 개정을 가하였다. 『속한서』 지7 「예의지」에,[9]

> (건무) 2년 정월, 처음으로 교사의 조역을 낙양성의 남쪽 7리 되는 곳에 조성하였는데, 호鄗 땅과 이웃하였다. 원시 연간의 고사를 채용한 것이다. 여덟 계단이 있는 둥근 제단을 만들고, 중앙에 또 이중의 제단을 만들어 그 위에 천과 지의 신위를 설치하였는데, 모두 남쪽을 향하되 서쪽을 윗자리로 삼았다. 그 바깥 제단 위에 오제의 신위를 설치하였다. 청제靑帝의 신위는 갑인甲寅의 땅에 있고, 적제赤帝의 신위는 병사丙巳의 땅에 있고, 황제黃帝의 신위는

정미丁未의 땅에 있고, 백제白帝의 신위는 경신庚申의 땅에 있고, 흑제黑帝의 신위는 임해壬亥의 땅에 있었다. 그 제단의 바깥쪽에 담장(壝)을 만들었다. 겹으로 조영하는데 모두 자색紫色으로 하여 자궁紫宮을 상징하였다.

라고 하였듯이, 팔방으로 여덟 계단이 있는 원형의 제단 중앙에 이중의 제단을 만들어 천과 지를 위에서, 오제를 밖에서 제사지냈다. 이곳에서 오제는 각각 방색에 따라 칭해지고, 네 계절의 순환을 상징하는 오행을 관장하는 것으로서 제사를 받고 있다.[10] 왕망이 앞의 상주문에서 말한 황제(헌원씨)·태호(복희씨)·염제(신농씨)·소호(금천씨)·전욱(고양씨)이라는 인제人帝로서의 명칭은 이곳에는 기록되어 있지 않다. 하지만 오제를 결코 상제로서 제사지낸 것은 아니다. 왕망의 '원시의 고사'도, 광무제의 교사도 오제를 오행을 관장하는 인제로 규정했다는 점에서는 공통된다. 제사의 세세한 부분에 다소의 차이는 있지만, 광무제는 '원시의 고사'를 계승했다고 『속한서』에서 평가하는 까닭이다.

광무제는 공손술公孫述을 타도한 후, 고제高帝의 배향을 거행하는 등 제사를 증가시키면서 제사의 개정을 계속하였다. 그렇지만 유교에 기초한 '원시의 고사'는 기본적으로는 계승되어 백호관회의에서 그것이 승인되었다. 회의의 결과를 정리한 『백호통』의 「교사」는 망실되었지만, 『북당서초』 권90 「예의부」11에 인용된 일문逸文에,[11]

『백호통』에서 말하였다. "왕자가 천에 제사를 올리는 것은 무엇 때문인가? 아버지를 섬기는 것을 인하여서 천을 섬기는 것이다."

라고 하였다. 천과 천자가 아버지와 아들의 관계와 마찬가지로 효에 의해서 맺어진다는 『효경』 「성치장」의 사고에 기초한 제사의 이념은 백호관회의에서 승인되었다. 이렇듯 후한시대 천의 제사는 광무제기에 확정된 교사제도를 계승하였다.

이상에서처럼 양한시대 천의 제사는 진의 태치사제를 계승하는 (1)옹의 오치와, 무제기에 중심으로 여겨졌던 (2)태일과 오제를 제사하는 감천의 태치라는 비유교 계통의 제사에서, 성제기를 획기로 하여 왕망에 의한 (3)남북교의 확립과 그 '원시의 고사'를 기본적으로 계승한 (4)후한의 교사라는 유교 계통의 제사로 크게 전개되었다. 다만 (1)·(2)의 비유교 계통의 제사는 유교 계통의 제사에 의해서 축출된 것이 아니라, 오인제의 제사로서 (3)·(4)의 유교 계통의 제사에서도 계승되었다. 후한의 제천의례는 (3)·(4)의 유교 계통을 위에 두고, (1)·(2)의 비유교 계통을 아래에 두는 형태로, '원시의 고사'를 계승하였던 것이다. 따라서 왕망 시대 이후 유교경의를 전거로 하지 않는 오인제의 제사는 계속되었다. 이에 대하여 정현은 위서를 전거로 하는 육천설을 제시하여 맹렬하게 이에 반론을 폈다.

2. 정현의 육천설과 위서

한의 경학을 집대성한 정현은 육천설이라 불리는 독자적인 천의 관념에 기초하여 남교와 원구를 병존시키는 제천의례를 주장하였다.12) 육천설이란 지고신인 호천상제 이외에 오행을 주관하여 역대 왕자의 수명제가 되는 창제 영위앙(목 주관), 적제 적표노(화 주관), 황제 함추뉴(토 주관), 백제 백초거(금 주관), 흑제 즙광기(수 주관)의 오제(오천제) 등 여섯 종류의 천제를 상정하는 사상이다. 정현은 육천설에 기초하여 천의 제사를 두 가지로 구분하고, (1)호천(호천상제)을 원구에서 제사지내고(圜丘祀天), (2)상제(오천제)를 남교에서 제사지내야(南郊祭天) 한다고 하였다. 이러한 정현의 육천설이 감생제설로 지탱되었음은 이미 본서 제5장에서 논하였다. 따라서 본장에서는 육천설이 논거로 삼고 있는 위서에 나타나는 천의 사상과 육천설, 그리고 후한시대 현실 제사와의 관계를 검토하고자 한다.

후한시대 남교에서 제사를 지내는 오제가 왕망의 그것과 마찬가지로 인제였다는 것은 「1. 양한시대 천의 제사」에서 논한 대로다. 그러나 위서에서 말하는 오제는 인제人帝가 아니라 천제天帝다. 『태평어람』 권76 「서황왕상敍皇王上」에,[13]

> 『상서위尙書緯』에 "제帝란 하늘의 호칭이고, 왕王이란 사람의 칭호이다. 하늘에는 오제가 있는데, 이것으로 이름을 세운다. 사람에게는 삼왕이 있는데, 이것으로 법도를 바로잡는다. 천자天子는 작爵의 칭호이고, 황皇이란 빛난다(煌煌)는 뜻이다"라고 하였다.

고 되어 있다. 야스이 쿄잔安居香山·나카무라 쇼하치中村璋八에 의하면, 이곳에서의 『상서위』는 『상서선기령尙書璇璣鈴』이다.[14] 『수서』 권32 「경적지」에, "『상서위』 3권, 정현주, 양梁에 6권이 있다"고 저록되어 있듯이, 정현은 『상서위』에 주를 붙여[15] 그 내용을 숙지하고 있었다. 『상서위』에서는 제帝란 하늘의 호칭이며, 하늘에는 오제五帝가 있다고 하였다. 그 명칭은 『예기주소』 권5 「곡례」에,[16]

> 『춘추위문요구春秋緯文耀鉤』에, "창제蒼帝를 영위앙靈威仰이라고 하고, 적제赤帝를 적표노赤熛怒라고 하고, 황제黃帝를 함추뉴含樞紐라고 하고, 백제白帝를 백초거白招拒라고 하고, 흑제黑帝를 즙광기汁光紀라고 한다"고 하였다.

라고 하였듯이, 『춘추위문요구』에 의거하여 각각 규정되었다.

후한시대 유교경의儒敎經義에서 위서가 중요한 역할을 수행했다는 것은 후한 '유교국가'의 경의를 규정한 백호관회의의 내용을 정리한 반고의 『백호통』의 제호帝號에 관한 의론이 위서를 논거로 삼고 있는 것에서도 엿볼 수 있다. 천자 칭호와 황제 칭호가 병존하는 것에 대해서 『백호통』 「호」에는,17)

> '천자'로 칭하기도 하고 '제왕'으로 칭하기도 하는 것은 무엇 때문인가? 생각건대, 위(하늘)와 접할 때 천자라고 칭하는 것은 작위를 가지고 천을 섬긴다는 뜻을 밝히기 위한 것이다. 아래(인민)와 접할 때 제왕이라고 칭하는 것은 그 지위와 칭호가 천하에서 지극히 존귀하여 그것으로 신하를 호령한다는 뜻을 밝히기 위한 것이다.

라고 하였다. 황제(여기서는 제왕)가 공으로 그 지위에 나아가 신하를 호령하는 자로 규정되는 것에 반하여, 천자는 '천을 섬기는' '천의 아들'이다. 또 『태평어람』 권76 「서황왕상」에,18)

> 『효경구명결孝經鉤命訣』에, "삼황三皇은 천천히 걷고, 오제五帝는 빠르게 걷고, 삼왕三王은 달리고, 오패五霸는 질주한다. '천자'라고 칭하기도 하고 '제왕'이라고 칭하기도 한다. 무엇을 가지고 이렇게 말하는가? 위(하늘)와 접할 때 천자라고 칭하는 것은 작위를 가지고 천을 섬긴다는 뜻을 밝히기 위한 것이다. 아래(인민)와 접할 때 제왕이라고 칭하는 것은 그것으로 신하를 호령한다는 뜻을 밝히기 위한 것이다"라고 하였다.

라고 하였듯이, 『백호통』에서 황제와 천자의 차이를 서술한 부분의 전거는 『효경구명결』이라는 효경위孝經緯였다. 이와 같은 한의 경학을 집대성한 탓으로 정현의 경전해석도 위서를 중심에 두고 있었다. 이케다 슈조池田秀三는 「위서 정씨학 연구 서설緯書鄭氏學研究序說」(1983)에서 정현의 학문·사상의 근본이념인 육예의 일체화는 전면적으로 위서에 의해서 이루어졌으며, 그의 학문적 영위는 결국 모두 위서 위에서 구축되었다고 해도 과언이 아니라고 하였다. 그런데 위서의 규정은 후한의 현실 제사와 일치하지 않았다. 현실의 제사는 '한가의 고사'도 계승하고 있었기 때문이다(본서 제3장 참조). 위서에서는 오제를 천으로 규정하였음에도 불구하고, 후한의 현실에서는 오제를 인제로 이해하여 호천상제의 아래에 두었다. 위서의 규정과는 합치되지 않는다.

이러한 현실상황을 거울삼아 위서에 기초하여 구축한 제천사상이 육천설이며, 이를 통해서 정현은 한을 바로잡고자 하였다. 후한 말의 전란기를 살았던 정현은 당초에는 한의 개혁을 목표로 하였다. 황건의 난으로 인한 혼란 속에서 동탁董卓을 섬겨 한의 예제를 바로잡고자 했던 채옹蔡邕이 동탁을 타도한 왕윤王允과 여포呂布에게 죽임을 당하자, 정현은 "한의 세상일을 누구와 더불어 바로잡겠는가!"(『後漢書』 列傳50下, 「蔡邕傳」)라고 탄식하였다. 그러나 71세 때, 정현은 원소袁紹의 초빙으로 무재茂才에 추거하고, 좌중낭장左中郎將으로 추천되었지만 결국 관직에 나아가지 않았으며, 관도官渡 전투 때에 원담袁譚의 영접을 받으며 관도로 향하였지만 도중에 병이 위독해져 건안 5년(200)에 74세로 세상을 떠났다(『後漢書』 列傳25, 「鄭玄傳」).

카나야 오사무金谷治는 「정현과 논어鄭玄と論語」(1978)에서 정현이 정계에 나가지 않았던 것은 현실의 사회·정치에 대한 무관심 때문이 아니라, 오히려 당시의 불안정한 정치정세와 자신의 재능을 충분히 펼칠 만한 왕조의 실력이 없어서 어쩔 수 없이 선택한 길이었다고 하였다. 정현은 한에서가 아니라 새로운 세계를 위해 자신의 경학을 체계화하였다. 정현은 『춘추』의 '획린獲麟'을 한을 위한 것으로 이해하지 않는다. 『춘추좌전정의』 권1 「춘추서春秋序」에,[19]

> 정현은 『육예론』에서, "공자는 (주의 천왕이) 서쪽으로 가서 사냥을 하다 기린을 잡은 이후 스스로 소왕素王이라고 칭하였다. 후세 수명受命의 군주를 위해 명왕明王의 법을 만들었다"고 하였다.

라고 하였듯이, 정현은 공자가 소왕임을 인정하면서도, 후세의 수명 군주를 한漢으로 특정하지 않았다. 정현이 비판한 하휴는 『춘추공양전해고』 애공 전 14년 조에서 "『춘추』의 의리를 만들어 후세의 성인을 기다린다(制『春秋』之義, 以俟後聖)"라고 한 것에 대해, "성한聖漢의 왕이 이것으로 법을 삼기를 기대한 것이다(待聖漢之王以爲法)"라고 주를 붙였다. 소왕인 공자가 후세의 '성한'을 위해 진정한 왕자가 될 수 있는 법을 『춘추』에서 제시하였다고 이해한 것이다(본서 제1장). 그러나 정현은 한에 대한 그와 같은 배려를 하지 않는다. 혁명은 목전에 다가오고 있었다. 이런 와중에서 정현은 태평을 희구한다. 돈황본敦煌本 『논어정씨주論語鄭氏注』에서는 태평을 실현하였는지의 여부를 기준으로 순임금과 무왕의 우열을 논하였다(金谷治, 鄭玄と論語」, 1978). 태평이 실현될 수 만 있다면 혁명은, 그리고 한의 멸망은 인정하지 않을 수 없다.

정현 경학의 목적은[20]) 혁명을 가능케 하는 육천설의 정당성을 감생제설을 통해 실증하고, 한을 대신할 새로운 천하의 규범을 준비하는 데에 있었다. 한을 위해 공자가 『춘추』를 저술했던 것처럼, 스스로가 후왕을 위해 경전에 주를 붙였다. 이러한 가운데에서 창설된 정현의 육천설이 한의 제사와의 관계에서 어떠한 천을 지향하였는가를 고찰하는 전제로서, 한의 군주의 두 가지 칭호인 황제와 천자를 『예기』「예운」에 정리된 군주와 천의 관계 속에서 검토하고자 한다.

3. 황제·천자와 천하위공天下爲公·천하위가天下爲家

한대 이후 중국의 군주가 황제와 천자라는 두 가지 군주 칭호를 갖고 있었으며, 전한 후반기 이후 황제는 국내정치에 사용되었고 천자는 만이蠻夷 및 제사를 지낼 때에 사용되었다는 기능분담을 밝힌 것은 니시지마 사다오西嶋定生였다.21) 그러나 니시지마 사다오가 「황제지배의 성립皇帝支配の成立」(1970)에서 황제의 자의를 '황황상제煌煌上帝(빛나고 빛나는 상제)'로 해석한 것은 문제가 있다. 호천상제라는 자구가 처음 등장하는 것은 『시경』「대아·운한雲漢」인데, 같은 『시경』「대아·황의皇矣」는

> 皇矣上帝, 臨下有赫(위대하구나 상제여, 아래로 굽어보심이 밝으시어)

라는 자구로 시작된다. '황제'의 '제'가 '상제'라면 '황제'라는 칭호는 무엇보다 『시경』「대아·황의」를 가장 직접적인 전거로 할 것이다. 하지만 진의 시황제가 유교경전을 전거로 황제라는 칭호를 제정했을 리는 없다. 『사기』 권6 「진시황본기」에,22)

> 진이 비로소 천하를 병합하였다. 승상·어사에게 명하여 말하였다. "… 과인이 보잘 것 없는 몸으로 군사를 일으켜 포란暴亂을 주멸할 수 있었던 것은 조상의 혼령이 돌보아주셨기 때문이다. 여섯 왕들이 모두 그 죄를 자복하니, 천하는 크게 안정되었다. 이제 칭호를 바꾸지 않는다면 성공에 걸맞게 후세에 전할 수 없다. ① 제호帝號를 의론하도록 하라." 승상 왕관王綰·어사대부 풍겁馮劫·정위 이사李斯 등은 모두 말하였다. "옛날에 오제五帝는 땅이 방 천리였고, 그 밖으로 후복侯服·이복夷服이 있었습니다. 제후들이 조회를 하거나 하지 않거나 하여도 천자는 통제할 수 없었습니다. 이제 폐하께서는 의로운 군사를 일으켜 잔적들을 주멸하시어 천하를 평정하셨습니다. 온 천하는 군현郡縣이 되

> 었고, 법령은 일통一統에서 나오고 있으니, 상고시대 이래로 없었던 일로서, ② 오제五帝도 미치지 못하는 바입니다. 신 등은 삼가 박사와 더불어 의론하였는데 '옛날에 ③ 천황天皇이 있고, 지황地皇이 있고, 태황泰皇이 있었는데 태황이 가장 존귀하다'고 하였습니다. 신 등은 죽음을 무릅쓰고 존호尊號를 올리오니, 왕王을 '태황泰皇'으로 하소서. 명命을 '제制'라고 하고, 령令을 '조詔'라고 하고, 천자께서 스스로를 칭할 때에는 '짐朕'이라고 하소서." 왕은 "'태泰'를 없애고 '황皇'을 붙여서, 상고시대 ④ 제위帝位의 칭호를 채택하여 '황제皇帝'라로 칭할 것이며, 나머지는 의론한 대로 하라"라고 하였다. 조서를 내려 "좋다"고 하였다.

라고 하였듯이, 시황제가 자문한 ①'제'의 칭호는 '상제'로서의 제帝가 아니라, ②'오제'도 미칠 수 없을 듯한 존재에게 붙이는 '제帝'의 칭호다. 아사노 유이치淺野裕一가 「진의 황제관과 한의 황제관—「진한제국론」 비판秦の皇帝觀と漢の皇帝觀—「秦漢帝國論」批判」(1984)에서 지적하였듯이, 황제는 ③삼황三皇에 필적할 만한 ④제帝로 이해해야 할 것이다. 본장의 문제관심에서 말한다면, 니시지마가 해석한 것처럼 황제가 '황황한 상제'라면 천을 제사지내고, 봉선을 행할 필요는 없을 것이다. 시황제가 창설한 황제의 칭호는 오제를 기원으로 하는 비유교 계통[23]의 칭호로 보아야 할 것이다.

천자는 천이 선택한 '원자元子'가 지배자가 된다는 주나라를 기원으로 하는 개념이다.[24] 주나라를 존중하는 유가에서 이론화한 유교 계통의 칭호라고 할 수 있다. 유교에 의하면 천자는 수명자의 칭호로서, 천지의 신들에게 자신을 일컬을 때에 사용되는 칭호이다. 그 지위는 조상의 혼령이나 상제에 의해서 보증된다. 한편 황제는 통치자의 칭호로서, 제국의 내부·자신의 조상에게 제사를 올릴 때에 사용된다. 그 지위는 선대 황제 혹은 선대 황제의 적처의 임명으로 확보된다. 황제의 칭호는 인간에 의해서 지탱되는 칭호이기 때문에 종묘의 제사, 즉 천天이 아니라 인

신人神으로서의 선조를 제사지낼 때의 칭호가 된다. 유일즉위唯一卽位의 때에만 황제로서 천을 제사하는 것은, 천자는 어디까지나 천에 의해서 승인되는 지배자이므로 아직 승인받기 전까지는 천자의 칭호를 사용할 수 없기 때문이다(본서 제7장 참조).

와타나베 신이치로渡辺信一郎의 「고대중국의 왕권과 교사—남교제천 의례를 중심으로古代中國の王權と郊祀—南郊祭天儀禮を中心に」(2003)에 의하면, 이러한 군주권력의 이중성을 증명하기 위해 두 가지의 설명원리가 사용되었다. 첫째는, 천으로부터 천명을 받았다는 권력의 유래와 정통성에 대한 설명으로서, 그것은 천자로서의 왕권을 설명하는 것과 연관된다. 둘째는 왕조의 창시자·수명자로부터 혈통에 의해서 권력을 계승하였다는 설명으로서, 그것은 황제로서의 왕권과 관련된다.

이 두 가지 설명원리를 단적으로 기술한 경전이 『예기』다. 『예기』 「예운」에,[25]

> 대도大道가 행해질 때에는, ❶천하를 공公적인 것으로 여겨, 현명한 사람을 뽑고 능력 있는 사람을 추거하며, 신의를 익히고 화목을 닦는다[주注. '공公'은 함께한다(共)는 뜻과 같다. ❶지위를 선양하여 성인의 덕을 지닌 사람에게 주고, 집안의 소유로 하지 않는다는 뜻이다. '목睦'은 친애한다(親)는 뜻이다]. 그러므로 사람들은 홀로 자기의 부모만을 부모로 여기지 않고, 홀로 자기의 자식만을 자식으로 여기지 않는다[주注. 효도하고 자애하는 도리가 널리 행해지는 것이다]. ... 이를 '대동大同'이라고 한다. 이제 대도가 이미 희미해져 ❷천하를 집안의 소유로 여긴다[주注. 지위를 아들에게 전한다는 뜻이다]. ... 우禹·탕湯·문文·무武·성왕成王·주공周公은 이러한 점에서 빼어난 사람들이다. ... 이를 '소강小康'이라고 한다.

라고 하였다. 이상세계로 간주되는 대동大同의 시대에는 ❶'천하를 공적인 것으로 여긴다'는 것은 정현의 주에서 말하듯이 천자의 지위를 '집안(家)'에서 세습하지 않고, 천하의 유덕자에게 선양함으로써 천하의 공공성을 유지한다는 것이다. 이는 천으로부터 천명을 받았다는 권력의 유래를 설명함으로써 ❶천자로서의 정통성을 보여주는 것이다. 따라서 천자는 덕을 증명하기 위해 끊임없이 천에게 제사를 올려 우주천지와 인간사회의 조화를 꾀하고 천명의 영속을 기원한다.

이에 반하여 소강小康의 시대에는 ❷'천하를 집안의 소유로 여긴다'는 것은 정현의 주에서 말하듯이 천자의 지위를 세습하여 자식에게 전해주는 것을 뜻하며, 그 정통성은 왕조의 창시자·수명자로부터 혈통에 의해서 권력을 계승함으로써 확보된다. 구체적으로 말하면, ❷황제로서의 왕권이 행하는 창업자와 그 계승자를 제사하는 종묘제사의 거행을 통해서 자신의 권력의 연원을 확인할 수 있게 된다.

와타나베 신이치로는 앞의 논문(2003)에서 ❶천에서 유래하는 천하의 절대적 공공성과, ❷사적인 가계·혈통에 의해서 실력으로 지위를 떠맡는 것의 모순을 날카롭게 지적하였다. 그리고, 논리적으로는 명백히 모순되며, 전한 후기의 정치적 동향 속에서는 미묘한 관계에 놓이게 된 '천하위공天下爲公' '천하는 곧 천하의 천하'와 '천하위가天下爲家' '천하는 고조의 천하'는 전한 말의 예제개혁 과정에서 전한 최말기 원시 5년(5)에 성립한 남교제천南郊祭天의 의례에 의해서 최종적으로 지양되었다고 하였다.

즉 남교제천의 의례를 봉행할 때에 호천상제 즉 천을 주신으로 하고 이에 왕조의 창업자(고조·태조 등)를 배향함으로써 모순은 이데올로기적으로는 지양된다. 이 지양을 매개하는 것은 제사를 통해 표현되는 천자=황제에 의한 효의 실천이다. 요컨대, 남교제천이 『효경』의 이념에 의거하여 거행됨으로써 모순은 해결되었다는 것이다.

과연, 모순은 해결되었을까? 정현은 적어도 현실의 후한제사에서 모

순이 해결되었다고는 생각할 수 없었던 것은 아닐까? 『효경』「성치장」에서는,[26)]

> 공자께서 말씀하셨다. "하늘과 땅이 낳은 것 가운데 사람이 가장 귀하다. 사람의 행실은 효보다 큰 것이 없고, 효는 아버지를 높이는 것보다 큰 것이 없고, 아버지를 높이는 것은 천에 배향하는 것보다 큰 것이 없다. 주공이 바로 그러한 분이다. 옛날에 주공께서는 교사를 거행할 때 후직을 천에 배향하였고, 명당에서 종사宗祀할 때에 문왕을 상제에 배향하였다. 이 때문에 온 천하 사람들은 각각 자기의 직무를 가지고 와서 제사를 도왔다. 무릇 성인의 덕은 또 무엇으로 효에 더할 것이 있겠는가!"

라고 하였다. 『효경』에서 공자가 말하듯이, 주공이 천을 교사할 때에 후직을 배향한 것은 최대의 효가 된다. 그러나 그것은 천과 천자의 관계가 정당하게 인식되고 있을 경우다.

후한시대 교사의 현실에서는 천은 호천상제뿐이므로 호천상제를 교사하였다. 이는 ❶천자가 거행하는 천(호천상제)의 제사인데, 천자와 천 사이에 직접적인 부자관계가 있는 것은 아니다. 천자는 신하로 칭하면서 천을 제사하므로, 양자의 관계는 효孝에 의해서 맺어지는 부자관계가 아니라 충忠에 의해서 맺어지는 군신관계다. 이 천의 제사에서는 『효경』으로 말하면 후직, 후한의 현실에서는 고조 유방을 배향한다. 후한의 황제는 고조 유방의 자손이므로, ❷황제가 거행하는 선조의 제사이며, 유방과 황제 사이에는 효를 설정할 수 있다. 그러나 ❶과 ❷가 효에 의해서 접합되지는 않는다. ❶호천상제와 ❷고조 유방은 부자관계가 아니기 때문이다. ❶의 틀 안에서 천과 천자가 군신관계로, ❷의 틀 안에서 고조와 황제가 조상과 자손의 관계로 각각 맺어질 뿐이며, ❶과 ❷가 효를 매개로 하여 맺어지는 것은 아니다(圖1 참조).

圖1 후한 郊祀에서의 天·受命者·天子

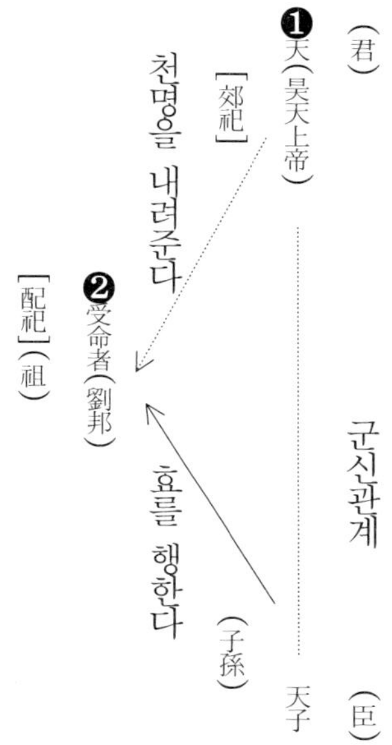

그런데 정현의 육천설에서는 천자가 효를 매개로 각각 ❶천(오천제)·❷수명자와 연결되어 모순이 해결된다. 이는 육천설이 감생제설을 수반하기 때문이다. 감생제설이란 천명을 받은 왕조의 시조는 통상적으로 태어나지 않고, 그 어머니가 이물異物에 감응하여 제왕을 잉태한다는 관념이다. 정현은 주나라 시조 후직을 오천제의 하나인 창제 영위앙의 감생제로 해석하였다. 그렇다면 주나라의 천자는 후직의 자손이므로 창제 영위앙의 자손이다. 그렇다면 ❶천자가 천(오천제, 주나라의 경우 창제 영위앙)을 제사지내는 남교제사는 천과 천자를 효를 매개로 연결시킨다. ❷후직을 배향하는 것이 효의 실천임은 말할 나위도 없다. 그리고 감생제인 ❷후직과 ❶천(창제 영위앙)은 부자이므로, 배향을 받는 ❷후직은 ❶천에 효를 실천하는 것이 된다. 이리하여 정현은 육천설 및 그에 기초한 제천의례를 통해서, 『효경』「성치장」에 규정된 주공(혹은 천자)의 효를 주공—효→❷후직—효→❶천(창제 영위앙)으로 천에 직접 연결시키는 것을 가능하게 하였다(圖2 참조).

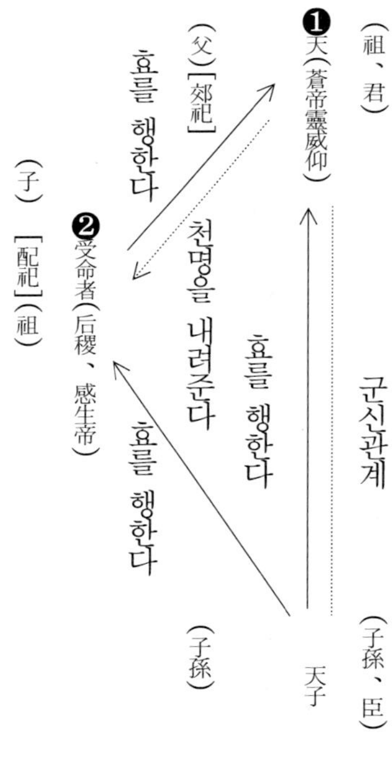

圖2 鄭玄의 六天說(周의 경우)에서의 天·受命者·天子

정현은 요임금과 마찬가지로[27] 유방도 적제 적표노의 정에 감응해서 태어난 감생제라고 믿었다.[28] 유방이 스스로 흑제임을 선언한 이상, 정현은 한가에서는 오제를 천으로서 제사지내야 한다고 생각했을 것이다.[29] 사실, 전한에서는 천으로서의 오제를 제사지냈다. 그런데 후한의 현실 제사는 이와 달랐다. 정현이 후한시대 제사의 현실을 비판하면서 육천설을 창출한 내적 요인은 『효경』에 표현된 천—천자의 효를 감생제설에 의거하여 직결시킬 필요성에 있었던 것이다.

정현은 황제와 천자라는 두 가지 칭호로 표현되는 ❶'천하위공'과 ❷'천하위가'라는 후한의 군주권을 지탱하는 상호 모순된 두 가지의 정통성을, 육천설에 수반하는 감생제설로 지양하고, 천자와 ❷수명자와 ❶천을 효를 매개로 일체화함으로써, 교사郊祀를 통하서 표현하고자 하였다. 여기에 정현이 육천설을 주창한 내적 요인을 찾을 수 있다. 다만, 이것만으로는 오천제를 창출한 배경은 설명되겠지만, 호천상제를 존치한 이유를 설명할 수는 없다. 정현이 육천설을 창출한 또 하나의 외적 요인, 황건黃巾의 천天을 검토하고자 한다.

4. 영원한 천과 혁명을 지탱하는 천

정현이 살았던 후한 말에는 황건의 난이 치열하게 일어나고 있었다. 정현의 고향 북해국北海國도 황건의 세력이 강했던 곳으로, 정현은 서주徐州로 피난을 떠나지 않을 수 없었다. 건안 원년(196), 정현은 그의 나이 70세 때, 서주에서 고밀현高密縣으로 돌아가는 도중 황건의 대부대를 만났다. 황건은 정현의 이름을 듣고 배례를 하였으며, 그의 고향 고밀현에는 침입하지 않기로 약속했다고 한다(『後漢書』 列傳25, 「鄭玄傳」). 약속의 유무야 어쨌든, 이러한 설화는 정현과 황건의 접촉을 보여준다.

물론, 그 사상적인 접촉은 황건의 난이 일어나기 이전, '황로'를 표방하는 반란이 빈발한 때부터 시작되었을 것이다.

이러한 상황에서 정현은 황건의 세계관과 마주하지 않을 수 없었다. "창천蒼天은 이미 죽었으니, 황천黃天이 마땅히 일어나리라. 갑자년甲子年에, 천하는 크게 길하리라(蒼天已死, 皇天當立. 歲在甲子, 天下大吉)"(『後漢書』 列傳61, 「皇甫崇傳」). 정현에게 요구되었던 것은 이 구호에 담긴 황건의 천과 죽음을 선고당한 창천에 대한 대응이다.

창천에서 황천으로의 교체는 유교의 삼통설과 오행종시설(相生·相勝)만으로는 설명할 수 없다. 후쿠이 시게마사福井重雅는 황건의 구호는 오행사상과는 관계가 없으며, 황천이라는 용어는 황로사상을 배경으로 하는 독자적인 표현이라고 주장하였다.[30] 『후한서』 열전61 「황보숭전」에 "처음 거록鉅鹿의 장각張角은 대현량사大賢良師라고 칭하고, 황로도黃老道를 신봉하여 섬겼다"고 하였듯이, 황건의 대현량사 장각은 황르도를 신봉하고 있었다. 『삼국지』 권1 「무제기」의 주에 인용된 『위서魏書』에,[31]

> 적은 이에 태조에게 편지를 보냈다. "옛날 제남濟南에 있을 때, (당신은) 신단神壇을 파괴하였다. ① 그 도道는 중황태을中黃太乙과 같아서 도를 아는 듯도 하였지만, 지금은 다시 미혹되어 있다. ② 한행漢行은 이미 다하였으니, 황가黃家가 마땅히 서게 될 것이다. 하늘의 커다란 운수는 당신의 재능과 힘으로 보존할 수 있는 바가 아니다."

라고 하였듯이, 조조에게 항복을 권고하는 편지에서, 황건은 조조가 제남상濟南相으로서 성양경왕城陽景王 유장劉章 신앙의 신단을 파괴한 것에 대해, ①그 도가 중황태을과 같다고 평가하고, ②한행漢行은 이미 다하였고 황가黃家가 서야 한다고 말하였다. 성양경왕 신앙은 적미의 난의 종교적 배경이었는데(志田不動麿, 「赤眉の賊と漢城陽景王祠との関係」, 1930」),

이곳에서 주목되는 것은 그 신앙내용이 아니라, 유장 즉 한가와 관계된 제사를 파괴한 일을 높게 평가했다는 사실이다. '한행'이란 오행사상에서 '한의 수명'을 의미하므로, 황건은 오행사상에 기초하여 한의 멸망과 황가의 흥륭을 주장한 것으로 생각된다. 후쿠이설福井說처럼 황건의 구호를 오행사상과 무관하다고 볼 수는 없을 것이다.

더욱 주목할 만한 것은 황건이 스스로를 '중황태을中黃太乙'이라 칭한 사실이다. 송본宋本·풍본馮本·감본監本의 『삼국지』에서는 '을乙'이 '일一'로 되어 있듯이(盧弼, 『三國志集解』 卷1, 「武帝紀」), '태을太乙'이란 '태일太一'이다. 즉 황건은 자신들의 천으로서 무제기에 황로사상을 배경으로 최고신으로 제사를 지냈던 태일을 상정하였던 것이다.[32]

후한 '유교국가'에 대한 이의제기를 할 때, '유교국가'의 성립 이전에 한의 지배이념이었던 황로사상에서 그 근거를 찾는 것은 자연스런 발상이다. 더욱이 오행상생 사상에서 화덕의 한을 계승할 토덕의 상징색이 '황黃'이라는 것은 황로의 복권에 박차를 가하게 된다. 영가永嘉 원년(145)에는 구강九江의 적賊 마면馬勉이 '황제黃帝'라고 칭하였고, 건화建和 2년(148)년에는 장평長平의 진경陳景이 스스로 '황제'의 아들이라고 칭하면서 반란을 일으켰다. 또 같은 해에는 남돈南頓의 관백管伯이 '진인眞人'이라고 칭하면서 거병하였다. 덧붙여 마면은 황색의 의상을 입었다고 한다(福井重雅, 「黃巾の乱と起義の口號」, 1974). 이처럼 황건의 선구로 자리매김할 수 있는 반란에서도 그 유대는 황로사상에서 찾고 있었던 것이다.

이러한 준비기간과 천자를 대신하는 '진인'이라는 새로운 군주상을 제시한 점에서 생각한다면,[33] 황건은 황로사상에 의거한 새로운 천의 관념에 기초하여 구호를 내세웠다고 할 수 있다. "황천이 마땅히 일어나리라"고 했을 때의 '황천黃天'은 태평도太平道의 천天인 중황태을中黃太乙

로서, 그것이 흥기할 것임을 주장하였다. 그렇다면, 대구인 "창천은 이미 죽었다"고 했을 때의 '창천'은 반드시 현실에 존재하는 한 제국으로 한정되지는 않는다. 황천이 태평도의 천인 중황태을이라면, 창천은 유교의 천 즉 그것은 후한 '유교국가'의 천이기도 한 호천상제를 가리킨다고 생각하는 것이 대구對句로서는 올바르다. 『모시정의』 권41 「국풍·서리黍離」의 "아득하고 아득한 창천이여(悠悠蒼天)"에 대한 『모전毛傳』의 해석에,34)

> 창천蒼天은 모습을 가지고 말한 것이다. 높여서 군주로 삼으니 황천皇天이라 칭하고, 원기元氣가 광대하니 호천昊天이라 칭하고, 인자함으로 아래세상을 덮고 위로하니 민천旻天이라 칭하고, 위에서 만물을 굽어보아 보살피니 상천上天이라 칭하고, 먼 곳에 의거하여 바라봄에 푸르고 푸르니 창천蒼天이라 칭한다.

라고 하였듯이, 『모전』에서는 호천상제를 '창천'이라고도 하였다. 『시경』의 고문학에서는 "창천은 이미 죽었다"고 했을 때의 창천은 '유교국가'의 천인 호천상제를 가리킨다는 주장도 있었던 것이다.

『모전』의 '창천'에 대하여 정현의 『정전鄭箋』은 그것이 무엇을 가리키는지에 대해 언급하지 않았다. 정현의 육천설에서 창천이란 창제 영위앙을 가리키기 때문이다. 그리고 그것은 주나라 그 자체이기도 하였다. 유교의 이념인 주나라 혹은 유교 그 자체에 대한 황건의 사망선언에 대하여 정현은 감연히 이를 맞받아 공격한다.

황건은 자신들의 천에 의한 태평의 실현을 주장하였다. 『삼국지』 권46 「손견전」에,35)

> 중원中元 원년, 황건적의 우두머리 장각張角은 위군魏郡에서 일어나 자신에게

> 신령함이 있음을 가탁하고, 팔사八使를 파견하여 자신의 태평선도太平善道로 천하를 교화하였다. 그런데 은밀히 서로 연결하여 스스로 황천태평黃天泰平이라고 칭하였다. 3월 갑자에, 36방方이 하루아침에 모두 일어났다. 천하 사람들이 호응하여 군현郡縣을 불태우고, 장리長吏들을 살해하였다.

라고 하였듯이, 황건은 '황천태평'을 주창하였다. 중황태을에 의해서 태평泰平(太平)이 실현된다는 선포다. 태평도라는 교볍의 명칭도 여기에서 유래한다(『三國志』 卷8, 「張魯傳」注에 인용된 『典略』).

당唐 가공언賈公彦의 「주례폐흥周禮廢興」에 의하면, 정현은 『주례』를 '주공이 태평을 이룬 자취'로 이해함으로써 이후의 평가를 결정적이게 하였다고 한다.36) 창제 영위앙을 수호신으로 하는 주나라는 태평을 이루기 위한 방법론을 『주례』로서 남겨놓았다. 정현은 황건에 의해서 실현되는 태평이 아니라, 유교에 의한 태평 도래의 수순을 명확히 하고자 하였다. 정현이 육경의 중심에 『주례』를 두고, 제경을 체계화했던 이유의 하나일 것이다.

정현의 제사의례는 육천설에 기초하여, 동지에는 원구에서 호천상제를 제사하고(圜丘祀天), 정월에는 남교에서 오천제를 제사하는(南郊祭天) 것이었다. '원구사천圜丘祀天'이라는 명문은 『주례』에만 보인다. 더욱이 『주례』에서 원구에서 제사를 지내는 호천상제는 주나라에만 절대적·근본적으로 은총과 가호를 내려주는 것이 아니라, 하나라도 은나라도 원구사천을 행하였듯이 하나라에도 은나라에도 은총과 가호를 내려주는 천이었다고 한다(間嶋潤一, 「鄭玄の祭天思想に就いて—『周禮』國家における圜丘祀天と郊天」, 1987 참조). 호천상제에 각 왕조의 감생제를 소유한 오천제를 조합시킴으로써 정현의 육천설은 혁명을 정통화함과 동시에, 천자에 대한 천의 지배의 일관성과 주재성을 주장할 수 있었다.

혁명의 정통성은 오천제에 의해 보증된다. 예를 들면, 주나라에 호천상제의 천명이 내려졌을 때, 호천상제의 하속신인 창제 영위앙은 감생제인 후직을 낳는다. 후직의 자손인 무왕은 주 왕조를 창설하자, 정월에 남교에서 오천제(의 하나인 창제 영위앙)을 제사지내고 후직을 배향함으로써 후직에게 효를 행하고('천하위가'의 정통성), 동시에 창제 영위앙에 대해서도 감생제인 후직을 매개로 효를 행할 수 있다('천하위공'의 정통성). 유방이 한을 건국하자, 유방의 자손인 전한·후한의 천자들은 정월에 남교에서 오천제(의 하나인 적제 적표노)를 제사지내고 고조 유방을 배향함으로써 고조 유방에게 효를 행하고('천하위가'의 정통성), 동시에 적제 적표노에 대해서도 감생제인 고조 유방을 매개로 효를 행할 수 있다('천하위공'의 정통성).

이처럼 혁명으로 천자의 성이 바뀌었더라도, 예를 들면 유씨가 멸망하더라도, 이와 함께 유교의 천이 멸망하고 황로의 천으로 대체되는 것은 아니다. 교체되는 것은 호천상제의 하속신으로서 각각의 왕조의 수호신에 해당하는 오천제이다. 따라서 혁명으로 황제의 지위를 양도할 수는 있지만, 천자의 지위를 양도할 수는 없다. 천(오천제)이 다르기 때문이다. 전위傳位의 경우라면, 물론 황제의 지위를 전할 수는 있지만, 천자의 지위는 황제로서 즉위한 후 천을 제사지냄으로써만 얻게 된다. 한위시대의 군주가 '황제즉위에서 천자즉위로'라는 2단계의 즉위를 행했던 것도(본서 제7장 참조), 정현의 육천설로 설명 가능하게 된다.

한편으로, 유교의 최고신인 호천상제는 항상 변하지 않고 최고 지위에 존재한다. 주한의 왕조 차이에도 불구하고 천자는 모두 동지에 원구에서 호천상제를 제사지냄으로써 천자로서의 천에 대한 신종臣從, 그리고 천의 은총을 확인한다. 오천제가 혁명을 지탱하는 천이라면, 호천상제는 영원한 천이다.

이리하여 정현은 육천설에 의거하여 혁명을 정통화함과 동시에(오

천제), 천자에 대한 천(호천상제)의 지배의 일관성과 절대성을 주장하였다. 황건의 천에 대한 유교 천관념의 우월성을 증명한 것이다. 다만 후세 육천설의 평가는 이어지는 조위의 왕숙이 정현설을 비판하는 제천사상을 총괄한 적도[37] 있어 높지는 않다. 그것은 오천제가 혁명을 긍정하는 천이기 때문일 것이다. 예를 들면 당唐은 처음 북조나 수와 마찬가지로 정현설에 기초하여 천의 제사를 거행하였지만, 고종의 「현경령顯慶令」부터 왕숙설에 기초한 제사로 변경되었다(金子修一, 「唐代における郊祀·宗廟の制度」, 1979). 후쿠나가 미츠지福永光司는 「호천상제와 천황대제와 원시천존—유교의 최고신과 도교의 최고신昊天上帝と天皇大帝と元始天尊—儒教の最高神と道教の最高神」(1974)에서 이러한 변경의 배경에 당 황실의 도교존숭이 있었음을 강조하고, 정현의 육천설의 또 하나의 특징인 감생제설에 기초한 종교성이, 태상노군太上老君 혹은 원시천존元始天尊의 종교성 앞에 빛이 바랬음을 지적하였다. 정현이 타도한 황건의 천의 반격이라고 할 수 있을까?

이상에서처럼 정현의 육천설은 황건이 표방한 황로의 천에 대한 대항을 외적인 요인으로 하여 주장되었다. 『주례』를 전거로 하는 육천설에 기초한 정현의 제사의례는 동지에 원구에서 호천상제를 제사지내고(圜丘祀天), 정월에 남교에서 오천제를 제사지내는(南郊祭天) 것이었다. 정현은 육천설에 의거하여 오천제라는 혁명을 지탱하는 천과 더불어 호천상제라는 영원한 천의 천자에 대한 지배의 일관성과 주재성을 주장할 수 있었던 것이다.

맺음말

양한시대 천의 제사는, 성제기를 획기로 왕망을 주체로 삼으면서, 비유교 계통의 제사에 비해 유교 계통의 제사가 우월하게 되었다. 다만 비유교 계통의 제사가 유교 계통의 제사 아래에 놓이는 형태로 계승되었던 사실도 유의하지 않으면 안 된다. 이를 '원시의 고사'로서 계승한 후한시대 제사의 현실을 바로잡기 위해, 정현은 육천설을 창출하였다. 정현 경학의 목적은 혁명을 가능케 하는 육천설의 정당성을 감생제설을 통해 실증하고, 한을 대신할 새로운 천하의 규범을 준비하는 데에 있었다. 정현은 황제와 천자라는 두 가지 칭호로 표현되는 한대 군주권의 상호 모순된 두 가지의 정통성을, 육천설에 수반하는 감생제설로 지양하고, 교사를 통해 표현하고자 하였다. 『효경』에 기록된 천에 대한 천자의 효를 감생제설로 직결시키는 것이 육천설을 창설한 내적 요인이었다.

황건이 표방한 "창천은 이미 죽었다. 황천이 마땅히 서게 되리라"라는 새로운 천의 전개에 대하여, 정현은 한의 제사 현실은 그에 대응할 수 있을 만큼의 정통성을 갖고 있다고는 생각할 수 없었다. 육천설이 주창된 외적 요인이다. 정현은 육천설에서 왕조마다의 수호신이 되는 오천제를 설정하고, 혁명에 의한 왕조의 교체를 지탱하는 천을 관념하는 한편으로, 왕조교체에도 불구하고 원구에서 영원히 제사지내는 호천상제를 통해서 유교의 천의 무오류성을 유지하고자 하였다. 그 결과, 설령 창천이나 한가는 '이미 죽었다' 하더라도 유교의 호천상제는 그와 관계없이 원세개袁世凱 시대까지 계속 제사를 지내게 되었던 것이다.

1) 『史記』 卷10, 「文帝紀」. 전한 무제기까지의 천의 제사에 대해서, 目黑杏子는 「前漢武帝期における郊祀体制の成立—甘泉泰畤の分析を中心に」(2003)에서 이들 제사가 다양한 세계관과 제사론을 풍부하게 수렴하여 창출된 것이라고 그 의미를 부여하였다. 또한 양한시대의 郊祀 전체를 논한 金子修一의 「漢代における郊祀·宗廟制度の形成とその運用」(2006)에서는 유교에 기초한 교사의 성립에서 수행한 왕망의 중대한 역할에 주목한다. 또한 송대까지의 교사를 配享에 착목하면서 논한 小島毅, 「郊祀制度の變遷」(1989), 한대 국가제사의 연구동향을 정리한 目黑杏子, 「漢代國家祭祀制度研究の現状と課題—皇帝權力と宇宙論の視點から」(2005), 개략적이기는 하지만 양한시대 국가제사를 정리한 王柏中, 『神靈世界··秩序的構建与儀禮的象征—兩漢國家祭祀制度』(2005)도 참조.
2) 其秋, 上幸雍, 且郊. 或曰, "五帝, 太一之佐也. 宜立太一而上親郊之." 上疑未定. 齊人公孫卿曰, "今年得寶鼎, 其冬辛巳朔旦冬至, 與黃帝時等." … "黃帝郊雍上帝, 宿三月, 鬼臾區號大鴻, 死葬雍, 故鴻冢是也. 其後黃帝接萬靈明廷. 明廷者, 甘泉也"(『史記』 卷28, 「封禪書」).
3) 黃老思想에 대해서는 淺野裕一, 『黃老道の成立と展開』(1992) 참조. 또한 漢代에서의 黃帝에 관한 의론을 정리한 것으로 伊藤円, 「黃帝研究—漢代思想史研究分野を中心に」(2006)이 있다.
4) 福永光司, 「封禪說の形成」(1950). 顧頡剛, 『秦漢的方士与儒生』(1955)도 참조.
5) 成帝初卽位, 丞相(匡)衡·御史大夫(張)譚奏言, "帝王之事, 莫大乎承天之序, 承天之序, 莫重於郊祀. 故聖王盡心極慮, 以建其制. 祭天於南郊, 就陽之義也. 瘞地於北郊, 卽陰之象也. … 甘泉泰畤·河東后土之祠, 宜可徙置長安, 合於古帝王. 願與群臣議定." 奏可(『漢書』 卷25下, 「郊祀志下」).
6) 平帝元始五年, 大司馬王莽奏言, "王者父事天, 故爵稱天子. 孔子曰, ①'人之行莫大於孝, 孝莫大於嚴父, 嚴父莫大於配天.' 王者尊其考, 欲以配天, 緣考之意, 欲尊祖, 推而上之, 遂及始祖. 是以②周公郊祀后稷以配天, 宗祀文王於明堂以配上帝. ③『禮記』'天子祭天地及山川, 歲遍.' ④『春秋穀梁傳』'以十二月下辛卜, 正月上辛郊.' …" 皆曰, "宜如建始時丞相(匡)衡等議, 復長安南北郊如故"(『漢書』 卷25下, 「郊祀志下」).
7) 西嶋定生, 「皇帝支配の成立」(1970). 전한 말의 교사개혁에 대해서는 板野長八, 「前漢末に於ける宗廟·郊祀の改革運動」(1972) ; 保科季子, 「前漢後半期における儒家禮制の受容—漢的傳統との對立と皇帝觀の變貌」(1988) 등 참조.
8) 今稱天神曰①皇天上帝泰一, 兆曰泰畤. 而稱地祇曰后土, 與中央黃靈同. 又兆北郊未有尊稱. 宜令地祇稱皇墜后祇, 兆曰廣畤. 『易』曰, "方以類聚, 物以群分." 分群神以類相從爲五部, 兆天墜之別神. 中央②帝黃靈后土畤及日廟·北辰·北斗·塡星·中宿中宮於長安城之未墜兆. 東方②帝太昊青靈勾芒畤及雷公·風伯廟·歲星·東宿東宮於東郊兆. 南方②炎帝赤靈祝融畤及熒惑星·南宿南宮於南郊兆. 西方②帝少皞白靈蓐收畤及太白星·西宿西宮於西郊兆. 北方②帝顓頊黑靈玄冥畤及月廟·雨師廟·辰星·北宿北宮於北郊兆(『漢書』 卷25下, 「郊祀志下」). 또한 『周禮注疏』 卷

19, 「小宗伯」에, "五帝를 四郊에서 兆한다(兆五帝於四郊)"고 하였고, 이에 대한 鄭玄注에 "兆라는 것은 壇의 營域을 만드는 것이다(兆, 爲壇之營域)"라고 하였듯이, 왕망이 五帝의 兆域을 四郊에 설치할 것을 상주한 것은 『주례』에 따르기 때문이다.

9) (建武) 二年正月, 初制郊兆於雒陽城南七里, 依鄗, 采元始中故事. 爲圓壇八陛, 中又爲重壇, 天地位其上, 皆南鄉, 西上. 其外壇上爲五帝位. 靑帝位在甲寅之地, 赤帝位在丙巳之地, 黃帝位在丁未之地, 白帝位在庚申之地, 黑帝位在壬亥之地. 其外爲壝, 重營皆紫, 以像紫宮(『續漢書』志7, 「禮儀志」).

10) 目黑杏子는 「後漢郊祀制と「元始故事」」(2008)에서 이를 통해서 洛陽의 南郊는 '공간'의 중심이면서 동시에 '시간' 운행의 중심이기도 하였다고 해석한다.

11) 『白虎通』云, "王者[所]以祭天何? 緣(祀)[事]父以(祭)[事]天也"(『北堂書鈔』 卷90, 「禮儀部」11). 陳立, 『白虎通疏證』(1994)에 의거하여 ( )를 생략하고 [ ]를 보충하였다. 『백호통』의 개략에 대해서는 向晋衛, 『白虎通義—思想的歷史硏究』(2007)가 있으며, 그 禮制의 규정에 대해서는 周德良, 『白虎通暨漢禮硏究』(2007) 참조.

12) 鄭玄과 그의 三禮注에 대해서는 楊天宇, 『鄭玄三禮注硏究』(2007), 禮制 등 정현과 왕숙설의 차이의 구체상에 대해서는 史應勇, 『鄭玄通學及鄭王之爭硏究』(2007) 참조.

13) 『尙書緯』曰, "帝者天號, 王者人稱. 天有五帝, 以立名. 人有三王, 以正度. 天子爵稱也, 皇者煌煌也"(『太平御覽』 卷76, 「敍皇王上」). 덧붙여 西嶋定生은 「皇帝支配の成立」(1970)에서 이 자료를 "帝란 天의 칭호이다. (중략) 皇이란 煌煌한 것이다"라는 뜻으로 인용하고, 『尙書緯』가 皇帝를 '煌煌한 上帝'와 동등한 것 내지는 天地를 관통하는 절대자로서 해석하고 있다고 주장하였지만, 이곳에서의 帝란 五帝로서 皇帝라고 할 때의 '帝'를 설명하는 것이 아니며, 또 上帝라는 것은 어디에도 쓰여 있지 않다.

14) 安居香山·中村璋八, 『重修緯書集成』 卷2(書·中候)(1975). 이 책에 의하면 『尙書璇璣鈐』은 星辰의 운행에 의거하여 帝王의 受命을 알 수 있고, 또 星辰의 운행에 기초하여 제왕의 정치적 요체를 설명한 책이라고 하였다. 후한시대 緯書學에 대해서는 黃復山, 『東漢讖緯學新探』(2000)도 참조.

15) 『隋書』 卷32, 「經籍志」1에 "『易緯』 8권, 鄭玄注, 梁에 9권이 있다"고 저록되어 있는, 정현이 주를 붙인 『易緯』(『易緯坤靈圖』)에도 "『역위』에 말한다. '帝란 天의 칭호이다. 德이 天地에 짝하여 公位를 사사로이 하지 않는다. 이를 칭하여 帝라고 한다. 天子란 천의 뜻을 이어받아 사물을 다스리고, 一統을 개정하여 각각 그 마땅함을 얻게 하며, 天을 아버지로 섬기고 地를 어머니로 섬겨서 그것으로 사람을 생육하니, 至尊의 호칭이다'(『易位』曰, '帝者天號也. 德配天地, 不私公位, 稱之曰帝. 天子者, 繼天治物, 改正一統, 各得其宜, 父天母地, 以生養人, 至尊之號也)'"(『太平御覽』 卷16, 「敍皇王上」)라고 하여, 帝는 천의 칭호임을 기록하고 있다.

16) 『春秋緯·文耀鉤』云, "蒼帝曰靈威仰, 赤帝曰赤熛怒, 黃帝曰含樞紐, 白帝曰白招拒, 黑帝曰汁光紀"(『禮記注疏』 卷5, 「曲禮」). 蕭登福은 『讖緯與道敎』(2000)에서 緯書에 묘사하는 五天帝 및 五天帝와 인간으로서의 三皇五帝와의 관계, 나아가서는 道敎의 五老五帝說과의 관련성을 논하고, 三皇은 道敎의 大神이 되었지만, 五方天帝의 지위는 漢에서 六朝의 道敎가 성행하는 시기에 하강하였다고 하였다.

17) 或稱天子, 或稱帝王何? 以爲接上稱天子者, 明以爵事天也. 接下稱帝王者, 明位號天下至尊之稱, 以號令臣下也(『白虎通』「號」).

18) 『孝經鈎命訣』曰, "三皇步, 五帝驟, 三王馳, 五霸騖. [或稱天子], 或稱帝王. [何以爲言?] 接上稱天子, 明以爵事天[也]. 接下稱帝王, 明以號令臣下"(『太平御覽』 卷76, 「敍皇王上」). [ ]은 安居香山·中村璋八, 『重修緯書集成』 卷5(孝經·論語)(1973)에 의거하여 보충한 것이다.

19) 鄭玄『六藝論』云, "孔子旣西狩獲麟, 自號素王. 爲後世受命之君, 制明王之法"(『春秋左傳正義』 卷1, 「春秋序」).

20) 辺土明朝邦은 「鄭玄の詩經解釋學」(1980)에서 정현의 『시경』 해석의 목적은 현실정치에 종사하는 자를 위한 정치도덕의 교과서를 제작하는 데에 있었다고 하였다.

21) 西嶋定生, 「皇帝支配の成立」(1970). 西嶋定生, 『秦漢帝國』(1974)도 참조.

22) 秦初并天下. 令丞相御史曰, "…寡人以眇眇之身, 興兵誅暴亂, 賴宗廟之靈, 六王咸伏其辜, 天下大定. 今名號不更, 無以稱成功, 傳後世. 其議帝號." 丞相綰·御史大夫劫·廷尉斯等皆曰, "昔者五帝地方千里, 其外侯服·夷服. 諸侯或朝或否, 天子不能制. 今陛下興義兵, 誅殘賊, 平定天下, 海內爲郡縣, 法令由一統, 自上古以來未嘗有, 五帝所不及. 臣等謹與博士議曰, '古有天皇, 有地皇, 有泰皇, 泰皇最貴.' 臣等昧死上尊號, 王爲'泰皇', 命爲'制', 令爲'詔', 天子自稱曰'朕'." 王曰, "去'泰', 著'皇', 采上古帝位號, 號曰'皇帝'. 他如議." 制曰,"可." (『史記』 卷6, 「秦始皇本紀」).

23) 澤田多喜男은 『黃帝四經馬王堆漢墓帛書老子乙本卷前考佚書』(2006)에서 유교 이외의 전적에는 五帝의 한 사람인 黃帝가 종종 등장하는 것에 반해서, 요·순 이전의 帝王에 대해서는 전국시대 말기의 사정을 전하는 유가 계통의 『荀子』에도 일체 보이지 않는다고 지적하였다. 전국시대 말까지 유가는 五帝를 그 사상 속에 포함하지 않았음을 알 수 있다.

24) 小南一郎, 「天命と德」(1992). 豊田久, 「周王朝の君主權の構造について—「天命の膺受」者を中心に」(1980)도 참조.

25) 大道之行也, ❶<u>天下爲公</u>, 選賢與能, 講信修睦.[注. 公猶共也. ❶<u>禪位授聖, 不家之</u>. 睦 親也] 故人不獨親其親, 不獨子其子. [注. 孝慈之道廣也] … 是謂大同. 今大道旣隱, ❷<u>天下爲家</u>. [注. 傳位於子] … 禹·湯·文·武·成王·周公, 由此其選也. … 是謂小康(『禮記正義』 卷20, 「禮運」). 필요한 부분만 [ ]에 의해 鄭玄注를 붙였다.

26) 子曰, "天地之性, 人爲貴. 人之行莫大於孝. 孝莫大於嚴父. 嚴父莫大於配天, 則周公其人也. 昔者周公郊祀後稷以配天, 宗祀文王於明堂以配上帝. 是以四海之內, 各以其職來助祭. 夫聖人之德, 又何以加於孝乎!"(『孝經』 「聖治章」).

27) 『隷釋』 卷1에 저록된 「帝堯碑」에도 「成陽靈臺碑」에도 요임금을 감생제로 이해하였다. 후자의 제사와 후한국가와의 관계에 대해서는 渡邉義浩, 『後漢國家の支配と儒教』(1995) 참조.

28) 『毛詩正義』 卷17, 「大雅·生民」에 인용된 鄭玄의 『駁五經異議』에 "劉媼은 漢의 太上皇의 처로서, 赤龍에 감응하여 고조를 낳았다. 이는 아버지가 있는데도 신에 감응하여 태어난 것이 아니겠는가!(劉媼是漢太上皇之妻, 感赤龍而生高祖. 是非有父感神而生者也!)"라고 하였듯이, 정현은 위서를 논거로 삼아 유방이 적제 적표노의 정에 감응하여 태어난 감생제임을 확신하였다. 본서 제5장 참조.

29) 후한 '유교국가'에서는 오제를 감생제로서 제사지내지는 않았다. 정현의 제천사상이 후한의 남교제천의 현실과는 달랐다는 것에 대해서는 古橋紀宏, 「後漢魏·晋時代における堯舜禪讓に関する經書解釋について」(2005) 참조. 정현은 후한의 현실을 비판하는 가운데 육천설을 구축한 것이다.

30) 福井重雅, 「黃巾の亂と起義の口號」(1974). 福井重雅, 「黃巾集團の組織とその性格」(1974)·「黃巾の亂と傳統の問題」(1975)도 참조.

31) 賊乃移書太祖日, "昔在濟南, 毁壞神壇. ①<u>其道乃與中黃太乙同</u>, 似若知道, 今更迷惑. ②<u>漢行已盡, 黃家當立</u>. 天之大運, 非君才力所能存也"(『三國志』 卷1, 「武帝紀」注引『魏書』).

32) 黃天을 中黃太乙로 이해하는 것에 대해서는 卿希泰, 『中國道教史(第一册)』(1996), 中黃太乙이 이윽고 道教의 神格이 되어가는 과정에 대해서는 吉岡義豊, 『道教と佛教』(1959) 참조.

33) 眞人이라는 도교에서 기원한 군주상이 漢魏革命에서 주창되었다는 것은 吉川忠夫, 「眞人と革命」(1978) 참조.

34) 蒼天, 以體言之. 尊而君之, 則稱皇天, 元氣廣大, 則稱昊天, 仁覆閔下, 則稱旻天, 自上降鑒, 則稱上天, 據遠視之蒼蒼然則稱蒼天(『毛詩正義』 卷41, 「國風·黍離」 毛傳).

35) 中元元年, 黃巾賊帥黃巾賊帥張角起于魏郡, 託有神靈, 遣八使以善道教化天下. 而潛相連結, 自稱黃天泰平. 三月甲子, 三十六方一旦俱發. 天下響應, 燔燒郡縣, 殺害長吏(『三國志』 卷46, 「孫堅傳」).

36) 金谷治, 「鄭玄と論語」(1978). 정현의 태평사상에 대해서는 間嶋潤一의 「『尙書中候』における太平神話と太平國家」(1993) 및 「禪讓と太平國家—『尙書中候』における禪讓神話」(1994) 참조.

37) 왕숙이 육천설을 비판하고, 호천상제만을 천으로 주장했다는 것에 대해서는 渡邉義浩, 「王肅の祭天思想」(2008) 참조.

제 7 장

한위시대 황제즉위와 천자즉위

第7장 한위시대 황제즉위와 천자즉위

머리말

중국에서 한대 이후의 군주는 국내에서 사용하는 황제라는 정식 칭호 이외에 이적夷狄이나 신神들에게 사용하는 천자라는 칭호를 갖고 있었다. 니시지마 사다오西嶋定生는 「한대의 즉위의례漢代における卽位儀禮」(1975)에서 이에 대응하는 두 가지의 즉위의례가 있었는데, 전위傳位의 경우 천자즉위→황제즉위의 순으로 거행되었다고 하였다. 이를 이어받아서 오가타 이사무尾形勇는 『중국고대의 「가」와 「국가」中國古代の「家」と國家』(1979)에서 천을 제사지낼 때 군주의 자칭에 본래적인 '천자신모天子臣某' 이외에 '황제신모皇帝臣某'가 있었다는 점에 주목하여 선양禪讓과 양위讓位의 경우에는 황제즉위 후에 천자즉위가 거행되었다고 주장하였다. 이에 대해서 카네코 슈이치金子修一는 "당대의 즉위식은 전위의 경우에는 선유조宣遺詔에 이어지는 책서冊書와 보寶(御璽)의 수수, 양위의 경우에는 양위의 조詔와 책冊 (및 寶)의 수수를 통한 한 차례의 황제즉위만으로 완결되었다는 결론에 도달하였다. 그리고 이 결론을 다시 한·당시대 즉위의례의 변천에 입각하여 재확인하였고, 또 태극전 등 즉위의례가 거행된 장소에 대해서도 별도의 형태로 검토하였다. 따라서 … 당대까지의 즉위의례는 기본적으로 황제즉위였다"고 서술하였다.[1)]

이들 의론은 니시지마설이 『후한서』「안제기」와 『속한서』「예의지」를 주요한 사료로, 오가타설이 한위혁명을 주된 대상으로 삼았던 데에서 알 수 있듯이, 후한시대 군주의 존재방식을 둘러싸고 이루어졌다. 후한은 중국 역사상 최초의 '유교국가'이며, 그 실태를 어느 정도의 이상을 포함하여 정통화한 『백호통』에서 천자즉위를 기술하고 있는 이상, 이를 검토하지 않고 천자즉위를 경시할 수는 없을 것이다. 본장은 『백호통』에 기술된 군주즉위에 관한 규정을 검토하고, 그것이 후한과 조위의 현실과 어떻게 관계되는지 고찰하고자 한다.

1. 『백호통』에서의 군주의 즉위

『백호통』은 반고가 장제 건초 4년(79)에 개최된 백호관회의의 내용을 정리한 서적이다. 천자즉위에 관한 기술을 수록한 『백호통』「작爵」은 '천자는 작위다'라는 규정으로부터 시작된다. 상세한 것은 본서 제2장에서 이미 검토하였지만, 이곳에서도 자료를 들어 확인해 두도록 하겠다. 『백호통』「작」에,[2]

> 천자天子는 작위의 명칭이다. 작을 천자라고 칭하는 것은 무엇 때문인가? 왕자王者는 천天을 아버지로 섬기고 지地를 어머니로 섬겨서 ① 천天의 아들이 되기 때문이다.

라고 하였듯이, 천자란 작위이며, 그 명칭은 ①'천의 아들'임에서 유래한다. 한편, 제왕帝王에 대해서는 『백호통』「호」에,[3]

> 제왕帝王이란 무엇인가? 호號다. 호라는 것은 공功의 표현이다. 공을 표현하고 덕을 밝히는 것은 ② 신하들을 호령하기 위한 것이다.

라고 규정한다. 그리고 양자가 병존하는 이유에 대해서는 『백호통』「호」에,[4]

> '천자'라고 칭하기도 하고 '제왕'이라고 칭하기도 하는 것은 무엇 때문인가? 생각건대, 위(하늘)와 접할 때 천자라고 칭하는 것은 작위를 가지고 ③천을 섬긴다는 뜻을 밝히기 위한 것이다. 아래(인민)와 접할 때 제왕이라고 칭하는 것은 그 지위와 칭호가 천하에서 지극히 존귀하여 그것으로 ④신하를 호령한다는 뜻을 밝히기 위한 것이다.

라고 하였다. 황제(『백호통』에서는 제왕)가 공으로 그 지위에 나아가서, ②'신하를 호령하는' 자로 규정되는 것에 반하여, 천자는 ③'천을 섬기는' ①'천의 아들'이다. 『백호통』은 황제는 '공'을 통해서 왕조의 창시자·수명자의 권력을 계승한 자의 칭호이며, 천자는 천으로부터 받은 천명이라는 권위에 기초한 칭호라고 규정하여 그 병립을 용인한다. '황제육새皇帝六璽'로 표현되듯이 제국 내부를 대상으로 하는 황제 칭호와 이적이나 신들 같은 말하자면 제국 외부를 대상으로 하는 천자 칭호의 사용법은 『백호통』에도 규정되어 있는 황제와 천자라는 두 가지의 칭호가 지닌 왕권의 이중성에 기초하여 행해진 것이다.5)

또한 『백호통』 「작」에서,6)

> 제帝도 천자天子라고 칭한다는 것을 어떻게 알 수 있는가? 천하에 법이 되기 때문이다. 『중후中候』에, "천자인 신臣 방훈放勛"이라고 하였다.

라고 하였다. 오가타 이사무가 『중국고대의 「가」와 「국가」』(1979)에서 착목한 '천자신모'의 표현도 『백호통』에서 위서 『상서중후』를 인용하여 규정한 것이다. 광무제는 고대제천문告代祭天文에서 '수秀'라고 자칭하였으며(『後漢書』 本紀1上, 「光武帝紀上」), 카네코 슈이치金子修一는 『중국고대 황제제사의 연구中國古代皇帝祭祀の研究』金子修一』(2006)에서 후한시대 예제의 본격적인 출발점이 되었던 명제 영평 2년(59)의 예제개정 때에, 황제의 '칭신稱臣' 논리가 형성되었다고 추정하였다. 이를 위서에 의거하여 정통화한 것이 백호관회의다.

이 밖에 『백호통』에서는 천이 인격을 갖춘 종교적 주재자이며, 천과 천자는 '효'를 매개로 맺어진다는 것, 그러한 종교성을 위서로 뒷받침하여 천과 천자의 관계를 천인상관설에 의거하여 이론화하였다.7)

『백호통』은 이와 같이 천자를 규정한 후, 군주의 붕어에 따른 차대 군주의 즉위와 관련하여 주로 『상서』 「고명顧命」에 입각하면서도 독자적으로 세 단계로 구분하여 즉위의 과정을 규정한다.

(1) 제1단계는 선군先君의 붕어에 따른 왕의 당일 즉위다. 『백호통』 「작」에,8)

> 천자가 (선군의) 대렴大斂을 마친 후에 왕이라고 칭하는 것은 인민과 신하에게는 하루라도 군주가 없어서는 안 됨을 밝히기 위한 것이다. 그러므로 『상서』에 "① 강왕康王은 마로 만든 면관冕冠을 쓰고 보黼 무늬가 있는 치마(裳)를 입고서 (賓의 계단으로 올랐다)"고 하였으니, 이는 (成王의) 대렴을 마친 후의 일이다. (선군이) 죽은 직후에 곧바로 (후계자에게) 왕의 칭호를 부여하지 않는다는 것을 어떻게 알 수 있는가? ② 앞의 문장에서 '아들 소釗를 맞이하였다'고 하였지, '왕을 맞이하였다'고 말하지 않았기 때문이다. 왕자王者가 빈殯을 마친 후에 계체繼體(적자로서 선군의 正體를 계승하여 즉위하는 것)의 지위에 나아가는 것은 무엇 때문인가? ❶인민과 신하의 마음에서 본다면 하루라도 군주가 없어서는 안 되기 때문이다. 그러므로 선군先君을 뵐 수 없게 되면, 후군後君이 계체를 하는 것이다. 그러므로 『상서』에 "③ 왕은 재배를 하고 일어나 대답하기를…"이라고 하였고, "④ 이에 동銅(璽)과 모瑁(瑞玉)를 받았다"고 하였으니, 계체의 군주가 되었음을 밝힌 것이다. 시작과 끝의 의리(계승의 원칙)에서 본다면, 한 해에 두 명의 군주가 있어서는 안 된다. 그러므로 『상서』에 "⑤ 강왕은 길복吉服인 면복冕服을 벗고 다시 상복喪服으로 갈아입었다"고 한 것이다. 길복인 면복을 입고 동銅을 받고서 왕을 칭하여 제후를 접견하는 것은 이미 계체하여 군주가 되었음을 밝힌 것이다. 면복을 벗고 동銅

> 을 보관하게 하고 상복으로 갈아입었다는 것은 아직 왕을 칭하면서 일을 처리할 수 없음을 밝힌 것이다.

라고 하였다. 밑줄 친 ①~⑤의 다섯 곳에 인용된 『상서』는 모두 「고명」이다. 『상서』 「고명」에서는 서주의 성왕에서 강왕으로의 전위를 왕즉위→천자즉위의 2단계 즉위로 묘사한다(본서 제9장 참조). 『백호통』은 이를 해석하는 형태를 취하면서, 선군이 붕어하면 후군은 당일에 왕으로 즉위해야 한다고 규정한다. 인민에게도 신하에게도 하루라도 군주가 없어서는 안 되기 때문이다. 이곳에서 당일 즉위의 이유로 제시한 것의 전거는 ❶『춘추공양전』이다. 『춘추공양전』 문공 9년 조에,[9)]

> 9년 봄, 모백毛伯이 와서 금을 요구하였다. 모백은 누구인가? 천자의 대부이다. 어째서 '사신(使)'이라고 칭하지 않았는가? (주나라 왕은) 상중으로 아직 군주가 아니었기 때문이다. 한 해를 넘겼는데, 어째서 아직 군주가 아니라고 말하는가? 즉위는 하였지만 아직 왕王을 칭하지 않았기 때문이다. 아직 왕을 칭하지 않았다면, 어떻게 즉위하였음을 아는가? ❷<u>제후가 한 해를 넘기면 즉위하므로 천자도 한 해를 넘기면 즉위한다는 것을 알 수 있다.</u> ❸<u>천자는 3년이 지난 후에 왕을 칭하므로</u> 제후도 그 봉내封內에서는 3년 동안 자子를 칭한다는 것을 알 수 있다. 해를 넘기면 공公을 칭하는데, 어째서 그 봉내에서는 3년 동안 자子를 칭하는가? ❶<u>인민과 신하의 마음에서 본다면 하루라도 군주가 없어서는 안 되기 때문이다.</u> 끝과 시작의 의리(계승의 원칙)에서 본다면 같은 해에 두 군주가 있어서는 안 되기 때문이다. 여러 해 동안 군주가 없어서도 안 되지만, ❹<u>효자의 마음에서 본다면 3년 동안은 차마 아버지의 지위를 감당할 수도 없기 때문이다.</u>

라고 하였다. 『백호통』에서 ❶'인민과 신하의 마음에서 본다면 하루라도 군주가 없어서는 안 되기 때문이다'라고 한 것은 『춘추공양전』 문공 9년 조를 전거로 함을 알 수 있다. 『백호통』은 『춘추공양전』을 논거로 당일에 왕으로 즉위해야 하는 이유를 설명하였지만, 『상서』와 『춘추공양전』에서는 군주의 즉위 순서가 서로 다르다. 즉 『춘추공양전』은 천자의 대부 모백이 노나라에 왔지만, 천자는 아직 왕으로 즉위하지 않았다고 해석한다. 천자즉위→왕즉위의 순서인 것이다. 이에 반하여 『상서』에서는 왕즉위→천자즉위로 되어 있어(본서 제9장), 양자는 천자와 왕의 즉위 순서가 역순이다.

『춘추공양전』은 은공 원년 조의 '아들은 어머니로 인하여 귀해지고, 어머니는 아들로 인하여 귀해진다(子以母貴, 母以子貴)'는 의례義例에서 볼 수 있듯이, 문제文帝의 즉위를 정통화한다는 특징을 갖는다(본서 제1장 참조). 천자로 즉위한 후에 황제로 즉위한 문제를 정통화하기 위해, '천자에서 왕으로'라는 즉위 순서를 기록했을 것이다. 그래서 『백호통』은 『춘추』라고 명기하지 않고 문공 9년 조를 세분화하여 인용함으로써, 당일 즉위의 이유를 『춘추공양전』에서 구하면서도 출전을 명기한 『상서』「고명」에 따라 '천자는 (선군의) 대렴을 마친 후에 왕이라고 칭한다'고 하여 먼저 군주는 당일에 왕으로 즉위한다고 규정한 것이다.

또한 『백호통』은 『상서』「고명」에 기초하여 왕으로 당일 즉위할 때 '동銅과 모瑁'를 받는다고 하였는데, 금문今文 상서학尙書學에서는 강왕이 받은 '동'은 '천자의 부새副璽'라고 훈고하였다(『三國志』 卷57, 「虞翻傳」 注에 인용된 『虞翻別傳』). 이 단계에서 왕은 옥으로 만든 천자의 정새正璽를 받지 않는다고 해석한 것이다. 당일에 즉위하여 왕을 칭함으로써 인민과 신하들에게 군주의 존재를 보여주기는 하지만, 천자로서의 정식 즉위는 아니라는 것이다. 이 때문에 왕은 당일에 즉위하여 제후를 접견한 후에는 다시 복상한다. 선군의 상중이기 때문이다.

(2) 제2단계는 왕이 천자로서 유년즉위踰年卽位하는 것이다. 『백호통』「작」에,[10]

> 오랫동안 군주가 없어서는 안 된다. 그러므로 한 해를 넘기면 즉위하여 연호를 바꾼다. '원元'으로 시작하는 년도를 이름짓고, '년年'으로 일을 기록하여, 군주는 그 일의 주관자로 이름이 드러나지만, 아직 명령을 내리지는 못한다. 어째서 한 해를 넘기면 즉위하고 연호를 바꾸는가? 『춘추전』에, "❷제후가 한 해를 넘기면 즉위하므로 천자도 한 해를 넘기면 즉위한다는 것을 알 수 있다"고 하였다. 『춘추』에, "원년 봄, 왕 정월, 공公이 즉위하였다"라고 하였다. 이는 원위元位를 바꾸는 것이다. 왕자王者는 개원을 하면 곧바로 천지에 제사를 올리고, 제후는 개원을 하면 곧바로 사직에 제사를 올린다. 『예기』「왕제」에 "상을 치루는 3년 동안 제사를 지내지 않는다. ①다만 천지와 사직에는 제사를 올리는데, 월불越紼[1)*]을 하여 제사를 행한다"라고 하였다.

고 되어 있다. 천자로서 유년즉위를 하는 전거는 앞에 들었던 ❷'제후가 한 해를 넘기면 즉위하므로 천자도 한 해를 넘기면 즉위한다는 것을 알 수 있다'고 한 『춘추공양전』 문공 9년 조이며, 『백호통』의 천자즉위도 『춘추공양전』에 의거하면서 『상서』「고명」을 해석한 것임을 알 수 있다. 『춘추공양전』에서는 하루라도 군주가 없을 수 없는 인민·신하의 마음과 삼년상을 치르지 않을 수 없는 계체 군주의 효심을 "즉위는 하지만 왕을 칭하지는 않는다"고 하여 조정하였다. 『백호통』은 이를 『상서』「고명」에서 왕의 즉위에서 천자의 즉위로의 2단계 즉위로 강왕의

1)* 월불越紼 : 喪期 중에 천자·사직에 제사를 올리는 典禮를 말한다. '紼'은 관을 옮기는 수레의 끈이다. 『禮記』「王制」에 "상을 치루는 3년 동안 제사를 지내지 않는다. 다만 천지와 사직에는 제사를 올리는데, 춘거의 끈을 넘어가서 제사를 행한다(喪, 三年不祭, 唯祭天地社稷, 爲越紼而行事)"고 하였다. 이에 대해 鄭玄의 注에는 "비천한 일로 감히 존귀한 일을 폐하지 않는 것이다. '越'은 뛰어넘는다는 뜻과 같다. '紼'은 輴車의 끈이다(不敢以卑廢尊. 越, 猶躐也. 紼, 輴車索)"라고 하였고, 孔穎達의 疏에는 "매장을 하기 전에는 춘거에 끈을 묶어 놓아 화재에 대비한다. 이제 이미 천지와 사직에 제사를 지내므로, 반드시 이 끈을 뛰어넘어 가서 제사를 지내야 한다. 그러므로 '월불'이라 한 것이다(未葬之前, 屬紼於輴, 以備火災. 今旣祭天地社稷, 須越躐此紼而往祭之, 故云'越紼'."라고 하였다/옮긴이 주.

즉위를 묘사한 것과 서로 습합시킴으로써, 당일에 왕으로서 즉위하고, 천자로서 유년즉위를 하여 개원한다고 규정한 것이다.

그러나 한 해를 넘기더라도 아직은 삼년상의 한 가운데다. 상중임에도 왜 천자즉위가 가능하게 되는가에 대해서는 공양학과 마찬가지로 금문인 『예기』「왕제」를 전거로 삼는다. 『예기』「왕제」에 의하면, ①상중이라도 '월불越紼'을 하여 천지에 제사를 올릴 수 있다. '천의 아들'인 천자로의 즉위는 천의 제사를 통해서 거행되어야 한다. 그래서 『백호통』은 군주는 상중에 월불을 하여 천을 제사지냄으로써 천자로서 유년즉위를 거행한다고 규정하였다. 다만 이 단계에서 군주는 스스로 정치적 명령을 발포하지는 못한다. 선군의 삼년상에 복상하고 있기 때문이다.

(3) 제3단계는 삼년상을 마친 천자가 동쪽 섬돌에 올라 정사를 통괄하는 것이다.11)

> 『춘추전』에 "❸천자는 3년이 지난 후에 왕을 칭한다"고 한 것은 왕을 칭하여 정사를 통괄하고 정치적 명령을 발포한다는 뜻이다. 『상서』에 "고종은 양암諒闇을 3년 동안 하였다"고 한 것이 이것이다. 『논어』에 "군주가 훙거하면, 백관은 자신들의 직무를 총괄하여 3년 동안 총재에게 명을 듣는다"고 하였다. ❹효자의 마음에서 본다면, 3년 동안은 차마 정사를 처리할 수 없기 때문이다. 그러므로 3년 만에 상복을 벗은 후에 비로소 즉위하여 정사를 통괄하고, 동쪽 섬돌에 올라 군주로서 남면을 하고서 신하들을 조회하고, 왕을 칭하면서 정치적 명령을 발포한다. 그러므로 천자제후는 무릇 3년 만에 즉위하니, 끝과 시작의 의리가 비로소 갖추어진다. 양암을 3년 동안 하는 것은 효자의 도리를 끝까지 다하는 까닭이다.

라고 하였다. 이곳에서도 먼저 ❸"천자는 3년이 지난 후에 왕을 칭한다"고 하여 『춘추공양전』 문공 9년 조를 인용한다. 천자와 왕의 즉위 순서가 역순이라는 것은 이미 언급했다. 『백호통』은 그것을 『상서』「열명說命」과 서로 습합시킨다. 복승伏勝의 『상서대전』「열명」에서는 양암梁(諒)闇을 '3년 동안 말을 하지 않는 것'으로 해석한다.12) 『백호통』에서 인용한 『논어』「헌문」에서는 '3년 동안 말을 하지 않음'을 전제한 후, 백관이 자신들의 직무를 총괄하여 왕이 아니라 총재에게 재가를 받는다고 하였다. 그리하여 『백호통』은 후반부에서도 ❹"효자의 마음에서 본다면, 3년 동안은 차마 정사를 처리할 수 없기 때문이다"라고 인용한 『춘추공양전』 문공 9년 조를 살려서 삼년상을 마친 후에 천자가 동쪽 섬돌에 올라 정치적 명령을 발포해야 한다고 규정하였다. 『상서』「고명」에 묘사된 강왕의 즉위를 『춘추공양전』 문공 9년 조에 의거하여 해석하기 때문에, 『백호통』의 논리전개는 좀 군색하다. 금문 춘추공양학은 백호관회의를 통해 규정된 후한시대 경의經義의 중심적인 경전이었던 것이다(본서 제1장).

이상에서처럼 『백호통』은 『상서』「고명」을 『춘추공양전』에 의거하여 해석하면서 군주의 즉위를 크게 두 단계(세밀하게는 세 단계)로 규정하였다. 제1단계는 (1)당일에 왕으로 즉위한다. 당일에 즉위하는 이유는 『춘추공양전』을 전거로 인민과 신하들에게 하루라도 군주가 없을 수 없다는 데에서 찾았다. 제2단계는 상을 마침과 동시에 거행하는 천자즉위다. 천자즉위는 다시 두 단계로 나뉜다. 먼저 (2)상중에 월불을 하여 천을 제사지내는 유년즉위를 통해 천자가 되어 개원을 한다. 다만 천자는 스스로 정치적 명령을 발포하지는 못한다. 그것은 (3)삼년상을 마치고 동쪽 섬돌에 올라 정사를 통괄하여 모든 국정을 스스로 행할 때까지는 선군의 상에 복상해야 하기 때문이었다.

2. 전위傳位에서의 군주의 즉위

「1. 『백호통』에서의 군주의 즉위」에서 검토한 『백호통』의 군주 즉위의 규정은 동일한 왕조 내에서 군주의 지위가 전승되는 전위傳位에 관한 것이었다. 그렇다면 후한시대 전위의 현실은 어떠했을까? (1)왕(후한의 현실에서 황제)으로서의 당일 즉위부터 고찰하겠다. 후한시대 군주의 즉위와 관련해서는 니시지마 사다오의 「한대의 즉위의례」(1975)에서도 착목한 안제安帝의 즉위가 상세하다. 니시지마의 논문(1975)에서 활용한 [A]~[G]의 사료에 [a]·[b]를 추가하여 인용해 보겠다. 『후한서』 본기5 「안제기」에,13)

> [A]8월, 상제殤帝가 붕어하였다. 등태후鄧太后는 오빠 거기장군 등즐鄧騭과 금중禁中에서 정책定策하였다. 그날 밤 등즐로 하여금 부절을 지니고 가서 왕의 청개거青蓋車로 제(안제)를 맞이하여 전중殿中에서 재계하게 하였다. [B]황태후가 숭덕전崇德殿에 납시니, 백관은 모두 길복을 하였고, 신하들은 배위陪位를 하였으며, 제(안제)를 인도하여 장안후長安侯로 임명하였다. [C]황태후가 조서를 내려 말하였다. "선제(상제)께서는 성덕이 맑고 성대하셨지만, 일찍 천하를 버리셨다. 짐은 황제(상제)를 받들어 아침저녁으로 해와 달을 우러러 보면서 대업을 성취하시기를 바라고 희망하였다. 갑작스럽게 돌아가시리라 생각이나 하였겠는가! 천수를 누리지 못하셨으니, 비통함에 간장이 끊어지는 듯하구나. 짐은 생각건대 평원왕平原王은 평소 고질병으로 시달리고 있다. 종묘의 중대함을 생각하고, 후사의 대통을 생각하노니, 단지 장안후 유호劉祜만이 품성이 충효스럽고, 조심하여 공경하고 삼가며, 『시』와 『논어』에 능통하여 학문에 독실하고 옛것을 즐기며, 인자하고 은혜로워 아랫사람을 사랑한다. 나이는 이미 13세가 되었으니, 성인成人의 뜻을 갖고 있다. 친히 성덕을 계승하여 후세를 잇는 데에는 유호만한 인물이 없다. 『예』에 '곤제昆弟의 아들은 자기의 아들과 같이 한다'고 하였다. 『춘추』의 의리에, '남의 후사가 된

자는 그의 아들이 되니, 아버지의 명령을 이유로 할아버지의 명령을 사양할 수는 없다'고 하였다. 호祜를 효화황제孝和皇帝의 후사로 삼아, 조종祖宗을 받들어 계승시키게 하고자 한다. 예의禮儀를 살펴 상주하도록 하라." [D]또 책명策命을 만들어 말하였다. "연평延平 원년 가을 8월 계축에, 황태후께서는 '아, 장안후 호祜여! 효화황제의 아름다운 덕은 산처럼 우뚝하시고 은혜로운 빛은 사해를 두루 비추셨고, 대행황제大行皇帝(상제)께서는 천수를 영원히 누리지 못하셨다. 짐은 생각건대, 장안후는 효장제孝章帝의 세적世嫡의 황손으로, 겸손하고 자애로워 어린 시절부터 학문에 부지런하였으니, 마땅히 교묘郊廟를 받들고 대업을 계승하여 대통을 이어야 한다. 이제 장안후로 하여금 효화황제의 뒤를 잇게 하노라. 너는 삼가 한국漢國의 군주가 되어 진실로 그 중용의 도를 잡도록 하라. '한 사람에게 경사가 있으면, 만민이 그에게 힘을 입는다'고 하였다. 황제는 힘쓰도록 하라!" [E]① 책명을 다 읽은 후, 태위太尉가 ② 새수璽綬를 받들어 올리자, 황제의 지위에 나아가니, 나이 13세였다. 태후가 여전히 조정에 임하여 정사를 처리하였다. [F]9월 경자에, ③ 고묘高廟를 배알하였다. 신축에, ③ 광무묘光武廟를 배알하였다. ... [G]병인에, ④ 효상황제孝殤皇帝를 강릉康陵에 매장하였다. ... [a]영초永初 원년 정월 계축 초하루에 천하에 크게 사면령을 내렸다. [b]3년 봄 정월 경자에, 황제는 원복元服을 올리는 의례를 거행하였다. 천하에 크게 사면령을 내렸다. 왕王·주主·귀인貴人·공公·경卿 이하에게 각각 차등을 두어 금백金帛을 하사하였고, 남자로서 아버지의 후사가 된 자 및 삼로三老·효제孝悌·역전力田에게 작위를 내려주었는데 사람마다 2급을 내렸고, 유민 가운데 호적에 올리고자 하는 자에게는 사람마다 1급을 내려주었다.

라고 하였다. 니시지마의 앞 논문(1975)에서는 [E]에서 [G]까지를 황제즉위의 의례를 보여주는 기사로 해석하고, ①책명의 봉독, ②새수의 봉정, ③고묘·광무묘에 대한 친알親謁, ④선제先帝의 대장大葬의 4가지를 그 내용으로 한다고 하였다. 니시지마가 [E]에서 [G]까지를 모두 황제즉위의 의례로 해석한 것은 『속한서』「예의지」를 논거로 황제즉위 이전에 천자즉위가 거행된다고 생각했기 때문이다.14) 그러나 천자즉위

→황제즉위라는 즉위순서는 『백호통』의 규정과는 다르다.

『백호통』의 규정에 의하면, (1)선군의 붕어 후 후군은 왕 즉 황제로서 당일에 즉위한다. 천자로 즉위하는 것이 아니다. 안제의 경우, 선군인 상제는 8월 신해에 붕어하였다(『後漢書』 本紀4, 「殤帝紀」). 그러나 안제에게 즉위를 명한 책명에는 [D]'연평 원년 가을 계축'으로 되어 있다. 이 날은 붕어한 지 2일 후다. 당일 즉위가 아니다. 그것은 안제가 상제의 황태자가 아니라, [A]등태후에 의해 후사로 지명되어, [B]일단 장안후가 된 후, [C]황태후가 조서를 내려 후계자로 지명한 즉위사정 때문이다. 카네코 슈이치의 『중국고대 황제제사의 연구』(2006)에 의하면, 황태자였던 명제·장제·화제·상제·충제沖帝는 당일에 즉위하였으므로 후한의 황제는 당일 즉위를 원칙으로 하였음을 알 수 있다.15) 『백호통』에 따르면, 안제는 [D]책명의 봉독과 [E]새수의 전수를 통해 8월 계축에 황제로 즉위했다고 보아야 할 것이다. 또한 『후한서』 본기4 「상제기」에 '계축, 숭덕전전崇德前殿에서 빈殯을 하였다'고 하였으며, [B]안제가 책명을 받은 장소도 숭덕전이므로 황제즉위는 관 앞에서 거행되었을 것이다(柩前即位). 후한의 군주는 제1단계로서 관 앞에서 황제로 당일 즉위한 것이다. 그 내용은 [D]책명의 봉독과 [E]새수의 전수였다.

그렇다면 니시지마가 황제즉위의 일환으로 생각했던 [F]고묘·광무묘에 대한 친알親謁과 [G]선제先帝의 대장大葬은 일정이 다르기 때문에 황제즉위의 일환으로 생각할 필요는 없다. 이어서 이듬해의 [a]개원改元의 대사면과 3년 후의 [b]가원복加元服의 대사면을 포함하여 (2)천자즉위를 검토하기로 하겠다.

『백호통』의 규정에 의하면, 당일 즉위한 황제는 (2)상중에 월불을 하여 천을 제사지내고 유년즉위를 통해 천자가 되어 개원을 한다. 확실히 안제는 이듬해 '영초永初'로 개원을 하고 천하에 대사면령을 내렸으므로 정월에는 남교제천을 거행했을 테지만,16) 후한의 현실은 『백호통』의 규정과 약간 달랐다. 후한에서는 명제의 고사에 따라 천자는 천의 제사와 더불어 조상에 대한 보고를 중시했기 때문이다. 『속한서』 지4, 「예의상」에,17)

> 정월 첫째 정일丁日에 남교에서 제사를 올렸다. 예를 마치면 다음으로 북교·명당·고묘·세조묘에 제사를 올렸다. 이를 '오공五供'이라고 한다. 오공을 마친 다음 상릉의 예를 행했다.

라고 하였듯이, 후한에서는 정월에 남교제천을 거행할 때에 북교, 명당, 고묘, 세조묘를 순서대로 제사지내는 '오공五供'을 행하고, 그런 후에 '상릉上陵'의 예를 거행하였다. 후한말의 채옹蔡邕은 『속한서』 지4 「예의상」의 주에 인용된 사승謝承의 『후한서』에,18)

> 건녕 5년(172) 5월, 황제(영제)가 원릉原陵(광무제의 능)에 오를 때, 채옹은 사도연司徒掾이 되어 공식행렬에 따라갔다. 원릉에 도착하여 그 의식을 보고는 감개무량하여 함께 있던 사람에게 말하였다. "듣건대, ①옛날에는 묘제墓祭를 지내지 않았다. ②조정에서 상릉上陵의 예禮를 거행할 때, 처음에는 없애야 한다고 생각했다. 이제 그 의식을 보고 그 본뜻을 살펴보니, ③비로소 효명황제의 지극한 효와 측은해 하는 마음을 알게 되었다. 옛 제도로 바꾸어서는 안 된다." 어떤 사람이 "본뜻이란 무엇을 말하는가?"라고 물었다. "옛날에 도읍이 장안에 있었을 때(전한)의 예에 대해서는 다 알 수가 없다. 광무제께서 세상을 떠나자 처음으로 이곳에 묻혔다. 명제께서 제위를 계승하고 한해를 넘긴 후 신하들이 정월 초하루에 조회에 참석했을 때, 선제(광무제)께서 다시는 이 조회의 예禮를 보실 수 없음을 안타깝게 생각하여, 공경과 백관을 이끌고 원릉園陵에 나아가 이 상릉의 예를 창설하셨다. 상서尙書가 계단의 서쪽에 신좌神坐를 설치하는 것은 천자가 죽은 이를 섬기기를 살아 계신 이를 섬기듯이 하려는 뜻에서다. 진실로 선제先帝에게 친속들이 있다면, 남자와 여자가

> 모두 모이고, 왕·후·대부·군국郡國의 계리計吏가 각각 신좌를 향하여 ④'선제의 신혼神魂께서는 이를 들어주시기를 바랍옵니다'라고 말할 것이다. 이제 세월이 오래 흘러 우리 후생은 당시 사람들이 아니므로, 사람들은 단지 그 예만을 볼 뿐 그 슬픔을 알지 못한다. 생각해보건대, 명제의 성스럽고 효성스러운 마음은 친히 3년 동안 복을 하고 오래도록 원릉에 있고 싶어 하셨을 것이다. 처음 이 의식을 행하실 때 위로는 (선제가 쓰시던) 궤연几筵을 살펴보시고, 아래로는 신하들을 돌아보시면서, 비통한 마음 가눌 수 없으셨을 것이다."

라고 서술되어 있듯이, ②상릉의 예는 ①고례와 다르기 때문에 폐지해야 한다고 생각했었는데, ③명제의 효심을 생각하면 바꿀 수 없다고 하였다. '제위를 계승하고 한 해를 넘긴(嗣位踰年)' 명제는 광무제의 원릉에 올라 상릉의 예를 거행함으로써 자신의 천자즉위를 광무제의 ④ '신혼神魂'에게 고한 것이다. 『백호통』에 의하면, 본래는 천을 제사지내어 천자로서의 즉위를 고해야 한다. 채옹도 ①묘제墓祭는 고례古禮가 아니라고 하였듯이, 이것은 위례違禮였다. 그 의례는 『속한서』 지4 「예의상」에,19)

> 서도西都(전한) 시대에는 이전부터 상릉上陵의 의례가 있었다. 동도東都(후한)의 의례는 다음과 같다. 백관百官과 사성四姓(樊·郭·陰·馬)의 친가親家 부녀婦女·공주公主·제왕諸王의 대부大夫·① 외국에서 조회하러 온 사신과 시자侍子·군국郡國의 계리計吏가 능에 모인다. 주루晝漏의 물이 높이 찼을 때, 대홍려大鴻臚는 구빈九賓의 자리를 배정하고, 순서대로 백관들을 침전寢殿의 앞에 세운다. 종이 울리면, 알자謁者는 예를 관장하여 빈객을 인도하고, 신하들은 의례의 규정대로 각자의 위치로 나아간다. 황제가 동상東廂에서 내려오면, 태상太常이 인도하여 나오고, 황제는 서쪽을 향해 배읍拜揖을 하고 몸을 돌려 조계阼階로 올라가 신좌神坐에 절을 한다. 물러나 동상東廂에 자리하여 서쪽을 향한다. 시중侍中·상서尙書·폐자陛者는 모두 신좌의 뒤쪽에 서 있는다. 공경과 신하들은 신좌에 배알을 하고, 태관太官이 음식을 올린다. ② 태상악太常樂은 식거食擧를 연주

> 하고, 문시文始·오행五行의 춤을 추도록 지시한다. 음악이 끝나면, 신하들은 음식을 하사받는다. 끝나면, 군국郡國의 상계리上計吏가 차례대로 앞으로 나아가, 신헌神軒을 향해 자신의 군국의 곡가와 백성의 질고를 보고하여 신령이 그 동정動靜을 알도록 한다. 효자가 부모를 섬길 때 예를 다하는 것은 공경하고 사랑하는 마음이다. 모든 절차를 예의 규정에 맞게 한다. 마지막에는 능을 친히 배알하고, 계리를 파견하고 그들에게 띠(帶)와 패옥(佩)을 하사한다. 8월에 음주飮酎의 예를 거행하기 위해 능을 배알할 때의 의례도 이와 같이 한다. 무릇 재계(齋)는 천지를 제사할 때에는 7일 동안, 종묘와 산천을 제사할 때에는 5일 동안, 소사小祠의 경우에는 3일 동안 한다. 재계하는 중에 오염이 있다면 재계를 해제하고 부졸副倅이 예를 행한다. 재계 하루 전 불결한 일이나 재변이 발생하더라도 재계와 제사를 의례의 규정대로 진행한다. ③ 대상大喪을 당했을 경우, 오직 하늘을 제사하는 교사郊祀 때에만 월불越紼을 하여 재계하고, 지기地祇 이하의 제사는 모두 100일 후 재계하는 것을 고사故事와 같이 한다.

고 한 것처럼 대규모적인 것이었다. 내관內官만이 아니라 ①'외국에서 조회하러 온 사신과 시자侍子'가 능에 모인다는 것은 이적을 대상으로 하는 칭호인 천자로서의 즉위의례와도 상응한다. ②태상악이 연주하는 식거악食擧樂에는 「녹명鹿鳴」 등 평소 천자가 음식을 먹을 때마다 연주하는 악곡 이외에, 「상릉上陵」, 「천지명天之命」, 「천지역수天之曆數」가 포함된다.[20] ③대상大喪을 당했을 때에는 천을 제사하는 교사郊祀의 경우에만 월불을 한다는 것도 규정되어 있듯이, 명제와 장제는 상릉의 의례를 통해 천자가 되었음을 조상에게 보고했을 것이다.

장제의 붕어 후, 광무제묘(세조묘)에 군주의 신주를 모아서 들이는 태묘제도의 관습이 정착되자(金子修一, 『中國古代皇帝祭祀の硏究』, 2006), 상릉의 예는 남아 있었지만 황제로서 즉위한 후에 고조묘와 세조묘의 2묘에 배알하는 것이 관습화되었다. 전한은 초기에는 관 앞(柩前)이 아니라 종묘에서 즉위하였다. 후한의 마지막 황제 헌제 및 즉위한 지 1년도 못되어 붕어하거나 폐위된 상제·북향후北鄕侯·충제·홍농왕弘農王을 제외하면, 화제 이후의 황제는 모두 2묘에 배알하였다. 후한의 황제는 조령을 알현함으로써 수명자의 천명을 계승하여 천자로서 즉위했다고 할 수 있다. 그러나 2묘에 배알하는 것만으로는 천을 제사지냄으로써 천자로서의 즉위를 한다는 『백호통』의 규정은 완수되지 않는다. 역시 월불을 하고 천을 제사지내어 천자로서 [a]유년즉위를 하여 개원하는 것이 천자즉위에는 불가결한 것이다. 후한에서는 한의 전통과 명제의 상릉의 고사를 이어받아 종묘에서 황제로서의 즉위를 고하고, 그 후 이듬해 정월에 남교제천을 통해 천자로서 즉위했을 것이다. 그것은 시諡를 통해서 방증된다. 『백호통』「시」에,21)

> 시諡란 무엇인가? '시'라는 글자는 '끈다(引)는 뜻이니, 행실의 자취를 끌어다 나열하는 것이다. 덕을 완성하도록 권면하고 윗사람으로 하여금 절제에 힘쓰도록 하기 위한 것이다. 그러므로 『예기』「교특생」에 "옛날에는 살아 있을 때 작위가 없으면, 죽어서도 시가 없다"고 하였다. 이는 살아 있을 때에 작위가 있다면, 죽었을 때 마땅히 시가 있어야 한다는 뜻이다.

라고 하였다. 『백호통』의 규정에 따르면 천자란 작爵이며, 황제란 호號를 가리킨다. 시는 생전에 작위를 갖고 있었던 자에게만 부여된다. 북향후도 홍농왕도 황제로서 즉위했다는 것은 『후한서』에 분명하게 기록되어 있다. 그러나 두 사람에게는 시가 없다. 이에 반해서 상제와 충제는 2묘에 배알하지 않았음에도 시가 있다. 천자라는 작위를 갖고 있었기 때문일 것이다. 양자의 차이는 즉위한 달수의 길이는 아니다. 북향후는 8개월 제위에 있었고, 충제는 6개월 밖에 제위에 있지 못했다. 그러나 그 사이에 충제는, 그리고 상제도 한 해를 넘겨 개원을 하였다. 충제는 2세, 상제는 생후 100여 일이었지만, 한 해를 넘겨 개원을 할 때에 남교제천의 의례를 거행했을 것이다. 후한 최후의 헌제도 황제즉위 이듬해 초평 원년(190) 정월에 남교제천의 의례를 거행하였고, 동탁이 헌제를 수행하였다. 동탁이 금빛 꽃무늬 장식에 푸른 수레덮개를 하고, 수레상자 양면에 오이 모양의 화려한 그림을 그려 넣은 수레를 타고 천자 행세를 했던 것은(『後漢書』 列傳50下, 「蔡邕傳」), 남교제천의 중요성을 인식하고 있었기 때문일 것이다. 이처럼 후한에서는 전한의 종묘즉위의 전통과 명제의 고사를 계승하면서 고묘와 세조묘의 2묘에 대한 배알이 존중되었고,[22] 위례違禮인 상릉의 예까지도 거행되었지만, 천자로서의 즉위는 어디까지나 남교제천을 통해 유년즉위를 하고 개원을 하여 천명의 계승을 천에 보고하는 것에 있었다.

그렇다면 천자는 삼년상을 마친 후 국정을 통솔한다는 『백호통』의 규정은 현실에 어떻게 반영되었을까? 후한에서는 문제의 고사에 따라 삼년상을 대공大功 15일·소공小功 14일·섬복纖服 7일 동안 총 36일로 단축하였기 때문에(본서 제3장 참조), 천자의 자격으로 삼년상이 끝났음을 선언하는 경우는 없었다. 그렇다면 아무런 연관도 없었는가 하면 그렇지는 않다. 안제가 영평 3년(109) 봄 정월 경자에 원복元服의 예를 행한 것[b]에서도 알 수 있듯이, 어린 황제가 많았던 후한에서는 삼년상이 끝나면 곧바로 원복의 예를 거행하는 황제가 많았다. 원복의 예는 정월 갑자·병자일에 거행하는 것이 원칙이기 때문에(『續漢書』 志4, 「禮儀上」), 25개월이라는 삼년상이 딱 떨어지는 해가 아닌 경우도 있지만, 화제(영원 3년<89> 정월 갑자, 13세), 안제(영평 3년<109> 정월 경자, 16세), 순제(영건 4년<129> 정월 병자, 15세, 3년 정월 병자는 도읍에서 대지진), 환제(건화 2년 <148> 정월 갑자, 16세, 3년 정월에는 갑자·병자가 없다), 영제(건녕 4년 <171> 정월 병자, 16세, 3년 정월에는 갑자·병자가 없다), 헌제(흥평 원년<194> 정월 갑자, 15세, 초평 3년<192>에는 갑자·병자가 없고, 4년은 전란 중) 가운데, 환제를 제외하면 모든 천자가 삼년상이 끝나기를 기다렸다가 원복례를 거행하였다. 『의례』「사관례」의 정주鄭注에 의하면, 원복례는 20세에 거행해야 한다. 후한의 황제가 예의 규정보다도 삼년상의 완수를 우선시하여 가관加冠의 예를 거행하였던 바에서, 삼년통사三年統事(삼년상을 마친 후 국정을 통솔하는 것)의 규제력을 볼 수 있다. 말하자면 원복례는 천자가 국정을 스스로 행하는 계기가 된다. 천자는 삼년상을 마친 후 국정을 통솔한다는 『백호통』의 규정은 원복의 예를 거행하는 시기에 영향을 끼쳤던 것이다.

이상에서처럼 후한시대 전세傳世의 군주는 『백호통』의 규정에 거의 따르는 형태로, 황제→천자의 2단계 즉위를 행하고 있었다. 첫째, 황제즉위는 관 앞(柩前)에서 당일즉위로서 거행하였고, 그 내용은 책명의 봉독과 새수의 전수였다. 둘째, 천자즉위는 고조와 세조묘를 배알하여 수명자의 천명을 계승한 후, 남교제천을 통해 천명의 계승을 천에 보고하는 유년즉위로서 거행하였으며, 개원과 사면령을 내렸다. 나아가 삼년상을 마친 후의 천자통사는 어린 황제가 이어진 후한에서는 가원복加元服으로서 표현되었다. 그렇다면 황제→천자의 2단계 즉위는 선양의 경우에는 어떠한 형태를 취했을까? 한위선양을 사례로 검토하고자 한다.

3. 선양禪讓에서의 군주의 즉위

오가타 이사무尾形勇는 『중국고대의 「가」와 「국가」』(1979)에서 선양에 의한 즉위의례는 일반적인 전위와는 반대로 황제즉위→천자즉위의 순으로 거행되었다고 하였다. 그러나 「2. 전위傳位에서의 군주의 즉위」

에서 검토했듯이, 『백호통』에서의 이념형도 후한시대 실제의 전위에서도 황제즉위→천자즉위의 순으로 거행되었다. 선양만이 다른 즉위순서를 보여주는 사례가 있을까?

오가타설이 착목한 한위선양과 관련해서는 간지가 다른 두 종류의 사료가 병존한다. 결론적으로 말하면, 첫째는 경오庚午(28일)의 간지를 갖는 황제즉위의 사료이고, 둘째는 신미辛未(29일)의 간지를 갖는 천자즉위의 사료다.

경오의 간지를 갖는 황제즉위 사료로는 (1)『삼국지』「문제기」, 『후한기』 건안25년 조, 『속한서』「군국지」의 주가 있다. <A>~<C>의 기호를 붙여 인용하면, (1)『삼국지』 권2 「문제기」에,[23)]

> 한의 헌제는 중망衆望이 위魏에 있다고 생각하고, 이에 조정의 대신들을 소집하고 고묘高廟에 고하여 제사를 올렸다. <A> 겸어사대부兼御史大夫 장음張音으로 하여금 부절을 가지고 가서 새수璽綬를 받들어 올려 지위를 선양하도록 하였다. <B> 책冊에 말하였다. "아, 그대 위왕(조비)이여, 옛날에 제요帝堯는 우순虞舜에게 지위를 선양하였고, 순舜 또한 우禹에게 선양을 받도록 명하였다. 천명은 영원하지 않으니, 오직 덕을 지닌 자에게 돌아가는 법이다. 한의 도는 쇠퇴하여 대대로 그 질서를 잃었는데, 짐의 시대에 이르러 커다란 혼란으로 더욱 어두워지니, 흉악한 무리들이 이에 반역을 일으켜 천하가 뒤집어졌다. 무왕武王(조조)의 신명한 위무에 힘입어 사방에서 이 위란을 구제하였으니, 화하의 땅을 맑게 하여 우리 종묘를 보호하고 안정시켰다. 어찌 나 한 사람이 다스릴 수 있겠는가! 천하 사람들로 하여금 실로 그 은택을 받게 하도록 하라. 이제 왕(조비)은 공경히 전왕(조조)의 업적을 계승하여 그 덕을 밝게 빛내고, 문무의 대업을 넓혀서 그대 아버지의 위대한 업적을 밝히도록 하라. 황령皇靈이 서상瑞祥을 내리시고, 인신人神이 길조吉兆를 보여주시어, 그대를 탄생시켜 정사를 보좌하도록 하셨다. 뭇사람들이 짐에게 그대의 법도는 우순虞舜에 합치되니, 마땅히 우리 당요唐堯의 법전을 준수하여, 공경히 그대에게 제위를 선양하라고 진언하고 있다. 아아! 하늘의 역수曆數가 그대의

> 몸에 있으니, 진실로 그 중용의 도를 잡고 공경히 하늘이 내리신 복록을 영원히 보존하도록 하라. 그대는 공경히 대례大禮에 순응하고, 이 만국萬國을 누리어서, 삼가 천명을 계승하도록 하라." 이에 번양繁陽에 단을 쌓았다. <C> 경오에, 왕(조비)이 단에 올라 조계阼階로 나아가고, 백관들이 배석하였다. 의례가 끝나자, 단을 내려와서 료燎의 제사를 살펴보고 의례를 마친 후에 돌아왔다. 연강延康을 바꾸어 황초黃初라 하고, 크게 사면령을 내렸다.

라고 하였다. 한의 헌제는 '중망이 위에 있다'고 판단하고 '고묘에 고하여 제사를 올린' 후, 장음에게 새수를 받들어<A>, 책冊을 쓰도록 하고 <B>, 조비에게 선양을 하였다. 이것은 「2. 전위傳位에서의 군주의 즉위」에서 검토한 안제의 전위에서의 책명의 봉독[D]이 <B>에, 새수의 전수[E]가 <A>에 상당하므로, 당일의 황제즉위다. 즉 조비는 건안 25년(220) 10월 경오(28일), '왕이 단에 올라 조계로 나아가고 백관이 배석하는' 의례를 통해서<C>, 황제로 즉위한 것이다. 「1. 『백호통』에서의 군주의 즉위」에서 확인했듯이, 『백호통』에서는 황제를 '신하에게 호령하는' 자로 규정하였다. 따라서 황제즉위는 백관의 앞에서 거행된다.

이것을 (2)『후한기』 권30 「헌제기」 건안 25년 조에서는,24)

> 겨울 10월 을묘에 조詔를 내려 말하였다. "짐이 재위한 지 32년, 천하가 뒤집히게 됨을 만났지만, 다행히도 종묘의 혼령에 힘입어 위란에서 다시 보존되었다. 그러나 위로 천문을 우러러보고, 아래로 민심을 살펴보니, 염정炎精의 역수는 이미 끝났고, 역수의 운행은 조씨曹氏에 있다. 이 때문에 전왕前王(조조)은 신무神武의 업적을 세웠고, 금왕今王(조비)은 또 명덕明德을 밝게 펼쳐 그 기운期運에 순응하고 있다. 이에 역수曆數가 밝게 빛남을 또한 알 수 있다. ①'대도가 행해질 때에는 천하를 공적인 것으로 여겨 현명한 사람을 뽑고 능력 있는 사람을 추거한다'고 하였다. 그러므로 당요唐堯는 자신의 아들에게 사사로이 하지 않아서 그 이름이 끝없이 전해졌다. 짐은 이를 부러워하고 흠모하노니, 이제 그 요임금의 법도를 따라서 위왕에게 지위를 선양하노라." 이에 종묘에 고

> 하였고, <A> 어사대부 장음張音으로 하여금 황제의 새수를 받들어 올려 위왕에게 선위禪位하도록 하면서 말하기를, <B> "…"라고 하였다. <C> 경오에, ② 위왕魏王은 황제로 즉위하고 연호를 바꾸어 '황초黃初'라고 하였다.

라고 전한다. 중간에 생략한 부분의 책문冊文 <B>는 (1)『삼국지』「문제기」와 거의 같은 문장이다. (2)『후한기』의 사료적 가치는, 첫째로 (1)『삼국지』에는 기록되어 있지 않는 10월 을묘의 선양이유를 기술한 조서를 게시한 점에 있다. 이 조서에 인용된 ①'대도가 행해질 때에는 천하를 공적인 것으로 여겨 현명한 사람을 뽑고 능력 있는 사람을 추거한다'고 하는 『예기』「예운」에는 선양의 사상적 준비가 엿보인다(渡邉義浩, 「三國時代における「公」と「私」」, 2003). 둘째로, (1)『삼국지』「문제기」에 기록된 즉위의례를 ②'황제'즉위로서 명기한 점에 있다. (2)『후한기』를 통해서 헌제의 선양으로 경오에 조비가 황제로서 당일 즉위하였음을 더욱 명확하게 알 수 있다.

또한 (3)『속한서』 지20 「군국」2 영천潁川에 인용된 유소劉昭의 주에,[25]

> 헌제는 어사대부 장음을 파견하여 황제의 <A> 새수璽綬와 <B> 책서策書를 받들어 올리게 하여, 제위를 위에 선양하였다. 이에 문제文帝는 왕위를 계승하고, 남쪽으로 순행하여 영음潁陰에 이르렀다. 이에 유사가 영음에 단을 쌓았다. <C> 경오에, 단에 오르자 위魏의 상국相國 화흠華歆이 무릎을 꿇고 새수를 받아서 왕에게 올렸다. 왕은 이를 받은 후 단에서 내려와 료燎의 제사를 살펴보고, 의례를 마친 후에 돌아왔다.

라고 하였다. 『속한서』 유소의 주는 화음이 문제에게 새수를 올리는 황제즉위의 의례를 묘사하고 있다는<C> 점에서, (1)『삼국지』「문제기」·(2)『후한기』와는 다른 사료적 가치를 지닌다. 황제로서의 즉위의례에는 이어서 검토할 천자즉위처럼 이적까지 포함한 수많은 참석자가 묘사되어 있지 않다. (1)『삼국지』「문제기」에도 '백관'이라고 하였듯이 황제즉위의 참석자는 내관內官 뿐이었다. 이곳에서도 천자즉위와는 다른 황제즉위의 특징을 볼 수 있다.

경오에 조비가 황제로서 당일 즉위했음을 전하는 (1)~(3)의 사료는 공통성을 지닌다. (1)진수陳壽의 『삼국지』는 조위에만 본기를 설정하면서도 삼국 군주의 '고대제천문告代祭天文' 가운데 유비의 그것만을 수록한 역사서다. 표면상 조위를 정통으로 삼으면서도, 그 내실에 후한後漢→계한季漢의 정통계승을 잠복시키고 있는 것이다(渡邉義浩, 「陳壽の『三國志』と蜀學」, 2008). 따라서 선양을 행한 한의 입장에서 한위혁명을 설명한다. 한의 입장에서 보면, 선양한 경오일의 시점에서 조비가 황제로서 당일 즉위하였으므로 그 시점에서 한의 역사는 종언을 맞는다. 따라서 이튿날의 천자즉위를 기록할 필요는 없다. (2)원굉袁宏의 『후한기』도 유비즉위에서 그 기술을 마치고 있는 데에서 알 수 있듯이, 촉한의 정통성을 주장하는 역사서다. 마찬가지로 조비의 천자즉위를 기재할 필요는 없다. (3)사마표司馬彪의 『속한서』에 주를 붙인 유소도 조위를 편들 필요성을 갖고 있지 않았다.[26)] 이처럼 한의 입장에서 한위선양을 기록하는 (1)~(3)은 경오일에 조비가 황제로서 당일 즉위한 것만을 전한다.

한편 신미의 간지 혹은 29일의 날짜를 붙인 사료로는 (4)·(5)『삼국지』 권2 「문제기」의 주에 인용된 『헌제전』과 (6)「수선표受禪表」의 비碑가 있다. (D)~(G)의 기호를 붙여서 인용하면, (4)『삼국지』 권2 「문제기」의 주에 인용된 『헌제전』에,[27)]

> 신미일에, ① 위왕이 단에 올라 선양을 받았다. <D> 공경·열후·제장·② 흉노의 선

우·조회하러 온 사이四夷 등 수만 명이 배석하여, 천지天地·오악五嶽·사독四瀆에 료燎의 제사를 지냈다. <E>"③황제皇帝인 신臣 비丕는 감히 검은 색의 수컷 희생(玄牡)을 써서, <F>④황황후제皇皇后帝께 밝게 고하나이다. 한은 24세대를 거쳐 426년을 다스렸지만, 사해四海는 곤궁하고 삼강三綱은 확립되지 못하였으며, 오위五緯(五星)는 운행이 착종되고, 영상靈祥은 한꺼번에 나타나고 있습니다. 술수術數를 추론하는 자들은 그것을 옛날의 도에 헤아려보고는 모두 '천의 역수는 그 운수가 이제 끝났다. 무릇 여러 가상嘉祥과 민신民神의 뜻은 잇달아 한의 운수의 끝과 <G>⑤위가魏家의 수명受命의 징험을 분명히 하고 있다'고 말하나이다. 한의 군주는 신기神器를 마땅히 신臣에게 주어야 한다고 말하면서, 유우有虞(舜)를 법으로 삼아 비丕에게 지위를 바쳤나이다. 저는 천명을 두려워하여 비록 쉬더라도 쉴 수가 없나이다. 군공羣公·서윤庶尹(백관)·육사六事의 사람(조정의 軍事大臣)과 밖으로는 장군과 병사에 이르기까지, 그리고 ⑥만이蠻夷의 군장君長에 이르기까지 모두 '천명天命은 사양할 수 없으며, 신기神器는 오래 비워둘 수 없습니다. 신하들에게는 군주가 없을 수 없으며, 만기萬幾에는 통솔자가 없어서는 안 됩니다'라고 말하고 있나이다. 비丕는 삼가 황상皇象을 계승하여, 감히 공경히 잇지 않을 수 있겠나이까! 수귀守龜로 점을 쳐보니 점복이 대횡大橫으로 나왔고, 삼역三易으로 점을 쳐보니 점복이 혁명의 징조로 나왔나이다. 삼가 길일을 택하여 백관들과 단에 올라 황제의 새수를 받고, 위대한 신께 고하여 유類의 제사를 올리나이다. 그대 신이시여, 바라옵건대 영원히 길하도록 백성들의 바람을 들어주시고, 위나라가 대대로 누릴 수 있도록 복을 내려주소서." 이어서 삼공에게 조서를 내려 "상고시대 처음 군주가 생겼을 때, 반드시 은혜로운 교화를 숭상하여 풍속을 아름답게 하였다. 그리하여 백성들이 교화에 순응하여 형벌도구가 필요 없게 되었다. 이제 짐은 제왕의 대통을 이었으니, 연강延康 원년을 황초黃初 원년이라 하고, 정삭을 개정하고, 복색을 바꾸고, 깃발의 칭호(徽號)를 달리하며, 율律·도度·량量을 통일하고, 토행土行을 계승하는 일에 대해 의론하도록 하라. 천하에 크게 사면령을 내려, 참형 이하의 경우 마땅히 용서받을 수 없는 자라도 모두 사면하도록 하라"라고 하였다.

고 되어 있다. (1)~(3)까지 경오의 간지를 갖는 사료와의 첫 번째 차이는 (4)『헌제전』에서 <E>'고대제천문'을 기록하고 있는 점이다. ③'황제皇帝인 신臣 비丕'로 시작하는 <E>고대제천문에는 ③'황제인 신비'가 ④'황황후제皇皇后帝'로 표현되는 천에게 왕조의 교체를 고하고 있다. 요컨대 신미의 의례는 군주가 천에게 신臣이라 칭하면서 황제로서의 즉위를 보고한 후에 천명을 받은 천자로서 즉위하는 천자즉위의 의례다. 두 번째의 차이는 <D>참석자다. (1)에서는 '백관' 등 내신만 참석했지만, (4)에서는 '공경·열후·제장' 이외에 ②'흉노의 선우·조회하러 온 사이四夷' '수만 명이 배석'하는 등 ⑥'만이의 군장에 이르는' 참석자가 있었음을 전한다. 참석자를 통해서도 사이에 대한 칭호인 천자로서의 즉위의례였음을 알 수 있다. 세 번째 차이는 새수를 받았음을 말하면서, (1)~(3)의 모두에서 들었던 헌제의 사자 장음을 언급하지 않은 점이다. ④가 조위의 입장에서 선양을 묘사한 것임을 알 수 있다.

같은 (5)『삼국지』 권2「문제기」의 주에 인용된『헌제전』에는 상서령 환계桓階가 29일(신미)에 단에 올라야 한다고 주장한 상주문을 싣고 있다.『삼국지』 권2「문제기」의 주에 인용된『헌제전』에서는,[28)]

> 이에 상서령 환계桓階 등이 상주하여 말하였다. "... 폐하께서는 천의 뜻에 응하시어 선양을 받았으니, 마땅히 속히 단장壇場에 이르시어, <F>섶을 불태워 ④상제上帝께 료燎의 제사를 올려야 합니다. 진실로 오래도록 신기神器를 머물러 두어 백성들의 바람을 거절해서는 안 될 것입니다. 신 등은 태사령에게 길한 날짜를 택하도록 명을 내렸는데, 이달 29일 <G>단에 올라 ⑤수명受命을 할 수 있다고 합니다. 청컨대 왕공王公과 군경羣卿을 불러 예禮의 의식절차를 조목조목 갖추어 별도로 상주하게 하소서." 령令을 내려, "좋다"고 하였다.

라고 하였다. (5)『헌제전』에서도 29일(신미)의 의례는, (4)의 <F>에서는 ④'황황후제'로 표현되었던 ④'상제', 즉 천에게 섶을 불태워 료燎

의 제사를 거행하는 천자즉위의 의례임을 서술하고 있다. 또 (4)의 <G>에서는 ⑤'위가魏家의 수명受命의 징험'을 분명히 하고 있기 때문에 거행되었던 의례가, (5)에서도 '수명'을 위해 거행되어야 한다고 명기되어 있다.

또한 하남성河南省 임영현臨穎縣 번성진繁城鎭에 현존하는 수선대受禪臺 근처에 보관되어 있는 「위공경상존호주魏公卿上尊號奏」비碑와 「수선표受禪表」비碑의 두 개의 비 가운데, (6)신미의 기년이 붙은 「수선표」비에도 천자즉위의 모습을 『상서』로 문식을 하면서 묘사하고 있다. 상세한 검토는 본서 9장에서 하겠지만, 여기서는 (4)『헌제전』의 모순을 해결할 수 있을 만큼만 확인해두겠다. (4)『헌제전』에서는 ①'위왕이 단에 올라 선양을 받았다'고 하여 '위왕'으로 표기하면서도, 조비의 자칭에서는 ③ '황제인 신 비'라고 하여 황제를 자칭하고 있어 동일한 사료 안에 모순이 있다. (6)「수선표」비에서는 "황초 원년 겨울 10월 신미, 황제는 한씨로부터 선양을 받았다"고 하여 '위왕'의 부분이 '황제'로 되어 있다. 돌에 새겨 세상에 전한 「수선표」비에 따라 사료를 비판한다면, (4)『헌제전』의 '위왕'은 '황제'라고 생각된다.

신미(29일)에 조비가 천자로서 즉위고천卽位告天하였음을 전하는 (4)~(6)의 사료는 모두 조위의 입장에서 한위선양을 설명하고 있다. 조위에게 중요한 것은 한으로부터 선양을 받은 황제의 지위를 천이 승인함으로써, 천명을 받은 조위의 황제가 천자가 되는 것이었다.

이상에서처럼 한위시대에는 선양을 통한 군주의 즉위도 황제즉위가 선행되고, 그 다음에 천자로서 즉위하였다. 수선대 옆에 세워진 「한공경상존호주」비는 후한 헌제의 경오의 조서를 이끌어낸 신하들의 여론을 중심으로 묘사하여 조위의 입장에서 황제즉위를 기록하고 있다(본서 8장). 한편 「수선표」비는 조위의 입장에서 천자즉위를 언설하고 있다. 수선대의 옆에 세워진 「위공경상존호주」비와 「수선표」비의 두 비는 황제즉위→천자즉위라는 한위혁명의 2단계 즉위를 각각 기념하여 세워졌던 것이다.

맺음말

한위시대 군주는 황제즉위에서 천자즉위라는 2단계의 즉위를 거행하였다.

전위의 경우, 그것은 세분화하면 3단계의 즉위로 거행되었다. 첫째, 군주는 선군이 붕어하면 관 앞(柩前)에서 당일즉위로 황제로서 즉위한다. 그 때의 즉위의례는 책명의 봉독과 새수의 전수가 중심이었다. 둘째, 황제는 월불을 하여 남교제천의 의례를 거행함으로써 천자로서 유년즉위를 하고 개원을 한다. 그때, 제천의 의례를 행하기 전에 고묘와 세조묘의 2묘를 직접 배알하여 수명자로부터 천명을 계승하였음을 중시한 점은 한의 전통을 계승한 것이었다. 나아가 선군의 삼년상을 마치면 정식으로 정치를 개시하는데, 어린 황제의 경우 천자통사는 원복의 예를 거행하는 것으로 표현되었다.

선양의 경우, 전왕조로부터 책冊과 새수璽綬를 받음으로써 황제로서 즉위한다. 이후, 고대제천문으로 천을 제사함으로써 천명을 받고 천자로서 즉위한다.

다만 이러한 고대제천의 의례는 후한부터 북주의 건국 때까지는 황제의 친제親祭로 거행되었지만, 수당시대에는 우사有司가 섭행하였다(金子修一, 『中國古代皇帝祭祀の研究』, 2006). 후한이나 서진시대 등 '유교국가'가 붕괴한 후, 고대제천이 등한시되어 가는 과정은 북족北族의 관습이나 불교·도교의 대두에 따른 천 관념의 변천 때문으로 생각된다.

1) 金子修一, 『中國古代皇帝祭祀の硏究』(2006), 434쪽. 松浦千春의 「漢より唐に至る帝位繼承と皇太子—謁廟の禮を中心に」(1993), 「漢代の卽位儀禮についての覺え書き—西嶋定生論の檢證」(2004), 「禪讓儀禮試論—漢魏禪讓儀式の再檢討」(2005)에서도 황제즉위뿐이었다고 주장한다. 金子修一이 西嶋定生과 尾形勇에 대한 최초의 비판으로서 중시한 小島毅의 「天子と皇帝—中華帝國の祭祀體系」(1991)에서는 "'황제'즉위 후에 祖靈 혹은 上帝에게 알현하는 형태로 '천자'즉위식을 거행했다고 해석할 수도 있는 것은 아닐까?"라고 하였는데, 본서의 고찰결과는 小島毅의 추론과 일치한다.

2) 天子者, 爵稱也. 爵所以稱天子者何? 王者父天母地, 爲①天之子也(『白虎通』「爵」). 『白虎通』은 陳立, 『白虎通疏證』(1994)을 저본으로 하였다.

3) 帝王者何? 號也. 號者, 功之表也. 所以表功明德, ②號令臣下者也(『白虎通』「號」).

4) 或稱天子, 或稱帝王何? 以爲接上稱天子者, 明以爵③事天也. 接下稱帝王者, 明位號天下至尊之稱, 以④號令臣下也(『白虎通』「號」).

5) 황제와 천자의 기능분화 및 황제의 육새에 대해서는 西嶋定生, 「皇帝支配の成立」(1970) 참조.

6) 何以知帝亦稱天子也? 以法天下也. 『中候』曰, "天子臣放勛"(『白虎通』「爵」). 放勛은 帝堯이다. 한편 『尙書中候』의 문헌학적 문제 및 그 성립에 대해서는 間嶋潤一의 「『尙書中候』における太平神話と太平國家」(1993) 및 「禪讓と受命—緯書における夏禹の受命神話」(1996) 참조.

7) 본서 제2장. 주재자로서의 천에 대한 이해에 대해서는 池田知久, 「中國古代天人相關論」(1994), 효와 천의 관계에 대해서는 渡辺信一郎, 「孝經の國家觀—孝經と漢王朝」(1987), 후한시대 『백호통』의 규제력에 대해서는 池田秀三, 「『白虎通義』と後漢の學術」(1995) 참조.

8) 天子大斂之後稱王者, 明民臣不可一日無君也. 故『尙書』曰, "①王麻冕黼裳", 此大斂之後也. 何以知不從死後加王也? 以上言②迎子釗, 不言迎王也. 王者既殯而即繼體之位何? ❶緣民臣之心不可一日無君也. 故先君不可得見, 則後君繼體矣. 故『尙書』曰, "③王再拜, 興, 對", "④乃受銅瑁也", 明爲繼體君也. 緣始終之義, 一年不可有二君也. 故『尙書』曰, "⑤王釋冕喪服." 吉冕受銅, 稱王以接諸侯, 明已繼體爲君也. 釋冕藏銅反喪服, 明未稱王以統事也(『白虎通』「爵」).

9) 九年春, 毛伯來求金. 毛伯者何? 天子之大夫也. 何以不稱使? 當喪, 未君也. 逾年矣, 何以謂之未君? 即位矣, 而未稱王也. 未稱王, 何以知其即位? ❷以諸侯之逾年即位, 亦知天子之逾年即位也. ❸以天子三年然後稱王, 亦知諸侯於其封內三年稱子也. 逾年稱公矣, 則曷爲於其封內三年稱子? ❶緣民臣之心, 不可一日無君. 緣終始之義, 一年不二君. 不可曠年無君, ❹緣孝子之心, 則三年不忍當也(『春秋公羊傳』 文公 9年).

10) 不可曠年無君, 故踰年乃即位改元. 元以名年, 年以紀事, 君名其事矣, 而未發號令也. 何以踰年即位改元也? 『春秋傳』曰, "❷以諸侯踰年即位, 亦知天子踰年即位也." 『春秋』曰, "元年春, 王正月, 公即位", 改元位也. 王者改元, 即事天地. 諸侯改元, 即事社稷. 「王制」曰, "夫喪三年不祭, 唯祭天地社稷, 爲越紼而行事."(『白虎通』「爵」).

11) 『春秋傳』曰, "❸天子三年, 然後稱王"者, 謂稱王統事發號令也. 『尙書』曰, "高宗諒闇三年", 是也. 『論語』曰, "君薨, 百官總己聽於冢宰三年." ❹緣孝子之心, 則三年不當也. 故三年除喪, 乃即位統事, 踐祚爲主, 南面朝臣下, 稱王以發號令也. 故天子·諸侯, 凡三年即位, 終始之義乃備, 所以諒陰三年, 卒孝子之道(『白虎通』「爵」).

12) 諒闇에 대해서는 渡邉義浩, 「杜預の諒闇制と皇位繼承問題」(2005) 참조.

13) [A]八月, 殤帝崩. (鄧)太后與兄車騎將軍鄧騭定策禁中. 其夜, 使騭持節, 以王青蓋車迎帝, 齋于殿中. [B]皇太后御崇德殿, 百官皆吉服, 羣臣陪位, 引拜帝爲長安侯. [C]皇太后詔曰, "先帝聖德淑茂, 早棄天下. 朕奉皇帝, 夙夜瞻仰日月, 冀望成就. 豈意卒然顛沛! 天年不遂, 悲痛斷心. 朕惟平原王素被痼疾. 念宗廟之重, 思繼嗣之統, 唯長安侯祜質性忠孝, 小心翼翼, 能通『詩』·『論』, 篤學樂古, 仁惠愛下. 年已十三, 有成人之志. 親德係後, 莫宜於祜. 『禮』'昆弟之子猶己子', 『春秋』之義, '爲人後者爲之子, 不以父命辭王父命.' 其以祜爲孝和皇帝嗣, 奉承祖宗, 案禮儀奏." [D]又作策命曰, "惟延平元年秋八月癸丑, 皇太后曰, '咨長安侯祜, 孝和皇帝懿德巍巍, 光于四海, 大行皇帝不永天年.' 朕惟侯孝章帝世嫡皇孫, 謙恭慈順, 在孺而勤, 宜奉郊廟, 承統大業. 今以侯嗣孝和皇帝後. 其審君漢國, 允執其中. '一人有慶, 萬民賴之.' 皇帝其勉之哉!" [E]①讀策畢, 太尉②奉上璽綬, 即皇帝位, 年十三. 太后猶臨朝. [F]九月庚子, ③謁高廟. 辛丑, ③謁光武廟. … [G]丙寅, ④葬孝殤皇帝于康陵. … [a]永初元年春正月癸酉朔, 大赦天下. [b]三年春正月庚子, 皇帝加元服. 大赦天下. 賜王·主·貴人·公·卿以下金帛各有差, 男子爲父後及三老·孝悌·力田爵, 人二級, 流民欲占者人一級(『後漢書』 本紀5, 「安帝紀」).

14) 『續漢書』志6, 「禮儀下」에, "三公은 尙書의 顧命을 상주하고, 太子는 당일 관 앞에서 천자의 지위에 나아간다. 태자가 황제의 지위에 나아가고, 황후가 황태후가 될 것을 청한다. 상주는 재가된다. 신하들은 모두 밖으로 나가서 吉服을 하고 들어와 모이기를 儀禮대로 한다. 太尉는 동쪽 섬돌로부터 올라가 관의 御坐에 이르러 北面稽首하고 策을 읽는다. 끝나면, 傳國의 玉璽綬를 가지고 동쪽을 향해 무릎을 꿇고서 황태자에게 건네준다. 황제의 지위에 나아간다(三公奏尙書顧命, 太子即日即天子位于柩前. 請太子即皇帝位, 皇后爲皇太后. 奏可. 羣臣皆出, 吉服入會如儀. 太尉升自阼階, 當柩御坐北面稽首, 讀策. 畢, 以傳國玉璽綬東面跪授皇太子, 即皇帝位)"고 하였다. 『全譯後漢書』 志(2), 「禮儀」(汲古書院, 2002)에서는 니시지마설에 따라 이 부분을 이상과 같이 읽었는데, 『상서』「고명」과 『백호통』 모두 당일 즉위를 왕으로서의 즉위로 본다. 따라서 "三公 … 奏可" 사이에는 무언가 脫誤가 있다고 생각되며, 이곳만을 논거로 천자즉위를 주장하는 것은 곤란하다. 미주 1)에 들었던 金子修一의 저서 및 松浦千春의 논문에서의 니시지마설 비판을 참조할 것.

15) 安帝·少帝·順帝·質帝·桓帝·靈帝는 先帝의 붕어가 異變 혹은 政變 탓으로 후계자가 없어서 王家로부터 들어와 大統을 이었기 때문에 당일즉위는 아니다. 또 전한에서는 무제 이외에 당일즉위가 보이지 않는다는 것은 西嶋定生이 「漢代における即位儀禮」(1975)에서 설명한 대로다. 전한에 비할 경우, 후한의 황제즉위가 『백호통』의 당일즉위의 규정에 따르고 있음을 알 수 있다.

16) 永初 원년(89) 봄 정월에, 안제가 남교에서 제천을 거행했다는 것은 本紀에는 보이지 않는다. 그러나 후한의 황제가 정월에 남교에서 제천을 거행했다는 것은 미주

17)에서 게시하는 『續漢書』 志4, 「禮儀上」에 나타나는 대로다. 金子修一, 『中國古代皇帝祭祀の研究』(2006)도 참조.

17) 正月上丁, 祠南郊. 禮畢, 次北郊·明堂·高廟·世祖廟. 謂之五供. 五供畢, 以次上陵(『續漢書』 志4, 「禮儀上」).

18) 建寧五年正月, 車駕上原陵, 蔡邕爲司徒掾, 從公行. 到陵, 見其儀, 愾然謂同坐者曰, "聞①古不墓祭. ②朝廷有上陵之禮, 始謂可損. 今見其儀, 察其本意, ③乃知孝明皇帝至孝惻隱, 不可易舊." 或曰, "本意云何?" "昔京師在長安時其禮, 不可盡得聞也. 光武即世, 始葬于此. 明帝嗣位踰年, 羣臣朝正, 感先帝不復聞見此禮, 乃帥公卿百僚, 就園陵而創焉. 尙書階西祭設神坐, 天子事亡如事存之意. 苟先帝有瓜葛之屬, 男女畢會, 王·侯·大夫·郡國計吏, 各向神坐而言, ④庶幾先帝神魂聞之. 今者日月久遠, 後生非時, 人但見其禮, 不知其哀. 以明帝聖孝之心, 親服三年, 久在園陵. 初興此儀, 仰察几筵, 下顧羣臣, 悲切之心, 必不可堪"(『續漢書』 志4, 「禮儀上」注引謝承『後漢書』).

19) 西都舊有上陵. 東都之儀, 百官·四姓親家婦女·公主·諸王大夫·外國朝者侍子·郡國計吏會陵. 晝漏上水, 大鴻臚設九賓, 隨立寢殿前. 鍾鳴, 謁者治禮引客, 羣臣就位如儀. 乘輿自東廂下, 太常導出, 西向拜, 折旋升阼階, 拜神坐. 退坐東廂, 西向. 侍中·尙書·陛者皆神坐後. 公卿羣臣謁神坐, 太官上食, 太常樂奏食擧, 舞文始五行之舞. 樂闋, 羣臣受賜食. 畢, 郡國上計吏以次前, 當神軒占其郡國穀價, 民所疾苦, 欲神知其動靜. 孝子事親盡禮, 敬愛之心也. 周徧如禮. 最後親陵, 遣計吏, 賜之帶佩. 八月飮酎, 上陵. 禮亦如之. 凡齋, 天地七日, 宗廟·山川五日, 小祠三日. 齋日內有汙染, 解齋, 副倅行禮. 先齋一日, 有汙穢災變, 齋祀如儀. 大喪, 唯天郊越紼而齋, 地以下皆百日後乃齋, 如故事(『續漢書』 志4, 「禮儀上」).

20) 增田清秀, 『樂府の歷史的研究』(1975). 增田에 의하면 이들 악곡은 上陵 뿐 아니라 宗廟에서도 연주되었다고 한다.

21) 諡者, 何也? 諡之爲言引也, 引列行之跡也. 所以進勸成德, 使上務節也. 故『禮』「郊特牲」曰, "古者生無爵, 死無諡", 此言生有爵, 死當有諡也(『白虎通』 「諡」).

22) 金子修一은 『中國古代皇帝祭祀の研究』(2006)에서 후한의 경우 2묘에 대한 배알이 일련의 즉위행사의 마지막에 놓이게 된 것에 대해서, 策書가 이용된 사실을 중시하면서 謁廟 자체로서 帝位繼承者의 권위를 보여줄 필요가 없어졌기 때문이라고 하였다. 『백호통』에서 유년개원즉위를 규정했지만, 謁廟가 계속되었던 것은, 上陵禮 등 뿌리 깊은 漢家의 전통을 보여주는 것으로 생각된다.

23) 漢帝以衆望在魏, 乃召羣公卿士, 告祠高廟. <A>使兼御史大夫張音持節奉璽綬禪位. <B>冊曰, "咨爾魏王, 昔者帝堯禪位於虞舜, 舜亦以命禹, 天命不于常, 惟歸有德. 漢道陵遲, 世失其序, 降及朕躬, 大亂茲昏, 羣兇肆逆, 宇內顚覆. 賴武王神武, 拯茲難於四方, 惟淸區夏, 以保綏我宗廟, 豈予一人獲乂, 俾九服實受其賜. 今王欽承前緖, 光于乃德, 恢文武之大業, 昭爾考之弘烈. 皇靈降瑞, 人神告徵, 誕惟亮采, 師錫朕命, 僉曰爾度克協于虞舜, 用率我唐典, 敬遜爾位. 於戲! 天之曆數在爾躬, 允執其中, 天祿永終, 君其祗順大禮, 饗茲萬國, 以肅承天命." 乃爲壇於繁陽. <C>庚午, 王升壇即阼, 百官陪位. 事訖, 降壇, 視燎成禮而反. 改延康爲黃初, 大赦(『三國志』 卷3, 「文帝紀」).

24) 冬十月乙卯, 詔曰, "朕在位三十二載, 遭天下蕩覆, 幸賴宗廟之靈, 危而復存. 然瞻仰天文, 俯察民心, 炎精之數旣終, 行運乎曹氏. 是以前王旣樹神武之績, 今王又光裕明德以應其期, 是曆數昭明, 亦可知矣. ①'大道之行, 天下爲公, 選賢與能'. 故唐堯不私於厥子, 而名播於無窮. 朕羨而慕之, 今其追踵堯典, 禪位于魏王." 乃告宗廟, <A>使御史大夫張音奉皇帝璽綬禪位于魏王曰, <B> … <C>庚午, ②魏王卽位皇帝, 改年曰'黃初'(『後漢紀』 卷30, 「獻帝紀」建安25年).

25) 獻帝遣御史大夫張音, 奉皇帝<A> 璽綬·<B> 策書, 禪帝位於魏. 是文帝繼王位, 南巡在潁陰. 有司乃爲壇於潁陰. <C>庚午, 登壇, 魏相國華歆跪受璽綬, 以進於王. 王既受畢, 降壇視燎, 成禮而反(『續漢書』 志20, 「郡國」2, 潁川注).

26) 『삼국지』에 대해서는 渡邉義浩, 「陳壽の『三國志』と蜀學」(2008), 『후한기』에 대해서는 中林史郎·渡邉義浩, 『後漢紀』(1999), 유소에 대해서는 小林岳, 「劉昭と『集注後漢』」·「劉昭の後漢書補志について—後漢書補成考」,(1994)·「劉昭の後漢書注について—集注後漢の內容をめぐって」(1997) 참조.

27) 辛未, ①魏王登壇受禪. <D>公卿·列侯·諸將·②匈奴單于·四夷朝者, 數萬人陪位, 燎祭天地·五嶽·四瀆, <E>曰, "③皇帝臣丕, 敢用玄牡, <F>昭告于④皇皇后帝. 漢歷世二十有四, 踐年四百二十有六, 四海困窮, 三綱不立, 五緯錯行, 靈祥並見. 推術數者, 慮之古道, 咸以爲天之曆數, 運終茲世, 凡諸嘉祥, 民神之意, 比昭有漢數終之極, <G>⑤魏家受命之符. 漢主以神器宜授於臣, 憲章有虞, 致位于丕. 丕震畏天命, 雖休勿休. 羣公·庶尹·六事之人, 外及將士, 洎于蠻夷君長, 僉曰, '天命不可以辭拒, 神器不可以久曠. 羣臣不可以無主. 萬幾不可以無統.' 丕祇承皇象, 敢不欽承! 卜之守龜, 兆有大橫, 筮之三易, 兆有革兆. 謹擇元日, 與羣寮登壇, 受帝璽綬, 告類于爾大神. 唯爾有神, 尚饗永吉, 兆民之望, 祚于有魏世享." 遂制詔三公,"上古之始有君也, 必崇恩化以美風俗, 然百姓順教而刑辟厝焉. 今朕承帝王之緒, 其以延康元年爲黃初元年, 議改正朔, 易服色, 殊徽號, 同律度量, 承土行. 大赦天下, 自殊死以下, 諸不當得赦, 皆赦除之"(『三國志』 卷2, 「文帝紀」注引『獻帝傳』).

28) 於是尚書令桓階等奏曰, " … 陛下應天受禪, 當速卽壇場, <F>柴燎④上帝. 誠不宜久停神器, 拒億兆之願. 臣輒下太史令擇元辰, 今月二十九日, <G>可登壇受命, 請詔王公羣卿, 具條禮儀別奏." 令曰, "可"(『三國志』 卷2, 「文帝紀」注引『獻帝傳』).

제 8 장

「위공경상존호주」에 보이는 한위혁명의 정통성

第8장 「위공경상존호주魏公卿上尊號奏」에 보이는 한위혁명의 정통성

머리말

송대 홍괄洪适의 『예석隷釋』 권19에 저록된 「위공경상존호주魏公卿上尊號奏魏」는 조위의 신하들이 문제에게 후한의 선양을 받아들이도록 권진한 내용을 전하는 비다.[1] 아직도 허창시 남쪽 교외 임영현 번성진에 보존되어 있으며, 성문물보호단위省文物保護單位로 지정되어 있다. 비 머리의 뾰족한 부분에 구멍이 있으며, 액제額題에는 전서篆書로 '공경장군상존호주公卿將軍上尊號奏'라는 8글자가 양각되어 있다. 비문은 예서隷書 32행(이 가운데 10행은 비의 후면에 새겨졌다)으로, 행마다 49자다. 본장에서는 「위공경상존호주」에 나타난 한위혁명의 정통성을 검토하고자 한다.

1. 한위혁명의 경위

한위혁명은 왕망의 혁명에 이어서 역사상 두 번째 선양이라는 형식을 취하였다. 형식면에서 혁명의 정통성을 떠받친 선양까지의 경위는 『삼국지』 권2 「문제기」의 주에 인용된 『헌제전』에 상세하게 전한다.[2] 번호를 붙여가면서 그 개략을 정리하는 것으로 시작하겠다.

①장로張魯의 부하였던 좌중낭장 이복李伏이 일찍이 강합姜合이 장로에

게 '공자孔子의 옥판玉板에 위공魏公 자환子桓(문제 조비)의 천하통일이 예견되어 있다'고 전해주었음을 상서하여 즉위를 촉구한다. 그러나 조비는 이를 포령布令으로 거부한다. ②시중侍中 유이劉廙·신비辛毗·유엽劉曄, 상서령尙書令 환계桓階, 상서尙書 진교陳矯·진군陳羣, 급사황문시랑給事黃門侍郎 왕비王毖·동우董遇 등이 이복의 상서를 이어서 권진하지만, 조비는 포령으로 거부한다. ③신해(9일), 태사승太史丞 허지許芝가 황룡이 출현했다는 서상과 수많은 위서, 나아가서는 오덕종시설과 분야설을 거론하며 위가 한을 대신해야 한다고 주장한다. ④조비는 포령으로 주 문왕의 사례를 들어 선양받을 의지가 없음을 표명한다. ⑤시중 신비·유엽, 산기상시散騎常侍 부손傅巽·위진衛臻, 상서령 환계, 상서 진교·진군, 급사중給事中·박사博士·기도위騎都尉 소림蘇林·동파董巴 등이 허지의 상서를 이어서 권진하지만, 조비는 포령으로 거부한다. ⑥계축(11일), 독군督軍·어사중승御史中丞 사마의司馬懿, 시어사侍御史 정혼鄭渾·양비羊祕·포훈鮑勛·무주武周 등이 권진하지만, 조비는 포령으로 거부한다.

이상 ①~⑥은 신하들이 조비에게 즉위할 것을 촉구하는 움직임으로서, 후한의 헌제가 선양이라는 말을 꺼낸 것은 아니다. 이어서 헌제의 선양 움직임을 보도록 하자.

⑦을묘(13일), 후한 헌제가 위왕 조비에게 천하를 선양하겠다는 조칙을 내리고, 사지절使持節·행어사대부사行御史大夫事·태상太常 장음張音에게 황제의 새수를 받들어 올리게 한다. ⑧이를 이어서 상서령 환계가 두 번에 걸쳐 즉위를 촉구하면서 상주하지만, 조비는 두 번 모두 포령으로 거부한다. ⑨시중 유이, 산기상시 위진 등이 수선대受禪臺의 조성을 상주하지만, 조비는 포령으로 거부한다. ⑩기미(17일), 조비는 새수를 되돌려주겠다는 포령을 내린다. ⑪보국장군輔國將軍 유약劉若[3] 등 120명이 두 번에 걸쳐 상서하여 권진하지만, 조비는 거부한다. ⑫시중 유이가

즉위를 촉구하면서 상주하지만, 조비는 포령으로 거부한다. ⑬경신(18일), 조비는 후한 헌제에게 상서하여 정식으로 ⑦에 의한 수선受禪을 거부했다.

이상 ⑦~⑬은 헌제의 첫 번째 ⑦선양의 조서를 조비가 ⑬거부할 때까지의 동향이다. ⑪에 이름이 보이는 유약은 본장의 중심이 되는 「위공경상존호주」에서도 다섯 번째라는 높은 순서로 이름을 올리고 있다.

⑭신유(19일), 급사중·박사 소림과 동파가 분야설을 추가하여 위의 씨족이 전욱에서 나와 순임금과 선조를 같이 한다고 상주하여 권진하지만, 조비는 포령으로 거부한다. ⑮임술(20일), 후한 헌제는 제2차 선위의 조서를 내린다. ⑯이를 이어서 상서령 환계가 즉위를 촉구하면서 상주하지만, 조비는 거부한다. ⑰갑자(20일), 조비는 ⑮임술의 조서를 정식으로 거부한다.

이상 ⑭~⑰은 헌제의 두 번째 ⑮선양의 조서를 조비가 ⑰거부할 때까지의 동향이다.

⑱시중 유이 등이 즉위를 촉구하면서 상주하지만, 조비는 거부한다. ⑲정묘(25일), 후한 헌제는 제3차 책조冊詔를 내려 선위를 전한다. ⑳이를 이어서 상국 화흠, 태위 가후賈詡, 어사대부 왕랑王郎 및 구경九卿이 즉위를 촉구하면서 상서하지만, 조비는 포령으로 거부한다. ㉑기사(27일), 조비는 ⑲에 의한 수선을 정식으로 사양하는 상서를 후한 헌제에게 제출한다.

이상 ⑱~㉑은 헌제의 세 번째 ⑲선양의 조서를 조비가 ㉑거부할 때까지의 동향이다. 이렇게 권하고 사양하고 함으로써 '삼양三讓'의 형식이 갖추어졌다.

㉒상국 화흠, 태위 가후, 어사대부 왕랑 및 구경이 권진문勸進文을 상주한다. ㉓경오(28일), 후한 헌제는 제4차 선위의 조칙을 내린다. ㉔이

를 이어서 상서령 환계가 즉위를 촉구하면서 상주한다. ㉕수락의 포령이 내려진다.

이상 ㉒~㉕는 선양의 수락으로서, 『헌제전』의 기재는 여기서 끝난다.

오가타 이사무尾形勇는 『중국고대의 「가」와 「국가」』(1979)에서 이후의 과정을 다음과 같이 정리하였다. 이후 ㉖같은 날(경오, 28일) 헌제는 장음을 사신으로 보내어 '황제의 새수'와 선위의 '책冊'을 조비에게 전한다. ㉗같은 날(경오, 28일) 조비는 '황제새수'의 배령拜領을 내용으로 하는 의례를 봉행하여 황제로 즉위한다. ㉘신미(29일), 황제의 자격으로 상제를 향하여 번료고천燔燎告天의 제사를 봉행한다. '수명의 예'를 행하여 천자로서 즉위한다. 이리하여 황제→천자의 순으로 조비가 즉위하여 한위선양은 완료되었다고 하였다.

이상과 같은 번잡한 절차 속에서, 조비는 ⑦, ⑮, ⑲, ㉓으로 4차례에 걸쳐 후한 헌제에게 선위의 조칙을 내리게 만들었고, ⑬, ⑰, ㉑로 '삼양三讓'[4])의 형식을 갖추어 한으로부터 선양을 받은 후 조위를 건국하였다. 이러한 과정에서 조위의 신하집단이 수선受禪의 정당성을 진술할 가장 중요한 기회가 되었던 것이 「위공경상존호주」이며, 그것이 신하들이 최종적으로 조비의 즉위를 기원하는 ㉒권진문勸進文이 되었다. 이를 증거로 남기기 위해 ㉒의 권진문을 비에 새겨 후세에 전했던 것이다. 『예석』 권19에 저록된 권진문 「위공경상존호주」가 바로 그것으로, 이를 새긴 「위공경상존호주」비는 오늘날에도 수선대의 옆에 보관되어 있다.

2. 「위공경상존호주」

『예석』 권19에 저록된 권진문 「위공경상존호주」는 자구의 결락이 많다. 그래서 『삼국지』 권2 「문제기」의 주에 인용된 『헌제전』으로 보충하여 바로잡고 그 부분을 [ ]로, 필자가 교정하여 바로잡은 것을 < >로, 보충한 것을 ( )로 표시하고, 7단락으로 나누어 원문을 싣겠다. 또한 모두와 말미에 열거된 46명의 연명 부분은 논지전개상 「3. 인적 구성의 분석」에서 고찰하기로 하겠다.

相國安樂侯臣(華)歆. 大<太>尉都亭侯臣(賈)詡. 御史大夫安陵亭侯臣(王)郎. 使持節行都督督軍車騎將軍陳侯臣(曹)仁. 輔國將軍淸苑鄕侯臣(劉)若. 虎牙將軍南昌亭侯臣(鮮于)輔. 輕車將軍都亭侯臣(王)忠. 冠軍將軍好畤侯臣(楊)秋. 渡<度>遼將軍都亭侯臣(閻)柔. 衛將軍國明亭侯臣(曹)洪. 使持節行都督督軍鎭西將軍東鄕侯臣(曹)眞. 使持節行都督督軍領揚州刺史征東將軍陽鄕侯臣(曹)休. 使持節行都督督軍征南將軍平陵亭侯臣(夏侯)尙. 使持節行都督督軍徐州刺史鎭征東將軍武安鄕侯臣(臧)覇. 使持節左將軍中鄕侯臣(張)郃. 使持節右將軍建鄕侯臣(張)遼. 使持節後將軍華鄕侯臣(朱)靈. 匈奴南單于臣(呼廚)泉. 奉常臣(邢)貞. 郎中令臣(和)洽. 衛尉安國亭侯臣(程)昱. 大<太>僕臣(何)夔. 大理東武亭侯臣(鍾)繇. 大農臣(袁)覇. 少府臣(常)林. 督軍御史將作大匠千秋亭侯臣(董)照<昭>. 中領軍中陽鄕侯臣(夏侯)楙. 中護軍臣(?)陟. 屯騎校尉都亭侯臣(郭)祖. 長水校尉關內侯臣(戴)淩<陵>. 步兵校尉關內侯臣(任)福. 射聲校尉關內侯臣(胡)質. 振威將軍鄕亭侯臣(?)題. 征虜將軍都亭侯臣(焦)觸. 振武將軍尉猛亭侯臣(?)當. 忠義將軍樂鄕亭侯臣(溫[5])生. 建節將軍平樂亭侯臣(閻)圃. 安衆將軍元就亭侯臣(?)神. 翼衛將軍都亭侯臣(趙)衢. 討夷將軍成遷亭侯臣(?)愼. 懷遠將軍關內侯臣(傅)巽. 綏邊將軍常樂亭侯臣(李)俊. 安夷將軍高粱亭侯臣(?)昺. 奮武將軍長安亭侯臣(?)豐. 武衛將軍安昌亭侯臣(許)楮<褚>等稽首言,

臣等前上言, 漢帝奉天命以固禪, 羣臣因天命以固請, 而陛下違天命以固辭. 臣等頑愚, 猶知其不可, 況神祇之心乎! 宜蒙納許, 以福海內欣戴之望. 而丁卯制書詔臣等曰, "[以德, 則孤不]足, 以時, 則虜未滅. 若以羣賢之靈, 得保首領終君魏國, 於孤足矣. 若孤者胡足以辱四海! 至乎天瑞·人事皆先王聖德遺慶, 孤何有焉?" 是以未敢聞命.

臣等伏讀詔書, 於邑益甚. 臣等聞『易』稱, "聖人奉天時", 而『論』曰, "君子畏天命", [天命有去就], 然後帝者有禪代. 是以唐之禪虞, 命以在爾. 虞之順唐, 謂之受終. 堯知天命去已, 故不得不禪. 舜知曆數在躬, 故不[敢不受, 不得]不禪, 奉天時也. 不敢不受, 畏天命也. 漢朝雖承季末陵遲之餘. 猶務奉天命, 以則堯道. 是以禪帝位, 以歸二女. 陛下正於大魏受命之初, 抑虞夏之達節, 尚延陵之讓體. 所枉者大, 所直者小. 所詳者輕, 所略者重. 中人·凡士, [猶爲]陛下栖之. 歿者有靈, 則重華必忿憤於倉梧之神墓, 大夏必鬱悒於會稽之山陰. 武王必不悅於高陵之玄宮矣. 是以臣等敢以死請.

且漢政在奄宦, 祿去帝室七世矣. 遂集矢石于其宮殿, 而二京爲之丘虛. [當是之時, 四海蕩]覆, 天下分崩. 武王親衣甲而冠冑, 沐雨而櫛風, 爲民請命, 則活萬國, 爲世撥亂, 則致升平, 鳩民而立長, 築宮而置吏, 元[元無過, 罔]於[前業, 而始有]造於華裔.

陛下卽位, 光昭文德, 以翊武功, 勤恤民隱, 視之如傷, 懼者寧之, 勞者休之, 寒者以煖, 飢者以充, 遠人以德服, 冦敵以[恩降], 邁恩種德, 光被四表, 稽古篤睦, 茂于放勳, 罔漏呑舟, 裕于周文. 是以布政未朞, 人神並和, 皇天則降甘露而臻四靈, [后土前]挺之[草而]吐醴泉·虎·豹鹿·兎·咸素其色, 雉·鳩·燕·爵, 亦白其羽, 連理之木, 同心之瓜, 五采之魚, 珍祥·瑞物, 雜遝於其間者, 無不畢備. [古]人有言, "微[禹], 吾其魚乎!" 微大魏, 則臣等之白骨, 旣交横于曠野矣.

伏省羣臣內外前後章奏, 所以陳敍陛下之符命者, 莫不條河洛之圖書, 授天地之瑞應, 因漢朝之款誠, 宣萬方之景附, 可謂信矣. 著矣. □ 矣. 裕矣. 高矣. 郡矣. [三王]無以及, 五帝無以加, 民命之懸於魏邦, 民心之繫於魏政, 世有餘年矣. [此]乃千世時至之會, 萬載壹遇之秋, 達節廣[度, 宣昭]於[斯際, 拘]攣狹[節], 不施於此時, 久稽天命, 罪在臣等, 輒營壇場, 具禮儀, 擇吉[日], 昭告昊天上帝, 秩羣神之禮, 須禋祭畢, [會羣寮]于朝[堂], 議年號·正朔·服色, 當所以施行. 臣謹拜表朝堂.

臣歆·臣詡·臣郎·臣仁·臣若·臣輔·臣忠·臣秋·臣柔·臣洪·臣眞·臣休·臣尙·臣覇·臣郃·臣晃·臣遼·臣靈·臣泉·臣貞·臣洽· 臣昱·臣夔·臣繇·臣覇·臣林·臣照<昭>·臣楙·臣陟·臣祖·臣淩<陵>·臣福·臣質·臣題·臣觸·臣當·臣生·臣圃·臣慎·臣衢·臣慎·臣巽·臣俊·臣曷·臣豐·臣楮<褚>, 誠惶誠懼, 頓首頓首, 死罪死罪.

이제 「위공경상존호주」의 본문을 편의상 5단락으로 나누어 검토하기로 하겠다. 논지전개와 관계되는 부분에는 번호를 붙인 밑줄을 긋고, 또 ( )로 자구를 보충한다. 또한 모두와 말미에 열거된 46명의 연명은 「3. 인적구성의 분석」에서 다루기로 하겠다.

(1) 신들은 이전의 상언에서 "한의 황제는 천명을 받들어 선양을 하고, 신하들은 천명을 이유로 청하였지만, 폐하께서는 천명에 어긋난다고 하시며 사

양하셨습니다. 신들은 둔하고 어리석지만, 오히려 그것의 불가함을 알고 있습니다. 하물며 신령(神祇)들의 마음이야 어떠하겠습니까! 마땅히 가납을 해 주시어, 천하 사람들의 기쁘게 떠받들고자 하는 바람에 부응하셔야 합니다" 라고 하였습니다. 그런데 정묘丁卯의 제서制書에서 신들에게 조칙을 내리시어 "덕을 가지고 말하자면 나는 충분하지 못하며, 때를 가지고 말하자면 오랑캐들이 아직 사라지지 않았다. 만약 여러 현인들의 덕택으로 목숨을 보전하여 끝내 위나라의 군주가 된다면 그것만으로도 나에게는 충분하다. 나 같은 사람이 어찌 천하를 욕되게 할 수가 있겠는가! 천서天瑞와 인사人事에 이르러서는 모두 선왕先王의 성덕聖德이 남겨주신 경사이니, 내가 거기에 무슨 기여를 하였겠는가!"라고 하셨습니다. 이 때문에 감히 명을 받들지 못하겠나이다.

제1단락에서는 권진문을 올리기 이전까지의 경위를 확인할 수 있다. '이전의 상언' 즉 ⑳상국 화흠, 태위 가후, 어사대부 왕랑 및 구경이 올린 상서의 개략을 서술하고, 그것을 거부하는 조비의 포령을 '정묘丁卯의 제서制書'라고 칭하고, 그에 대한 유감을 표명한다. 이어서 제2단락의 모두에서 '조서' 즉 ㉑기사(27일)에 조비가 후한 헌제에게 수선을 정식으로 사양하는 상서를 제출한 것을 슬퍼하는 것으로 권진은 시작된다.

(2) 신들이 엎드려 조서를 읽는데, 슬픔이 더욱 심할 뿐입니다. 신들이 듣건대, 『역』(권1 乾)에 "성인은 천시天時를 받든다"고 하였고, 『논어』(「季氏」)에 "군자는 천명天命을 두려워한다"고 하였습니다. 천명에는 떠나고 찾아옴이 있으니, 그러한 후에 제帝에게 선양과 교체가 있는 것입니다. 이 때문에 당요唐堯께서 우순虞舜에게 선양을 하실 때, '너에게 있다'고 명하셨던 것입니다. ❶우순께서는 당요의 뜻에 순응하셨으니, 이를 '수종受終'이라고 합니다. 요임금께서는 천명이 자신에게서 떠났음을 아셨습니다. 이 때문에 선양하지 않을 수 없었던 것입니다. ❷순임금께서는 역수曆數가 자신에게 있음을 아셨습

> 니다. 이 때문에 감히 받지 않을 수 없었던 것입니다. 선양하지 않을 수 없다는 것은 천시를 받든다는 뜻입니다. 감히 받지 않을 수 없다는 것은 천명을 두려워한다는 뜻입니다. 후한 왕조는 말년 쇠퇴의 끝을 이었지만, 오히려 천명을 받드는 데에 힘써 요임금의 법도를 본받고자 하고 있습니다. ❸이 때문에 제위를 선양하고, 두 딸을 시집보내 왔습니다. 그런데 폐하께서는 바야흐로 대위大魏의 수명受命 초기에, ❹우하虞夏(舜과 禹)의 달절達節을 억누르시고, 연릉延陵(吳의 季札)의 양체讓體를 숭상하고 계시니, 굽혀야 할 바는 크게 여기고 곧게 해야 할 바는 작게 여기며, 상세하게 해야 할 바는 가볍게 여기고 소략하게 해야 할 바는 중대하게 여기는 것입니다. 보통사람이나 평범한 선비조차도 폐하의 그러한 뜻은 소견이 좁은 것이라고 생각하고 있습니다. 죽은 자에게 영혼이 있다면, 중화重華(舜)께서는 반드시 창오倉梧의 신묘神墓에서 분노하고 불평하실 것이며, 대하大夏(禹)께서는 반드시 회계會稽의 산음山陰에서 근심하고 울적해 하실 것이며, 무왕武王께서는 반드시 고릉高陵의 현궁玄宮에서 기뻐하지 않으실 것입니다. 이 때문에 신들은 감히 죽음으로써 청하나이다.

제2단락에서는 요에서 순으로의 선양을 전범으로 삼아 한의 선양을 받아들여야 한다고 주장한다. 인용한 경전 가운데 출전이 명시된 『역경』과 『논어』가 아니라, 『상서』를 전거로 하는 밑줄 친 ❶의 기술이 중요하다. 앞의 『역경』과 『논어』는 단지 성인과 군자는 천명을 중시함을 설명한 것일 뿐 직접적으로 혁명의 정통성을 논증하는 것은 아니다. 이에 반하여 밑줄 친 ❶의 전거인 『상서』의 경문은[6]

> 정월 상일上日(초하루)에, 종終을 문조文祖에서 받으셨다. 선기璿璣와 옥형玉衡으로 살펴 칠정七政을 고르게 하셨다. 드디어 상제上帝에게 유類의 제사를 올리시며, 육종六宗에게 인禋의 제사를 올리시며, 산천에 망望의 제사를 올리시며, 여러 신들에게 두루 제사를 올리셨다.

이다. 잘 알고 있듯이 『상서』는 금문의 「요전堯典」이 고문에서는 「요전」

과 「순전舜典」으로 나뉘어 있다. 해당 문장은 금문과 고문 모두에 있는데, 고문의 경우라면 「순전」에 속한다. 자신을 순임금에 비유하여 수명을 하는 조비에게는 중요한 전거가 된다. 밑줄 친 ❶의 앞에 "당요께서 우순에게 선양을 하실 때, '너에게 있다'고 명하셨다"고 한 것도 사실은 『상서』를 전거로 하는 것일 듯한데, 현존하는 『위고문상서僞古文尙書』「순전」에만 포함되는 문장이므로7) 이곳에서는 다루지 않겠다.

밑줄 친 ❶이 전거로 삼은 『상서』의 "종終을 문조文祖에서 받으셨다"는 문장에 관해서, 마융馬融은 "문조란 천天이다. 천天은 문文이 되는데, 만물의 조祖이다. 그러므로 '문조'라고 한다"고 주를 붙였고,8) 정현鄭玄은 "문조란 오부五府의 존칭으로서, 주나라의 명당明堂과 같은 것이다"라고 주를 붙였다.9) 한은 요의 후계자임을 지배의 정통성에 두고 있었다. 한유漢儒인 마융과 정현은 '문조'를 요와 직접적으로는 결부시키지 않는다.10) 이에 반해서 동진시대에 성립된 것으로 생각되는 『위공전僞孔傳』에는 "'종'이란 요임금이 제위의 일을 마쳤다는 뜻이다. '문조'란 요임금 문덕文德의 조묘祖廟다"라고 하여,11) 요의 치세가 끝나고 요의 조묘인 '문조'에서 순이 제위를 계승했음을 명확하게 서술한다. 밑줄 친 ❶도 『위공전』에 따라 해석해야 한다는 것은 이어지는 밑줄 친 ❷가 『논어』에서 "요임금께서 말씀하셨다. 아! 너 순아, 하늘의 역수가 너의 몸에 있으니, 진실로 그 중中을 잡도록 하라. 사해가 곤궁하면 천록天祿이 영원히 끊어질 것이다"라고 한 요에서 순으로의 수명의 문장을 전거로 삼고 있는 것에서 명백하다.12) 즉 요에서 순으로의 혁명을 전범으로 삼아 한위혁명의 정통성을 주장한 것이다.

또한 밑줄 친 ❸에 기록된 요순의 관계와 마찬가지로 헌제가 두 명의 딸을 조비에게 시집보냈다는 것은 ⑦제1차 조서를 내릴 때에 이미 서술되어 있다. 밑줄 친 ❹가 전제로 삼고 있는 조위가 우순의 후예라는 것도 이미 ⑭에 나온다. 요컨대, 제2단락에서는 요순혁명을 전범으로 삼아 한위혁명의 정통성을 되풀이 기술한 것이다. 한위혁명이 요순혁명을 전범으로 삼았다는 것은 『후한기』 권30 「헌제기」 건안25년 조에,[13)]

> 겨울 10월 을묘에 조서를 내려 말하였다. "짐이 재위한 지 32년, 천하가 뒤집히게 됨을 만났지만, 다행히도 종묘의 혼령에 힘입어 위란에서 다시 보존되었다. 그러나 위로 천문을 우러러보고, 아래로 민심을 살펴보니, 염정炎精의 역수는 이미 끝나고, 역수의 운행은 조씨에 있다. 이 때문에 전왕(조조)은 신무神武의 업적을 세웠고, 금왕(조비)은 또 명덕明德을 넓게 펼쳐 그 기운期運에 순응하고 있다. 이에 역수가 밝게 빛남을 또한 알 수 있다. '대도가 행해질 때에는 천하를 공적인 것으로 여겨 현명한 사람을 뽑고 능력 있는 사람을 추거한다'고 하였다. 그러므로 당요唐堯는 자신의 아들에게 사사로이 하지 않아서 그 이름이 끝없이 전해졌다. 짐은 이를 부러워하고 흠모하노니, 이제 그 요임금의 법도를 따라서 위왕에게 지위를 선양하노라."

라고 한 것에서 알 수 있다. 한위선양의 규범으로 간주된 요순혁명은 "'대도가 행해질 때에는 천하를 공적인 것으로 여겨 현명한 사람을 뽑고 능력 있는 사람을 추거하였다'고 하였다. 그러므로 당요는 자기 아들에게 사사로이 하지 않아서 그 이름이 끝없이 전해졌다"고 서술되는 '공公'과 '사私'의 파악방식에 기초하여 정통화되었다. 이러한 '공'의 규정은, 『예기』 「예운」에서[14)]

> 대도가 행해질 때에는, 천하를 공적인 것으로 여겨(天下爲公), 현명한 사람을 뽑고 능력 있는 사람을 추거하며, 신의를 익히고 화목을 닦는다. 그러므로 사람들은 홀로 자기의 부모만을 부모로 여기지 않고, 홀로 자기의 자식만을 자식으로 여기지 않는다.

라고 한 '천하위공天下爲公'이라는 논리로 지탱된다. 정현은 "'공公'은 함

께한다(共)는 뜻과 같다. 지위를 선양하여 성인의 덕을 지닌 사람에게 주고, 집안의 소유로 하지 않는다는 뜻이다"라고 주를 붙여,[15] 천하가 공적인 것이 아니라 천하에 대해 군주가 공적이어야 한다는 뜻으로 해석하였다. 공적이지 못하면 군주는 교체되어야 한다. 사상적으로 선양의 논리가 준비되었다고 할 수 있다. 한위혁명은 한의 쇠퇴를 배경으로, 선양을 허용한 『예기』「예운」의 '천하위공'이라는 논리에 의해 정통화된 요순혁명을 논거로, 정통화되었던 것이다(渡邉義浩, 「三國時代における「公」と「私」」, 2003).

(3) 또한 한의 정치는 환관에게 장악되어 봉록이 제실帝室에서 떠난 지 7세대가 되었습니다. 마침내 화살과 돌들이 궁전에 날아들게 되었으며, (낙양과 장안의) 두 궁전은 이 때문에 폐허가 되었습니다. 이때에 이르러 사해는 뒤집어지고, 천하 사람들은 흩어지고 무너졌습니다. 무왕(조조)께서는 친히 갑옷을 입고 투구를 쓰시고, 빗물로 머리를 감고 바람으로 빗질을 하셨습니다. 백성을 위해 명을 청하시어 온 나라를 되살려내셨고, 세상을 위해 난을 다스리시어 승평升平의 시대를 이루셨습니다. 백성을 모아 우두머리를 세우고, 궁을 지어 관리를 두셨습니다. 백성들은 잘못도 없는데 쌓아둔 생업을 잃었지만, 무왕(조조)께서 천하를 평정함으로써 비로소 중화中華의 말예末裔로서 존속할 수 있게 되었습니다.

제3단락에서는 후한의 지배가 쇠퇴하여 극도로 혼란한 세상을 무왕 조조가 평정했음 서술한다.

(4) 폐하(조비)께서는 즉위하여 문덕文德을 밝게 드러내시어 무공武功을 보좌하셨으며, 백성의 고통을 힘써 구휼하시어 그들을 보시기를 마치 다친 사람 보듯이 하셨습니다. 두려워하는 자에게는 편안하게 해 주셨고, 힘든 자에게는 쉬게 해주셨고, 추위에 떠는 자에게는 따뜻하게 해 주셨고, 굶주린 자에게는 배불리 먹게 해주셨습니다. 먼 곳의 사람들에게는 덕으로 복종하게 하셨

고, 대항하는 적에게는 은혜로 투항하게 하셨습니다. 은택을 베풀고 덕을 쌓으시어, 광채가 천하 사방에까지 충만합니다. 옛것을 상고하여 돈독하고 화목하게 하신 것은 방훈放勳(堯)보다 훌륭하시고, 배를 삼킬만한 큰 고기도 그물에서 빠져나갈 수 있도록 법을 관대하게 하신 것은 둔왕보다 너그러운 것입니다. 이 때문에 정사를 펼치신 지 1년도 안 되었지만, 사람과 신이 나란히 조화를 이루게 되었습니다. ❺황천皇天은 감로甘露를 내리고 사령四靈(麟·鳳·龜·龍)을 이르게 하였으며, 후토后土는 지초芝草를 생장시키고 예천醴泉을 용솟음치게 하였습니다. 호랑이·표범·사슴·토끼는 모두 그 색을 희게 하고 있고, 꿩·비둘기·제비·참새 또한 그 깃을 희게 하고 있습니다. 연리목連理木, 동심과同心瓜, 오채어五采魚, 진상珍祥·서물瑞物이 그 사이에 섞여 있어 모두 갖추어지지 않음이 없습니다. 옛사람은(『春秋左氏傳』 昭公 傳 원년) "우임금이 없었다면, 우리는 물고기가 되었을 것이다!"라고 하였는데, 위대한 위나라가 없었다면 신들의 백골은 이미 들판에 나뒹굴고 있었을 것입니다.

제4단락에서는 즉위한 조비의 정치가 문덕으로 충만해 있으며, ❺서상이 출현하였음을 기술한다.

(5) 엎드려 살펴보건대, 신하들이 잇달아 장주章奏를 올려서 폐하의 부명符命을 진술한 것은 ❻하락河洛의 도서圖書를 조목조목 갖추고 ❼천지天地의 서응瑞應을 내려주니, 한조漢朝의 정성에 의거하여 만방萬方의 커다란 귀의를 펼치고자 하지 않음이 없었습니다. 진실하고, 현저하고 □하고, 넉넉하고, 높고, 성대하다고 할 만합니다. 삼왕三王이라도 이에 미칠 수 없으며, 오제五帝라도 이에 더할 것이 없습니다. 백성의 목숨이 위나라에 달려 있고, 백성의 마음이 위나라의 정치에 매어 있는 것이 대대로 여러 해가 되었습니다. 이는 바로 천년에 찾아오는 기회이며, 만년에 한번 맞이하는 때입니다. 상규常規에 얽매이지 말고 절조節操와 의행義行에 합치되게 하시고 법도를 광대하게 하시어, 마땅히 이러한 때에 밝게 펼치셔야 합니다. 원칙에 얽매어 절의를 협소하게 하시고, 이러한 때에 베풀지 않고 오래도록 천명을 헤아리신다면, 죄는 신들에게 있는 것입니다. 곧바로 단장壇場을 조영하고 예의禮儀의 절차를 갖추고,

길일을 택하여 호천상제昊天上帝께 밝게 고하시고, 여러 신들에 대한 예를 갖추고, 인禋의 제사가 끝나기를 기다렸다가 조당朝堂에 백관을 모이게 하여, 연호年號·정삭正朔·복색服色을 의론하게 하시고, 마땅히 이를 시행해야 할 것입니다. 신들은 삼가 조당에서 배례를 하면서 표表를 올리나이다.

마지막 제5단락에서는 그러한 조비의 수명을 정통화하는 ❻하도·낙서와 ❼천지가 보여주는 서응을 진술하면서 즉위를 간절하게 요청한다. 고바야시 하루키小林春樹의 「삼국시대의 정통이론에 대하여三國時代の正統理論について」(2001)에 의하면, 첫째 위서·참위사상에 관해서는 '당도고當塗高'라는 한 마디 말에 조위의 독자성이 집약되어 있다고 한다.16) 수선을 위한 과정에서 가장 많은 위서를 인용한 ③태사승 허지許芝의 상언은 『삼국지』 권2 「문제기」의 주에 인용된 『헌제전』에,17)

『춘추옥판참春秋玉版讖』에 "적赤을 대신할 자는 위魏의 공자公子다"라고 하였고, 『춘추좌조기春秋佐助期』에 "한은 허창許昌에서 천하를 잃을 것이다"라고 하였습니다. 이 때문에 백마령白馬令 이운李雲이 일을 상언하여 "허許의 창성한 기운이 당도고當塗高에 나타난다. 당도고는 마땅히 허에서 창성할 것이다. 당도고란 위魏다. 상위象魏란 양관兩觀의 궐루闕樓가 이것이다. 길을 마주하여 높고 큰 것이 위魏(망루)이다. 위나라는 마땅히 한나라를 대신할 것이다"라고 하였던 것입니다. 이제 위나라의 기초는 허에서 창성하지만, 한나라는 허에서 끊어질 것입니다. 이제 비로소 효험이 나타나는 것입니다. 이운의 말과 같이 허許와 창昌은 상응하는 것입니다.

라고 되어 있다. 허지가 이운의 말에 덧붙여, "적을 대신할 자는 위의 공자다"라는 참위서 『춘추옥판참』의 말을 인용하였듯이, 당도고가 한을 대신할 수 있는 근거의 연원은 적을 상징색으로 하는 화덕 요의 자손인 한이 황색 토덕인 순의 자손으로 대체된다는 종시오덕설에 있다.[18] 제2단계에서 언급했듯이 요에서 순으로의 선양을 전범으로 삼아 한의 선양을 받는 것이 조위의 수선을 정통화하는 중핵이었던 것이다. 둘째 천지가 보여주는 서응 즉 천문·분야설에 관해서, 고바야시 하루키는 앞의 논문(2001)에서 대량大梁이 조위의 분야分野인데 그곳에 세성歲星이 위치함으로써 조위의 수명은 정통화되었다고 하였다. 이를 상세하게 설명한 것은 ⑩급사중·박사 소림蘇林과 동파董巴의 상주다. 『삼국지』 권2 「문제기」의 주에 인용된 『헌제전』에,[19]

> 올해 10월에 북두성의 자루가 가리키는 곳은 전욱顓頊이 수명受命한 분야分野다. 처음 위魏가 10월에 선양을 받았으니, 이는 시조의 수명과 서로 부합한다는 징험이다. 위나라의 씨족이 전욱으로부터 나와서 순임금과 시조를 함께 한다는 것은 『춘추』의 세가世家에 보인다. 순임금은 토덕으로 요임금의 화덕을 계승하였고, 이제 위나라 또한 토덕으로 한나라의 화덕을 계승하였다. 역수의 운행에 있어 요임금과 순임금이 수수한 차례와 부합한다.

라고 하였듯이, 천문·분야설에서는 조위의 씨족이 전욱에서 나와 순과 선조를 함께 한다는 것을 『춘추』를 전거로 들어 명기하고 있다. 분야설에 기초한 정통화도 역시 요에서 순으로의 혁명에 한위혁명을 비유하는 이론에서 그 연원을 찾았던 것이다.

위서나 서응을 단독이 아니라 제2단락의 요순혁명에 한위혁명을 비유한 기술과 함께 언급한 것은 위서나 서응이 한을 정통화하던 것의 환골탈태에 불과할 뿐 조위의 독자성을 주장할 수 없기 때문이다. 한과 동질적으로 조위의 지배는 정통화되겠지만, 왜 한이 조위로 대체되지 않으면 안 되는가 하는 한위혁명의 정통성은 위서나 서응 단독으로는 담보할 수 없다. 제3단락과 제4단락에서 언급한 조조·조비의 선정과 제5단락에서 기술한 위서나 서응은 제2단락에서 언급한 요에서 순으로의 혁명에 한위혁명을 비유함으로써 비로소 완전하게 그 정통성을 보장할 수 있는 것이다.

한위혁명의 정통성은 요순혁명을 전범으로 삼음으로써 획득되었고, 나아가 그것은 『예기』「예운」의 '천하위공'이라는 개념에 의해 정통화 되었다(渡邉義浩, 「三國時代における「公」と「私」」, 2003). 「위공경상존호주」에서는 후자를 전거로 삼았다는 증거는 직접적으로는 발견되지 않지만, 전자의 정통화 논리는 확인할 수 있다.

3. 인적 구성의 분석

「위공경상존호주」의 본문 검토에 이어서 모두와 말미에 열거된 46명의 연명 부분의 인적구성을 고찰하기로 하겠다. 비문에 언급된 이름, 관위, 작위에 본관, 출사한 시기의 군주, 호족적 세력의 유무, 선조의 취관就官, 명성, 순욱荀彧과의 관계를 추가하여 덧붙인 것이 아래의 표1 「위공경상존호주」다.[20]

표1 魏公卿上尊號奏

	氏名	官	爵	本貫	君主	族	祖	名	彧	備考	典據
1	華歆	相國	安樂卿侯	青州平當高唐	操Ⅲ	−	−	○	○		三13傳
2	賈詡	太衛	都亭侯	涼州武威姑臧	操Ⅱ	−	−	○	−		三10傳
3	王朗	御史大夫	安陵亭侯	徐州東海郯	操Ⅱ	−	−	○	○		三13傳
4	曹仁	使持節行都督督軍車騎將軍	陳侯	豫州沛國譙	操Ⅰ	○	○	−	−	操의 從弟	三9傳
5	劉若	輔國將軍	清苑鄉侯	?	?	?	?	?	?	漢의 宗室	三1紀
6	鮮于輔	虎牙將軍	南昌亭侯	幽州漁陽	操Ⅱ	○	−	−	−	瓚을 타도	三1紀
7	王忠	輕車將軍	都亭侯	司隸扶風	操Ⅱ	?	?	?	?		三1紀
8	楊秋	冠軍將軍	好畤侯	?	操Ⅳ	?	?	?	?	關中諸將	三1紀
9	閻柔	度遼將軍	都亭侯	幽州廣陽	操Ⅲ	?	?	?	?	烏桓토벌	三30列
10	曹洪	衛將軍	國明亭侯	豫州沛國譙	操Ⅰ	○	○	−	−	操의 從弟	三9傳

11	曹眞	使持節行都督督軍鎭西將軍	東鄕侯	豫州沛國譙	操Ⅰ	○	○	－	－	操의 族子	三9傳
12	曹休	使持節行都督督軍領揚州刺史征東將軍	安陽鄕侯	豫州沛國譙	操Ⅰ	○	○	－	－	操의 조카	三9傳
13	夏侯尙	使持節行都督督軍征南將軍	平陵亭侯	豫州沛國譙	操Ⅲ	○	○	－	－	淵의 조카	三9傳
14	臧覇	使持節行都督督軍徐州刺史鎭東將軍	武安鄕侯	兗州泰山華	操Ⅱ	－	－	－	－		三18傳
15	張郃	使持節左將軍	中鄕侯	冀州河間鄚	操Ⅲ	－	－	－	－		三17傳
16	徐晃	使持節右將軍	建鄕侯	司隷河東楊	操Ⅰ	－	－	－	－		三17傳
17	張遼	使持節前將軍	都鄕侯	并州雁門馬邑	操Ⅱ	－	－	－	－		三17前
18	朱靈	使持節後將軍	華鄕侯	冀州淸河	操Ⅰ	－	－	－	－		三17傳
19	呼廚泉	匈奴南單于		匈奴의 南單于	操Ⅳ	○	?	?	?		三1紀
20	邢貞	奉常		?	?	?	?	?	?		三1紀
21	和洽	郎中令		豫州汝南西平	操Ⅳ	－	－	○	－		三23傳
22	程昱	衛尉	安國亭侯	兗州東郡東阿	操Ⅰ	－	－	○	△		三14傳
23	何夔	太僕		豫州陳郡陽夏	操Ⅱ	－	－	○	－		三23傳
24	鍾繇	大理	東武亭侯	豫州潁川長社	操Ⅱ	○	○	○	○		三13傳
25	袁覇	大農		豫州陳郡扶樂	操Ⅱ	○	○	○	－	渙의 從弟	三11傳
26	常林	少府		司隷河內溫	操Ⅲ	×	×	○	－		三23傳
27	董昭	督軍御史將作大匠	千秋亭侯	兗州濟陰定陶	操Ⅱ	－	－	－	－	魏公勸進	三14傳
28	夏侯楙	中領軍	中陽鄕侯	豫州沛國譙	操Ⅲ	○	○	－	－	惇의 次子	三9傳
29	□陟	中護軍		?	?	?	?	?	?		－
30	郭祖	屯騎校尉	都亭侯	靑州?	?	?	?	?	?	海賊	三12列
31	戴陵	長水校尉	關內侯	?	?	?	?	?	?		三2紀
32	□福	步兵校尉	關內侯	?	?	?	?	?	?		－
33	胡質	射聲校尉	關內侯	揚州楚國壽春	操Ⅱ	－	△	○	－		三27傳
34	□題	振威將軍	鄕亭侯	?	?	?	?	?	?		－
35	焦觸	征虜將軍	都亭侯	?	操Ⅲ	?	?	?	?		三1紀
36	□當	振武將軍	尉猛亭侯	?	?	?	?	?	?		－
37	溫生	忠義將軍	樂鄕亭侯	并州太原祁	操Ⅱ	○	○	○	－	恢의 아들	三15傳
38	閻圃	建節將軍	平樂亭侯	益州巴西	操Ⅳ	－	－	－	－	魯의 부하	三8列
39	□神	安衆將軍	元就亭侯	?	?	?	?	?	?		－
40	趙衢	翼衛將軍	都亭侯	益州犍爲南安	操Ⅳ	?	?	?	?		三9列
41	□愼	討夷將軍	成遷亭侯	?	?	?	?	?	?		－
42	傅巽	懷遠將軍	關內侯	涼州北地泥陽	操Ⅳ	－	－	○	－		三6列
43	李俊	綏邊將軍	常樂亭侯	涼州武都	操Ⅳ	?	?	?	?	關中諸將	三25列
44	□昺	安夷將軍	高粱亭侯	?	?	?	?	?	?		－
45	□豐	奮武將軍	長安亭侯	?	?	?	?	?	?		－
46	許褚	武衛將軍	安昌亭侯	豫州沛國焦	操Ⅰ	○	－	－	－		三18傳

표1 「위공경상존호주」의 첫 번째 특징은 연명한 인사의 출신지역이 광범위하다는 점이다. 사예司隷3, 예주豫州11, 기주冀州2, 연주兗州3, 서주徐州1, 양주揚州2, 익주益州2, 양주涼州3, 병주幷州2, 유주幽州2로서 형주荊州와 교주交州를 제외한 모든 주에서 광범위하게 모여 권진을 행하였다. 야노 치카라矢野主稅는 「조조집단의 성격에 대한 일고찰曹操集團の性格の一考察」(1976)에서 조조집단이 화북지대를 중심으로 하면서도 후한 말기 전국적인 성격을 갖는 경사京師 사교계의 성립을 배경으로, 그 집단의 출신지역에 초향당성超鄕黨性이 나타난 것으로 이를 해석하였다. 그러나 예주가 11로 돌출적으로 많은 데에서 알 수 있듯이, 조조집단이 예주 패국沛國의 일족·종족과 예주 영천군潁川郡의 '명사名士'를 중심으로 하는 애초의 성격을 상실한 것은 아니다.[21] 그렇지만 뒤에 게시하는 표2·3과 비교해 볼 때, 한위선양의 권진이라는 문장의 성격상, 광범위한 지역으로부터 여론의 지지를 받았음을 보여주기 위해 출신지역의 폭이 커진 것이라고 할 수 있다.

두 번째의 특징은 장군의 칭호를 가진 자가 많다는 점이다. 1화흠華歆·2가후賈詡·3왕랑王朗은 삼공, 5유약劉若은 한의 종실, 19호주천呼廚泉은 남흉노의 선우로서 이민족을 대표하며, 20~27은 경卿에 해당한다. 그 밖에는 4거기장군 조인曹仁을 정점으로 모두 장군의 칭호를 갖는다. 「위공경상존호주」에서 장군의 칭호가 많다는 것은 건안 18년(213), 조조가 위공魏公이 되었을 때에 권진을 행한 인사들의 관작과 비교해 보면 더욱 선명해진다.

『삼국지』 권1 「무제기」의 주에 인용된 『위서魏書』에 기재된, 조조가 위공이 되도록 권진을 행한 30명의 이름, 관위, 작위에 표1의 번호·본관·출사한 시기의 군주·호족적 세력의 유무·선조의 취관·명성·순욱과의 관계를 붙인 것이 아래의 표2 「위공국권진주魏公國勸進奏」다.

표2 魏公國勸進奏

	氏名	表1	官	爵	本貫	君主	族	祖	名	彧	備考	典據
1	荀攸		中軍師	陸樹亭侯	豫州潁川潁陰	操Ⅰ	○	◎	○	◎		三10傳
2	鍾繇	24	前軍師	東武亭侯	豫州潁川長社	操Ⅱ	○	○	○	○		三13前
3	涼茂		左軍師		兗州山陽昌邑	操Ⅱ	−	−	○	−	文帝의 八友	三11傳
4	毛玠		右將軍		兗州陳留平丘	操Ⅰ	−	−	○	−		三12傳
5	劉勳		平虜將軍	華鄉侯	徐州琅邪	操Ⅱ	○	?	?	?	정확히는 征虜將軍	三51列
6	劉若	5	建武將軍	清苑亭侯	?	?	?	?	?	?		三1紀
7	夏侯惇		伏波將軍	高安侯	豫州沛國譙	操Ⅰ	○	○	−	−		三9傳
8	王忠	7	揚武將軍	都亭侯	司隷扶風	操Ⅱ	?	?	?	?		三1紀
9	劉展		奮威將軍	樂亭侯	?	?	?	?	?	?	정확히는 鄧展	三2紀
10	鮮于輔	6	建忠將軍	昌鄉亭侯	幽州漁陽	操Ⅱ	○	−	−	−		三1紀
11	程昱	22	奮武將軍	安國亭侯	兗州東郡東阿	操Ⅰ	−	−	○	△		三14傳
12	賈詡	2	太中大夫	都鄉侯	涼州武威姑臧	操Ⅱ	−	−	○	−		三10傳
13	董昭	27	軍師祭酒	千秋亭侯	兗州濟陰定陶	操Ⅱ	−	−	−	−		三14傳
14	薛洪			都亭侯	?	操Ⅰ	?	?	?	?	張楊의 長史	三1紀
15	董蒙			南鄉亭侯	?	?	?	?	?	?		三1紀
16	王粲			關內侯	兗州山陽高平	操Ⅳ	○	◎	○	−		三20傳
17	傅巽	42		關內侯	兗州北地泥陽	操Ⅳ	?	?	?	?		三25列
18	王選		祭酒		?	?	?	?	?	?		三1紀
19	袁渙		祭酒		豫州陳郡扶樂	操Ⅱ	○	○	○	−		三11傳
20	王朗	3	祭酒		徐州東海郯	操Ⅱ	−	−	○	○		三13傳
21	張承		祭酒		司隷河內脩	操Ⅲ	○	◎	○	−	張範의 동생	三13列
22	任藩		祭酒		?	?	?	?	?	?		三1紀
23	杜襲		祭酒		司隷馮翊高陵	操Ⅱ	○	○	○	○		三23傳
24	曹洪	10	中護軍	國明亭侯	豫州沛國譙	操Ⅰ	○	○	−	−		三9傳
25	韓浩		中領軍	萬歲亭侯	司隷河內	操Ⅱ	○	●	○	−		三9傳
26	曹仁	4	行驍騎將軍	安平亭侯	豫州沛國譙	操Ⅰ	○	○	−	−		三9傳
27	王圖		領護軍將軍		?	?	?	?	?	?		三1紀
28	萬潛		長史		兗州	操Ⅰ	?	?	?	?		三1紀
29	謝奐		長史		?	?	?	?	?	?		三1紀
30	袁覇		長史		?	?	?	?	?	?		三1紀

표2 「위공국권진주」는 표1 「위공경상존호주」에 비해서 장군의 칭호를 갖는 자의 비율이 낮고, 대신에 '명사'의 비중이 높다. 30명 중에 명성이 있는 자는 12명에 이르며, 그 가운데 순욱과 관계를 갖고 있던 자들이 5명 포함되어 있다. 표1이 조조의 위공 취임에 반대한 순욱이 죽음으로 내몰린 후에 행해진 권진이라는 당시 정치상황의 반영을 볼 수

있다. 표1쪽이 '명사'의 비율이 낮은 것은 당연하다고 말할 수도 있겠다. 그러나 표1에는 29□척陟, 32□복福, 34□제題, 36□신神, 41□신愼, 44□병昺, 45□풍豐이라는 『삼국지』 등 편찬사료에는 이름이 보이지 않는 장군까지 포함되어 있다. 「위공경상존호주」는 조비의 즉위가 장군의 칭호를 가진 자들의 폭넓은 지지를 얻었음을 과시하는 역할을 하였다고 이해할 수 있다. 이와 더불어 당시 장군의 칭호가 산관散官이 됨으로써 장군의 칭호를 가진 자가 많게 되었다는 관료제도의 변천도 고려해야 할 것이다.

세 번째의, 그리고 표2와도 공통되는 「위공경상존호주」의 특징은 관위官位가 낮은 자들이 연명 순서에서 높은 자리를 차지하는 경우가 있다는 점이다. 구체적으로 보면, 표1의 경우 5보국장군 유약劉若, 6호아장군 선우보鮮于輔, 7경거장군 왕충王忠, 8관군장군 양추楊秋, 9도료장군 염유閻柔의 경우다. 이들 장군의 칭호는 10조홍曹洪의 위장군이나 11조진曹眞의 사지절행도독독군진서장군 등에 비하면 분명히 낮은 관위다. 그럼에도 그들이 높은 자리에 올라 있는 현상은 표2에서도 엿볼 수 있다. 즉 5평로장군 유훈劉勳, 6건무장군 유약劉若, 7의 하후돈夏侯惇은 관위도 높고 연명 순서도 높으므로 제외하고, 8양무장군 왕충王忠, 9분위장군 유전劉展, 10건충장군 선우보鮮于輔로 이어지는데, 이 5명은 관위가 낮은데도 연명 순서에서는 높은 자리에 올라 있다. 표2의 건안 18년(213)에서 표1의 연강 원년(220) 사이에 하후돈 등이 죽었음을 생각한다면, 두 표 사이에는 명확한 연관성이 있음을 알 수 있다. 표1을 가지고 말하자면, 5~9까지의 인사는 관위가 낮지만 연명 순서에서 계속해서 높은 자리에 올라 있다.

이처럼 관위를 초월한 우대조치는 공적을 세워 태조 조조의 묘정廟廷에 배향된 공신에게서는 볼 수 없는 현상이다. 그것은 청룡 원년(233),

정시 4년(243), 정시 5년(244), 희평 3년(251), 경원 3년(262) 등 5회에 걸쳐 태조 조조의 묘정에 배향된 공신의 이름에, 표1과 표2의 번호, 배향 연도, 최고 관위, 작위, 출사한 시기의 군주, 호족적 세력의 유무, 선조의 취관, 명성, 순욱과의 관계를 붙여 정리한 표3 「묘정에 배향된 공신」을 보면 명확해진다.22)

표3 廟庭에 配祀된 功臣

	氏名	表1	表2	年	官	爵	本貫	君主	族	祖	名	彧	備考	典據
1	夏侯惇		7	青龍元年	大將軍	高安侯	豫州沛國譙	操Ⅰ	○	○	–	–		三9傳
2	曹仁	4	26		大司馬	陳侯	豫州沛國譙	操Ⅰ	○	○	–	–		三9傳
3	程昱	22	11		車騎將軍	安國亭侯	兗州東郡東阿	操Ⅰ	–	–	○	△		三14傳
4	曹眞	11		正始4年	大司馬	東鄕侯	豫州沛國譙	操Ⅰ	○	○	–	–		三9傳
5	曹休	12			大司馬	安陽鄕侯	豫州沛國譙	操Ⅰ	○	○	–	–		三9傳
6	夏侯尙	13			征南大將軍	平陵亭侯	豫州沛國譙	操Ⅰ	○	○	–	–		三9傳
7	桓階				太常	安樂鄕侯	荊州長沙臨湘	操Ⅳ	○	○	○	–		三22傳
8	陳羣				司空	潁陰侯	豫州潁川許昌	操Ⅱ	○	○	○	◎		三22傳
9	鍾繇		2		太傅	東武亭侯	豫州潁川長社	操Ⅱ	○	○	○	○		三13傳
10	張郃	15			車騎將軍	中鄕侯	冀州河間鄚	操Ⅲ	–	–	–	–		三17傳
11	徐晃	16			左將軍	建鄕侯	司隷河東楊	操Ⅰ	–	–	–	–		三17傳
12	張遼	17			前將軍	都鄕侯	并州雁門馬邑	操Ⅱ	–	–	–	–		三17前
13	樂進				右將軍	廣昌亭侯	兗州陽平衛國	操Ⅰ	–	–	–	–		三17傳
14	華歆	1			太尉	安樂侯	青州平當高唐	操Ⅲ	–	–	○	○		三13傳
15	王朗	3	20		司徒	安陵亭侯	徐州東海郯	操Ⅱ	–	–	○	○		三13傳
16	曹洪	10	24		驃騎將軍	國明亭侯	豫州沛國譙	操Ⅰ	○	○	–	–		三9傳
17	夏侯淵				征西將軍	博昌亭侯	豫州沛國譙	操Ⅰ	○	○	–	–		三9傳
18	朱靈	18			後將軍	華鄕侯	冀州淸河	操Ⅰ	–	–	–	–		三17傳
19	文聘				後將軍	新野侯	荊州南陽宛	操Ⅳ	–	–	–	–		三18傳
20	臧覇	14			執金吾	武安鄕侯	兗州泰山華	操Ⅱ	–	–	–	–		三18傳
21	李典				破虜將軍	都亭侯	兗州山陽鉅野	操Ⅰ	○	–	–	–		三18傳
22	龐德				立義將軍	關門亭侯	益州南安狟道	操Ⅳ	–	–	–	–		三18傳
23	典韋				武猛校尉		兗州陳留夷吾	操Ⅰ	–	–	–	–		三18典
24	荀攸		1	正始5年	尙書令	陸樹亭侯	豫州潁川潁陰	操Ⅰ	○	◎	○	◎		三10傳
25	司馬懿			嘉平3年	太傅	舞陽侯	司隷河內溫	操Ⅲ	○	○	○	△		晉1紀
26	郭嘉			景元3年	軍祭酒	洧陽亭侯	豫州潁川陽翟	操Ⅰ	–	–	○	△		三14傳

표3 「묘정에 배향된 공신」에는 표1의 5~9까지의 인사는 포함되지 않았다. 표1과 표2에서는 조위정권에 대한 공헌도가 반드시 높지만은

않은 자가 연명 순서에서 높은 자리를 차지하는 경우가 있었지만 이곳에서는 그러한 특징은 발견되지 않는다. 그것은 최초의 배향인 청룡 원년(233)의 시점으로 말해도 한위혁명으로부터 이미 13년이 경과하였기 때문일 것이다. 조조 이래 낮은 관위의 인물을 높은 석차에 올려놓지 않을 수 없었던 사정에서 이미 자유롭게 되었던 것이다. 그렇다면 조조 정권은 왜 높은 석차를 그들에게 주었을까?

5보국장군 유약은 제1절에서 검토한 한위선양의 과정에서, 한의 종실을 대표하는 형태로 ⑪120인 가운데 한 사람으로 두 차례에 걸쳐 권진을 행하였다. 조위 정권은 유약을 우대할 필요성이 있었다. 6호아장군 선우보는 공손찬公孫瓚 타도의 중심인물이며(『三國志』 卷26, 「田豫傳」), 7경거장군 왕충은 형주荊州의 루규婁圭를 격파하고 조조에 항복한 외부세력이며(『三國志』 卷1, 「武帝紀」 注引『魏略』), 8관군장군 양추는 관중 지역의 제장의 한 사람으로서 마초馬超가 패배한 후 조조에게 직접 항복한 자이며(『三國志』 卷1, 「武帝紀」), 9도료장군 염유는 오환 토벌에 공적을 세운 자이다(『三國志』 卷8, 「公孫瓚傳」). 즉 이들의 공통점은 외부세력에서 조조에게 귀순한 점에 있으며, 조조로서는 우대할 필요가 있었던 인물들이었다. 조조 정권의 내부에서 실제로 공적을 세운 자들은 표3에 나타나듯이, 관위와 작위가 모두 높다. 이에 반해서 공적이 아니라 정권으로서 우대하지 않을 수 없었던 자들에게는 통상은 작위가 수여되지만, 그에 더하여 조정에서의 석차 즉 반위班位가 부여되었던 것은 아닐까? 『삼국지』 권38 「미축전糜竺傳」에,[23]

> 익주益州가 평정된 후 안한장군安漢將軍에 제수되었고, 반위班位는 군사장군軍師將軍의 오른쪽에 있었다. 미축糜竺은 자태가 온화하고 성격이 부드러웠지만, 일을 처리하는 데에는 뛰어나지 못하였다. 이 때문에 그를 상빈上賓의 예로

> 대우하였지만, 군사를 통솔하게 한 적은 없었다. 그러나 상사賞賜의 우대와 총애는 그에 비할 사람이 없었다.

라고 하였다. 미축은 서주徐州에서 유비를 따랐고, 그의 누이동생은 유비에게 시집을 갔다. 이 때문에 그의 '반위班位'는 군사장군인 제갈량의 위에 있었다고 한다. 장군의 칭호를 갖고 있었지만 군을 통솔한 적이 한 번도 없는 미축이 그 '반위'에 의해서 '상빈의 예'를 받았던 것이다. 표1 「위공경상존호주」와 표2 「위공국권진주」에 나타난 관직이 낮음에도 불구하고 석차가 높은 자들은 미축처럼 반위가 높은 자라고 생각할 수 있다.

맺음말

4백 년 동안 지속되었고, 춘추공양학에서는 '성한聖漢'으로 신성시된 한을 멸망시킬 때에 조비는 세심한 한위선양의 준비를 진행하였다.24) 그것은 아버지 조조로부터 시작된 것이었다. 한위선양의 최종단계에서 제출되었고, 돌에 새겨 오늘날까지 전해지는 「위공경상존호주」는 한의 신하로서의 조비가 한위혁명을 단행할 수 있는 정통성을 보여주기 위한 것이었다.

「위공경상존호주」에 기록된 한위혁명의 정통성은 첫째로, 그것이 요순혁명을 규범으로 삼았다는 데에서 찾았다. 그리고 요순혁명 그 자체는 『예기』「예운」의 '천하를 공적인 것으로 여긴다(天下爲公)'는 경의經義에 기초하였다(渡邉義浩, 「三國時代における「公」と「私」」, 2003). 후한 '유교국가'를 멸망시키기 위해서는 경의에 의거한 정통성이 필요하였던 것이다. 둘째로, 한위혁명의 정통성은 위서나 도참 등 참위사상에서 찾았다. 한대 유교의 높은 신비성은 그 붕괴 시에도 여전히 남아 있었던

것이다. 이 밖에 권진의 주체가 되었던 사람들의 구성에서 본다면, 한위혁명이 광범위한 지지를 받아 행해졌음을 보이고자 하는 의도를 읽어낼 수 있다.

후한은 황건의 난을 계기로 국가지배를 위한 권력을 완전히 상실하였다. 그렇지만 후한 '유교국가'로서 갖고 있는 권위를 부정하고, 선양을 행하기 위해서는 유교의 경의에 기초한 정통성과 참위사상의 신비성이 필요하였던 것이다.

1) 「魏公卿上尊號奏」에 관한 역대의 주석은 王昶의 『金石萃編』 卷23 魏1, 「上尊號表」에 정리되어 있다. 井波陵一, 『魏晉石刻資料選注』(2005) 및 葉程義, 『漢魏石刻文學考釋』(1997)도 참조.
2) 宮川尙志는 「儒教の宗教的性格」(1956)에서 『헌제전』의 기재를 다음과 같이 5단계로 구분하여 정리하였다. ①위나라의 신료가 符瑞圖讖에 의거하여 위왕에게 권진한다. ②13일 을묘, 천자는 제1차의 詔書로 禪位의 의지를 표시하고, 張音으로 하여금 璽綬를 위왕에게 받들어 올리게 하고, 이에 기초하여 尙書令·侍中 등이 권진하여 璽書를 공포하고, 위왕은 거듭 거절하면서 그 의지를 표명하고, 18일 庚申에 정식으로 辭意를 상서한다. ③20일 임술, 제2차 선위의 조서에 기초하여, 상서령·시중 등이 위왕에게 권진하고, 왕은 거듭 거절한다. ④25일 정묘, 제3차 册詔가 내려지고, 이에 기초하여 相國 華歆 이하 九卿이 권진하고, 위왕은 勅使 張音의 소환을 청한다. 상국 이하 구경은 마지막으로 권진하고, 卽位改制의 절차를 진행시킨다. 이에 위왕은 비로소 수락을 표시한다. ⑤28일 경오, 천자의 册詔에 이어서 상서령 등은 이튿날 29일에 登壇의 大禮를 행할 것을 상주하여 재가된다.
3) 유약이라고 하는 유씨가 필두가 되어 120명이나 되는 신하가 연명으로 상서한 것에 관해서, 宮川尙志는 「儒教の宗教宗教的性格」(1956)에서 종실 유씨가 포함되고 수많은 사람이 참여했다는 점에서 선양은 다수의 公論이며 私情이 아니었음을 보여준다고 하였다.
4) '三讓'의 형식에 구애된 이유는 직접적으로는 前漢 文帝의 즉위를 모방한 것이다. 代王이었던 문제는 제위에 나아갈 때, "대왕은 서쪽을 향하여 사양하기를 세 번 하였고, 남쪽을 향해 두 번(代王西鄕讓者三, 南鄕讓者再)"(『史記』 卷10, 「孝文本紀」) 하여 '삼양'의 형식을 갖춘 후에 즉위하였다.
5) 王昶의 『金石萃編』 卷24, 「上尊號碑」에는 溫生이 樂鄕侯가 되었다는 기록이 『삼국지』에 보이지 않음을 이유로 溫生이 아니라고 주장하였다. 그러나 『삼국지』에 모든 작위가 기록되었다는 증거가 없으므로, 여기서는 溫生으로 보겠다.
6) 正月上日, <u>受終于文祖</u>. 在璿璣玉衡, 以齊七政. 肆類于上帝, 禋于六宗, 望于山川, 徧于羣神(『尙書』 「堯典」).
7) 「위공경상존호주」에서 "당요께서 우순에게 선양을 하실 때, '너에게 있다'고 명하셨다"고 한 것은 『위고문상서』의 "曰若稽古帝舜, 曰重華, 協于帝. 濬哲文明, 溫恭允塞. 玄德升聞, <u>乃命以位</u>"의 마지막 4글자를 토대로 한 것인 듯하다. 다만 이 28글자는 예로부터 의론이 많았던 바, 통상 南齊의 姚玄興이 앞의 12글자를 더하였고, 隋의 劉炫이 뒤의 16글자를 위조한 것으로 생각된다. 漢末의 碑文에 그 전거라고도 생각할 수 있는 기술이 잔존하는 것은 『고문상서』의 성격을 검토할 때 유념해야 할 것이다. 다만 여기서는 다루지 않기로 하겠다. 小林信明, 『古代尙書の研究』(1959) 및 加藤常賢, 『眞古文尙書集釋』(1964) 참조.

8) 文祖天也. 天爲文, 萬物之祖, 故曰文祖(『尙書正義』 卷3, 「舜典」).
9) 文祖者, 五府之大名, 猶周之明堂(『史記』 卷1, 「五帝本紀」 集解).
10) 물론 정현 등이 요부터 순으로의 선양을 이해하지 못하였던 것은 아니다. 정현은 '正月上日'에 주를 붙여 "제왕은 왕조를 교체할 때, 正朔을 바꾸지 않음이 없다. 요임금은 建丑의 달을 정월로 삼았고, 순임금은 建子의 달을 정월로 삼았다. 이때에는 아직 요임금의 정삭을 바꾸지 않았다. 이 때문에 '正月上日'이라고 한 것이다. 즉위하고 나서 비로소 요임금의 정삭을 바꾸었다. 그러므로 '月正元日'이라고 한 것이다. 그러므로 문장을 달리 표현한 것이다(帝王易代, 莫不改正. 堯正建丑, 舜正建子. 此時未改堯正, 故云'正月上日.' 即位, 乃改堯正, 故云'月正元日', 故以異文)(『尙書正義』 卷3, 「舜典」)"라고 하였다. 한의 조상인 요의 종말을 가급적 언급하지 않으려는 것이다.
11) 終謂堯終帝位之事. 文祖者, 堯文德之祖廟(『尙書正義』 卷3, 「堯典」).
12) 堯曰, 咨爾舜, 天之曆數在爾躬. 允執其中. 四海困窮, 天祿永終(『論語』 「堯曰」).
13) 冬十月乙卯, 詔曰, "朕在位三十二載, 遭天下蕩覆, 幸賴宗廟之靈, 危而復存. 然瞻仰天文, 俯察民心, 炎精之數既終, 行運乎曹氏. 是以前王既樹神武之績, 今王又光裕明德以應其期, 是曆數昭明, 亦可知矣. '大道之行, 天下爲公, 選賢與能'. 故唐堯不私於厥子, 而名播於無窮. 朕羨而慕之, 今其追踵堯典, 禪位于魏王."(『後漢紀』 卷30, 「獻帝紀」 建安25년).
14) 大道之行也, 天下爲公, 選賢與能, 講信修睦. 故人不獨親其親, 不獨子其子(『禮記』 「禮運」).
15) 公猶共也. 禪位授聖, 不家之(『禮記注疏』 卷21, 「禮運」).
16) 이 밖에 위 문제의 즉위와 참위사상에 대해서는 平秀道 , 「魏の文帝と図緯」(1974) 및 孟昭晋, 「曹丕與圖書」(1986)도 참조.
17) 『春秋玉版讖』曰, "代赤者魏公子." 『春秋佐助期』曰, "漢以許昌失天下." 故白馬令李雲上事曰, "許昌氣見于當塗高, 當塗高者, 當昌於許." 當塗高者, 魏也. 象魏者, 兩觀闕是也. 當道而高大者魏, 魏當代漢. 今魏基昌于許, 漢徵絶于許. 乃今效見. 如李雲之言, 許昌相應也 (『三國志』 卷2, 「文帝紀」注引『獻帝傳』).
18) 小林春樹는 「三國時代の正統理論について」(2001)에서 이 밖의 특징으로서 『後漢書』 列傳3 「公孫述傳」에는 "한을 대신할 자는 當塗高다"라고 되어 있듯이, 본래는 한을 대신할 자의 성명이었던 當塗高가 이곳에서는 양측에 望樓가 있는 궁문인 象魏, 요컨대 魏라는 국명을 상징하는 것으로 변용되었던 점을 들었다.
19) 今十月斗之建, 則顓頊受命之分也. 始魏以十月受禪, 此同符始祖受命之驗也. 魏之氏族, 出自顓頊, 與舜同祖, 見于春秋世家. 舜以土德承堯之火, 今魏亦以土德承漢之火, 於行運, 會于堯舜授受之次(『三國志』 卷2, 「文帝紀」注引『獻帝傳』).
20) 표1 「魏公卿上尊號奏」의 범례는 다음과 같다.

[凡例]

族의 항목~ ○은 豪族으로서의 세력 혹은 경제력이 있는 집안을 표시한다. ×는 그렇지 못한 집안을 표시한다.

祖의 항목~ ◎은 2대 이상 三公을 배출한 집안이나 그에 준하는 집안,
○는 2대 이상 二千石을 배출한 집안이나 그에 준하는 집안,
●은 아버지·할아버지가 관직에 나아간 집안이나 그에 준하는 집안,

△는 아버지 혹은 할아버지가 관직에 나아간 집안,

×는 조상이 관직에 나아갔다고는 생각되지 않는 집안을 표시한다.

名의 항목~ ○은 명성이 있어 '名士'로 생각할 수 있는 자를 표시한다. 비고에는 구체적인 명성이나 인물 평가를 기록한다.

×는 명성이 없는 자를 표시한다. 또한 모든 항목에 걸쳐 기재가 없는 자는—, 불명확한 경우에는 ?를 한다.

彧의 항목~ ◎은 순욱의 일족친족, ○은 순욱의 추거를 받은 자, △ 는 순욱과 평가나 교우관계가 있었음을 표시한다.

典據의 항목~傳은 專傳을 갖고 있는 자를, 伝은 附傳을 갖고 있는 자를, 紀는 本紀에 기록이 있는 경우를 표시한다. 이하 마찬가지다.

21) 조조집단의 형성에 있어 荀彧을 중심으로 하는 潁川의 '명사'집단이 커다란 역할을 하였다는 것은 渡邉義浩, 「曹操政權の形成」(2001) 참조.

22) 표3 「廟廷에 배향된 공신」을 분류한 矢野主稅는 「曹操集團の性格の一考察」(1976)에서 이들 공신을 『삼국지』 열전의 성격과 더불어 다음의 5가지로 분류한다. 즉 (1)荀攸가 荀彧(漢臣이므로 넣지 않는다)·賈詡와 함께 구성된 『삼국지』 권10은 조조의 정치·군사의 참모, (2)司馬懿는 정치적으로도 군사적으로도 실제 활동의 측면에서의 중심인물, (3)桓階·陳羣·鍾繇·華歆·王郎은 주로 정치의 실제운용의 중심, (4)程昱·郭嘉·張遼·樂進은 才策謀略의 인물, (5)張郃·徐晃·朱靈·李典·臧覇·文聘·典韋·龐德은 『삼국지』 권17·18에 기재된 명장이다. 그리고, 배향이 결정될 때의 정치상황에 대해서는 (1)靑龍 원년은 陳羣과 司馬懿가 정치의 중심일 때의 배향이다. (2)正始 4년은 曹爽정권이 정권을 장악하였고, 荀氏는 司馬氏에 접근하고 있었기 때문에, 荀攸의 배향이 늦어졌다. (3) 正始 5년은 아직 曹爽정권이었기 때문에, 曹爽일파를 공격한 董昭는 배향되지 않았다. (4) 熹平 3년은 司馬師정권, (5) 景元 3년은 司馬昭정권 아래에서의 배향이라고 하였다.

23) 益州旣平, 拜爲安漢將軍, 班在軍師將軍之右. 竺雍容敦雅, 而幹翮非所長. 是以待之以上賓之禮, 未嘗有所統御. 然賞賜優寵, 無與爲比(『三國志』 卷38, 「糜竺傳」).

24) 조조가 시작한 한위선양의 준비를 '魏武輔漢의 故事'로 칭하는 것에 대해서는 石井仁, 『曹操 魏の武帝』(2000) 참조.

제 9 장

「수선표」에서의 『상서』 중시

제9장 「수선표受禪表」에서의 『상서尙書』 중시

머리말

연강延康 원년(220) 10월, 조비는 아버지 조조 이래의 거점이었던 허許의 남쪽 교외에 조영한 수선대受禪臺에서 후한 헌제로부터 선양을 받아 조위를 건국하였다. 『수경주水經注』 권22 '영수潁水' 항목에,[1])

> 번창현繁昌縣의 성 안에 3개의 대臺가 있다. 당시 사람들은 이를 '번창대繁昌臺'라고 하였다. 단 앞에 두 개의 비가 있다. 옛날 위 문제가 이곳에서 선양을 받고, 단에서 내려와 "순임금과 우왕의 일에 대해서 나는 알고 있다"고 하였다. 이 때문에 그 돌의 명문銘文에는 '드디어 번창에 영단靈壇을 쌓았다'고 되어 있다.

고 기록된 수선대 및 「위공경상존호주」·「수선표」의 두 비는 하남성河南省 임영현臨潁縣 번성진繁城鎭에 현존한다. 본장에서는 두 비 가운데 「수선표」비를 『상서』와의 관계를 중심으로 논하고자 한다.[2])

1. 「수선표」비碑에 보이는 한위혁명의 정통성

「수선표」비는, 본문은 예서隸書 22행으로 행마다 49자이며, 액額은 전서篆書로 「수선표」라고 쓰여 있고, 비의 하단은 마멸되어 읽을 수 없지만, 전체적으로는 아직까지도 명료하다.

홍괄洪适의 『예석隷釋』 권19에 부분적으로 저록되어 있는 이외에, 왕창王昶의 『금석췌편金石萃編』 권23에 전문이, 이나미 료이치井波陵一의 『위진석각자료선주魏晉石刻資料選注』(2005)에 탁본과 훈주訓注가 붙어 있다. 황초 원년(220) 10월 신미라는 기년은 있지만 비를 세운 연대는 명확하지 않으며, 양곡梁鵠 혹은 종요鍾繇의 글이라고 전해지는데 확증은 없다. 원문은 본장의 말미에 게시하기로 하고, 여기서는 4단락으로 나누어 검토하겠다(단락의 모두에는 (1)~(4)의 괄호를 붙여 숫자를, 『상서』 「요전」·『상서』 「고명」·『상서』의 그 밖의 편·『논어』 「요왈」을 전거로 하는 부분에는 일련번호를 붙인 4종류의 밑줄을 그었다).[3]

> (1) 황초 원년 겨울 10월 신미, 황제께서는 한씨로부터 선양을 받으셨다. 위로는 우주의 극칙(儀極)을 헤아리고, 아래로는 선왕의 가르침(前訓)을 상고해 보건대, 문자에 기록되어 있는 바, 제왕帝王의 유사遺事로다. 의리는 선덕禪德보다 빛나는 것이 없고, 아름다움은 [1]수종受終보다 성대한 것이 없도다. 그러므로 [2]『서』에는 (요임금이 순임금을) 큰 산기슭에 들어가 정사를 살펴보게 하였음을 기술하였고, 『전』에는 역歷□□□□를 칭하였다. 이에 세대는 바야흐로 200을 내려왔고, 햇수는 거의 3천이 되었는데, 요순의 일이 오늘날에 다시 살아났도다. 진실로 황대皇代의 지고한 법칙이요, 제자帝者의 고결한 성취로다. 그러므로 이 표表를 세워, 덕德을 밝히고 의義를 □하노라.

제1단락에서는 비를 세우는 이유를 기술한다. 황초 원년(220) 겨울 10월 신미에, 황제(조비)가 한씨(헌제)로부터 수선한 것을 "요순의 일이 오늘날에 다시 살아났다"고 하여 요순혁명에 견주어 정당화하고, 그것을 찬미하기 위해 이 표를 돌에 새겨 세웠다. 한위혁명을 요순혁명에 견주어 정당화하는 것은 함께 세워진 「위공경상존호주」비에서도 볼 수 있으며, 『삼국지』에서도 논증되는 한위혁명 전체의 특징이다.[4] 그래서, 본장에서는 "아름다움은 수종受終보다 성대한 것이 없다"고 했을 때의 '수종'이 『상서』「요전」(고문에서는 『상서』「순전」)을 전거로 하고 있는 데에서 알 수 있듯이, 『상서』 특히 『상서』「요전」의 전거가 많다는 것을 「수선표」비의 고유한 첫 번째 특징으로서 지적하고자 한다.

(2) 황제께서는 건강乾剛의 아름다운 자태를 체현하시어, 유우有虞(舜)의 황예黃裔(토덕 순의 후예)를 이으셨네. [1]구덕九德을 이미 갖추시어, 공경하시고(欽), 밝으시고(明), 문채 나시고(文), 진실하셨네(塞). 밝음은 해·달과 나란하시고, 자질은 삼극三極(天·地·人)을 겸하셨네. 지위를 선황先皇으로부터 이어받으시어, 용이 일어나 나라를 향유함에 미쳐서는, [2]증민蒸民들을 위무하시고, [3]순덕醇德으로 교화하셨네. [4]재관在寬(교화를 너그러움에 두는 것)의 정치를 숭상하시고, 개제愷悌(화락하고 공경스러움)의 가르침에 힘쓰시어, [1]중광重光(거듭 빛나는 성덕)을 펼치시어 아랫사람을 비추시고, 양춘陽春(덕에 기초한 정치)에 의거하여 은혜를 베푸셨네. 제왕의 창고를 열어, 쌓여 있는 재물을 흩뿌리시니, 총신冢臣□□은, □□□의 하사품을 □받았고, 수많은 백성과 천인까지도 재물과 식량의 구휼을 받았네. 선대의 공훈자를 일으켜 주시고(興遺勳), [1]끊어진 왕조를 이어주셨으며(繼絶世), 폐해지고 버려지는 병든 자들은 금작金爵의 상을 얻게 해 주시고, 강보에 쌓인 어린 고아들은 구덕舊德(선인의 은덕)의 봉록을 받아먹게 해 주셨네. 선은 아무리 적더라도 표창해 주지 않음이 없었고, 공은 아무리 작더라도 □하지 않음이 없으셨네. 융사戎士를 □□하시고, [3]서옥庶獄(옥송에 걸린 사람들)을 긍휼히 여기셨으며, 수역戍役을 혁파하시고, 단서丹書(범인의 죄상을 기록한 문서)를 불태우셨네. 감옥은 텅 비고 고요하여, 밖으로 홀아비가 없었으며, 제왕의 은택은 구름처럼 운행하여, 무젖지 않음이 없었네. 덮어주고 실어 주시는 것은 간결하고 평이하며, 굳세고 부드러우심은 진실하고 마땅하니, 건곤乾坤의 덕德, 음양陰陽□□□. □□□류類, [5]만물을 생육시키고 공업을 일으키시니, 조화造化의 도요, 사시四時의 공이로다. 너그럽고 온화하여 깊은 못처럼 고요하시니, 은택은 만물을 무젖게 하셨네. 황희皇戲(伏羲)의 자질이요, 요순堯舜의 자태로다. [4]부지런히 애쓰시고(孜孜) [5]삼가고 두려워하시며(業業), 덕에 힘쓰고 백성을 구제하셨네. [6]백우伯禹(夏禹)

의 수고로움, □□□□□. 밝은 지혜智慧와 영명한 위무威武로 적을 헤아리고 전쟁을 지휘하셨으니, 은나라 탕왕의 지략이요, 주나라 무왕의 신명함이로다. 넓고 큰 뜻은 천지와 짝하고, 성대한 덕은 여러 성인을 포괄하셨네. 커다란 은혜는 구하區夏(華夏의 땅)에 무젖고, 어진 명성은 팔황八荒(팔방 먼 夷狄의 땅)에까지 퍼졌네. 비록 상서象胥(역관)가 □□□□□□ 바이지만, 화합하여 [7]와서 조회를 하였네(來王). 이 때문에 [8]아름다운 징조(休徵)가 거듭 모이고 상서로운 기운(和氣)이 무성하니, 위에서는 하늘의 복을 내리고 아래에서는 땅의 진귀함을 발하였네. 천관天關(北辰)은 위문闈門을 열었고, 사령四靈(麟·鳳·龜·龍)은 모두 이르렀네. 용솟음 쳐나오는 단술은 흘러넘치고, 산에는 황인黃人이 나타났네. 수명受命의 □□을 드러내고, □□의 기운期運을 □하는 까닭이로다. 이 밖에도 감로甘露는 무성한 풀에 내리고, 야잠野蠶은 우거진 나무에 고치를 쳤네. 가화嘉禾·신지神芝·기금奇禽·영수靈獸 등 지극한 상서祥瑞가 한 달 사이에 모두 7백여 차례나 나타났네. 금천씨金天氏 이래 □□□□□, 가상嘉祥을 내려주는 것이 오늘날처럼 성대한 적은 없었네.

제2단락에서는 조비의 선정과 그에 감응한 천의 서응을 기술한다. 이 가운데에서 황제(조비)가 '유우의 황예' 즉 황덕(토덕)인 우순의 말예라고 한 주장은 제1단락에서 언급했던 한위혁명을 요순혁명에 견주기 위한 전제조건이 된다. 화(적)덕인 요의 자손 한에게서 토(황)덕인 순의 자손 위가 선양을 받았음을 주장한 것이다. 또한 '재관在寬의 정치' 즉 '관寬'치治를 존중했다는 주장은 조비가 '맹猛 정政'을 전개하고 있던 조조의 노선을 전환시켰음을 보여준다.5) 『상서』「요전」을 전거로 하는 '관'치는 『상서』를 중시하는 「수선표」비의 지배이념에 상응한다. 이 비에서 서상瑞祥을 언급하면서도 도참圖讖(緯書)을 인용하지 않은 것은 본 비를 고찰할 때에 중요한 두 번째 특징이다. 이에 대해서는 제3절에서 서술하기로 하겠다.

(3) 이 때문에 한씨는 역수가 자신에게서 떠났음을 보고, 신기神器가 돌아갈

곳이 있음을 알았네. 당唐(요)께서 우虞(순)에게 선양하신 것을 거울삼아, 하늘의 [9]밝은 명(明命)을 이어받아, [7]두 딸을 치장시켜 시집보내오고, 공경히 천위天位를 넘겨주고자 하였네. 황제께서는 겸손하시어, [8]덕이 있는 사람에게 사양하고 계승하지 않고자 하시기를, [10]두 번에 이르고 세 번에 이르렀네. 이에 군공경사羣公卿士들이 모두, "폐하께서는 성덕聖德으로서 아름다운 덕이 양의兩儀(天地)에 짝하시어, 황부皇符가 밝게 빛나고 있으니 수명하시는 것이 마땅합니다. 또 유웅씨有熊氏(黃帝)가 흥기할 때에는 땅에서 큰 땅강아지(大螻)가 출현하였고, 하후씨夏后氏가 대통을 계승할 때에는 나무가 번성하여 한 겨울에 잎을 피웠습니다. 은나라 탕왕이 천명을 바꿀 때에는 흰 이리가 구심목鉤心木을 머금고 조정으로 들어왔으며, 주나라 무왕이 관觀□, □□□□. 그것을 오늘날에 비교해 보건대, 아직 비유하기에 충분하지 못합니다. 그러나 오히려 한 번 찾아온 경사를 가지고서도, 신을 존중하여 때를 맞이하고, 하늘의 뜻을 이어 조계阼階에 나아가고, 의扆(도끼문양의 수를 놓은 천자의 병풍)를 등지고 서서 다스릴 수 있는 것입니다. 하물며 대위大魏의 신령스러운 서상瑞祥이 이와 같은 것에 있어서이겠습니까! 천명은 □에 사양할 수 없으며, 신기神器는 마음대로 거절할 수 없으며, 대통大統은 오래도록 비워둘 수 없으며, 만국萬國은 군주가 없어서는 안 됩니다. 마땅히 백성과 신의 뜻에 순응하시어, 속히 천서天序(하늘의 질서, 帝王의 世系)를 계승하소서"라고 하였네.

제3단락에서는 즉위까지의 경위를 기술한다. 후한의 헌제가 역수가 다하였음을 보고 두 딸을 시집보냈던 것은 요순혁명을 전범으로 삼은 것인데, 그 전거는 『상서』 「요전」에 있다. 『상서』가 중시되고 있는 것이다. 그런 한편에서 '군공경사羣公卿士'의 문장 아래에 서술된 신하의 권진 부분에서, 예를 들면 「위공경상존호주」에서는 언급되었던6) 도참을 인용하지 않은 것은 제2단락에서도 지적했듯이 「수선표」비의 두 번째 특징이다. 한대 유교의 특징인 신비성·종교성은 억제되고 있는 것이다.

(4) 이에 황제께서는 마음을 되돌리고 생각을 바꾸시어, 두루 [11]서징庶徵을 관

찰하시고 위로 [9]선기璿機를 살펴보셨으며, 그것을 『주역周易』으로 시초점을 치시고 수귀守龜로 복점을 치시니, 거북과 시초는 잇달아 길하다고 나왔고, 다섯 번 되풀이 했지만 이와 어긋남이 없었네. 이에 공경公卿의 의론을 받아들이시고, 황천皇天의 명에 순응하시어, 길일을 택하여□□□. 당전唐典의 밝은 법(明憲)에 □ 하시고, [10]대록大鹿의 유훈遺訓에 따르시어, 드디어 번창繁昌에 영단靈壇을 쌓으시고 유궁壝宮을 설치하셨으며, 규벽圭璧을 받들고 희생犧牲을 올리셨네. 공후公侯, 경사卿士, [12]상백常伯, 상임常任, [11]납언納言, [13]제절諸節, 악목嶽牧, 방군邦君, 호虎□□□□, 흉노남선우匈奴南單于, 동이·남만·서융·북적의 왕후王侯, 군장君長의 무리들이 기문旗門으로 들어가서, 모두 자리에 무리지어 서 있었네. 황제께서는 이에 천자의 지위를 받으시어, 통천관通天冠을 쓰시고 곤룡袞龍을 입으시니, 그윽하고 공경스러우며 건장하고 성대하시어 지위에 걸맞는 자태가 갖추어졌네. 상공上公이 간책으로 신에게 빌고 두릅나무 통나무를 불태우니, 상제上帝께 고하여 유類의 제사를 올리고, 오악五嶽에 차례대로 망望의 제사를 올리고, [12]육종六宗에 인禋의 제사를 올리고, 여러 신들에게 두루 제사를 올리셨네. □□□ 편안하고, 상풍祥風이 와서 이르렀네. 이에 유사有司에게 조서를 내려, 천하에 대사면을 하고, 연호를 바꾸고 시작을 바르게 하셨네. 황제의 법(皇綱)을 열고, [13]제왕의 일(帝載)을 천명하고, 깃발의 명칭(徽幟)을 바꾸고, 예악의 기물 및 병기를 개혁하고, [2]없어진 관직(廢官)을 복구하고, 옥으로 만든 신표(瑞節)를 나누어주고, [14]율律·량量·형衡을 통일하고, 성을 바꾸고 사물을 바꾸셨네. 높은 도를 닦고 위대한 업적을 드리우시며, □을 창제하여 법칙으로 삼게 하셨네. 영원히 천록天祿(天位)을 보존하여 무궁히 이를 전하소서.

제4단락에서는 조비의 천자로서의 즉위를 기술한다. 한대 이후 중국에서 군주의 칭호는 황제와 천자가 병용되었다. 황제는 왕조의 창시자·수명자로부터 혈통에 의해 계승한 권력을 상징하며, 천자는 천으로부터 천명을 받았다는 권위의 유래를 설명하는 칭호다(西嶋定生, 「漢代における卽位儀禮」, 1975). 「수선표」비의 세 번째 특징은 한대 이후 군주가 거행한 황제와 천자의 즉위 가운데 천자즉위를 기록하고 있다는 점이

다. "황제께서는 천자의 지위를 받으시어, 통천관을 쓰시고 곤룡을 입으셨다"라고 한 기술에 의하면, 이미 황제로 즉위했던 조비가 천자가 되기 위해 의관을 갖추어 입었던 것이다. 한위혁명에서 군주의 즉위는 황제즉위→천자즉위의 순으로 거행되었음을 알 수 있다(본서 제7장 참조). 이와 더불어 이곳에서 오가타 이사무尾形勇의 『중국고대의 「가」와 「국가」』(1979)에서도 지적했듯이 천자로 즉위할 때의 의관을 볼 수 있다. 채옹蔡邕의 『독단獨斷』 권하에,[7] "천자는 통천관通天冠을 쓰고, 제후는 원유관遠遊冠을 쓴다"고 하였듯이, 통천관은 천자의 관이었다. 『후한서』 열전30하 「반고전하」에, "영평 연간에 이르러, 광명한 황제가 거듭 나타나 태평한 시대가 이어지자, 삼옹三雍의 성대한 의식을 행하고 곤룡衮龍의 법복法服을 입었다"[8]고 하였듯이 천자의 법복(규정된 정식의 예복)인 곤룡을 제정한 것은 후한 명제 영평 2년(159)의 일이었다. 「수선표」비는 황제가 천자로서의 의관을 착용하고서 내신內臣뿐 아니라 사이四夷의 외신外臣을 접견하고, "상제에게 유類의 제사를 지내어" 천자로 즉위했음을 전하는 일차사료인 것이다.

이상에서처럼 「수선표」비는 한위혁명 전체의 특징인 요순혁명을 전범으로 삼아 한위선양을 정통화하는 이론을 공유하고 있다. 이에 덧붙여 「수선표」비만의 고유한 특징으로, 첫째 『상서』 가운데에서도 「요전」의 전거를 많이 인용하고 있다는 점, 둘째 『상서』를 많이 인용한 것과는 대조적으로 도참(위서)을 인용하지 않았다는 점, 셋째 황제가 천자로서 즉위하는 장면을 기록하였다는 점을 들 수 있다. 한위혁명이 요순혁명을 전범으로 삼았다는 것은 필자의 「삼국시대의 「공」과 「사」三國時代における「公」と「私」」(2003) 및 본서 제8장에서, 세 번째 특징인 황제즉위와 천자즉위의 문제는 본서 제7장에서 이미 논하였다. 따라서 본장에서는 첫 번째와 두 번째 특징에 대해서 살펴보기로 하겠다. 먼저 『상

서』를 많이 인용한 이유부터 검토하겠다.

2. 『상서』 「고명」에 기록된 즉위의 이중성

「수선표」비에 묘사된 황초 원년(220) 겨울 10월 신미의 천자즉위 상황은, 『삼국지』 본기2 「문제기」의 주에 인용된 『헌제전』에도 상세하게 전한다. 양자의 기술내용을 비교함으로써 「수선표」비의 특징을 다시 검토하기로 하겠다. 『삼국지』 본기2 「문제기」의 주에,9)

> 『헌제전』에 말한다. "신미辛未일에, 위왕이 단에 올라 선양을 받았다. 공경·열후·제장諸將·흉노의 선우·조회하러 온 사이四夷 등 수 만 명이 배석하여, 천지天地·오악五嶽·사독四瀆에 료燎의 제사를 올렸다. '황제皇帝인 신臣 비丕는 감히 검은색의 수컷 희생(玄牡)을 써서, 황황후제皇皇后帝께 밝게 고하나이다. 한은 24세대를 거쳐 426년을 다스렸지만, 사해四海는 곤궁하고 삼강三綱은 확립되지 못하였으며, 오위五緯(五星)는 운행이 착종되고, 영상靈祥은 한꺼번에 나타나고 있습니다. 술수術數를 추론하는 자들은 그것을 옛날의 도에 헤아려보고는 모두 <천의 역수는 그 운수가 이제 끝났다. 무릇 여러 가상嘉祥과 민신民神의 뜻은 잇달아 한의 운수의 끝과 위가魏家의 수명受命의 징조를 분명히 하고 있다> 고 말하나이다. 한의 군주는 신기神器를 마땅히 신臣에게 주어야 한다고 하면서, 유우有虞(舜)를 법으로 삼아 비丕에게 지위를 바쳤나이다. 저는 천명을 두려워하여 비록 쉬더라도 쉴 수가 없나이다. 군공羣公·서윤庶尹(백관)·육사六事의 사람(조정의 軍事大臣)과 밖으로는 장군과 병사에 이르기까지, 그리고 만이蠻夷의 군장君長에 이르기까지 모두 <천명天命은 사양할 수 없으며, 신기神器는 오래 비워둘 수 없습니다. 신하들에게는 군주가 없을 수 없으며, 만기萬幾에는 통솔자가 없어서는 안 됩니다> 라고 말하고 있나이다. 비丕는 삼가 황상皇象을 계승하여, 감히 공경히 잇지 않을 수 있겠나이까! 수귀守龜로 점을 쳐보니 점복이 대횡大橫으로 나왔고, 삼역三易으로 점을 쳐보니 점복이 혁명의 징조로 나왔나이다. 삼가 길일을 택하여 백관들과 단에 올라 황제의 새수를 받고, 위대한 신께 고하여 유類의 제사를 올리나이다. 그대 신이시여, 바라

옵건대 영원히 길하도록 백성들의 바람을 들어주시고, 위나라가 대대로 누릴 수 있도록 복을 내려주소서.' 이어서 삼공에게 조서를 내려 '상고시대 처음 군주가 생겼을 때, 반드시 은혜로운 교화를 숭상하여 풍속을 아름답게 하였다. 그리하여 백성들이 교화에 순응하여 형벌도구가 필요 없게 되었다. 이제 짐은 제왕의 대통을 이었으니, 연강延康 원년을 황초黃初 원년이라 하고, 정삭을 개정하고, 복색을 바꾸고, 깃발의 칭호(徽號)를 달리하며, 율律·도度·량量을 통일하고, 토행土行을 계승하는 일에 대해 의론하도록 하라. 천하에 크게 사면령을 내려, 참형 이하의 경우 마땅히 용서받을 수 없는 자라도 모두 사면하도록 하라'라고 하였다."

라고 하여 천자즉위의 상황을 상세하게 기록하였다.

「수선표」비와 『헌제전』의 첫 번째 차이는 고대제천문告代祭天文의 유무에 있다. 『헌제전』에서 밑줄을 그은 선양을 천에 고하는 고대제천문이 「수선표」에는 수록되어 있지 않다. 이는 문체의 차이를 통해 설명할 수 있다. 『헌제전』이 '황제인 신 비'로 시작하는 고대제천문을 기록한 사서史書임에 반하여, 「수선표」비는 수선'표'를 돌에 새긴 비문이다. '표表'라는 문체는 유명한 제갈량의 「출사표」처럼 사리를 명백히 밝혀 군주에게 진언하기 위한 것이다.[10] 따라서 황제가 칭신稱臣을 하면서 보고하는 고대제천문을 인용하는 것은 불경이 된다. 이 때문에 조비의 즉위를 기념한 석비이지만, 즉위를 천에 보고하는 고대제천문을 포함시키지 않은 것이다.

두 번째 차이는 같은 내용을 기술할 경우 『헌제전』의 문장 쪽이 간결하다는 점이다. 이에 반하여 함께 세워진 「위공경상존호주」비는 앞뒤에 신하들의 이름을 열거한 부분을 제외하면, 『삼국지』 본기2 「문제기」의 주에 인용된 『헌제전』과 동일한 문장이다(본서 제8장). 「수선표」비는 문식을 가미한 미문美文이다. 어떻게 개작되었는가를 고찰하기 위해,

천자즉위의 참석자를 기술한 부분을 비교해 보도록 하겠다. 『헌제전』에는,

> 공경公卿·열후列侯·제장諸將·흉노의 선우·조회하러 온 사이 등 수만 명이 배석하여, (천지·오악·사독에 료의 제사를 올렸다).

라고 하였다. 이를 『수선표』비에서는,

> 공후公侯, 경사卿士, [12]상백常伯, 상임常任, [11]납언納言, [13]제절諸節, 악목嶽牧, 방군邦君, 호虎□□□□, 흉노남선우匈奴南單于, 동이東夷·남만南蠻·서융西戎·북적北狄의 왕후王侯·군장君長의 무리들을 이끌고 기문旗門으로 들어가시어, 모두 자리에 무리지어 서게 하셨네.

라고 기록하였다. 열후·제장의 부분이 [12]상백, 상임, [11]납언, [13]제절, 악목, 방군, 호□□□□로 바뀌어 있다. 그런데 [12]상백常伯, 상임常任은 『상서』「입정立政」, [11]납언納言은 『상서』「요전」, [13]제절諸節은 『상서』「강고」를 전거로 한다. 「수선표」비가 『상서』를 전거로 삼아 미문美文을 만들어 냈음이 분명하다. 「수선표」비는 전체적으로 보면 제1절에서 전문全文에 번호를 붙인 밑줄로 보여주었듯이, 「요전」만 실로 14곳, 다른 편(「고명」 1과 그 밖의 13)과 합하면 28곳에 이르는 『상서』를 인용하였는데, 이는 천자즉위에 있어 『상서』라는 경전의 중요성을 단적으로 보여준다.

「수선표」비가 조비의 천자즉위를 『상서』를 전거로 문식한 이유는 무엇일까? 첫 번째 이유는 한위혁명을 요순혁명에 견주어 정통화하기 위한 것이다. 그 대부분이 문식을 위한 단장취구斷章取句에 불과하긴 하지만, 전거의 50%가 「요전」에 집중되어 있다는 것은 이를 명확하게 말해준다. 그러나 마찬가지로 요에서 순으로의 선양을 언급한 『논어』의 「요

왈」이 2곳 밖에 전거로 인용되지 않았다는 것은 첫 번째 이유만으로는 설명될 수 없는 천자즉위에 관한 『상서』 자체의 중요성이 존재하였음을 방증한다. 『상서』「고명」이 군주즉위의 전범으로 중시되었다는 것이 그 두 번째 이유다. 그렇다면 『상서』「고명」에서는 군주즉위를 어떻게 묘사하였을까?

『상서』「고명」은 서주의 성왕成王이 붕어하고 이를 이어서 강왕康王이 즉위할 때까지의 과정을 묘사한 글이다. 옛날의 마융본馬融本·정현본鄭玄本에서부터 오늘날의 위공전본僞孔傳本에 이르기까지 「고명」과 「강왕지고康王之誥」로 나뉘어 있었지만, 후한의 관학인 구양본歐陽本과 대·소하후본大·小夏侯本에는 별편으로 취급하지 않았다. 조위시대에 정현의 학이 수용된 것은 명제기 이후이므로(古橋紀宏, 「後漢·魏·晋時代における堯舜禪讓に関する經書解釋について」, 2005), 본장에서는 「강왕지고」도 「고명」에 포함시켜 다루겠다. 「고명」은 (1)성왕이 신하들에게 고명을 내리고, (2)강왕이 책명冊命을 받아 왕으로 즉위하고, (3)치조治朝에서 천자의 자리에 오르는 등 크게 3부분으로 나뉘어 구성된다. 순서에 따라 검토하기로 하겠다((1)~(3)의 괄호를 붙인 숫자로 3개의 부분을 나타내고, 동그라미 번호를 붙인 밑줄을 그었다).

(1) 병이 위독해진 성왕은 태보太保 소공昭公 석奭 이하에게 고명을 내린다. 『상서정의』 권18 「고명」에,[11]

> 왕이 말씀하였다. "아! 병이 크게 퍼져 위태롭구나. 병이 날로 깊어져 이미 나을 수가 없겠구나. 맹세하는 말을 하여 나의 뜻을 잇지 못할까 두렵구나. 이에 내 상세히 살펴 너희들에게 가르쳐 명하노라. 옛날의 군주이신 ①문왕과 무왕께서 거듭 빛난 덕을 베푸시어, 백성들이 의지하여 살 곳을 정해주고 가르침을 펼치시니, 백성들은 부지런히 힘쓰고 어기지 아니하여, 능히 은나라에 도

달해서 대명大命을 모으셨다. 후손인 어리석은 나는 공경히 ② 하늘의 위엄을 맞이하여 ① 문왕과 무왕의 커다란 가르침을 이어 지켜서, 감히 어지럽히거나 뛰어넘는 일이 없었노라. 이제 ② 하늘이 병을 내리시어, 몹시 위태로워 일어나지도 못하고 알아듣지도 못하게 되었다. 너희들은 부디 이 나의 말을 밝게 받들어서 원자元子인 소釗를 공경히 보호하여 어려움에서 크게 구제하도록 하라. 멀리 있는 자를 회유하고 가까이 있는 자를 화목하게 하며, 작고 큰 여러 나라들을 편안히 하고 선을 행하도록 권면하라. 생각건대, 사람은 스스로 위의威儀를 다스려야 하니, 너희들은 소로 하여금 나쁜 기미에 무릅쓰고 나아가게 하지 않도록 하라."

라고 하였다. 성왕의 고명에는 ①성왕이 계승한 문왕과 무왕의 공적을 이어가야 하며, ②성왕의 지배와 붕어는 하늘이 내린 것이므로 따라야 한다고 서술하여, 성왕의 천하가 ①왕조의 창업자·수명자의 권력과 ② 천으로부터 받은 천명에 의거한 권위라는 두 측면으로 지탱되었음을 보여준다. 이튿날 성왕이 붕어하자, 태보 소공 석 등은 태자 소(후의 강왕)를 맞이하는 한편으로 상사喪事를 준비하였다.

(2) 7일 후, 강왕은 책명을 받아 즉위한다. 『상서정의』 권18 「고명」에,[12]

왕은 마면麻冕(30升의 베로 만든 면관)에 보상黼裳(黼 무늬를 수놓은 치마)을 착용하고서 빈賓의 계단을 따라 올라갔다. 경사卿士와 방군邦君들은 마면에 의상蟻裳(검은 색의 치마)을 착용하고서 들어가 자리로 나아갔다. 태보太保·태사太史·태종太宗은 모두 마면에 분홍빛(彤)의 치마를 입었다. 태보는 개규介圭를 받들고, 상종上宗은 동同(爵)과 모瑁(瑞玉)를 받들고서 조계阼階를 따라 올라갔다. 태사는 책서冊書를 잡고서 빈의 계단으로 올라 왕에게 책명冊命을 바쳤다. 태사는 "황후皇后(성왕)께서 옥궤玉几에 기대어 마지막 명을 칭양하시어 그대에게 가르침을 잇게 하셨으니, '① 주나라에 근주로 임하여 큰 법도를 준

> 수하여 천하를 조화시키고 그리하여 ②문왕과 무왕의 위대한 가르침에 답하여 드날리도록 하라'고 하셨습니다"라고 하였다. 왕은 재배를 하고 일어나 답하였다. "보잘 것 없는 나 말소자末小子가 어찌 문왕과 무왕처럼 ①사방을 다스려서 ②하늘의 위엄을 공경하고 삼가할 수가 있겠는가!"

라고 하였다. 성왕이 책명으로 강왕에게 명한 것은 ①주나라에 군주로 임하여 문왕과 무왕의 위대한 '가르침(訓)'에 답하라는 것이었다. '훈訓'을 『상서정의』 공영달孔穎達의 소疏에서는 '가르침'이 아니라 '도道'로 해석하였다.13) 어떻게 보든, 책명에는 성왕이 보유하고 있던 ②천에서 받은 천명을 계승하라는 내용은 포함되어 있지 않다. 천명을 받은 천자로서의 즉위는 책명을 받아 왕으로 즉위한 후 별도로 거행되기 때문이다. 한편 강왕의 대답 가운데에 ①사방을 다스리는 일과 함께, ②천명을 두려워한다는 부분이 포함되어 있어 흥미롭다. 책명과 대답이 호응하지 않기 때문이다. 다만 천명에 관한 언사는 이곳 1곳뿐이며, (2)책명을 받아 왕으로서 즉위하는 것은 왕조의 창시자·수명자로부터 권력을 계승하는 의미를 강하게 갖고 있다고 할 수 있다.

책명을 받은 후에는 주례酒禮가 거행된다. 『상서정의』 권18 「고명」에,14)

> 마침내 동同과 모瑁를 받았다. 왕은 세 번 술잔을 잡고 신에게 나아가 술잔을 올리고(宿), 세 번 땅에 술로 고수레를 하고(祭), 세 번 술잔을 제자리에 놓았다(咤). 상종上宗이 "흠향하였습니다!"라고 말하였다. 태보는 동을 받아들고 당堂을 내려와 손을 씻은 후, 다른 동에 술을 채우고 장璋을 잡고서 술을 따르고, 종인에게 동을 건네 준 다음 배례를 하였다. 왕은 답배를 하였다. 태보는 동을 받아서 땅에 고수레를 하고, 술을 입가에 댄 후 물러나 종인에게 동을 건네주고 배례를 하였다. 왕은 답배를 하였다. 태보가 당을 내려오자 유사가 모두 치우니, 제후가 묘문廟門을 나와 기다렸다.

라고 하였다. 이곳까지가 왕으로서의 즉위를 묘사한 부분이다. '동同'은 술잔이다. 『백호통』 「작」에 인용된 『상서』 「고명」에는 '동銅'으로 되어 있다. 『삼국지』 권57 「우번전虞翻傳」의 주에 인용된 『우번별전』에 의하면, 금문 『상서』에는 '동銅'으로 되어 있으며, 그 훈고訓詁는 천자의 부새副璽였다고 한다. 황제가 즉위할 때에 책문과 함께 새수의 수수를 행했던 후한의 현실이 『상서』의 해석에 투영된 것일 듯하지만, '동同'을 '동銅'으로 보고 그것을 천자의 부새로 해석한다면 뒤의 문장이 의미가 통하지 않게 된다. '동同'은 술잔으로 해석하는 것이 옳다. 술잔을 돌림으로써 책명에 의한 왕의 즉위의례는 끝난다. 태보는 당堂 아래로 내려온다. 제후는 묘문을 나와 이어지는 천자로서의 즉위의례에 출석하기 위해 왕과 태보 등을 기다린다. 덧붙여 여기까지의 장소를 정현은 '빈소殯所'로 해석하는 반면 왕국유王國維는 '묘廟'라고 하였다(『觀堂集林』 권1, 1959). 이케다 스에토시池田末利는 정현설이 옳다고 하였는데(「古代中國思想における宗教の性格—模索的描寫」, 1976), 후한에서 황제즉위는 관 앞(柩前)에서 거행되었다. 금문설만이 아니라 정현의 설에서도 후한의 현실이 반영되었다고 할 수 있다.

(3) 이어서 천자즉위의 의례다. 『상서정의』 권18 「고명」에,[15)]

> 왕은 나가서 응문應門의 안에 있었다. 태보는 서방의 제후를 거느리고 응문으로 들어와 왼쪽에 서 있었다. 필공畢公은 동방의 제후를 거느리고 응문으로 들어와 오른쪽에 서 있었다. 제후들은 모두 갈기가 붉은 네 마리의 황마(乘黃)를 진열하여 정실庭實로 삼았다. 빈賓(諸侯)은 규圭와 함께 폐백을 들어 올리면서 "저희 한 두 명의 신위臣衛는 감히 양전壤奠을 올립니다"라고 말하고, 모두 재배를 하고 머리를 땅에 댔다. 왕은 의리로서 선왕의 밝은 덕을 이었으므로 답배를 하였다.

라고 하였다. '양전壤奠'이란 즉위에 즈음해서 제후가 와서 조회를 하고 '양지壤地(토지에서 생산되는 공물)'를 천자에게 바쳐 천자의 후명後命을 기다리는 행위로서, 신복臣服의 뜻을 나타내는 것이다. 태보가 거느리는 서방의 제후와 필공이 거느리는 동방의 제후는 주나라의 직접적인 신하는 아니다. 왕으로 즉위할 때에는 응문의 밖에서 기다리고 있던 외신外臣이 천자로 즉위할 때에는 참석을 허락받고 거기에서 신종臣從을 맹세한 것이다. 『상서정의』 권18 「고명」에,[16]

> 태보는 예백芮伯과 함께 나아가 서로 읍을 한 후 모두 재배를 하고 머리를 땅에 대고 말하였다. "감히 ②천자께 공경히 아뢰옵니다. ②황천皇天이 대국인 은나라의 명을 바꾸시니, ①주나라의 문왕과 무왕께서 크게 유리羑里와 같은 땅을 받으시어 서쪽 지역의 백성들을 구휼하셨습니다. 막 승하하신 성왕께서는 상과 벌을 모두 합당하게 하시어 그 공을 능히 정해서 후인에게 아름다움을 두루 남겨주셨습니다. 이제 왕께서는 그것을 공경히 하소서! 육사六師(천자가 통솔하는 六軍의 군사)를 장대하게 하여 우리 고조께서 어렵게 얻은 명을 무너뜨리지 마소서."

라고 하였다. (2)의 책명이 ①문왕과 무왕의 대훈大訓 즉 ①왕조의 창시자수명자의 권력을 계승하라고 명한 것임에 반하여, (3)에서는 왕이 아니라 ②천자에게 아뢰는 문장으로서, ②황천皇天이 은나라에 내린 명을 거두고(혁명) 주나라에 주었음을 서술한다. (3)의 즉위가 천으로부터 천명을 받아 천자로서 즉위한 것임을 알 수 있다. 물론 ②황천의 명과 더불어 ①문왕·무왕이 천명을 받아 국내를 통치한 사실도 언급하였지만, 그것도 '~와 같은(若)'이라는 말로 표현된 천명을 받았음을 가리킨다. 마지막으로 고조(문왕)가 천으로부터 받은 천명을 무너뜨리지 않도록 하라고 기술되어 있듯이, (3)에서는 천으로부터 받은 천명이라는 권위의 계승이 이루어지고 있다.

이에 응해서 즉위한 강왕은 제후들에게 다음과 같이 명한다. 『상서정의』 권18 「고명」에,17)

> 왕은 다음과 같이 말하였다. "여러 나라의 후侯·전甸·남男·위衛여! 나 한 사람 소釗는 그대들의 경계에 답하노라. 옛날 군주이신 문왕과 무왕께서는 크게 공평하고 부유하게 하시어 죄지은 사람을 미워하거나 형벌을 가하는 데에 힘쓰지 아니하셨으며, 지극한 중정中正과 성신誠信의 도를 행하시어 천하를 밝게 비추셨다. 또한 웅비熊羆와 같은 용맹한 용사와 두 마음을 품지 않는 신하들이 있어, ①왕가王家를 보호하고 다스려서, 비로소 ②상제에게 명을 받으시니, 황천皇天께서 그 도를 순하게 여기시어 사방을 내려주셨다. 이에 문왕과 무왕께서 명하여 제후를 세워 울타리를 삼게 하셨으니, 우리 후인들을 살펴주기 위한 것이었다. 이제 우리 한두 명의 백부여, 부디 서로 더불어 문왕과 무왕의 도를 되돌아 생각하고, 그대들의 선공先公이 선왕先王께 신하로 복종했던 것을 편안히 여겨 잇도록 하라. 비록 너희들의 몸은 밖에 있지만, 너희들의 마음은 왕실에 있지 않음이 없도록 하라. 윗사람의 근심하고 수고로운 마음을 받들어 순히 이어서, 선왕의 이 어린 아들에게 부끄러움을 끼치지 않도록 하라." 여러 공公들은 모두 명을 들은 후 서로 읍을 하고 빠른 걸음으로 나갔다. 왕은 면복冕服을 벗고 다시 상복喪服으로 갈아입었다.

라고 하였다. 왕이 제후에게 답한 문장에서는 문왕과 무왕이 ①왕가를 보호함으로써 비로소 ②상제에게 (천자가 될 것을) 명받았음을 기술한다. 왕으로서 즉위한 후에 천자로서 즉위하는 이유가 바로 여기에 있다. 왕으로서의 권력이 천으로부터 받은 천명이라는 권위로 지탱되어 반석과 같은 지배를 도모하는 것이다. 삼공과 제후가 물러난 후, 강왕은 상복으로 되돌아간다. 아직 성왕의 상중이기 때문이다.

이상에서처럼 『상서』 「고명」에는 성왕에서 강왕으로의 전위傳位 과정이 묘사되어 있으며, 그것은 왕즉위로부터 천자즉위로의 2단계 즉위로 해석된다. 빈소殯所에서 고명을 받아 왕이 되고, 치조治朝에서 천을 제사지내어 천자가 된다. 이는 중국고대의 군주가 왕조의 창시자·수명자의 권력과 천으로부터 받은 천명이라는 권위라는 두 가지 정통성을 갖고 있었던 것에 호응된다. 황제와 천자라는 칭호의 사용구분이 성립하였던 후한에서도 군주의 즉위는 황제즉위로부터 천자즉위라는 이중성을 띠고서 행해졌다(본서 제7장). 즉위의례에 대한 『상서』의 커다란 영향력을 이해할 수 있을 것이다. 「수선표」비에 『상서』의 인용이 다수 발견되는 것은 즉위의례에 관한 『상서』의 압도적인 영향력 때문이다.

한위혁명에서는 1요순혁명을 전범으로 삼아 즉위를 정통화했을 뿐만 아니라, 2천문역수 및 3참위사상(위서)을 이용한 정통화가 이루어지고 있었다(渡邉義浩, 「三國時代における「公」と「私」」, 2003). 그런데 「수선표」비에서는 『상서』 「요전」을 대부분 전거로 삼고 있는 데에서 알 수 있듯이 1은 극히 중시되었지만, 3은 언급되어 있지 않다. 여기에는 어떤 사상사적 의의가 있을까?

3. 도참에서 『상서』로

「2. 『상서』 「고명」에 기록된 즉위의 이중성」에서 게시한 『삼국지』 권2 「문제기」의 주에 인용된 『헌제전』의 조위 문제의 고대제천문의 모범이 된 것은 후한 광무제의 고대제천문이다. 『후한서』 본기1상 「광무제기상」에,[18)]

광무제는 이에 유사에게 명하여 호鄗의 남쪽 천추정千秋亭의 오성맥五成陌에 단壇과 장場을 설치하게 하였다. 6월 기미에, 황제의 지위에 나아갔다. 섶을 불태워 천에 고하고, 육종六宗에게 인禋의 제사를 올리고, 여러 신들에게 망望의 제사를 올렸다. 그 축문에, "황천상제皇天上帝·후토신기后土神祇께서 돌보시어 명을 내려주시고, 수秀에게 백성을 맡기시어 백성의 부모가 되게 하셨지만, 수秀는 감히 감당하지 못하겠나이다. 여러 신하들(羣下)과 기내의 제후(百辟)들은 논의하지도 않았으면서 한결같은 말로 모두가, '왕망이 제위를 찬탈하니, 수秀는 분노를 발하여 군사를 일으켜서, 왕심王尋과 왕읍王邑을 곤양昆陽에서 격파하고, 왕랑王郞과 동마銅馬를 하북에서 주살하여, 천하를 평정하고, 해내海內가 은혜를 입게 되었다. 위로는 천지의 마음에 부응하고, 아래로는 백성들이 돌아가는 바가 되었다'라고 하였나이다. ①『참기讖記』에, '유수劉秀가 군사를 일으켜 부도不道한 자를 사로잡고, 묘금卯金이 덕을 닦아 천자가 될 것이다'라고 하였나이다. 수秀는 오히려 고사하기를 ②두 번에 이르고 세 번에 이르렀나이다. 여러 신하들은 모두 '황천皇天의 대명大命은 머물러 두어서는 안 된다'라고 하니, 감히 공경히 받들지 않을 수 있겠나이까!"라고 하였다. 이에 연호를 세워 건무建武라 하였고, 천하에 크게 사면령을 내리고, 호鄗를 바꾸어 고읍高邑이라고 하였다.

라고 되어 있다. '그 축문에 말하기를'로 시작되는 광무제의 고대제천문을 문제의 그것과 비교할 때 첫 번째 특징은 "수는 오히려 고사하기를 ②두 번에 이르고 세 번에 이르렀다"고 한 것의 앞에, ①"『참기』에 '유수가 군사를 일으켜 부도한 자를 사로잡고, 묘금卯金이 덕을 닦아 천자가 될 것이다'라고 하였다"고 하여 『참기』를 인용한 점이다. 도참을 천하에 선포하여 자신의 정통성으로 삼은 광무제 유수는 고대제천문에서도 『참기』를 인용하여 즉위의 정통성을 참위사상에서 구하였던 것이다.[19] 이에 반하여 문제의 고대제천문에서는 위서를 인용하지 않았다. 「수선표」 비도 "황제께서는 겸손하시어, [8]덕이 있는 사람에게 사양하고 계승하지 않고자 하시기를, [10]두 번에 이르고 세 번에 이르렀다"고 하였듯이, 광무제와 마찬가지로 『상서』 「다방多方」을 전거로 하는 '두 번에 이르고 세 번에 이르렀다'는 문장을 인용하면서도, 위서는 인용하지 않았다. 이 의미에 대해서는 뒤에서 서술하겠다.

광무제의 고대제천문의 두 번째 특징은 『상서』를 인용한 점이다. 고대제천문뿐이 아니다. 고대제천문의 앞에 언급한 "섶을 불태워 천에 고하고, 육종에게 인의 제사를 올리고, 여러 신들에게 망의 제사를 올린" 행위도 『상서』「요전」에서 "드디어 상제에게 유類의 제사를 올리고, 육종에게 인의 제사를 올리고, 산천에 망의 제사를 올렸다(肆類于上帝, 禋于六宗, 望于山川)"고 한 것을 토대로 한다.[20] 광무제는 왕망에 대항하여 거병하기 이전 태학에서 『상서』를 배웠으며, 그의 아들 명제에게는 구양歐陽 『상서』의 박사인 환영桓榮을 시강侍講·태자소부太子少傅로 임명하여 경학을 배우게 하였다(『後漢書』 列傳27, 「桓榮傳」). 『후한서』 본기2 「명제기」에,[21]

> (명제 영평) 2년 봄 정월 신미일에, 광무황제를 명당에서 종사宗祀하였는데, 황제 및 공경·열후가 처음으로 관면冠冕·의상衣裳·옥패玉佩·구구絇屨를 착용하고서 제사를 올렸다.

라고 하였듯이, 명제는 영평 2년(57), 광무제에 대한 제사와 예제의 정비를 개시하였는데, 이때 구양 『상서』의 박사였던 환영은 태상太常으로서 생존해 있었다. 후한, 그리고 이를 계승한 조위 문제시대의 예제나 「수선표」비에 『상서』의 영향이 컸던 것은 우연이 아니었다.

명제기에 창설된 제도는 장제가 주재한 백호관회의에서 경의에 의거하여 정통화되었다. 군주의 즉위는 「2. 『상서』「고명」에 기록된 즉위의 이중성」에서 검토한 『상서』「고명」에 묘사된 왕즉위→천자즉위를 후한의 현실과 서로 습합시키면서 황제즉위→천자즉위로 규정되었다. 그리고 그것은 『상서』「고명」이나 『춘추공양전』 문공 9년 조, 『예기』「왕제」 이외에, 진립陳立이 『백호통소증』에서 번잡함을 무릅쓰고 주기注記한 수많은 위서에 의거하여 정통화되었다. 광무제의 고대제천문에 보이는

위서와 『상서』에 의거한 즉위의 정통화는 백호관회의에서 후한 일대의 제도로서 규정되었던 것이다.22)

위서에 의거하여 즉위를 정통화하는 이론을 갖고 있었던 후한으로부터 선양을 받아 한위혁명을 진행하던 시기에는, 문제 조비의 즉위를 촉구하는 신하들의 권진문 속에 조비의 즉위를 정통화하는 수많은 위서가 제시되었다.

『삼국지』 권2 「문제기」의 주注에 인용된 『헌제전』에,23)

> 『춘추옥판참春秋玉版讖』에 "① 적赤을 대신할 자는 위魏의 공자公子다"라고 하였고, 『춘추좌조기春秋佐助期』에 "한漢은 허창許昌에서 천하를 잃을 것이다"라고 하였습니다. 이 때문에 백마령白馬令 이운李雲이 일을 상언하여 "허許의 창성한 기운이 당도고當塗高에 나타난다. 당도고는 마땅히 허에서 창성할 것이다. ② 당도고란 위魏다. 상위象魏란 양관兩觀의 궐루闕樓가 이것이다. 길을 마주하여 높고 큰 것이 위魏(망루)다. 위나라는 마땅히 한나라를 대신할 것이다"라고 하였던 것입니다. 이제 위魏나라의 기초는 허에서 창성하지만, 한漢나라는 허에서 끊어질 것입니다. 이제 비로소 효험이 나타나는 것입니다. 이운의 말과 같이 허許와 창昌은 상응하는 것입니다.

라고 하였듯이, 태사령太史令 허지許芝는 권진문에서 ①"적赤을 대신할 자는 위魏의 공자公子다", ②"당도고當塗高란 위魏다. … 위나라는 마땅히 한나라를 대신할 것이다"라는 도참을 인용하여 문제의 즉위를 촉구하였다. 생략한 인용부분의 앞뒤까지 포함하면, 허지는 『춘추한함자春秋漢含孶』, 『춘추옥판참春秋玉版讖』, 『춘추좌조기春秋佐助期』, 『효경중황참孝經中黃讖』, 『역운기참易運期讖』 등 수많은 위서를 인용하였다. 그렇지만 타이라 히데미치平秀道도 지적했듯이, 이것들은 모두 조위를 위해 새롭게 위작된 것이며, 백마령 이운의 말로 제시되는 '당도고'의 참讖만이 광무제·공손술 때부터 전해진 어느 정도 설득력을 갖는 것이다(平秀道, 「魏の文帝と

図緯」, 1974).

위서 가운데서도 미래의 일을 예언하는 참은 공자 혹은 천이 작성한 것으로 이해되어 무시할 수 없는 것이었다. 그러나 한을 대신할 ②'당도고란 위'뿐이어야 하지만, 현실적으로는 유비도 손권도 독립국을 수립하고 있었다. 그 중에서도 유비는 한위선양을 인정하지 않고, 즉위가 예상되었다. 후에 손권도 즉위하였기 때문에 천자는 3인이 되었으며, 천은 셋으로 나뉘어졌다. 이러한 가운데 한의 신성성과 유교의 신비성을 지탱하던 위서는 급속히 힘을 잃어갔다.

문제가 고대제천문에서 광무제처럼 위서를 인용하지 않았던 것은 조위를 위해 새롭게 위작된 위서에 납득하기 어려운 점도 있었기 때문일 것이다. 문제의 즉위에 대항하여, 이윽고 즉위하는 촉한의 유비는 신하들이 올리는 권진문에 촉의 전통적인 '참위의 학'을 총동원하여 수많은 위서를 열기하도록 하였다(渡邉義浩, 「陳壽の『三國志』と蜀學」, 2008). 그 가운데에는 본래 광무제 유수를 위해 준비되었던 위서를 유비에게 맞추어 수정한 것이 많았는데, 문제가 의거하는 새롭게 위조된 위서보다도 '전통적'이고 '정통적'이었다.

한편에서는 위서를 부정해야한다는 주장도 강해지고 있었다. 후한말, 형주목荊州牧 유표劉表의 휘하에서 송충宋忠·사마휘司馬徽를 중심으로 발달한 반정현적 경학인 형주학荊州學의 흐름을 계승한 왕숙은 명확하게 위서를 부정하였다(加賀榮治, 『中國古典解釋史(魏晉篇)』, 1964). 왕숙의 경학을 관학으로 삼은 서진은 태시 3년(267), '성기참위星氣讖緯의 학'을 금지하였다(安居香山, 「漢魏六朝時代における圖讖と佛教」, 1961). 수나라 시대까지 이어지는 위서에 대한 단속적인 금압이 임박하였던 것이다.

문제는 한을 정통화하고 있던 종교적인 참위사상에서 탈피하여 자신의 즉위의 정통성을 『상서』의 논리성에서 구하고자 하였다. 종교성·

신비성에서 '리理'라고 하는 위진의 시대풍조 속에 둔제도 살고 있었다. 「수선표」비는 그러한 문제의 생각을 수용하여 만들어졌다. 전문全文에 『상서』의 전거를 아로새긴 미문美文을 돌에 새겨 넣어 『상서』에 의한 문제즉위의 정통성을 논리적으로 후세에 전했던 것이다.

「수선표」비에 보이는 한위혁명은 왕망이나 광무제가 의거한 도참을 버리고, 황제즉위와 천자즉위라는 이중즉위를 정통화할 수 있는 『상서』의 논리에 기초하여 정통화되었다. 여기서 한대 유교의 특징이었던 참위사상에 기초한 종교성의 틀에서 탈각을 시도하는 유교의 모습을 볼 수 있다.

맺음말

「수선표」비는 황제즉위와 천자즉위라는 한대의 군주즉위를 정통화하는 『상서』에 기초하여 한위혁명을 요순혁명에 비견함으로써 정당화하였다. 더욱이 왕망의 선양혁명이나 광무제의 고대제천문과 비교해볼 때 참위사상을 포함시키지 않은 바에서, 한대유교의 종교성으로부터의 탈각시도를 발견할 수 있다.

한대유교의 집대성이라 할 수 있는 정현의 경전해석은 위서를 그 중핵에 두는 종교성 높은 것이었다. 카가 에이지加賀榮治의 『중국고전해석사(위진편)中國古典解釋史(魏晉篇)』(1964)에 의하면, 처음으로 반정현적 입장을 취한 형주학은 참위사상을 부정하는 왕숙으로 이어지는 '리'에 기초한 경전해석을 행하였다.

수선표에 나타난 『상서』의 중시와 참위사상의 무시는 이러한 '리'로 향하는 시대풍조를 크게 반영한 것으로 생각된다.

1) 繁昌縣城內有三臺. 時人謂之繁昌臺. 壇前有二碑. 昔魏文帝受禪於此, 自壇而降曰, "舜禹之事, 吾知之矣." 故其石銘曰, '遂於繁昌築靈壇也'(『水經注』 卷22, '穎水'). 『水經注』는 楊守敬의 『水經注疏』(1989)를 저본으로 하였다.
2) 두 개의 비 가운데 「魏公卿上尊號奏」碑에 대해서는 본서 8장 참조. 許昌에 남아 있는 漢魏古城에 대해서는 塩沢裕仁의 「漢魏許昌の所在と許昌の遷移」(2002) 및 「漢魏の都城"許昌"」(2004)이 상세하다.
3) 전거로 삼고 있는 『상서』는 후한의 관학인 금문학에 의거하여, 「堯典」과 「舜典」을 합쳐서 「堯典」, 「顧命」과 「康王之誥」를 합쳐서 「顧命」이라 하고 밑줄을 그었다.
4) 조위의 선양이 요순혁명에 기초하면서도 『예기』 「예운」의 '天下爲公'이라는 이념에 의거하여 정통화되었다는 것에 대해서는 渡邉義浩, 「三國時代における「公」と「私」」(2003) 참조.
5) 조조가 후한 '유교국가'의 지배이념인 '寬'治에 대항해서, 法刑을 중시하는 '猛'政을 자신의 지배이념으로 삼았다는 것에 대해서는 渡邉義浩, 「曹操政權の形成」(2001) 참조.
6) 같은 石刻文이면서도 신하가 올린 勸進을 새긴 「魏公卿上尊號奏」에서는 "엎드려 살펴보건대, 신하들이 잇달아 章奏를 올려서 폐하의 符命을 진술한 것은 河洛의 圖書를 갖추어 보여주고 天地의 瑞應을 전해주며, 漢朝의 성의에 따르고 萬方의 커다란 귀의를 펼치고자 하지 않음이 없었습니다(伏省羣臣內外前後章奏, 所以陳敍陛下之符命者, 莫不條河洛之圖書, 授天地之瑞應, 因漢朝之款誠, 宣萬方之景附)"라고 하였듯이, '陛下의 符命' '河洛의 圖書'라는 표현을 통해서 圖讖에 의한 혁명을 긍정하고 있다. 한대유교의 특징인 신비적·종교적인 측면이 그대로 표현된 것이다.
7) 天子冠通天冠, 諸侯冠遠遊冠(『獨斷』 卷下). 또한 『續漢書』 志30, 「輿服下」에는 "通天冠은, … 천자가 평소 쓰는 것이다(通天冠, … 乘輿所常服)"라고 하였다.
8) 至于永平之際, 重熙而累洽, 盛三雍之上儀, 修袞龍之法服(『後漢書』 列傳20下, 「班固傳下」). 또한 『後漢書』 本紀2, 「明帝紀」에 "(영평) 2년 봄 정월 신미에, 광무황제를 明堂에서 宗祀할 때, 황제 및 공경·열후가 처음으로 冠冕·衣裳·玉佩·絇屨를 착용하고서 제사를 올렸다(二年春正月辛未, 宗祀光武皇帝於明堂, 帝及公卿列侯始服冠冕·衣裳·玉佩·絇屨以行事)"고 하였고, 李賢의 注에 인용된 徐廣의 『車服注』에 "한의 명제는 古禮를 살펴 그 服章을 갖추어 착용하였다. 천자가 郊廟의 제사를 지낼 때의 옷은 상의는 검은색으로 하고 하의는 진홍빛으로 하며, 앞은 세 폭으로 하고 뒤는 네 폭으로 하며, 웃옷은 그림을 그려 넣고 치마는 수를 놓는다(漢明帝案古禮備其服章, 天子郊廟衣皁上絳下, 前三幅, 後四幅, 衣畫而裳繡)"고 하였다.
9) 『獻帝傳』曰, 辛未, 魏王登壇受禪. 公卿·列侯·諸將·匈奴單于·四夷朝者數萬人陪位, 燎祭天地·五嶽·四瀆. 曰, "皇帝臣丕, 敢用玄牡, 昭告于皇皇后帝. 漢歷世二十有四, 踐年四百二十有六, 四海困窮, 三綱不立, 五緯錯行, 靈祥並見. 推術數者, 慮之古道, 咸以爲, 天之曆數, 運終茲世, 凡諸嘉祥, 民神之意, 比昭有漢數終之極, 魏家受命之符. 漢主以神器宜授於臣, 憲章有虞, 致位

于丕. 丕震畏天命, 雖休勿休. 羣公庶尹六事之人, 外及將士, 洎于蠻夷君長, 僉曰, '天命不可以辭拒, 神器不可以久曠. 羣臣不可以無主, 萬幾不可以無統.' 丕祗承皇象, 敢不欽承! 卜之守龜, 兆有大橫, 筮之三易, 兆有革兆. 謹擇元日, 與羣寮登壇, 受帝璽綬, 告類于爾大神. 唯爾有神, 尙饗永吉, 兆民之望, 祚于有魏世享." 遂制詔三公,"上古之始有君也, 必崇恩化以美風俗, 然百姓順敎而刑辟厝焉. 今朕承帝王之緖, 其以延康元年爲黃初元年, 議改正朔, 易服色, 殊徽號, 同律度量, 承土行. 大赦天下, 自殊死以下, 諸不當得赦, 皆赦除之"(『三國志』 卷2, 「文帝紀」注引『獻帝傳』). 孫險峰은 「皇帝卽位の禪讓文—三國·晋·南北朝における經學の一側面」(2007)에서 告代祭天文에서의 『論語』 「堯曰」에 대한 鄭玄注의 중요성을 지적하였다.

10) 『文選』 卷37 表3의 李善注에 "表란 明의 뜻이며, 標의 뜻이다. 사물의 標表처럼, 말을 하여 일의 순서를 드러내어 그것을 명백하게 하여 主上을 깨우치고, 그 忠을 다할 수 있는 것을 '表'라고 한다(表者, 明也, 標也. 如物之標表, 言標著事序, 使之明白以曉主上, 得盡其忠曰)"라고 하였다.

11) 王曰, "嗚呼! 疾大漸, 惟幾. 病日臻, 旣彌留, 恐不獲誓言嗣. 玆予審訓命汝. 昔君文①王·武王, 宣重光, 奠麗陳敎, 則肄肄不違, 用克達殷集大命. 在後之侗, 敬②迓天威, ①嗣守文武大訓, 無敢昏逾. 今②天降疾, 殆弗興弗悟. 爾尙明時朕言, 用敬保元子釗, 弘濟于艱難, 柔遠能邇, 安勸小大庶邦, 思夫人自亂於威儀, 爾無以釗冒貢於非幾"(『尙書正義』 卷18, 「顧命」).

12) 王麻冕黼裳, 由賓階隮. 卿士·邦君, 麻冕蟻裳, 入卽位. 太保·太史·太宗, 皆麻冕彤裳. 太保承介圭, 上宗奉同·瑁, 由阼階隮. 太史秉書, 由賓階隮, 御王冊命. 曰, "皇后憑玉几, 道揚末命, 命汝嗣訓, ①臨君周邦, 率循大卞, 燮和天下, 用②答揚文·武之光訓." 王再拜, 興, 答曰, "眇眇予末小子, 其能而①亂四方, 以②敬忌天威?"(『尙書正義』 卷18, 「顧命」).

13) 『尙書正義』 卷18, 「顧命」에 "'訓'을 '道'로 해석한다. '너에게 명하여 그 도를 잇도록 한다'는 것은 아버지의 도를 이어서 천하의 군주가 되라는 뜻이다. 맡은 바의 임무가 중하기 때문에 이를 가지고 경계를 가탁하였음을 말한 것이다(以'訓'爲道, 命汝繼嗣其道, 繼父道爲天下之主. 言所任者重, 因以托戒也)"라고 하였다.

14) 乃受同·瑁. 王三宿, 三祭, 三咤. 上宗曰, "饗!" 太保受同, 降, 盥. 以異同, 秉璋以酢, 授宗人同, 拜. 王答拜. 太保受同, 祭, 嚌, 宅, 授宗人同, 拜. 王答拜. 太保降, 收. 諸侯出廟門俟 (『尙書正義』 卷18, 「顧命」).

15) 王出在應門之內. 太保率西方諸侯, 入應門左. 畢公率東方諸侯, 入應門右. 皆布乘黃朱. 賓稱奉圭兼幣曰, "一二臣衛, 敢執壤奠." 皆再拜稽首. 王義嗣德答拜(『尙書正義』 卷18, 「顧命」).

16) 太保暨芮伯, 咸進相揖, 皆再拜稽首曰, "敢敬②告天子, ②皇天改大邦殷之命, ①惟周文·武誕受羑若, 克恤西土. 惟新陟王, 畢協賞罰, 戡定厥功, 用敷遺後人休. 今王敬之哉! 張皇六師, 無壞我高祖寡命"(『尙書正義』 卷18, 「顧命」).

17) 王若曰 , "庶邦侯·甸·男·衛, 惟予一人釗報誥. 昔君文·武, 丕平富, 不務咎, 底至齊信, 用昭明於天下. 則亦有熊羆之士, 不二心之臣, ①保乂王家, 用端②命于上帝. 皇天用訓厥道, 付畀四方, 乃命建侯樹屛, 在我後之人. 今予一二伯父, 尙胥暨顧, 綏爾先公之臣服於先王. 雖爾身在外, 乃心罔不在王室. 用奉恤厥若, 無遺鞠子羞." 羣公既皆聽命, 相揖, 趨出. 王釋冕, 反喪服(『尙書正義』 卷18, 「顧命」).

18) 光武於是命有司設壇場於鄗南千秋亭五成陌. 六月己未, 即皇帝位. 燔燎告天, 禋于六宗, 望於羣神. 其祝文曰, "皇天上帝·后土神祇, 眷顧降命, 屬秀黎元, 爲人父母, 秀不敢當. 羣下·百辟, 不謀同辭, 咸曰, '王莽篡位, 秀發憤興兵, 破王尋·王邑於昆陽, 誅王郎·銅馬於河北, 平定天下, 海內蒙恩. 上當天地之心, 下爲元元所歸.' ①『讖記』曰, '劉秀發兵捕不道, 卯金修德爲天子.' 秀猶固辭, ②至于再, 至于三. 羣下僉曰, '皇天大命, 不可稽留.' 敢不敬承." 於是建元爲建武, 大赦天下, 改鄗爲高邑(『後漢書』 本紀1上, 「光武帝紀上」).

19) 광무제의 참위사상 존중에 대해서는 安居香山, 「図讖の形成とその延用についての考察—光武革命前後を中心として」(1964) 참조.

20) 肆類于上帝, 禋于六宗, 望于山川(『尚書』「堯典」). 이 밖에 '百辟'도 『尚書』「洛誥」를 전거로 한다. 광무제의 유교존중에 대해서는 渡邉義浩, 『後漢國家の支配と儒教』(1995) 참조. 『漢書』 卷25下, 「郊祀志下」에 "匡衡은 '甘泉 泰畤의 자색 단은 팔각형으로서 두루 통하여 八方을 상징합니다. 오제의 단이 그 아래의 주위를 빙 둘러싸고 있고, 또 거기에는 여러 신들의 단이 있습니다. 『상서』에서 <육종에게 禋의 제사를 지내고 산천에 望의 제사를 지내며 여러 신들에게 두루 제사한다>고 한 것에 비교하면, …"(衡言, '甘泉泰畤, 紫壇八觚, 宣通象八方. 五帝壇周環其下, 又有羣神之壇. 以『尚書』<禋六宗·望山川·偏羣神>之義.…'")이라고 하였듯이, 『상서』의 해당부분은 이미 甘泉의 泰畤의 제도에서도 전거가 되고 있었다.

21) 二年春正月辛未, 宗祀光武皇帝於明堂, 帝及公卿列侯始服冠冕·衣裳·玉佩·絇屨以行事(『後漢書』 本紀2, 「明帝紀」). 金子修一은 『中國古代皇帝祭祀の研究』(2006)에서 후한시대 禮制의 본격적인 출발점은 광무제 사후 명제기에서 찾아야 한다고 주장하였다.

22) 백호관회의의 자리매김에 대해서는 본서 제1장을, 군주의 즉위의례와 『백호통』에 대해서는 본서 제7장 참조.

23) 『春秋玉版讖』曰, "①代赤者魏公子." 『春秋佐助期』曰, "漢以許昌失天下." 故白馬令李雲上事曰, "許昌氣見于當塗高, 當塗高者, 當昌於許." ②當塗高者, 魏也. 象魏者, 兩觀闕是也. 當道而高大者魏, 魏當代漢. 今魏基昌于許, 漢徵絕于許. 乃今效見. 如李雲之言, 許昌相應也(『三國志』 卷2, 「文帝紀」注引『獻帝傳』).

[受禪表]碑

1. 維黃初元年冬十月辛未.
2. 皇帝受禪于漢氏. 上稽儀極, 下考前訓, 書挈所錄, 帝王遺事. 義莫顯於禪德, 美莫盛於受終. 故書陳納于大鹿, 傳稱曆□ □ □ □
3. 是以降世且二百, 年幾三千, 堯舜之事, 復存于今. 允皇代之上儀, 帝者之高致也. 故立斯表, 以昭德□義焉.
4. 皇帝體乾剛之懿姿, 紹有虞之黃裔. 九德旣該, 欽明文塞. 齊光日月, 材兼三極. 及嗣位
5. 先皇, 龍興饗國, 撫柔烝民, 化以醇德. 崇在寬之政, 邁愷悌之教, 宣重光以照下, 擬陽春以播惠. 開禁倉, 散滯積, 冢臣□ □, □ □ □
6. 之錫. 衆兆陪臺, 蒙賙餼之養. 興遺勳, 繼絕世, 廢忘之勞, 獲金爵之賞, 襁褓之孤, 食舊德之祿. 善無微而不旌, 功無細而不□. □ □

7. 戎士, 哀矜庶獄, 罷戍役, 焚丹書. 囹圄虛靜, 外無曠夫, 玄澤雲行, 罔不沾渥. 若夫覆載簡 易, 剛柔允宜, 乾巛之德, 陰陽ㅁㅁㅁ. ㅁㅁ
8. ㅁ類, 育物奮庸, 造化之道, 四時之功也. 寬容淵嘿, 恩洽羣黎. 皇戚之質, 堯舜之姿也. 孜孜業業, 邁德濟民. 伯禹之勞, ㅁㅁㅁㅁㅁ.
9. 叡智神武, 料敵用兵. 殷湯之畧, 周發之明也. 廣大配天地, 茂德苞衆聖. 鴻恩洽於區夏, 仁聲播於八荒. 雖象胥所ㅁㅁㅁㅁㅁㅁ
10. 和而来王. 是以休徵屢集, 和氣烟熅, 上降乾祉, 下發巛珍. 天闕晵閳, 四靈具臻. 涌醴橫流, 山見黃人. 所以顯受命之ㅁㅁ, ㅁㅁㅁ
11. 之期運也. 其餘甘露零於豐草, 野蠶繭於茂樹. 嘉禾·神芝·奇禽·靈獸, 窮祥極瑞者, 朞月之間, 盖七百餘見. 自金天以ㅁㅁㅁㅁㅁ,
12. 嘉祥之降, 未有若今之盛者也. 是以漢氏睹歷數之去己, 知神器之有歸, 稽唐禪虞, 紹天明命, 釐嬪二女, 欽授天位.
13. 皇帝謙退, 讓德不嗣, 至于再至于三. 於是羣公卿士僉曰,
14. 陛下聖德, 懿侔兩儀, 皇符昭晰, 受命咸宜. 且有熊之興, 地出大螻, 夏后承統, 木榮冬敷. 殷湯革命, 白狼銜鈎, 周武觀ㅁ, ㅁㅁㅁㅁ.
15. 方之今日, 未足以喻. 而猶以一至之慶, 寵神當時, 紹天即祚, 負扆而治. 況於大魏靈瑞若 玆者乎. 盖天命不可以辭ㅁ, 神器不可
16. 以意距, 大統不可以久曠, 萬國不可以無主. 宜順民神, 速承天序. 於是
17. 皇帝乃回思遷慮, 旁觀庶徵, 上在璿機, 筮之周易, 卜以守龜. 龜·筮襲吉, 五反靡違. 乃 覽公卿之議, 順皇天之命, 練吉日ㅁㅁㅁ. ㅁ
18. 唐典之明憲, 遵大鹿之遺訓, 遂於繁昌, 築靈壇, 設壝宮, 跱圭璧, 儲犧牲. 延公侯, 卿士, 常伯, 常任, 納言, 諸節, 嶽牧, 邦君, 虎ㅁㅁㅁㅁ
19. 匈奴南單于, 東夷·南蠻·西戎·北狄王侯·君長之羣, 入自旗門, 咸旅于位.
20. 皇帝乃受 子之籍, 冠通天, 襲袞龍, 穆穆皇皇, 物有其容. 上公策祝, 燔燎棫樸, 告類上帝, 望秩五嶽, 烟于六宗, 徧于羣神. ㅁㅁㅁ
21. 晏, 祥風来臻. 乃詔有司, 大赦天下, 改元正始. 開皇綱, 闡帝載, 殊徽幟, 革器械, 脩廢官, 班瑞節, 同律量衡, 更姓改物. 勒崇垂鴻, 創ㅁ
22. 作則. 永保天祿, 傳之罔極.

결 론

결론 후한 '유교국가'의 성립

머리말

본서의 목적은 후한시대 '유교국가'의 성립을 논증하는 데에 있다. 논증의 결과를 정리하기에 앞서, 서론에서 제시했던 유교 및 '유교국가' 성립의 네 가지 지표를 다시 정리하기로 하겠다.

○ 유교

유교란 유가 교설의 총칭이다. 그 중심인 경전해석은 경학이라 하는데, 본서에서는 한대유교의 특징을 높은 종교성에서 구하는 입장에서 경학을 포함한 유가의 교설 전체를 유교라고 칭하겠다.

○ '유교국가' 성립의 지표

1. 사상내용으로서의 체제유교의 성립
2. 제도적인 유교 일존체제의 성립
3. 유교의 중앙·지방 관료층으로의 침투와 수용
4. 유교적 지배의 성립

이상과 같은 유교와 '유교국가'의 정의에 기초하여 본서는 9장에 걸쳐 후한 '유교국가'의 성립을 논증하였다. 이하, 본서의 도달점과 '유교국가'의 전개를 제시해 두고자 한다.

1. 한대유교의 종교성

반고가 후한 '유교국가' 완성의 계기가 되었던 백호관회의의 내용을 정리한 『백호통』은 황제와 병용되는 천자라는 칭호를, 위서를 논거로 삼아 천을 섬기는 '천의 아들'로 규정함으로써 천의 종교성으로 천자가 지탱된다고 이해하였다. 그 구체적인 표현이 천인상관론이다. 주재자인 천은 천자의 정치·윤리에 대하여 악한 정사를 행하면 재이를, 선한 정사를 펼치면 서상을 내려주어 천자를 지탱한다고 생각했던 것이다. 천天이 리理와 등치되어 상제의 의지가 곧 리라고 주장한 송학의 특징과 비교할 때, 한대의 유교가 강한 종교성을 갖고 있었음이 분명하다. 또 『백호통』에서의 천인상관론이 효경위孝經緯를 논거로 삼았던 것에서 알 수 있듯이, 유교의 종교성을 지탱하는 것은 참위사상이며, 천과 천자를 맺어주는 것은 효였다(제2장).

후한시대 참위사상의 존중은 광무제부터 시작되었다. 광무제는 중원 원년(56), 명당·영대·벽옹·북교를 완성함과 동시에 '도참을 천하에 선포'하였다. 후한의 유자 가운데에는 도참의 난잡함을 비판하는 자도 있었다. 그러나 그들의 도참비판은 국가의 용인을 받은 적이 없었다(渡邉義浩, 「白虎通」, 1995). 참위사상은 후한국가의 지배의 정통성을 그 신비주의로 지탱하였던 것이다.

후한을 대표하는 유자인 정현도 위서의 신비성을 자신의 '육천설'의 논거로 삼았다. 시위詩緯 『시함신무詩含神霧』에 유방은 적제 적표노의 정에 감응하여 태어난 감생제라고 한 것이 정현의 육천설을 근저에서 지탱하였던 것이다(제5장). 육천설이란 지고신인 호천상제 이외에 오행을 주관하여 역대 왕자의 수명제가 되는 창제 영위앙, 적제 적표노, 황제 함추뉴, 백제 백초거, 흑제 즙광기의 오제 등 여섯 종류의 천제를 상정하는 사상이다. 정현은 육천설에 기초하여 천제의 제사를 둘로 나누어, (1)호천(호천상제)을 원구에서 제사지내고(圜丘祀天), (2)상제(오천제)를 남교에서 제사지내야(南郊祭天) 한다고 주장하였다. 이로써 황제와 천자라는 두 가지 호칭으로 표현되는 '천하위공天下爲公'과 '천하위가天下爲家'라는 후한의 군주권을 지탱하는 상호 모순된 두 가지의 정통성을 감생제설로 지양하고, 천자와 수명자와 천을 효를 매개로 일체화함으로써 교사郊祀를 통해 표현하고자 하였다. 『효경』에 기록된 천에 대한 천자의 효를 감생제설로 직결시키는 것이 육천설을 창설한 사상사적 요인이었다(제6장).

정현이 황제와 천자라는 칭호의 모순에 고심했듯이, 본래 중국을 통일한 공적이라는 권력을 연원으로 하는 황제칭호와 천의 신비성으로 지탱되는 천의 아들이라는 권위를 연원으로 하는 천자칭호는 기원을 달리하는 것이었다. 그러나 한의 군주는 진의 시황제를 기원으로 하는 황제칭호만으로는 그 완전한 정통성을 담보할 수 없다고 생각했다. 그래서 『상서』「고명」에 기록되어 있고, 『백호통』에도 규정되었듯이, 황제즉위 후에 천자즉위를 거행함으로써 천의 신성성을 지배의 정통성의 근본에 두고자 하였다(제7장).

따라서 한위선양은 신비성 강한 참위사상을 배경으로, '천하위공'을 천하가 공적인 것이 아니라 천하에 대해 군주가 공적이어야 한다고 해석한 정현의 설에 따라 요순혁명에 비견함으로써 행해졌다(제8장). 그 한편에서, 한의 신성화를 위해 한과의 관계가 지나치게 밀접했던 금학학설의 신비주의는 '리'를 존중하는 경전해석에 눌리기 시작하였다. 「수선표」비는 참위사상을 받아들이지 않고, '황제즉위에서 천자즉위'로라는 한대의 군주즉위를 정통화하는 『상서』에 기초하여 한위혁명을 요순혁명에 비견함으로써 정통화하였다. 「수선표」에 나타난 『상서』의 중시와 참위사상의 무시는 이러한 '리'로 향하는 시대풍조를 크게 반영한 것으로 생각된다(제9장).

이상에서처럼 후한시대의 유교는 종교성이 높았으며, 그것은 정현이나 한위혁명까지 지속되었다. 그러나 후한의 멸망 속에서 '리'에 의거한 경전해석의 지향이 나타나게 되었다.

2. 후한 '유교국가'의 4가지 지표

후한 '유교국가'의 성립시기는 이하에서 제시하는 1~4의 지표를 충족시키는 커다란 계기가 되었던 장제기의 백호관회의에서 구할 수 있다. 그리고 후한 '유교국가'의 성립으로 '유교의 국교화'는 완성을 맞이한다.

1) 사상내용으로서의 체제유교의 성립

사상내용으로서의 체제유교의 정비는 전한 경제기에 시작되었다. 『춘추공양전』 은공 원년 조의 '모이자귀母以子貴'의 사례가 경제에게 이용되었던 것이다. 이어서 무제도 흉노와의 전쟁을 『춘추공양전』 장공 4년 조에 보이는 '『춘추』의 의리'인 복수의 긍정으로 정당화했다. 반고가 『한서』에서 춘추공양학자인 동중서의 헌책에 의한 오경박사의 설치를 무제기에 가탁하는 까닭이다. 그러나 반고가 말하는 것처럼 전한과 『공양전』의 결합이 안정적인 것은 아니었다(제1장).

무제에 이어서 선제는 흉노의 선우에 대한 '칭신불명稱臣不名'의 대우를 정당화하는 『춘추곡량전』을 석거각회의에서 공인하였지만, 그 한편에서 법형을 중시하는 '왕패잡유'가 한가의 전통이라고 하여 유자의 전용專用을 주장하는 황태자(후의 원제)를 힐책했다. 원제가 즉위하자, 국정운용의 논거로서 유교를 중심에 올려놓는 작업이 본격화되었고, 이에 수반하여 유교 경의의 상호 모순이나 현실과의 괴리가 오히려 현재화하였다. 후한처럼 유교는 아직 일존체제를 구축하지 못하였으며, 교사郊祀는 유교의 경의에 기초한 남북교와 한가의 전통에 따른 감천·분음에서의 제사 사이에서 우왕좌왕하였다. 이러한 혼란은 왕망에 의해서 해결되었지만, 왕망의 신나라는 오래 지속되지 못하였고, 왕망에서 시작된 '중국의 고전적 국제'와 유교교의의 습합은 후한으로 떠넘겨졌다(제1장).

백호관회의에서는 왕망이 정한 예제인 '원시의 고사'를 중심으로 하는 고전적 국제가 경의에 의거하여 정통화되었다. 구체적으로 말하면, ①낙양천도洛陽遷都, ②기내제도畿內制度, ③삼공三公의 설치, ④12주목州牧의 설치, ⑤남북교사南北郊祀, ⑥영기迎氣(五郊), ⑦칠묘합사七廟合祀, ⑧관직官稷(社稷), ⑨벽옹辟雍(明堂·靈臺), ⑩학관學官, ⑪이왕후二王後, ⑫공자의 자손, ⑬악제개혁樂制改革, ⑭천하의 칭호(王朝名) 등 대부분이 백호관회의에서 금문학의 경의에 의거하여 다시 정통화되었다. 흉노정책의 방침전환을 정당화하는 『곡량전』의 공인을 목적으로 했던 석거각회의에 반하여, 한의 국정 전반을 『공양전』 및 공양학설로 정통화한 백호관회의는 사상내용으로서의 체제유교의 완성을 상징하는 회의였다고 할 수 있다(제2장). 여기서 '유교국가'의 제1의 지표인 사상내용으로서의 체제유교의 성립을 볼 수 있다.

그러나 후한의 모든 국정을 『백호통』에 의거하여 운용할 수는 없었다. 예를 들면, 경의에서 규정한 삼년상에 대해서, 후한 '유교국가'는 '문제의 고사'를 전거로 예제상의 경의인 25개월의 상례와 현실사회를 서로 습합시켰다. 최초의 '유교국가'인 후한의 유교는 그 경의에, 그 중에서도 예제에 아직 현실과는 괴리된 이상론을 포함한 원초적인 형태를 띠고 있었다. 경의와 습합시키기 위한 고사의 존재는 이러한 후한 '유교국가'의 예제의 특징을 보여준다(제3장).

그렇지만 경의와 현실의 괴리를 모두 고사로 해결할 수 있는 것은 아니다. 그 때문에 사상내용으로서의 체제유교는 정치상황에 따라 국정의 정통화를 위해 변용되어 갔다. 흉노와의 대립관계가 지속되었던 전한 무제기까지는 『공양전』의 격렬한 양이攘夷사상과 복수의 긍정이라는 특징이 흉노와의 전쟁을 정당화하였다. 선제기에 호한야선우가 귀순하자, 화이혼일華夷混一의 이상을 주장하는 『곡량전』이 석거각회의에서 공인되었다. 이에 대하여, 흉노의 침공에 고심하던 후한의 백호관회의에서는 이적을 태생적으로 차별하는 『좌씨전』의 내용을 도입함으로써, '칭신稱臣'을 하면 침공해오는 흉노를 '불신不臣' 대상으로 규정함으로써 흉노의 침공에 고심하는 후한의 정치적 요청에 대응하였다. 그리하여 춘추학은 전傳의 차이나 주注의 해석을 통해서 그때그때의 정치상황에 대응하면서 체제유교로서 후한의 지배를 계속하여 정통화하였다(제4장).

이윽고 체제유교는 후한이라는 특정한 국가의 지배체제를 정통화하는 것이 아니라, 스스로가 이상으로 삼는 국가체제를 관념화하기에 이르렀다. 정현은 혁명을 가능케 하는 육천설의 정당성을 감생제설을 통해 실증하고, 한을 대신할 새로운 천하의 규범을 준비하였다. 한을 위해 공자가 『춘추』를 저술하였듯이, 스스로가 후왕後王을 위해 경전에 주를 붙인 것이다(제6장). 정현의 경학은 후한을 대신한 조위의 지배체제에 이용되었다.

2) 제도적인 유교 일존체제의 확립

제도적인 유교 일존체제의 확립은 종래에는 동중서의 헌책으로 태학에 오경박사가 설치된 전한 무제기라고 이해되었다. 그러나 그것이 『한서』의 편향이라는 것은 서론에서 서술한 대로다. 후쿠이 시게마사福井重雅가 「진한시대 박사제도의 전개—오경박사의 설치를 둘러싼 의의재론秦漢時代における博士制度の展開—五經博士の設置をめぐる疑義再論」(1995)에서 밝혔듯이, 선제기의 석거각회의에서 '오경의 이동異同'을 토의하기 위해 오경의 각각에 처음으로 박사가 갖추어졌다. 제도적인 유교 일존체제로의 제일보였다. 그러나 후쿠이 시게마사의 앞의 논문(1995)에 의하면, 선제 이후 전한후기에 이르러서도 여전히 공적으로 박사의 이름이나 정원 등을 기록한 일정한 문언을 발견해낼 수 없으며, 광무제 건무 연간에 비로소 오경이란 『역』, 『시』, 『서』, 『예』, 『춘추』 등 다섯 종류의 경전을 가리키며, 1경마다 정해진 가법이 세워져 각 가법에 박사가 설치되는 제도가 결정되었다고 한다. 박사제자제도로서의 유교 일존체제는 후한 광무제기에 완성되었다(제1장).

후한 광무제는 『좌씨전』으로 대표되는 고문학파의 성장을 배경으로, 『좌씨전』의 박사로서 이봉李封을 세웠다. 하지만 그 이후에도 학관설립을 둘러싼 시비논쟁이 끊임없이 지속되다가 마침 이봉이 죽자 광무제는 이봉의 후임을 설치하지 않았으며, 이후 『좌씨전』이 학관에 세워진 적은 없었다. 그리하여 후한 광무제기에는 금문학파를 박사관에 세우는 것이 결정되었고, 그것은 후한 일대를 통해 변한 적이 없었다(제1장).

제도적인 유교 일존체제는 관료등용제도에서도 나타난다. 한대의 관료등용제도인 향거리선의 상거常擧인 효렴과孝廉科는 한대 『효경』의 보급에 커다란 영향을 끼쳤다. 후한에서는 『효경』을 암기할 수 있는 것이 찰거察擧의 최저한의 조건이 되었다. 와타나베 신이치로渡辺信一郞는 「효

경의 국가관—효경과 한왕조孝經の國家觀—孝經と漢王朝」(1987)에서 95%의 소리小吏층이 5%의 장리長吏 이상의 명관命官에 선발될 때, 효의 덕목이 가장 중시되었던 바에서, 한대 『효경』의 이데올로기로서의 최대의 기능을 확인할 수 있다고 하였다. 후한의 훈고학을 집대성한 정현도 『효경』을 천하의 '대본大本'·'백행百行의 근본'으로 이해하였다. 후한 '유교국가'의 문화적 가치의 근저에는 '효'가 놓여 있었던 것이다(渡邉義浩, 「九品中正制度における『孝』」, 2002).

'유교국가'의 제2의 지표인 제도적인 유교 일존체제는 박사제자제도로서는 광무제기에, 효렴과를 아울러 생각한다고 하더라도 후한 초기에는 확립되었다고 할 수 있다.

3) 유교의 중앙·지방 관료층으로의 침투와 수용

중앙관료층으로의 침투에 대해서는 필자의 「관료官僚」(1995)에서 태부, 삼공, 녹상서사錄尙書事, 대장군, 구경, 상서령 등 후한의 정권추요관을 대상으로, 후한 초기(광무제~장제)·중기(화제~당고의 금)~후기(당고의 금~황건의 난)~말기(황건의 난 이후)로 나누어 '가학家學'을 갖는 유가, '통유通儒', '유종儒宗' 등 일세를 풍미한 유자, 유교를 강의하여 제자를 둔 유자, 유교적 소양을 갖춘 자의 비율을 고찰하였다. 그 결과, 후한 정권추요관은 초기부터 70% 이상의 인사가 유교적 교양을 갖춘 자들이었다. 이를 전한시대 유교 침윤의 최전성기인 원제시기의 약 27%와 비하면, 후한시대에 유교가 공경층으로 깊숙이 침윤하였음을 알 수 있다. 또한 침윤한 유교의 내용에서는, '가학'의 중요성이 높으며, 또 그 '가학'은 금문학이 대부분이었다. 유교관료는 '이록利祿의 길'로서의 금문학을 통해 자신들의 지위를 세습하여 문벌화 경향을 띠게 되었다. 그리하여 예주豫州 여남군汝南郡이나 사예司隷 홍농군弘農郡을 본관으로 하는 유교관료는 점차 남양南陽의 공신이나 삼보三輔의 외척을 몰아내게 된다.

이러한 유교관료는 유교를 매개로 하는 후한국가의 찰거가 재지세력인 호족에 유교적인 존재형태를 취하게 함으로써 출현하였다. 후한국가의 유교적 찰거체제는 표층적으로는 문생·고리에 의한 '명유名儒'에 대한 지지를 낳았고, 그것이 '사세삼공四世三公'으로 칭해진 홍농의 양씨楊氏나 여남의 원씨袁氏의 '가학'을 중심으로 하는 문벌화 경향을 뒷받침하였다. 더욱이, 구체적인 찰거의 장에서 현재화한 유교는 재지세력인 호족에 유교적 존재형태를 취하게 하였고, 그것을 유교관료로서 국가의 지배층으로 수렴해갔다. 요컨대, 후한 '유교국가'의 유교적 찰거제도에 의해서 호족층은 유교를 수용하고 있었던 것이다(渡邊義浩, 「官僚」, 1995).

또한 지방제사로서의 공자묘孔子廟 제사의 변천을 통해서 후한 '유교국가'의 쇠퇴와 더불어 유교적 제사의 권한이 군주권력에서 점차 유교관료나 재지세력으로 이행하였음을 알 수 있다. 후한 '유교국가'의 완성기인 장제까지의 3대는 황제 스스로가 공자묘를 방문하여 친제를 거행함으로써 제사권을 일원적으로 장악하였다. 그러나 외척과 환관의 전횡으로 국정이 사물화되어 국가의 공자묘 제사가 쇠퇴하자, 본래 제사권의 장악을 통해 재지사회에서의 권위확립을 지향하고 있던 재지세력은 유교적인 제사를 점차 자기의 것으로 수렴해갔다. 후한 말의 재지세력은 유교를 수용함과 동시에 자신의 권위를 재지사회에 확립시키기 위한 중요한 수단의 하나로서 유교적 제사권의 장악을 겨냥하였던 것이다.

'유교국가'의 제3의 지표인 유교의 중앙·지방의 관료층으로의 침투와 수용도 후한 초기에는 확립되었다고 할 수 있다.

4) 유교적 지배의 성립

와타나베 신이치로渡辺信一郎는 「천하관념과 중국 고전적 국제의 성립天下觀念と中國における古典的國制の成立」(2002)에서 중국에서의 고전적 국제 즉 천하형 국가는 천하관념의 완성에 즉응하여 전한 원제 초원 원년(기원전 46) 익봉翼奉의 낙양천도 상주로 시작하여 후한 명제 영평 2년(59) 전장제도의 확립으로 종결되는, 거의 100여 년에 걸친 기간에 성립하였다고 하였다. 그리고 그것을 경의에 의거하여 정통화한 것이 장제기의 백호관회의다. 그 결과를 정리한 『백호통』에는 중국에서의 고전적 국제의 대부분이 규정되어 있다. 유교적 지배의 기본인 경의에 의거한 국제의 정통화는 장제기의 백호관회의에서 확립되었던 것이다(제2장).

이와 같은 국제와 경의의 긴밀화는 한의 지배를 변화시켰다. 전한에서는 국정을 운용할 때의 선례인 고사故事는 법제法制와 함께 이용되었다. 이에 반하여 후한에서는 고사와 경전이 국정운용의 규범으로서 병용되었다(제3장). 그렇게 하여 성립한 유교의 지배가 후한 '유교국가'의 지배의 구체적인 장에 나타게 되었다.

유교를 매개로 하는 후한시대 지배의 존재방식인 '관寬'치治는 재지사회에서 갖는 호족의 규제력을 용인하고, 오히려 적극적으로 이용해가는 지배형태다. 이러한 지배는 금문 『상서』 「요전」의 '오교재관五敎在寬'을 전거로 정당화되었다(渡邉義浩, 「單考」, 1993 및 「「德治」から「寬治」へ」, 1994). 또한 후한시대의 외척은 광무제와 명제 등의 외척억제책에도 불구하고 정치에 참여하여 특정한 가문이 외척을 배출하는 재생산구조를 갖고 있었다. 이러한 외척의 재생산은 백호관회의에서 춘추공양학파의 '취선대국娶先大國'이라는 '『춘추』의 의리'를 통해 정당화되었다(渡邉義浩, 「後漢時代の外戚について」, 1990).

'유교국가'의 제4의 지표인 유교적 지배의 성립은 장제기의 백호관회의에서 구할 수 있다.

이상에서처럼 '유교국가'의 4가지 지표 가운데, 제1과 제4의 지표는 장제기의 백호관회의, 제2와 제3의 지표는 후한 초기에 확립되었다. 즉 후한시대 '유교국가'의 성립은 장제기의 백호관회의에서 구할 수 있는 것이다.

3. '유교국가'의 전개

후한 '유교국가'의 찬탈을 목표로 한 조조는 후한의 신성성을 지탱하고, 그 정책을 정당화한 유교의 문화로서의 가치를 상대화하고자 하였다. 그것은 어린 시절부터 배운 후한을 신성시하는 유교를 신체화하고, 스스로의 문화자본의 근저에 놓여있는 '명사名士'의 가치기준까지도 상대화하기 위한 것이었다. 조조는 문학, 병법, 유교, 음악에 뛰어난 재능을 소유하였을 뿐 아니라, 초서草書와 위기圍碁에 출중하였으며, 양생養生의 법을 좋아하고 약이나 처방에도 조예가 깊었다고 한다. 조조는 이들 가운데에서 '명사'에 대항할 수 있는 문화적 가치로서 '문학'을 선택하여 이를 선양했다. 건안문학建安文學이다. 이에 대하여 '명사'는 조비와 조식의 후계자 투쟁과 관계되면서 '문학'이라는 새로운 문화적 가치에 대항하여, 자신들의 유교적 가치를 보존하기 의해 적장자인 조비의 후계를 지원했다. 촉한이나 손오의 존재도 고려하여, 조조는 '문학'의 선양을 통한 새로운 가치기준의 창설을 단념하였고 동시에 조비를 후계자로 정했다(渡邉義浩, 「三國時代における「公」と「私」」, 2003).

이러한 상황에서 즉위한 조비는 필요 이상으로 '문학'을 존중할 수 없었다. 더욱이 조비는 한을 찬탈하고 위를 건국할 때, 유교에 기초한

선양혁명을 수행했다. 자신의 제위의 정당성을 유교에서 찾은 조비는, '유재주의唯才主義'나 '문학'의 중요성을 일체 언급하지 않고, 유교의 선양만을 되풀이하였다. 조위정권에서의 '문학'의 융성은 이리하여 막을 내리게 되었다(渡邉義浩, 「三國時代における「公」と「私」」, 2003). 그러나 문제 조비曹丕와 명제 조예曹叡의 사후, 정권을 장악한 조상曹爽은 조위 황실의 군주권력을 재확립하기 위해 '명사'의 가치기준의 근저에 있는 유교에 대항하여 현학玄學을 선양했다. 이에 반하여 정시正始의 정변으로 조상을 타도한 사마의司馬懿는 주대중정州大中正의 제도를 제창하여 '명사'의 기득권을 인정하고 유교의 존중을 명확히 하였다(渡邉義浩, 「司馬氏の台頭と西晉の建國」, 2007). 사마의의 손자 사마염司馬炎은 조위를 타도하고 서진을 수립함과 동시에 서진 '유교국가'를 성립시켰다.

그래서, 서진에서 재편된 '유교국가'와 후한 '유교국가'의 차이를 4가지의 지표를 중심으로 개관하고자 한다.

1) 체제유교로서의 사상내용

종교성이 강한 정현의 경전해석을 존중한 조위에 반하여, 서진에서는 사마염의 외조부에 해당하는 왕숙의 경전해석을 존중하였다. 왕숙의 제천사상祭天思想은 정현의 육천설에 기초한 조위의 교사郊祀를 비판하면서 형성되었기 때문에, 감생제설을 비판하는 등 '리理'에 기초한 경전해석의 특징을 갖는다(渡邉義浩, 「王肅の祭天思想」, 2008). 후한 '유교국가'의 종교성을 강하게 띠고 있는 정현설과 '리'를 존중하는 왕숙설이라는, 이후 중국국가에서 선택적으로 계승한 체제유교의 두 가지 커다란 조류가 여기에서 성립하였다.

2) 제도적인 유교 일존체제

한에서 조위까지의 태학에 더하여, 서진은 국자학을 창설했다. 귀족의 자제만을 교육대상으로 삼고, 좨주祭酒·박사博士에 대표적인 학자를 갖춘 서진의 국가학은 귀족의 기반인 유교를 습득시킴으로써 귀족의 재생산을 유지시키는 교육기관이 되었다. 또한 다양한 문화가 존중되는 가운데, 국가에서 보호하는 문화가 유교임을 시각적으로 인식시키는 기관이기도 하였다(渡邉義浩, 「西晉における國子學の設立」, 2006). 더욱이 관료등용제도인 구품중정의 가치기준의 근저에는 '효'가 놓여 있었으며, 효를 위배한 경우에는 향품이 깎이고 사 계층에서 제명되는 경우도 있었다(渡邉義浩, 「九品中正制度における『孝』」, 2002). 또 구품이라는 제도의 발상 그 자체가 유교의 성삼품설性三品說을 기원으로 하고 있었다(渡邉義浩, 「九品中正制度と性三品說」, 2006). 서진 '유교국가'에서는 제도뿐 아니라 관리등용제도의 발상 그 자체에 유교의 경의가 자리하고 있었던 것이다.

3) 유교의 중앙·지방 관료층으로의 침투와 수용

삼국시대 '명사'의 가치기준의 중핵이었던 유교는 서진 이후의 귀족제시대에는 기초교양이 되었다. 귀족은 사학삼교四學三敎의 교양을 존중했는데, 그 문화자본의 근저에 자리한 것이 유교였다(渡邉義浩, 「所有と文化─中國貴族制硏究への一視角」, 2003). 서진에서는 관료층으로의 침투나 수용도 이제 문제가 되지 않았으며, 유교를 몸에 익히는 것은 사士로서의 최저조건이 되었다.

4) 유교적 지배

서진 '유교국가'의 지배는 유교경전의 전거를 갖고 있다는 점에서 후한 '유교국가'의 유교적 지배보다도 더욱 명확하게 유교에 의거하고 있

었다. 유교에 기초한 국가지배의 3개 기둥 봉건, 정전, 학교에 관해서 말하자면, 왕의 봉건은 『춘추좌씨전』 희공 전傳 11년 조에(渡邉義浩, 「「封建」の復権─西晉における諸王の封建に向けて」, 2005), 이성異姓에 대한 5등작의 봉건은 『예기』 「왕제」에(渡邉義浩, 「西晉における五等爵制と貴族制の成立」, 2007), 점전占田과 과전제課田制도 『예기』 「왕제」에(渡邉義浩, 「井田の系譜─占田・課田制の思想史的背景について」, 2005), 국자학의 설치는 『예기』 「학기」에(渡邉義浩, 「西晉における國子學の設立」, 2006) 그 정통성의 논거를 두었다.

'유교국가'의 초발형태인 후한 '유교국가'에 비한다면 재편된 서진 '유교국가'가 더욱 유교에 의거한 국가로서, 그 지배의 정통성을 유교에서 찾았음을 이해할 수 있다.

맺음말

본서의 문제관심은 중국사회를 구성하는 다양한 원칙의 하나로서, 특히 유교에 착목하여 유교적인 국가의 지배나 사회의 존재방식이 성립한 시대를 후한에서 구하는 데에 있다. 그리고, 후한시대에 형성된 '유교국가'의 지배형태와 사회구조를 해명함으로써, 중국사회의 근원적인 지배방식을 밝혀내고자 하였다. 이 문제관심은 필자의 전저 『후한국가의 지배와 유교後漢國家の支配と儒教』(1955)와 동일하다.

이러한 문제를 해명하기 위한 방법론으로, 본서는 '유교국가'의 4가지 지표를 들고, 이들 모든 지표를 충족시켰을 때 '유교국가'의 성립이라 칭하며, 그것으로 '유교의 국교화'가 완성된다는 가설을 제시하여 그 논증을 행했다. 논증결과는 앞에서 정리한 대로다. 후한 장제기의 백호관회의에서 '유교국가'의 4가지 지표는 충족되어 '유교국가'가 성립함과 동시에 '유교의 국교화'가 완성되었다.

서진 '유교국가'와의 비교에서 알 수 있듯이, '유교국가'는 후한에서 끝난 것이 아니다. 오히려, 유교에 의거하여 더욱 그 지배를 정통화한 황제가 유교의 교양을 갖춘 문인관료와 그 출신모체인 재지세력을 이용한 지배를 행하는 전통중국에 고유한 국가지배체제는 도교나 불교의 융성 후에도 이어져갔다. 이러한 의미에서 후한 '유교국가'의 국가지배와 유교와의 관계는 전통중국의 국가지배와 이념의 원천이 되었던 것이다.

문헌표

이 문헌표는 본서에서 언급하거나 약술했던 문헌을 추려서 채록한 것이다. 본서의 본문에서는 단행본을 『 』로, 논문을 「 」로 구분하여 표기하고, 출판 당시의 연도를 붙여 변별의 기준으로 삼았다. 그 경우, 단행본 등에 재록된 논문도 최초 발표되었을 때의 연도를 붙였으며, 같은 해에 복수의 단행본이나 논문이 있는 경우에는 a·b 등을 붙여 변별할 수 있도록 하였다.[1] 문헌표에서도 이를 답습하겠다. 다만, 단행본에는 ※를 붙이고, 단행본에 수록된 논문은 그 바로 뒤에 *를 붙여 수록논문임을 표시하고, 논문의 최초 발표 잡지를 게시하였다. 또한 논문 제목이 변경된 경우에는 원칙적으로 변경 전의 논문 제목으로 통일했다. 일본어 문헌은 편저자 이름의 오십음도 순으로, 중국어 문헌도 편의적으로 일본어독음에 의거하여 오십음도 순으로 배열하고, 일본어 번역본은 일본어 문헌의 항목에 넣고 역자는 생략하였으며, 구자체舊字體와 간자체簡字體는 원칙적으로 상용한자로 통일했다.[2]

1) 한국어 번역본에서는 본문에 단행본과 논문의 제목을 표기하였으므로 a·b 등을 생략하였다/옮긴이.

2) 한국어 번역본에서는 독자의 편의상 저자의 한글음과 발표년도의 순서에 따라 배열하였다/옮긴이.

[일본어문헌]

Ⅰ. 단행본

加藤常賢　1964,『眞古文尙書集釋』(明治書院)

加地伸行　1990,『儒教とは何か』(中央公論社)

加賀榮治　1964,『中國古典解釋史』魏晉篇 (勁草書房)

鎌田正　1963,『左傳の成立と其の展開』(大修館書店)

鎌田重雄※　1962,『秦漢政治制度の硏究』(日本學術振興會)

堀池信夫　1988,『漢魏思想史硏究』(明治書院)

吉岡義豊　1959,『道教と佛教』(日本學術振興會)

吉川忠夫※　1984,『六朝精神史硏究』(同朋舍出版)

金子修一　2001,『中國古代と皇帝祭祀』(汲古書院)

金子修一※　2006,『中國古代皇帝祭祀の硏究』(岩波書店)

能田忠亮·藪內淸　1951,『漢書律曆志の硏究』(東方文化硏究所)

大川尙節　1937,『三家詩より見たる鄭玄の詩經學』(關書院)

島邦男　1971,『五行思想と禮記月令の硏究』(汲古書院)

渡辺信一郎※　1994,『中國古代國家の思想構造―專制國家とイデオロギー』(校倉書房)

渡辺信一郎※　2003,『中國古代の王權と天下秩序―日中比較史の視点から』(校倉書房)

渡邉義浩※　1995,『後漢國家の支配と儒教』(雄山閣出版)

渡邉義浩※　2004,『三國政權の構造と「名士」』(汲古書院)

渡邉義浩(編)※　2005,『兩漢の儒教と政治權力』(汲古書院)

渡邉義浩(編)　2006,『兩漢における易と三禮』(汲古書院)

渡邉義浩(編)　2007,『兩漢における詩と三傳』(汲古書院)

稻葉一郎 ※　2006,『中國史學史の硏究』(京都大學學術出版會)

東晋次　2003,『王莽―儒家の理想に憑かれた男』(白帝社)

藤川正數※　1985,『漢代における禮學の硏究』增訂版(風間書房)

鄧紅　1995,『董仲舒思想の硏究』(人と文化社)

牧角悅子　2006,『中國古代の祭祀と文學』(創文社)

武內義雄　1943b,『中國思想史』(岩波書店.『武內義雄全集』第八卷 思想史篇一, 角川書店, 1978 수록)

尾形勇 ※　1979,『中國古代の「家」と國家』(岩波書店)

服部宇之吉　1917,『孔子及孔子教』(明治出版社)

福永光司※　1987,『道教思想史研究』(岩波書店)

福井重雅※　1988,『漢代官吏登用制度の研究』(創文社)

福井重雅※　2002,「陸賈『新語』の研究』(汲古書院)

福井重雅※　2005,『漢代儒教の史的研究』(汲古書院)

山田琢※　1987,『春秋學の研究』(明德出版社)

西嶋定生　1974,『秦漢帝國』(講談社.『西嶋定生東アジア史論集』第二巻　秦漢帝國の時代, 岩波書店, 2002 수록)

西嶋定生※　1983,『中國古代國家と東アジア世界』(東京大學出版會)

石井仁　2000,『曹操 魏の武帝』(新人物往來社)

小林信明　1959,『古代尚書の研究』(大修館書店)

小倉芳彦※　1970,『中國古代政治思想研究—『左傳』研究ノート』(青木書店)

狩野直喜　1953,『中國哲學史』(岩波書店)

狩野直喜　1964,『兩漢學術考』(築摩書房)

狩野直喜　1994,『春秋研究』(みすず書房)

安居香山·中村璋八(編)　1973,『重修緯書集成』巻五(孝經·論語)(明德出版社)

安居香山·中村璋八(編)　1975,『重修緯書集成』巻二(書·中候)(明德出版社)

安居香山·中村璋八(編)　1981,『重修緯書集成』巻一上(易上)(明德出版社)

安居香山※　1979,『緯書の成立とその展開』(國書刊行社)

岩本憲司　1993,『春秋公羊傳何休解詁』(汲古書院)

野間文史　1989,『春秋正義の世界』(溪水社)

野間文史　2001,『春秋學—公羊傳と穀梁傳』(研文出版)

王家驊　1988,『日中儒學の比較』東アジアのなかの日本歷史 五(六興出版)

宇野精一　1949,『中國古典學の展開』(北隆館, 1949.『宇野精一著作集』第二巻, 明治書院, 1986 수록)

宇野哲人　1924,『儒學史』上巻(寶文館)

日原利國　1976,『春秋公羊傳の研究』(創文社)

日原利國(編)　1984,『中國思想辭典』(研文出版)

日原利國※　1986,『漢代思想の研究』(研文出版)

田中麻紗巳※　1986,『兩漢思想の研究』(研文出版)

田中麻紗巳※　2003,『後漢思想の探究』(研文出版)

町田三郎　1985,『秦漢思想史の研究』(創文社)

井波陵一　2005, 『魏晉石刻資料選注』(京都大學人文科學研究所)

佐川修※　1983, 『春秋學論考』(東方書店)

中林史明·渡邉義浩　1999, 『後漢紀』(明德出版社)

重澤俊郎　1949, 『原始儒學思想と經學』(岩波書店)

增田清秀　1975, 『樂府の歷史的研究』(創文社)

池田末利 ※　1981, 『中國古代宗教史研究―制度と思想』(東海大學出版会)

池田末利(譯)　1976, 『尙書』(集英社, 全釋漢文大系)

池田秀三　1998, 『自然宗教の力―儒教を中心に』(岩波書店)

池田知久　2009, 『道家思想の新研究―『莊子』を中心として』(汲古書院)

津田左右吉　1938, 『儒教の實踐道德』(岩波書店)

川原秀城　1996, 『中國の科學思想』(創文社)

內田吟風　1975, 『北アジア史研究』匈奴篇(同朋舍出版)

澤田多喜男　2006, 『黃帝四經 馬王堆漢墓帛書老子乙本卷前考佚書』(知泉書館)

板野長八※　1995, 『儒教成立史の研究』(岩波書店)

平勢隆郎　2003, 『『春秋』と『左傳』―戰國の史書が語る「史實」,「正統」, 國家領域觀』(中央公論新社)

好並隆司※　2004, 『前漢政治史研究』(研文出版)

戶川芳郎·蜂屋邦夫·溝口雄三　1987, 『儒教史』(山川出版社)

浅野裕一※　1992, 『黃老道の成立と展開』(創文社)

Marcel Granet(著), 津田逸夫(譯) 1943, 『支那人と宗教』(河出書房)

Max Weber(著), 木全德雄(譯), 1971, 『儒教と道教』(創文社)

Ⅱ. 논문

加賀榮治　1990, 「『春秋』經傳の成立をめぐって」(『國學院大學漢文學会会報』36)

加賀榮治　1991, 「『春秋』經傳の成立をめぐって(承前)」(『國學院大學漢文學会会報』37)

加賀榮治　1991, 「『春秋』經傳の成立をめぐって(承前)」(『國學院大學漢文學会会報』37)

加賀榮治　1992, 「『春秋』經傳の成立をめぐって(三續)」(『國學院中國學會報』38)

間嶋潤一　1977, 「兩漢に於ける「獲麟」解釋に就いて」(『漢文學会会報』36)

間嶋潤一　1981, 「鄭玄の『六藝論』の「詩論」について」(『北海道教育大學紀要』第1部A人文科學編32-1)

間嶋潤一　1987, 「鄭玄の祭天思想に就いて―『周禮』國家における圜丘祀天と郊天」

(『中國文化—硏究と教育』45)

間嶋潤一　1985,「鄭玄の『魯禮禘祫義』の構造とその意義」(『日本中國學会報』37)

間嶋潤一　1985a,「鄭玄の感生帝説に就いて」(『東方』53)

間嶋潤一　1993,「『尙書中候』における太平神話と太平國家」(『日本中國學會報』45)

間嶋潤一　1994,「禪讓と太平國家—『尙書中候』における禪讓神話」(『中國文化—研究と教育』52)

間嶋潤一　1996,「禪讓と受命—緯書における夏禹の受命神話」(『中村璋八博士古稀記念東洋學論集』, 汲古書院)

岡安勇　1980,「中國古代における『二王之後』の禮遇について」(『早稲田大學大學院文學研究科紀要』別冊7)

岡安勇　1987,「中國古代における「客礼」の礼遇形式—匈奴呼韓邪単于への禮遇を手掛りとして」(『東方學』74)

岡安勇　1990,「匈奴呼韓邪單于の對漢「稱臣」年代について」(『東方學』80)

鎌田重雄＊　1950,「循吏と酷吏—地方官の二つの型とその配置」(『史學雜誌』59-4)

鎌田重雄＊　1962,「相國と丞相」(『秦漢政治制度の研究』, 日本學術振興會)

古橋紀宏　2005,「後漢·魏·晋時代における堯舜禪讓に関する經書解釋について」(『後漢經學研究会論集』2)

高津純也　1998,「春秋三傳に見られる「華夷思想」について」(『史料批判研究』1)

高津純也　2000,「春秋三傳に見られる「華夷思想」について(同續)」(『史料批判研究』5)

高津純也　2006,「春秋公羊傳何休注の「中國」と「夷狄」について—公羊傳文との比較から」(『史料批判研究』7)

関口順　2000,「「儒教國教化」論への異議」(『中國哲學』29)

溝口雄三　1990,「中國儒教の10のアスペクト」(『思想』792)

久野昇一　1938,「前漢末に漢火德説の称へられたる理由に就いて(上)(下)」(『東洋學報』25—3·4)

堀池信夫　2007,「漢代の「權」について」(渡邉義浩(編)『兩漢における詩と三　傳』, 汲古書院)

弜和順　1991,「『塩鐵論』に見える対匈奴政策論争をめぐって」(『名古屋大學文學部研究論集』哲學37)

宮川尙志　1956「禪讓による王朝革命の研究」(『六朝史研究 政治·社會編』, 日本學術振興會)

宮川尙志　1965,「儒教の宗教的性格」(『宗教研究』180)

吉田篤志　1993, 「『穀梁傳』に見る「變之正」―變側的行爲の是認」(『大東文化大學漢學會誌』32)
吉川忠夫＊ 1976, 「党錮と學問―とくに何休の場合 」(『東洋史研究』35-3)
吉川忠夫＊ 1978, 「眞人と革命」(『東洋學術研究』17-5)
吉川幸次郎　1948, 「中國人と宗教」(『東洋的社會倫理性格』 白日書院. 『吉川幸次郎全集』 第2巻 中國通説篇下, 筑摩書房, 1973 수록)
金谷治　1960, 「漢初儒生の活動 (二)―賈誼と賈山と經典學者たち」(『秦漢思想　史研究』, 日本學術振興會)
金谷治　1978, 「鄭玄と論語」(『唐抄本鄭氏注論語集成』, 平凡社)
金子修一* 2006, 「唐代における郊祀·宗廟の制度」(『中國古代皇帝祭祀の研究』, 岩波書店, 초판은 1979)
金子修一＊ 1982, 「中國―郊祀と宗廟と明堂及び封禅」(『東アジアにおける日本古代史講座』9, 學生社)
金子修一＊ 2006, 「漢代における郊祀·宗廟制度の形成とその運用」(『中國古代皇帝祭祀の研究』, 岩波書店)
南部英彦　2003, 「何休の霸道觀―陳蕃等の經世意識を手掛かりに」(『山口大學教育學部研究論叢』53―1, 人文科學·社會科學)
楠山春樹　1991, 「衍聖公の発端―褒成侯と殷紹嘉侯」(『斯文』200, 『道家思想と道教』, 平河出版社, 1992)
南昌宏　1992, 「鄭玄の感生帝説―周の始祖説話を中心として」(『中國研究集刊』11)
南澤良彦　1992, 「『帝王世紀』の成立とその意義」(『日本中國學会報』44)
内山俊彦　1983, 「堯舜の君子を知るや―讀公羊小記」(『山口大學文學会誌』34)
内山俊彦　1993, 「董仲舒における歷史意識の問題」(『哲學研究』559)
内山俊彦　1996, 「魏晉の改制論と正統論」(『中村璋八博士古稀記念東洋學論集』, 汲古書院)
内山俊彦　2001, 「何休の考えた歷史」(『中國思想史研究』24)
大久保隆郎　1985, 「後漢章帝建初の治世について―『論衡』著作の史的背景」(『福島大學教育學部論集』(社会科學部門)38)
大久保隆郎　2002, 「「古今」と「華夷」」(『中國讀書人の政治と文學』, 創文社)
渡邊さおり　1995, 「王莽の易姓禅讓革命について」(『東海史學』29,)
渡辺信一郎＊ 1987, 「孝經の國家觀―孝經と漢王朝」(『中國貴族制社會の研究』京都大學人文科學研究所)

渡辺信一郎＊　2002, 「天下觀念と中國における古典的國制の成立」(『中國の歷史世界—統合のシステムと多元的發展』, 東京都立大學出版會)

渡辺信一郎＊　2003, 「古代中國の王權と郊祀—南郊祭天儀禮を中心に」(『中國古代の王權と天下秩序—日中比較史の視点から』, 校倉書房)

渡辺恵理　1994, 「前漢における華夷印制の形成—『有漢言章』の印文に関する一考察」(『古代文化』46-2)

渡邉義浩＊　1990, 「後漢時代の外戚について」(『史峯』5)

渡邉義浩＊　1993a, 「單考」(『東方學』85)

渡邉義浩＊　1993b, 「中國古代祭祀權—後漢時代の孔子廟祭祀を中心に」(『北海道教育大學紀要』第一部B 社會科學編 43-2)

渡邉義浩＊　1994, 「「德治」から「寬治」へ」(『中國史における教と國家』, 雄山閣出版)

渡邉義浩＊　1995a, 「白虎通」(『後漢國家の支配と儒教』, 雄山閣出版)

渡邉義浩＊　1995b, 「官僚」(『後漢國家の支配と儒教』, 雄山閣出版)

渡邉義浩＊　2001a, 「曹操政權の形成」(『大東文化大學漢學會誌』40)

渡邉義浩＊　2001b, 「「寬」治から「猛」政へ」(『東方學』102)

渡邉義浩＊　2001c, 「浮き草の貴公子　何晏」(『大久保隆郎教授退官紀念論集　漢意とは何か』, 東方書店)

渡邉義浩＊　2002, 「九品中正制度における『孝』」(『大東文化大學漢學會誌』41)

渡邉義浩＊　2003a, 「三國時代における「公」と「私」」(『日本中國學会報』55)

渡邉義浩＊　2003b, 「死して後已む—諸葛亮の漢代的精神」(『大東文化大學漢學會誌』42)

渡邉義浩＊　2003c, 「所有と文化—中國貴族制研究への一視角」(『中國—社會と文化』18)

渡邉義浩　2005a, 「井田の系譜—占田・課田制の思想史的背景について」(『中國研究集刊』37)

渡邉義浩　2005b, 「「封建」の復権—西晉における諸王の封建に向けて」(『早稲田大學大學院　文學研究科紀要』50-4)

渡邉義浩　2005c, 「杜預の左傳癖と西晉の正統性」(『六朝學術學会報』6)

渡邉義浩　2005d, 「杜預の諒闇制と皇位繼承問題」(『大東文化大學漢學会誌』44)

渡邉義浩　2005e, 「杜預の春秋長曆について」(『東洋研究』155)

渡邉義浩＊　2005f, 「日本における「儒教の國教化」をめぐる研究について」(『兩漢の儒教と政治權力』, 汲古書院)

渡邉義浩＊　2005g, 「二千年の定說を覆す—福井重雅著『漢代儒教の史的研究—儒教の官學化をめぐる定說の再檢討」(『兩漢の儒教と政治權力』, 汲古書院)

渡邉義浩　2006a, 「司馬彪の修史」(『大東文化大學漢學会誌』45)
渡邉義浩　2006b, 「西晉における國子學の設立」(『東洋硏究』159)
渡邉義浩　2006c, 「九品中正制度と性三品說」(『三國志硏究』1)
渡邉義浩　2007a, 「司馬氏の台頭と西晉の建國」(『大東文化大學漢學会誌』46)
渡邉義浩　2007b, 「西晉における五等爵制と貴族制の成立」(『史學雜誌』116-3)
渡邉義浩　2008a, 「王肅の祭天思想」(『中國文化』66)
渡邉義浩　2008b, 「陳壽の『三國志』と蜀學」(『狩野直禎先生傘壽記念　三國志論集』, 三國志學會)
渡邉義浩　2008c, 「西晉における「儒教國家」の再編」(『大東文化大學漢學会誌』47)
渡邉義浩　2009, 「西晉における華夷思想の變容」(『大東文化大學漢學会誌』48)
稻葉一郎＊　1967, 「何休『春秋公羊經傳解詁』の歷史觀」(『史林』50-3)
稻葉一郎　1976, 「吳楚七國の亂について」(『立命館文學』369·370)
渡会顕　1984, 「漢代儒教國家化に関する二三の考察—王莽の禪讓革命をめぐって」(『牧尾良海博士頌壽記念論集—中國の宗教·思想と科學』, 國書刊行會)
藤堂明保　1986, 「鄭玄硏究」(蜂屋邦夫(編) 『儀禮士昏疏』東京大學東洋硏究所)
藤野月子　2006, 「唐代の和蕃公主を諸問題について」(『九州大學東洋史論集』34)
藤田忠　1993, 「上陵の禮よりみた明帝の禮制改革について」(『國士館史學』1)
藤川正數＊　1985, 「大臣奪服の制について」(『漢代における禮學の硏究』增訂版, 風間書房)
牧角悅子　2007, 「詩經の文學性—聞一多の古代學を中心に」(渡邉義浩(編) 『兩漢における詩と三傳』, 汲古書院)
木全德雄　1966, 「儒教の本質」(『漢文教室』76)
目黑杏子　2003, 「前漢武帝期における郊祀体制の成立—甘泉泰畤の分析を中心に」(『史林』86-6)
目黑杏子　2005, 「漢代國家祭祀制度硏究の現状と課題—皇帝權力と宇宙論の視點から」(『中國史學』15)
目黑杏子　2006, 「王莽「元始儀」の構造—前漢末における郊祀の変化」(『洛北史學』8)
目黑杏子　2008, 「後漢郊祀制と「元始故事」」(『九州大學東洋史論集』36)
武內義雄　1943a, 『儒教の倫理』(岩波書店. 『武內義雄全集』第二卷　儒教篇一, 角川書店, 1978 수록)
尾形勇　1974, 「漢唐間の「殊禮」について」(『山梨大學教育學部硏究紀要』24)
辺土名朝邦　1980, 「鄭玄の詩經解釋學」(『中國哲學論集』6)

保科季子　1998, 「前漢後半期における儒家禮制の受容—漢的伝統との対立と皇帝觀の變貌」(『歴史と方法 五—方法としての丸山眞男』, 青木書店)
保科季子　2005, 「受命の書—漢受命傳說の形成」(『史林』88-5)
保科季子　2006, 「圖讖·大學·經典—漢代「儒教國教化」論争に対する新たな視座」(『中國史學』16)
保科季子　2007, 「漢儒の外交構想— 「夷狄不臣」論を中心に」(『中國東アジア外交交流史の研究』, 京都大學學術出版會)
保科季子　2008, 「近年の漢代「儒教の國教化」論争について」(『歴史評論』699)
福永光司＊　1950, 「封禪說の形成」(『東方宗教』6·7)
福永光司＊　1974, 「昊天上帝と天皇大帝と元始天尊—儒教の最高神と道教の最高神」(『中哲文學會報』2)
福井重雅＊　1967, 「儒教成立史上の二三の問題—五經博士の設置と董仲舒の事蹟に関する疑義」(『史學雜誌』76-1)
福井重雅　1974a, 「黄巾の乱と起義の口号」(『大正大學研究紀要』文學部·佛教學部59)
福井重雅　1974b, 「黄巾集団の組織とその性格」(『史觀』89)
福井重雅　1975, 「黄巾の乱と伝統の問題」(『東洋史研究』34-1)
福井重雅＊　1980, 「漢代の官秩制度と秩六百石の上下」(『史觀』102)
福井重雅＊　1983, 「蔡邕と獨斷」(『史觀』107)
福井重雅*　1995, 「秦漢時代における博士制度の展開—五經博士の設置をめぐる疑義再論」(『東洋史研究』54-1)
福井重雅＊　1999, 「班固の思想讀論—とくに『左傳』と緯書を中心として」(『史滴』21)
福井重雅＊　2000, 「班固の思想 初探—とくに漢堯後說と漢火德說を中心として」(『中國古典學論集』, 汲古書院)
福井重雅＊　2000b, 『儒教の國教化(稿) —日本における學說史·研究史の整理』(平成9·10年度文部省科學研究費研究成果報告書,株式會社サナエ)
冨谷至　1978, 「西漢後半期の政治と春秋學—『左氏春秋』と『公羊春秋』の対立と展開」(『東洋史研究』36-4)
冨谷至　1979, 「『儒教の國教化』と『儒學の官學化』」(『東洋史研究』37-4)
冨谷至　1980, 「白虎觀会議前夜—後漢讖緯學の受容と展開」(『史林』63-6)
北村良和　1981, 「前漢末の改礼について」(『日本中國學会報』33)
山田勝芳　1991, 「儒學の國教化—中國的正統の形成」(『正統と異端—天皇·天·神』, 角川書店)

山田琢　1953,「董仲舒と春秋學」(『斯文』6)

山田琢＊　1958a,「穀梁傳の成立について」(『日本中國學會報』10)

山田琢＊　1958b,「春秋の理想―公羊·穀梁二傳の夷狄觀をめぐって」(『斯文』22)

山田琢＊　1958c,「公羊穀梁二傳の倫理思想について」(『東方學』16)

山田統　1949,「天下という觀念と國家の形成」(『共同硏究 古代國家』, 啓示社.『山田統著作集』1, 明治書院, 1981 수록)

西嶋定生＊　1965,「武帝の死―『塩鐵論』の政治史的背景」(『古代史講座』11, 學生社)

西嶋定生＊　1970,「皇帝支配の成立」(『岩波講座 世界歷史』4, 岩波書店)

西嶋定生＊　1975,「漢代における卽位儀禮」(『榎博士還曆記念東洋史論叢』山川出版社)

西川利文　1999,「漢代の儒教と國家―武帝期「官學化」議論を中心に」(『史學論集―佛教大學 文學部史學科創設三十周年記念』)

石井仁　1992,「漢末州牧考」(『秋大史學』38)

石井仁　2001,「虎賁班劍考―漢六朝の恩賜·殊禮と故事」(『東洋史硏究』59-4)

石合香　2003,「秦漢期の受命改制―五德終始說と三正說による検討」(『東方學の新視点』, 五曜書房)

小南一郎　1992,「天命と德」(『東方學報』(京都)64)

小島祐馬　1920,「公羊家の三科九旨說」(『支那學』1-1·2)

小島毅　1989,「郊祀制度の変遷」(『東洋文化硏究所紀要』108)

小島毅　1991,「天子と皇帝―中華帝國の祭祀體系」(『王權の位相』, 弘文堂)

小林岳　1992,「劉昭と『集注後漢』」(『史滴』13)

小林岳　1994,「劉昭の後漢書補志について―後漢書補成考」(『早稲田大學高等學院硏究年誌』38)

小林岳　1997,「劉昭の後漢書注について―集注後漢の內容をめぐって」(『史　學雜誌』106-7)

小林春樹　2001,「三國時代の正統理論について」(『東洋硏究』139)

小林聰　1989,「後漢の少數民族統御官に関する一考察」(『九州大學東洋史集論』17)

小林聰　1991,「漢代における中國周邊民族の內屬について」(『東方學』82)

小倉芳彦*　1965a,「孔子から董仲舒へ」(『古代史講座』12)

小倉芳彦*　1965b,「裔夷の俘―『左傳』の華夷觀念」(『中國古代史硏究』第2, 吉川弘文館)

小倉芳彦＊　1966,「華夷思想の硏究」(『思想』503)

孫險峰　2007,「皇帝卽位の禪讓文―三國·晋·南北朝における經學の一側面」(『筑波中國文化論叢』26)
松補千春　1993,「漢より唐に至る帝位繼承と皇太子—謁廟の禮を中心に」(『歴史』80)
松浦千春　2004,「漢代の即位儀禮についての覚え書き—西嶋定生論の検證」(『一関工業高等專門學校紀要』39)
松浦千春　2005,「禪讓議禮試論—漢魏禪讓儀式の再検討」(『一関工業高等専門學校紀要』40)
守屋美都雄　1938「前漢時代の郡國廟に就いて」(『地理歴史研究』15-4)
守屋美都雄　1950,「晉故事について」(『和田博士古稀記念 東洋史論叢』.『中國古代の家族と國家』, 東洋史研究會, 1968 수록)
矢野主稅　1976,「曹操集團の性格の一考察」(『門閥社會成立史』, 國書刊行會)
安居香山*　1961,「漢魏六朝時代における圖讖と佛教」(『塚本博士頌壽記念 佛教史學論集』)
安居香山＊　1963,「王莽と符命」(『漢魏文化』4)
安居香山＊　1964,「図讖の形成とその延用についての考察—光武革命前後を中心として」(『東方學』27)
安居香山＊　1979a,「感生帝說說の展開と緯書思想」(『緯書の成立とその展開』, 國書刊行社)
安居香山＊　1979b,「詩緯より見た緯書成立の考察」(『緯書の成立とその展開』, 國書刊行社)
安居香山·中村璋八※　1966,『緯書の基礎的研究』(漢魏文化研究會)
岩本憲司　1980,「公羊三世說の成立過程」(『日本中國學会報』32)
岩野忠昭　2004,「前漢後期の郊祭論」(『東洋大學中國哲學文學科紀要』12)
岩本憲司　2007,「義から事へ」(渡邉義浩(編)『兩漢における詩と三傳』, 汲古書院)
塩澤裕仁　2002,「漢魏許昌の所在と許昌の遷移」(『山名弘史教授還歷記念 法政大學東洋史論集』)
塩澤裕仁　2004,「漢魏の都城"許昌"」(『法政史學』62)
影山剛　1957,「前漢の酷吏をめぐる二・三の問題」(『福井大學學芸學部紀要』 Ⅲ社会科學6)
熊谷滋三　1988,「後漢の羌族內徙策について」(『史滴』9)
越智重明　1992,「華夷思想の成立」(『久留米大學比較文化研究所紀要』11.『戰國秦漢史研究』2, 中國書店, 1993 수록)
栗原朋信　1960,「文獻にあらわれたる秦漢璽印の研究」(『秦漢史研究』, 吉川弘文館)

伊藤計 1979, 「董仲舒の災異説—高廟園災対という上奏文を中心にして」(『集刊東洋學』41)

伊藤德男 1983, 「前漢の宗廟制—七廟制の成立を中心にして」(『東北學院大學論集』歴史學·地理學13)

伊藤敏雄 1995, 「中國古代における蠻夷支配の系譜—税役を中心として」(『堀敏一先生古稀記念 中國古代の國家と民衆』, 汲古書院)

伊藤円 2006, 「黄帝研究—漢代思想史研究分野を中心に」(『中國思想史研究』28)

日原利國＊ 1953, 「『塩鉄論』の思想的研究」(『東洋の文化と社会』4)

日原利國＊ 1960, 「春秋公羊伝の漢代的展開」(『日本中國學會報』12)

日原利國＊ 1967, 「白虎觀論議の思想史的位置づけ」(『漢魏文化』6)

日原利國＊ 1972, 「災異と讖緯—漢代思想へのアプローチ」(『東方學』43)

日原利國＊ 1980, 「王符の人間觀」(『池田末利博士古稀記念東洋學論集』記念事業會)

日原利國＊ 1983, 「漢代思想研究の現況」(『アジア歴史入門』3, 同朋舎出版)

日原利國＊ 1984, 「華夷觀念の変容」(『哲學研究』550)

任繼愈(講) 吉川忠夫(譯) 1979, 「儒家と儒教」(『東洋史研究』38-3)

斎木哲郎 1996, 「董仲舒の生涯·対策の年次, 及び儒教國教化の実際について」(『東洋文化(無窮会)』77. 『秦漢儒教の研究』, 汲古書院, 2004 수록)

田中麻紗巳＊ 1971, 「『白虎通』の三綱説」(『集刊東洋學』26)

田中麻紗巳＊ 1974, 「漢代の自然觀について—董仲舒の説を中心として」(『日本中國學会報』26)

田中麻紗巳＊ 1982, 「何休の夷狄觀について—「進」を中心として」(『日本中國學会報』34)

田中麻紗巳＊ 1985, 「『母以子貴』をめぐって—兩漢の用例と何休の解釋」(『人文論叢』33)

田中麻紗巳* 1988, 「『春秋公羊解詁』の「太平」について」(『人文論叢』(京都女子大學)36)

田中麻紗巳＊ 1990, 「『白虎通』の「或曰」「一説」」(『人文論叢』(京都女子大學)38)

田中麻紗巳 1993, 「『春秋公羊解詁』 緯書關連個所」(『緯學研究論叢』, 平河出版社)

田中麻紗巳＊ 1995, 「『漢書』の「春秋の義」について」(『東方學』88)

田中麻紗巳＊ 1996, 「後漢初期の春秋學について」(『中村璋八博士古稀記念東洋學論集』, 汲古書院)

田中麻紗巳 2007a, 「漢代の穀梁傳」(渡邉義浩(編) 『兩漢における詩と三傳』, 汲古

書院)
田中麻紗巳　2007b, 「『後漢書』所引春秋三傳」(渡邉義浩(編) 『兩漢における詩と三傳』 汲古書院)
井上亘　2005, 「漢代の書府―中國古代における情報管理技術」(『東洋學報』87-1)
佐川繭子　2005, 「光武帝による火徳堯後の漢再興について」(『後漢經學研究会論集』2)
佐川修＊　1961, 「董仲舒の改制説」(『集刊東洋學』6)
佐川修＊　1967, 「武帝の五經博士と董仲舒の天人三策について―福井重雅氏『儒教成立史 上の二三の問題』に対する疑義」(『集刊東洋學』17)
中江丑吉　1950, 「公羊傳及公羊學に就いて」(『中國古代政治思想史』, 岩波書店)
中嶋隆藏　1968, 「何休の思想」(『集刊東洋學』19)
重澤俊郎　1942, 「穀梁傳の思想と漢の社會」(『支那學』9-4)
重澤俊郎　1943, 「董仲舒研究」(『周漢思想研究』, 弘文堂書房)
志田不動麿　1930, 「赤眉の賊と漢城陽景王祠との関係」(『歷史教育』5-6)
池田知久　2007, 「儒教國教化と道教·佛教」(溝口雄三·池田知久·小島毅『中國思想史』, 東京大學出版会)
津田左右吉　1920, 「上代支那人の宗教思想」(『滿鮮歷史地理研究報告』6. 『津田左右吉全集』第28巻 日本·ジナ思想の研究, 岩波書店, 1966 수록)
津田左右吉　1924, 「太一について」(『白鳥博士還暦記念 東洋史論集』, 岩波書店)
津田左右吉　1938, 『儒教の實踐道德』(岩波書店)
津田左右吉　1950, 「漢代政治思想の一面」(『儒教の研究』第2, 岩波書店)
鉄井慶紀　1981, 「『社』についての一試論」(『東方學』61)
澤田多喜男　1968, 「董仲舒天譴説の形成と性格」(『文化』31-3)
板野長八＊　1970, 「儒教の成立」(『岩波講座 世界歷史』4)
板野長八　1972, 「前漢末に於ける宗廟·郊祀の改革運動」(『中國古代における人間観の展開』, 岩波書店)
板野長八＊　1975, 「図讖と儒教の成立(一)(二)」(『史學雜誌』84-2·3)
板野長八＊　1978, 「公羊學による春秋の図書化」(『史學雜誌』87-10)
板野長八＊　1980, 「班固の漢王朝神話」(『歷史學研究』479)
平秀道　1965, 「後漢光武帝と図讖」(『龍谷大學論集』379)
平秀道　1974, 「魏の文帝と圖緯」(『龍谷大學論集』404)
平井正士　1941, 「董仲舒の賢良對策の年次に就いて」(『史潮』11-2)
平井正士　1954, 「漢の武帝時代における儒家任用―儒學國教化の前階として」(『東洋史學論集』3)

平井正士 1976, 「漢代儒教國教化の定說の再檢討(附五經博士についての一解釋)」(『杏林大學醫學部進學課程研究報告』3)

平井正士 1982, 「漢代に於ける儒家官僚の公卿層への浸潤」(『歷史における民衆と文化』, 國書刊行會)

平井正士 1983, 「漢代の儒學國教化について」(『アジアの教育と社会』, 不昧堂出版)

豊田久 1980, 「周王朝の君主權の構造について—「天命の膺受」者を中心に」(『西周の青銅器とその國家』, 東京大學出版会)

好並隆司* 2001, 「前漢後半期の古制·故事をめぐる政治展開」(『別府大學大學院紀要』3)

好並隆司* 2001, 「「稱臣而不名」再考」(『史學研究』233)

好並隆司* 2002, 「光武帝と匈奴—後漢王朝に臣從した單于」(『史學研究』237)

横畑茂明 1995, 「春秋公羊傳の夷狄觀」(『町田三郎教授堆官記念 中國思想史論叢』)

[중국어 문헌]

Ⅰ. 단행본

甘懷眞 2003, 『皇權·禮儀与經典銓釋—中國古代政治史研究』(喜瑪拉雅研究發展基金會)

康有爲 1956, 『新學僞經考』(中華書局)

姜廣輝(主編) 2003, 『中國經學思想史』(中國社會科學出版社)

耿天勤 2003, 『鄭玄志』(山東人民出版社)

卿希泰(主編) 1996, 『中國道教史』第一冊(四川人民出版社)

顧頡剛 1955, 『秦漢的方士與儒生』(上海群聯出版社)

唐雄山 2005, 『賈誼禮治思想研究』(中山大學出版社)

文幸福 1989, 『詩經毛傳鄭箋弁異』(文史哲出版社)

史応勇 2007, 『鄭玄通學及鄭王之爭研究』(巴蜀書社)

蕭登福 2000, 『讖緯與道教』(文津出版)

楊權 2006, 『新五德理論與兩漢政治—「堯後火德」說考論』(中華書局)

梁錫鋒 2005, 『鄭玄以禮箋詩研究』(學苑出版社)

楊守敬 1989, 『水經注疏』(江蘇古籍出版社, 『楊守敬集』湖北人民出版社·湖北教育出版社, 1997 수록)

楊天宇 2007, 『鄭玄三禮注研究』(天津人民出版社)

葉程義　1997,『漢魏石刻文學考釋』(新文豊出版公司)
吳樹平(校注)　1987,『東觀漢記校注』(中州古籍出版社)
王國維　1959,『觀堂集林』 卷一(中華書局)
王秀臣　2007,『三禮用詩考論』(中國社會科學出版社)
王祐中　2005,『神靈世界‥秩序的構建与儀禮的象征—兩漢國家祭祀制度』(民族出版社)
劉毓慶(等編)　2006,『詩義稽考』(學苑出版社)
李申　2005,『儒學與儒教』(四川大學出版社)
張端穗　2005,『西漢公羊學研究』(文津出版社)
張榮芳　2001,『中國的國教』(中國社會科學出版社)
趙吉惠·郭厚安(主編)　1988,『中國儒學辭典』(遼寧人民出版社)
趙茂林　2006,『兩漢三家『時』研究』(巴蜀書社)
周桂鈿　1989,『董學探微』(北京師範大學出版社)
周德良　2007,『白虎通暨漢禮研究』(台灣學生書局)
陳立　1994,『白虎通疏證』(中華書局)
陳序經　2007,『匈奴史稿』(中國人民大學出版社)
陳蘇鎮　2001,『漢代政治与『春秋』學』(中國広播電視出版社)
皮錫瑞　1954,『經學通論』(中華書局)
何照淸　1986,『兩漢公羊學及其對當時政治之影響』(輔仁大學中國文學研究所碩士論文)
向晋衛　2007,『白虎通義—思想的歷史研究』(人民出版社)
邢義田※　1987,『秦漢史論稿』(東大圖書公司)
黃復山　2000,『東漢讖緯學新探』(台灣學生書局)
侯外盧　1957,『中國思想通史』第二卷 (人民出版社)

Ⅱ. 논문

郭熹微　1997,「論魏晉禪代」(『新史學』814)
譚傳賢　1998,「十年來 (一九八七~一九九七)有関漢代酷吏与吏治研究綜論」(『中國上古秦漢學會通訊』4)
林啓屏　2002,「論漢代經學的「正典化」及其意義—以「石渠議奏」爲討論中心」(『第四屆漢代文學與思想學術硏討會論文集』國立政治大學中國文學系)
馬彪　1988,「試論漢代的儒宗地主」(『中國史研究』1988-4)
孟昭晋　1986,「曹丕與圖書」(『北京大學學報』哲學社會科學版 1986-5)

苗潤田 2004, 「儒學·宗教與非宗教之争─個學術史的檢討」(『中國儒學史研究』, 齊魯書社)

李國權·何克讓 1981,「儒教質疑」(『哲學研究』1981-7)

季乃禮 2004, 「三綱六紀与社會政合─由『白虎通』看漢代社會人倫關係』(中國人民大學出版社)

張榮芳 1990, 「論兩漢太學的歷史作用」(『中山大學學報』哲學社會科學版, 1990-2)

崔大華 1982, 「"儒教"辨」(『哲學研究』1982-6)

邢義田 * 1981, 「天下一家─傳統中國天下觀的形成」(『中國文化新論』)

邢義田 * 1986, 「漢代『故事』考述」(『勞貞一先生八秩榮慶論文集』)

洪廷彦 1985, 「兩漢三國 "夷兵"」(『文史哲』1985-3)

저자후기

본서는 필자를 대표로 하는 과학연구비科學研究費·기반연구基盤研究(A) 「양한유교의 신연구(兩漢硏究の新研究)」(과제번호 17202002)의 연구 성과 중 일부다. 본 과연科研은 2005년 4월부터 2009년 3월까지 4년 사이에 4책의 공동연구 성과를 간행했다.

渡邊義浩(編) 『양한의 유교와 정치권력(兩漢の 儒敎と 政治權力)』(汲古書院, 2005, 326쪽)
渡邊義浩(編) 『양한시대 역과 삼례(兩漢に おける 易と 三禮)』(汲古書院, 2006, 487쪽)
渡邊義浩(編) 『양한시대 시와 역(兩漢に おける 詩と 易』)(汲古書院, 2007, 463쪽)
渡邊義浩(編) 『양한유교의 신연구(兩漢儒教の 新研究)』(汲古書院, 2008, 488쪽)

본서에 수록한 논문은 아래에서 게시하듯이 대부분 이들 책에 실린 것이다. 당초에는 절판된 지 오래된 필자의 『후한국가의 지배와 유교(後漢國家の支配と儒敎)』(雄山閣出版, 1995, 486쪽)를 증보·개정하여 책으로 출간할 예정이었다. 그러나 미숙한 20대에 썼던 박사논문과 4년에 걸친 공동연구의 결과를 40대에 정리한 본서는 합치되지 않는 부분도 많기 때문에 전저前著의 개정은 다음 기회로 미루기로 하였다. 그러나 본서는 기본적으로 전저를 계승한다.

'유교국가'의 성립과 관련해서 말한다면, 역사학의 입장에서 가설을 제기한 전저에 반해서 본서에서는 사상사연구를 토대로 '유교국가'의 내실을 파고들었다. 『전역 후한서全譯後漢書』를 간행하면서 사상사를 이해하지 못하면 「지志」 부분은 번역할 수 없다는 사실을 통감하였다. 수많은 사상사 연구자들과의 교류를 통해서 사상사에 대한 이해가 깊어졌던 것이 사상사의 관점에서 '유교국가'의 성립을 고찰하게 된 이유다.

본서를 구성하는 각각의 장들 가운데에서, 이전에 발표했던 논문집·잡지와 논문제목을 정리하면 다음과 같다.

제1부 제1장 「양한시대 『춘추』 3전과 국정」(渡邉義浩(編) 『兩漢における 詩と三傳』, 汲古書院, 2007)

제2장 「『백호통』에 나타난 후한유교의 고유성」(渡邉義浩(編) 『兩漢の儒教と政治權力』, 汲古書院, 2005)

제3장 「후한시대 예와 고사」(渡邉義浩(編) 『兩漢における易と三禮』, 汲古書院, 2006)

제4장 「양한시대 화이사상의 전개」(渡邉義浩(編) 『兩漢儒教の新研究』, 汲古書院, 2008)

제2부 제5장 「『정전』의 감생제설과 육천설」(渡邉義浩(編) 『兩漢における詩と三傳』, 汲古書院, 2007)

제6장 「양한시대 천의 제사와 육천설」(渡邉義浩(編) 『兩漢儒教の新研究』, 汲古書院, 2008)

제7장 「한위시대 황제즉위와 천자즉위」(『東洋研究』165, 2007)

제8장 「「위공경상존호주」에 보이는 한위혁명의 정통성」(『大同文化大學漢學會誌』43, 2004)

제9장 「「수선표」에서의 『상서』의 중시」(『三國志研究』3, 2008)

이번에 한 책으로 엮으면서 관점의 통일을 꾀하였으며, 동시에 문헌표와 자료를 정리하였다. 문헌의 정리는 오츠마大妻여자대학 강사 센고

쿠 토모코仙石知子 선생에게 많은 도움을 받았다. 편집경비의 일부는 과학연구비科學硏究費에서 지출해주었다. 본서의 간행은 『전역 후한서』를 간행할 때에도 신세졌던 급고서원汲古書院에서 맡아주었다. 이번에도 이시자카 사토시石坂叡志 사장, 편집 담당 코바야시 노리코小林昭子님께 불편을 끼치게 되었다. 모든 분들께 감사를 표한다.

2009년 2월 27일

와타나베 요시히로渡邉義浩

옮긴이의 말

이 책은 와타나베 요시히로渡邉義浩의 『後漢における「儒教國家」の成立』(汲古書院, 2009)을 우리말로 옮긴 것이다. 와타나베 선생은 『後漢國家の支配と儒教』(雄山閣出版, 1995)로 이미 우리학계에도 잘 알려져 있는 일본의 중국고대사상사 분야의 대표적 학자다. 최근 선생의 연구범위는 후한시대를 중심으로 삼국을 넘어 서진시대에 걸쳐 있는데, 일관된 문제관심은 유교국가의 형성과 그 재편을 구명하는 작업이다. 앞에 게시한 <문헌표>에서도 알 수 있듯이 최근 10여 년에 걸쳐 거의 매년 두툼한 저서와 논문을 통해 지속적인 연구 성과를 보여주고 있다. 열정적이고 치밀한 연구 활동에 경의를 표하면서, 같은 한대의 예학과 유교를 전공하는 옮긴이에게 학문적 자극을 제공해준 선생의 학은學恩에 감사의 마음을 표한다.

모든 사상체계는 기의起義와 묵수墨守의 단계를 갖는다. 기의의 단계에서는 기존의 사상과 질서체계를 파괴하는 역동성을 발휘하지만 그것이 이론적 정합성을 갖추면서 정통의 학설로서 인정받고 사회적 지배력을 행사하는 시점에서는 오히려 사회현실과의 괴리현상을 보이면서 형해화의 단계에 들어선다. 그러나 동시에 그 저류에서는 새로운 사상의 씨앗이 움트고 묵수의 사상체계를 대체하는 움직임을 잉태한다. 그러한 기의와 묵수의 반복과정에서 각 시대마다의 특질을 규정하는 사상적 양태가 형성된다. 유교를 예로 들어 말한다면, 선진유가, 송대의 주자학, 명대의 양명학, 청대의 고거학은 그러한 흐름의 과정에서 형성된 것이다. 유가학설의 밑바탕에는 공자의 텍스트에 내재된 진의가 무엇인가를 탐색하는, 즉 경학이 자리한다. 따라서 새로운 사상체계를 구상하고자 할 때 그것은 선진시대로의 회귀라는 근본주의적, 원리주의적 양상을 띠게 된다.

동중서에 의해서 시작된 한대 제국의 유교는 도가, 법가, 음양오행사상 등 다양한 학파의 학설을 결합한, 순수한 유가의 학설이 아니라는 비판을 받기도 한다. 또한 한대의 유교에는 훈고학이라는 학문적 방법론은 등장하였지만, 시대를 아우르는 지배적 학설체계의 완결성을 보이지 못하였다. 이러한 이유 때문인지 한대 유교에 대한 연구는 상대적으로 관심의 영역에서 빗겨간 듯한 인상이 있다. 그러나 유교라는 것이 어느 시대에든 동일한 형태로 존재하는 것은 아니다. 그것은 시대마다에 부여된 역할이 있으며, 그에 따른 변형은 너무도 당연한 것이다. 서주시대 봉건제를 정치적 이상으로 하는 선진시대의 유가학설에 비해 한대 이후의 유교는 황제지배체제의 지배이데올로기로서 기능하였다. 즉 봉건제에서 군현제적 중앙집권체제라는 지배체제의 전환기에 있어 그 지배의 정당성을 사상적으로 뒷받침한 것이 유교다. 그리고 그러한 지배 이데올로기로서 정착하는 과정에서 현실과의 충돌과 습합을 거치면서 변형의 양태를 극적으로 보여준 시기가 한대라고 할 수 있다. 한대의 유교는 선진유가의 학설을 단일하게 수용한 것이 아니라 한대의 역사적 요구에 상응하여 재해석된 사상체계이며, 그것은 또 이후 다양한 변화를 보이는 유교의 존재형태에 원형을 제공하는 것이기도 했다. 이러한 시각에서 볼 때, 중국 유교사의 흐름에서 한대는 유교 사상체계 형성의 '기의' 단계라고 해야 하지 않을까? '유교의 역사적 존재형태를 각각의 시대에 따라 해명할 필요성'을 주장한 와타나베 선생의 제언은 매우 설득력을 갖는다고 할 수 있다.

이 책은 총 9개의 장으로 구성되어 있는데, 첫째 '유교국교화' 논쟁에 대한 연구사·학설사의 정리 및 저자의 방법론과 문제제기, 둘째 '한대 국정 운용의 실태와 유교경전과의 관계', 셋째 '군주권의 정통화와 제사·의례체계'라는 3가지 주제를 주된 분석의 대상으로 하고 있다. 첫 번째 주제는 본서의 저술목적이면서 동시에 저자의 평소 학문적 문제의식이 집약되어 있는 부분이다. 일본에서 '유교의 국교화' 문제는 1940년대 이래 주요한 논쟁의 대상이 되었으며, 수많은 학자들에 의해 상이한 관점과 방법론에 의거한 연구업적이 축적되어 있다. 그러나 그 획기에 대해서는 오늘날까지도 ①전한 무제기, ②전한 원제기, ③왕망기·후한 광무제기, ④단계설 등 다양한 학설이 병존한다. 저자는 이처럼 결론을 이끌어내지 못한 채 논쟁이 지속된 이유를 '유교국교화'에 대한 개념설정이 연구자에 따라 상이하다는 데에서 찾았다. 이에 ①사상내용으로서의 체제유교의 성립, ②제도적인 유교 일존체제의 확립, ③유교의 중앙·지방 관료층으로의 침윤과 수용, ④유교적 지배의 성립 등 4가지 지표를 제시하고, 이 4가지 지표가 충족되었을 때 '유교국가'라 칭할 수 있으며, '유교국가'가 성립되었을 때 '유교의 국교화'는 완성되는 것으로 파악한다. 그리하여 저자는 전한 선제기~석거각회의 : '유교국교화'의 개시(1단계) → 전한 원제기~왕망기 : '유교국교화'의 진전(2단계) → 후한 광무제기~백호관회의 : '유교국가'의 성립(3단계)이라는 3단계를 거치면서 '유교의 국교화'가 완성되었다고 결론을 내린다. 특히 후한 장제기의 '백호관회의'를 '유교국교화' 완성의 획기로서 중시하는 것은 본서 전체를 꿰뚫고 흐르는 입론의 전제라고 할 수 있다.

두 번째 주제와 관련해서는 『춘추』 3전이 현실의 국정을 정당화하는 데에 어떻게 활용되었는가를 고찰한다. 그리하여 3전의 흥기와 쇠퇴는 모두 현실의 정치적 요구와 밀접하게 관련되었음을 규명한다. 『공양전』은 전한 무제기까지 국정 상의 최대 현안이었던 ①제후왕의 억제책, ②대흉노문제, ③문제 즉위의 정통성을 정당화하는 이론을 제공함으로써 흥기하였고, 후한시대에도 그 학설을 전개시킴으로써 『춘추』의 중심 경전이 되었다. 『곡량전』은 적장자상속을 원칙으로 하는 후계자 계승과 '화이혼일'의 이상사회 실현을 주장함으로써 선제기에 국가의 공인을 받았다. 『좌전』은 가장 늦게 출현하였지만 예제禮制의 근본을 규정하는 우위성을 통해 전한 후반기부터 두각을 나타내기 시작하였다. 이어서 후한시대 예禮와 고사故事의 관계를 통하여 유교의 경전과 국정의 현실이 상호 길항하는 양태를 고찰한다. 후한의 '유교국가'는 유교의 이상인 이념형과 후한의 현실 사이의 간극을 '한가의 고사'를 통해 메우고자 하였으며, 그 때문에 후한시대의 예제는 현실에 대한 적응력을 완전하게는 확보하지 못하였다고 한다.

세 번째 주제와 관련해서는, 정현의 감생제설·육천설이 형성되는 현실의 배경과 한위 선양혁명에 보이는 즉위의례 및 이의 전범으로서 인용되는 경전에 대한 탐색을 시도한다. 정현은 『주례』를 경례經禮로 삼아서 '삼례三禮'를 종합적이고 유기적으로 통일하였으며, 나아가서는 오경 전체를 그 체계 속에 통합하고자 하는 장대한 예의 체계를 확립하였다. 이 때문에 정현은 삼례에 주를 붙이면서 상호 모순된 부분을 근저에서 해결하기 위해 다양한 위서緯書를 인용하여 논증하였을 뿐 아니라, 금문과 고문의 텍스트 가운데 어느 한쪽을 취할 경우 다른 한쪽을 반드시 밝혀두는 객관성을 유지하였다. 말하자면 완벽하고 원만한 경학세계를 『주례』를 근간으로 하는 예교국가로서 현출시킨 인물로 평가받는다. 그러나 저자가 주목하는 것은 경전 상호 간의 모순을 없애고 철학사상내에서의 종합성을 추구하는 정현 경학의 체계성 그 자체가 아니라, 그러한 경학의 체계성과 후한의 현실 제사체계 사이의 상호 모순에 대한 정현의 인식과 대응방식이다. 정현은 비유교 계통의 제사체계를 내포한 '원시의 고사'에 입각한 후한시대 제사의 현실을 교정하기 위해 '육천설'을 창출하였으며, 혁명을 가능케 하는 육천설의 정당성을 '감생제설'을 통해 실증함으로써 한을 대신할 새로운 천하의 규범을 준비하였다고 지적한다.

한대 황제 즉위의례의 실태에 대해서는 일찍이 니시지마 사다오西嶋定生, 오가타 이사무尾形勇, 카네코 슈이치金子修一 등에 의해서 주목할 만한 선행 연구가 이루어졌는데, 저자는 이들 제 학설의 문제점을 사료에 입각하여 검토한 후, 황제즉위에서 천자즉위라는 2단계의 즉위로 거행되었음을 도출해낸다. 구체적으로 말하면, 선군이 붕어하는 날 당일에 관 앞에서 책명의 봉독과 새수의 전수를 통해 황제로서 즉위하고(당일柩前 황제즉위), 이듬해에 먼저 고묘(고조 유방)와 세조묘(광무제 유수)의 2묘를 직접 배알하여 수명자로부터 천명을 계승하였음을 보고하고 이어서 남교제천의 의례를 거행함으로써 천자로서 즉위하였다고 한다(踰年 천자즉위). 이러한 즉위의례는 한위 선양 혁명과정에서도 그대로 반영되어 나타난다는 것을 위 조비의 수선을 찬미하기 위해 세운 「수선표」비의 분석을 통하여 실증한다. 즉 한에서 위에 이르는 즉위의례는 그것이 선양의 형태이든 전위의 경우이든 동일하게 황제즉위에서 천자즉위의 2단계의 순으로 거행되었으며, 특히 유교경전인 『상서』에 보이는 요순혁명을 인용하여 전범으로 삼으로써 그 즉위를 정통화하였다는 것이다.

제사와 의례 등 예제를 포함하는 유가의 경전은 현실과 유리된 관념적 이상주의 세계상을 그려내고 있는 것으로 이해하기 쉽다. 그러나 저자가 본서에서 주목하고 있듯이, 유가의 경전은 이론적 정합성만을 추구하는 화석화된 문자의 모음집이 아니라, 현실의 강한 정치적 요청을 반영하여 스스로의 논리력을 구축하기도 하며, 또한 그 논리적 근거를 통해 현실의 제 문제를 규정하는 규제력을 갖고 있었다. 유가경전이 경학의 측면에서 주로 철학적 연구의 대상이 되고, 구체적 현실의 사건만이 역사학의 대상이 되는 이분법적 연구방법론으로는 그 시대 시대의 구체적 실태를 오히려 파편화시킬 위험성이 있다. 역사와 철학, 나아가 문·사·철 전체를 아우르는 사상사적 접근법이 필요한 이유다.

이 책에서 다루는 주제와 문제의식은 옮긴이에게도 항상 관심의 대상이었지만, 게으름의 병통으로 머릿속 구상으로만 맴돌고 있었다. 번역을 마친 후 새로운 것을 알게 된 포만감과 기쁨도 있지만, 저자의 의도를 잘못 이해하고 오역한 부분이 있지 않나 두려움이 앞선다. 본서의 번역을 흔쾌히 허락해주었을 뿐 아니라, 필요한 정보와 수많은 자료를 아낌없이 보내주고, 서신을 통해 난해한 부분에 대한 질의에 상세하고 친절하게 설명해준 와타나베 요시히로渡邉義浩 선생의 호의에 다시 한 번 감사의 말씀을 드린다. 여러 가지 바쁜 일정에도 불구하고 따뜻한 애정으로 본서의 출판을 맡아주었을 뿐 아니라, 투박하고 거친 번역 문장을 꼼꼼한 교정과 윤문으로 세련된 문체로 탈바꿈시켜준 도서출판 '동과서'의 궁리나 사장님과 편집부 선생님들께 고마움을 표한다.

2010년 12월

김용천

찾아보기